BOOK HILL

असहमति

सौरभ

BOOK HILL

बुकहिल पब्लिकेसन प्रा. लि., काठमाडौं
बुकहिल इन्टरनेशनल, लन्डन

कर्पोरेट तथा सम्पादकीय कार्यालय
सत्य-सदन ५३०/२० कालिका मार्ग,
का.म.न.पा.- २९, कालिकास्थान, काठमाडौं
पोस्ट बक्स नं. : ४९७४,
फोन : +९७७-१-५९०४४०१/२
bookhillp@gmail.com
www.bookhill.com.np

आवरण स्केच
सचिन यगोल श्रेष्ठ
(काठमाडौं, वसन्तपुरको गरूड नारायण मन्दिरको स्केच)

डिजाइन/लेआउट
उमेश काफ्ले

बुक-हिल संस्करण : मङ्सिर, २०७६
पुनर्मुद्रण : असोज, २०८०

ISBN : 978-9937-9342-3-7

ASAHAMATI BY SAURABHA

नयाँ संस्करणका सम्बन्धमा

राज्यविस्तार थियो पृथ्वीनारायण शाहको भने गोरखालाई नै राजधानी नबनाएर काठमाडौंलाई बनाएको किन ?

कुनै नयाँ झण्डा नबनाएर उपत्यकामै चलिरहेको झण्डा अपनाएकै किन ?

अझ वसन्तपुर दरबार, हनुमानढोका दरबारमा थपेको किन ?

गोरखकाली छँदाछँदै कुमारीलाई ढोगेकै किन ?

गोरखाकै राजसिंहासन हनुमानढोका ल्याएर मल्लसिंहासनलाई विस्थापित नगरेको किन ?

नेपाल एकीकरण गरे पनि भनिहालेको छैन तर माथिका बुँदाहरू पढ्न पाएको हुँदैन, एकथरीले मलाई यो कित्तामा हाल्दिहाल्छन् । यो कि त्यो ? मा हाल्दिहाल्ने हाम्रो यान्त्रिक मानसिकतासँगै असहमति छ मेरो ।

माओवादी नहुने बित्तिकै त्यो माओवादी विरोधी हुन्छ, राजावादी नहुने बित्तिकै त्यो अग्रवादी हुन्छ, मार्क्सवादी आलङ्कारिक भाषा पोख्त हुने बित्तिकै त्यो भौतिकवादी दार्शनिक हुन्छजस्ता हजारौं पारकोटे कित्तावादी आम मनोविज्ञान नेपालको वर्तमान कटुयथार्थ हो । म त्यसमा समेटिन चाहन्नँ, लपेटिन चाहन्नँ ! तर एक नेपाली नागरिक भएको हुँदा त्यो प्रवृत्तिसँग लड्नु र लडिरहनु नै जीवनभरिको नियतिजस्तो हुन गएको छ मेरो ।

असहमति पहिलो खण्ड लेख्दाताकाका धारणाहरूमा अनगिन्ती कडीहरू थपिएका छन्, पछिल्ला वर्षहरूमा । अवधारणा अझै सघन बन्दै गएका छन् ! सधैंजस्तै पाठकहरूले साथ दिएछन् भने अभिव्यक्तिक्रम कायम रहनेछ मात्रै भनौं अहिले ।

सौरभ

२८ असार २०७६

विषयक्रम

असहमति

प्रतिवाद

असङ्गति

नीलो शिरीषबारे

पारिजात र जाकाराण्डा दुइटैमा एउटा समानता छ । ती खुब झर्छन् ।

डा. तीर्थबहादुर श्रेष्ठको 'कुहिरो र धुइरो : पारिजात र शिरीष' (हिमाल, विज्ञान-विचार, १६-३१ असोज)माथि केही टिप्पणी गर्न चाहेको छु ।

'उन्नत नस्ल'को हुँदाहुँदै पनि 'न्यू हेम्पसर' जातको सुँगुरमात्र भएका कारण यो लोकप्रिय हुन नसकेकाले कृषिविज्ञ जानकीप्रसाद प्रधानले यसलाई बङ्गुर नाम दिए । नेपाली वाङ्मयमा बङ्गुर शब्दका प्रणेता उनै हुन् । डा. श्रेष्ठले लेखेको 'हामीले पनि बँदेल र सुँगुरको ठिमाहालाई बङ्गुर भनेजस्तै' साँच्चै बँदेल पनि बङ्गुरमा मिसिएको भए त्यो सबैका निम्ति नयाँ जानकारी हुनेछ ।

अलिभ स्मिथी लिखित 'टाइगर लेडी' पुस्तकको पृष्ठ १५९ मा जाकाराण्डाको प्रस्ट उल्लेख छ । पङ्क्तिकारले जानेसम्म यो सन् १९४१-४२ को प्रसङ्ग हो, जति बेला उनी काठमाडौं-लैनचौरस्थित ब्रिटिस दूतावासमा बस्थिन् । उनी त्यहाँ आफ्नो बगैंचाको वर्णन गरिरहेकी थिइन् ।

अलि पर जाऔं, जाकाराण्डा मिमोसिफोलियाको पहिलो रुख सुरशमशेर राणाले अहिलेको नेपाल औद्योगिक विकास निगम (दरबारमार्ग)को पश्चिम पेटीमा पर्ने गरी सन् १९२० को दशकमा रोपे । त्यसलगत्तै राजा त्रिभुवनले दोस्रो रुख अहिले जयनेपाल चित्रघरको अगाडिपट्टि दरबार पस्ने पुरानो दक्षिणी ढोकाको तीनकुने जमिनमा रोपे । यी दुवैमा सन् १९५५ मा सार्वजनिक बाटो खोलेर फराकिलो पारियो । यसर्थ '५० वर्ष पहिलेको काठमाडौं शहरमा यी शिरीष यसरी फुलेको मलाई सम्झना छैन' भन्ने डा. श्रेष्ठको वाक्यमा सत्यता छैन ।

"त्रिचन्द्र कलेजमा वनस्पतिशास्त्र पढ्दा घण्टाघरअगाडि मसला काइँयोका वृक्ष थिए, आजको जस्तो शिरीष थिएन ।", डा. श्रेष्ठको यो वाक्यमा भने सत्यता हुन सक्छ किनभने १२ वर्षमा एसएलसी उत्तीर्ण गरेर १३-१४ वर्षको उमेरमा आईएस्सी पढ्ने त्यति बेला थुप्रै हुन्थे । उहाँ सन् १९५१ मा १४ वर्षको हुँदा त्यहाँ शिरीष थिएन पनि होला तर त्यससँगैको वाक्य "त्यसैले शङ्कर लामिछानेले २०२२ सालमा पनि शिरीषको फूलबारे अनभिज्ञता प्रकट गरे"मा भने रत्तिभर सत्यता छैन । सन् १९६१ मा बेलायती महारानी एलिजाबेथको स्वागतका निम्ति टुँडिखेलवरिपरि सडक बनाएपछि तत्कालीन मजिस्ट्रेट विष्णुमणि आचार्यले जाकारान्डा पनि प्रशस्तै रोपे । सन् १९६५ को हिउँदमा त्यो रुख देखेको मलाई स्पष्ट सम्झना छ भने त्यो वर्ष लामिछानेमा अनभिज्ञता देखिँदैमा त्यसको सार्वजनिक उपस्थिति नै थिएन भनेर म मान्न सक्तिनँ ।

भारतीय लेखिका अमृता प्रितमलाई एकपटक कृष्णचन्दरले सोधेका थिए, "गुलमोहरको फूलको उल्लेख खुब गर्छ्यौ तर चिनेकी छौ ?" प्रितमले जवाफ दिन सकिनन् । कृष्णचन्दरले सँगैका रुखका टुप्पा देखाइदिए । त्यसैगरी काठमाडौँका रैथाने लामिछानेले रूख धेरैपटक देखेका थिए तर जाकारान्डा भनेर चिनेनन् । मुरारीशमशेर राणाले उहिल्यै काठमाडौं भित्र्याएको गुलमोहर (डेलोनिक्स रेगिया)लाई शिरीष भन्ने र जाकारान्डालाई गुलमोहर भन्ने मानिसहरू मैले पाएको छु । यद्यपि डा. हुगल्यान्डले जाकारान्डालाई 'वीरेन्द्र फूल' नाम दिएर प्रचार गर्ने प्रयास नगरेका होइनन् किनभने माल्दिभ्सका राष्ट्रपति मौमुन अब्दुल गैयुमलाई यसको बिरुवा वीरेन्द्रले उपहार दिएका थिए । यहींबाट यो बिरुवा माल्दिभ्स पुग्यो । हुगल्याण्डले त्यही कारण त्यस्तो नाम दिएका हुन् ।

सन् १९६५ को हिउँद (२०२२ साल)मा मैले खुलामञ्चको पूर्वी किनारमा मसलाका पाँचवटा विशेष रुख देखेको थिएँ । धेरै वर्षसम्म युकलिप्ट्स इमिग्लाइडसको फेद हेरेको हुँला भन्ने लागिरह्यो, करिब १० वर्षयता त्यो युकलिप्ट्स साइनेरिया रहेछ भन्ने म बुझ्दै छु । ती आज छैनन् । राम्रा

बिरुवा, जनावर चोरीका प्रसँग काठमाडौंमा अथाह छन् । तिनमा ठूलाबडा पनि संलग्न थिए । यसर्थ युकलिप्ट्स साइनेरिया त्यहाँ अहिले नहुँदैमा अनभिज्ञता प्रकट गर्नुजस्तै हो, लामिछानेको अनभिज्ञता ।

"चियाबारीको सेरोफेरोमा आफ्नो बाल्यावस्था बिताउँदाको शिरीषको सम्झना नै शिरीषको फूल थिए वा नीलो जाकाराण्डामा नै उनले आफ्नो शिरीषको फूल भेट्टाइन्, त्यो अतीतको कुहिरोमा बेरिएको छ" मा पनि सत्यता छजस्तो लाग्दैन । ८ जनवरी २००५ को 'कान्तिपुर' दैनिकमा छापिएको सुकन्या वाइबाको 'ब्लिडिङ् हार्ट र चाइना क्याप' शीर्षकको लेखोटले पारिजातको पुष्पज्ञान सामान्य मानिसको भन्दा माथिको थियो भन्ने प्रस्टै पारेको छ । त्यसमा ३४ वटा विदेशी जातका फूलहरूको नाम छ । ब्लिडिङ् हार्ट र चाइना क्याप त्यस्तै फूलका नामहरू हुन् । यसर्थ सुषुप्त मनको शिरीष र चेतन मनको जाकाराण्डाबीच उनलाई भ्रम हुने अवस्था थिएन । जब कि डा. श्रेष्ठले चियाबारीमा हुने खास शिरीष अर्थात् 'जिनस अल्बेजिया'लाई सङ्केत गरेका छन् । तर कलकत्ताको ग्लोब नर्सरीबाट कालिम्पोङ (कालेबुङ्को प्रधान नर्सरी पुऱ्याएर मौसम अनुकूल (एक्लेमेटाइज) तुल्याएपछि कालेबुङ् अर्थात् कोलबुङ् = लिम्बू भाषामा सल्ला) तल पेदोङ हुँदै शुरुमा दार्जीलिङ त्यसपछि माईखोलापारिको इलाम अनि काठमाडौंमा बिरुवाहरू छरिन्थे अर्थात् दार्जीलिङमा पारिजातको भित्री मनसम्म पुग्ने गरी जाकाराण्डा प्रशस्त भइसकेका थिए । 'कोलिकाता'को रोयल बोटानिकल गार्डेनमा सन् १८४१ भन्दाअघि नै नीलो शिरीष लगाइएको थियो ।

पारिजात र जाकाराण्डा दुइटैमा एउटा समानता छ । ती खुब झर्छन् । उनले आफ्नो र आफ्नो कृतिको नाम चयन गर्दा नित्सेको निस्सारतावादी प्रतीकका रूपमा 'झरेको फूल' भन्न खोजेकी हुनुपर्छ । तर पारिजातको कुरा गर्दा 'त्यही कुहिरोले गर्दा धानबाली समयमै पाक्ने भयो भन्ने कथन अझै पनि जनजिब्रोमा जीवितै छ ।' डा. श्रेष्ठले नलेखेको भए हुन्थ्यो । धानखेतीसम्बन्धी नेपाली मिथकहरू मात्रै हुन्, तिनमा वैज्ञानिकता हुने कुरै भएन । डा. श्रेष्ठले उल्लेख गरेको कथाको परोक्ष स्रोत मानगुप्त गोमीको

दहचोकस्थित इन्द्रदहसम्बन्धी करिब १३ सय वर्षयताको अभिलेख हो । त्यो उति पुरानो कथा नै होइन । यसको मूल स्रोत भागवत, मत्स्य, वायु पुराणजस्ता पारिजात उद्यानका गुण गाउने पौराणिक ग्रन्थको 'नन्दन वन' हो, जो हदभन्दा हद इसापूर्व १४ औं शताब्दीभन्दा पर पुग्दैन ।

अन्त्यमा, प्रकाश सायमिले करिब ६ महिनाअघि एकाबिहानै सोधेका थिए, "जाकाराण्डा भनेको शिरीष नै हो कि होइन ?" र, यही प्रश्न डा. श्रेष्ठलाई पनि सोधियो होला । जो उनको यो लेखको आज प्रेरणा-स्रोत बन्न पुगेको हुनुपर्छ । डा. श्रेष्ठले 'फूल भने रेसमका अनगिन्ती धागोका पुञ्जहरू मिलेर'समेत लेखिसकेपछि यस प्रसङ्गका मौलिक उत्प्रेरक प्रकाश सायमि र रेसम फूलको उल्लेख नगरेको देख्दा अलि खल्लो लाग्यो ।

सौरभको यो प्रतिक्रिया 'हिमाल पत्रिकाको पाठकपत्र स्तम्भअन्तर्गत प्रकाशन भएसँगै लेखका मूल लेखक डा. तीर्थबहादुर श्रेष्ठको निम्न स्पष्टीकरण पनि छापियो । तर सन् २००९ को मे महिनामा प्रकाशित डा. तीर्थबहादुर श्रेष्ठको पुस्तक 'नेपाल नखुलेका पाटाहरू'मा संलग्न लेखमा भने सौरभको यो प्रतिक्रियाको केही उल्लेख भएन । 'हिमाल'मा लेख प्रकाशन हुँदा त्यसका सम्पादक र पुस्तकका सम्पादक एकै व्यक्ति थिए ।

भोगाइ र अनुभव आ-आफ्नै हुन सक्छन्

मेरा लागि पाठक नै प्रेरणाका मूल स्रोत हुन् । गहन अध्ययन गरेर प्रतिक्रियासमेत पठाउने पाठकहरू झन् महत्त्वपूर्ण हुने नै भए । यद्यपि अन्य पाठकहरूमा भ्रम र अलमल नहोस् भन्ने हेतुले केही कुरा स्पष्ट गर्न चाहन्छु ।

बँदेल र सुँगुर- यी दुई शब्दको ठिमाहा रूप बङ्गुरको प्रसङ्ग मैले उठाएको हुँ । बङ्गुरका नाममा किनबेच वा विकास हुने चौपायाका नस्लबारे सम्बन्धित विशेषज्ञबाट जानकारी लिनुपर्ने हुन्छ । मेरो लेखको उद्देश्य त्यतातिर लक्षित थिएन । बँदेल मिसिएर बङ्गुर हुन सक्तैन भन्ने मेरो मान्यता पनि हैन ।

जाकाराण्डाबारे मैले आफ्नो अनुभव र भोगाइ पाठकसमक्ष राखें, सौरभजीले आफ्नो अनुभव र सम्झना बताउनुभएछ । अन्य पाठकहरूको पनि आ-आफ्नै अनुभव र भोगाइ होलान् । ५० वर्षपहिलेको काठमाडौं देख्ने थुप्रै दाजुभाइ-दिदिबहिनीहरू अझै पनि धेरै छन्, यस उपत्यकामा ।

चाँप र गुराँसजस्तै शिरीष हाम्रै रैथानको वनस्पति हो । हाम्रो कला, साहित्य र संस्कृतिमा मात्र हैन, आयुर्वेदमा पनि यसको भूमिका रहेको छ । कालीदासका कृतिमा पनि यसको उल्लेख छ । यही शिरीषलाई पश्चिमा वनस्पति विज्ञानले शुरुमा 'माईमोसा' भनेको थियो, नाम परिवर्तनको सिलसिलामा आजकाल 'अल्बिजिया' भनिन्छ । हाम्रो शिरीष त्यही हो, जाकाराण्डा हैन । जाकाराण्डाको रैथान भूमि दक्षिण अमेरिकामा पर्छ । सौरभजीको जिकिर छ- दार्जीलिङमा पारिजातको भित्री मनसम्म पुग्ने गरी जाकाराण्डा प्रशस्त भइसकेको थियो । यसबाट पारिजातले 'ब्लिडिङ हार्ट' भनेझैं जाकाराण्डालाई जाकाराण्डा नभनी किन शिरीष भनिन् भन्ने प्रश्न उठ्न सक्छ । तसर्थ मेरो मान्यता पुनः दोहोर्‍याउँछु, "चियाबारीको सेरोफेरोमा आफ्नो बाल्यावस्था बिताउँदाको शिरीषको सम्झना नै शिरीषका फूल थिए वा नीलो जाकाराण्डामा नै उनले आफ्नो शिरीषका फूल भेट्टाइन्, त्यो अतीतको कुहिरोमा बेरिएको छ ।" हाम्रो मौलिक शिरीषमध्येकै एक प्रजातिलाई पश्चिम हिमालखण्डमा गुलाब रेसम भनिन्छ भन्ने जानकारी मैले प्रकाश सायमिलाई उपलब्ध गराएको थिएँ । 'शिरीषको फूल'बारे चलचित्र बनाउने उहाँको चासो थियो । त्यही प्रसङ्गमा मौलिक शिरीष र जाकाराण्डाको भेद बताउने चेष्टा गरेको थिएँ । प्रकाश सायमिको स्थापित व्यक्तित्व छ हाम्रो समाजमा । उहाँलाई उकास्ने वा उक्साउने प्रत्येकको आ-आफ्नै ढङ्ग होला । त्यसलाई व्यक्तिगत स्वतन्त्रतामा छोड्दा बेस होला भन्ने मेरो मान्यता छ ।

- डा. तीर्थबहादुर श्रेष्ठ, काठमाडौं

बुद्धधर्मको पुनरुत्थानबारे

अशोकले बुद्धधर्म सारा एसियाभरि फैलाए भन्ने वाक्य सही होइन । भारतवर्ष पनि एउटा अति विवदास्पद शब्द हो ।

चैत १५, २०६३ को 'समय'मा प्रकाशित आनन्द अरुणको बुद्धधर्मको पुनरुत्थान-१ माथि केही टिप्पणीहरू आवश्यक छन् भन्ने ठानेको छु ।

अशोकले बुद्धधर्म सारा एसियाभरि फैलाए भन्ने वाक्य सही होइन । कनिष्कले लाहोरमा गरेको बौद्ध सम्मेलनले सद्धर्मपुण्डरिक सूत्रसहित नवधर्म सङ्ग्रहको सूत्रपात गऱ्यो । यही कारण थियो, बुद्धधर्मले खैबर भन्ज्याङ पार गरेर मध्यएसियासम्म विस्तारित हुने अवसर पायो ।

अर्कातिर भृकुटीले छैटौं शताब्दीमा बुद्धधर्मलाई तिब्बत लगिन् । जहाँबाट यो बिस्तारै चीन, कम्बोडिया, लाओस, भियतनाम र अन्त्यमा कोरिया प्रायःद्वीप हुँदै जापान पुग्यो । आठौं शताब्दीमा पद्मसम्भवले अझ यसलाई सुदृढ पारे । अशोकको प्रशंसा गर्ने होडमा कनिष्क त परै रहे, स्वदेशकी भृकुटीको योगदान बिर्सिइनु नपर्ने थियो ।

भारतवर्ष एउटा अति विवादास्पद शब्द हो । त्यसमाथि कथित भारतवर्षको प्रमुख र सबैभन्दा प्रतिष्ठित धर्मका रूपमा बुद्धधर्म रह्यो भन्ने वाक्यांश पनि बलियो छैन । इसापूर्व १४ सयदेखि इसाको आठौं शताब्दीसम्म सनातन पुराणहरू रचिंदै थिए । बुद्ध धर्म सबैभन्दा प्रतिष्ठित हुँदो हो त न यी पुराणहरू रचिन्थे होलान्, न दक्षिण भारतबाट आठौं शताब्दीमै तन्त्रको पुनर्जागरण हुन्थ्यो होला । यसैले हिन्दूधर्म मलिन भइसकेको थियो भन्ने वाक्यांशमा कुनै सत्यता छैन ।

कथित भारतवर्ष किन भनिएको हो भने आनन्द अरुणले आफ्नो भारतवर्षभित्र नेपाललाई पनि पारेका हुन् कि ? भन्ने शङ्का भएको छ । आदि शङ्कराचार्यले खडा गरेका चार मठहरूमध्ये कुनै एउटा पनि नेपालमा छैनन् । अन्यथा बद्रीनाथभन्दा अघि नै प्रसिद्ध शैवतीर्थस्थल मानिएको पशुपतिनाथलाई उनले छाड्नुपर्थ्यो, भारतवर्षभित्रको ठानेको भए । देवीपुराणका १०८ शक्तिपीठमा नेपालका कुनै पीठ पर्दैनन् र ज्योतिर्लिङ्गहरूमा समेत नेपालको कुनै परेको छैन । यसैले आदिसन्तहरूले कोरेको उनीहरूको आफ्नो भारतवर्षको नक्सालाई आजकाल 'विस्तारित' गरिदिनु उचित होइन ।

बौद्धधर्मावलम्बीहरूको भनाइ के छ भने यही कालखण्डमा मुक्तिनाथ, बद्रीनाथजस्ता बौद्ध तीर्थस्थलहरू हिन्दू तीर्थस्थलहरूमा परिणत गरिए भन्ने वाक्यको जग पनि सही होइन । यो बौद्धधर्मावलम्बीहरूको भन्दा आनन्द अरुणको आफ्नै कल्पना भएको देखा पर्छ । मानसरोवरछेउको कैलाश पुग्नै नसकिने प्राचीन ईश्वराश्रम मानिथ्यो । भोटेकागलाई हिमालवारिकाहरू ईश्वर प्रतिनिधि मान्थे । त्यसैले मुस्ताङको कागबेनी बग्ने खोंचमा तीर्थस्थलको विकास भयो, जहाँ भोटेपीपलमुनि श्राद्ध गर्नुपर्थ्यो ताकि इन्द्र/विष्णु प्रतिनिधि भोटेकागले पितृलाई चढाएका कुरा खाइदिएपछि मात्र पितृले त्यो सामग्री पाएको ठानिन्थ्यो । त्यसैले कागलाई अमृत खान पुगेको अमर पञ्छी र ठाउँलाई मुक्तिनाथ नाम दिइयो ।

बद्रीनाथ त्यहाँ रहेको बदरी (बयर) वनमा पुजित शिवबाट स्थापित भएको मानिन्छ । गढवालको वयर वनमा पनि कण्डारुक देवको स्थल छ । कण्डारुक शिवकै गणमध्येका मानिन्छन् । कण्डु शब्द ३ हजार वर्षअघिको सुश्रुत संहितामै पनि आउँछ । लुतो र चिलाउने वर्गका खटिराका उनी देवता हुन् । यस्ता ग्राम देवताहरूका स्थलहरू बरु पछि शिवालय बन्न पुगे । यी सबै नाथ शब्द प्रभुका अर्थमा प्रयोग गरिएका थिए । जब कि बुद्धलाई बौद्धनाथ भन्न थालिएको इसाको हजार वर्षपछि विक्रम संवत् १०३४ मा क्षेमेन्द्रको कारण उनलाई विष्णुका अर्का अवतार मानिएपछि मात्र हो ।

बरु नेपालको सन्दर्भ आएकाले यहाँनेर केही थप्नुपर्ने देखिन्छ । त्यो के भने आसाममा अति धेरै पानी पर्ने हुनाले त्यहाँबाट मीननाथलाई नेपालमा पानीका देवतामा रूपमा भित्र्याइयो । माछा र भ्यागुतोलाई पानीका प्रतीक मान्ने चलन पुरानै हो । मत्स्य र मीन भनेका संस्कृतमा माछा नै हुन् । दशैंअघि चङ्गा उडाउने र अझ भएसम्म अग्लो ठाउँबाट उडाउने चलन अब पानी पर्न पुग्यो, धेरै पानी पारेर पाकेका धन नबिगारिदेऊ भनी पानीका देवता इन्द्रलाई स्वर्गमा सन्देश पुऱ्याउने प्रयास मानिँदै आएको छ । अर्थात् मत्स्य र इन्द्र दुवै बौद्धधर्मको विचलन हो तर अहिले यी दुवैलाई नेपालमा करुणाकर, अवलोकितेश्वर आदि-आदिका रूपमा बौद्धधर्मावलम्बीहरूले आफ्नो बनाइसकेका छन् । एउटै बचेकी स्कन्द पुराणकी शाकम्भरी पनि बज्रेश्वरी देवी बनिसकेकी छन् ।

जब कि पशपुतिछेउकी बज्रेश्वरी भनेर चिनिने देवी स्कन्दपुराणकी देवी शाकम्भरी अर्थात् महर्जनहरूकी सागपातकी देवी हुन्, मीननाथ महर्जनहरूका गेडागुडीका देवता हुन् र मत्स्येन्दनाथ अन्नका देवता हुन् । महर्जन प्राचीन कृषक वर्ग हुन्, उपत्यकाका । पशुपतिलाई वर्षको एक दिन बुद्धको मुकुट लगाइदिनुपर्ने अनौठो चलन त छ नै, नारायणमाथि अवलोकितेश्वर चढेका 'हरि हरि हरि वाहन'को समेत कल्पना हुन पुगेको छ । जब कि हरि अर्थात् विष्णु बुद्धभन्दा कति हो कति अगाडिका हुन् ।

फेरि अगाडि बढौं । लुम्बिनी, बोधगया, वैशाली, श्रावस्ती आदि बौद्ध तीर्थस्थलवरिपरि घना मुसलमान बस्ती हुनुमा स्थानीय बौद्ध धर्मावलम्बीहरू बाह्य आक्रमण र दबाबका कारण इस्लाम धर्ममा परिवर्तन हुन बाध्य पारिएका हुन् भन्ने लेखकको राय छ । अन्य ठाउँकाबारे आफूलाई थाहा भएन तर जहाँसम्म लुम्बिनीको सन्दर्भ छ, यो सत्य कुरा होइन ।

इसापूर्व चौथो शताब्दीमा लुम्बिनी आक्रमण गर्ने कोशल सेनापति विरुधक मुसलमान होइनन् । त्यति बेला इस्लाम मत जन्मेकै थिएन । यो पहिलो कुरा भयो ।

दोस्रो कुरा, मुसलमानका २-४ घर जहाँसुकै हुनु पनि अनौठो होइन तर लुम्बिनीसँग प्रत्यक्ष सम्बन्धित एउटा महत्त्वपूर्ण समितिमा स्थानीय मुसलमानलाई अध्यक्ष बनाइएपछि लुम्बिनीवरिपरि घना मुसलमान बस्ती बढ्दै गएको हो । नेपालमा धार्मिक दङ्गा भयो भने त्यो पहिला लुम्बिनीबाट शुरु हुन सक्छ भनेर चार-पाँच वर्षअघि यही पङ्क्तिकारले 'देशान्तर साप्ताहिक'मा लेखेको पनि हो र भयो पनि त्यही । यसैले बाह्य आक्रमण र दबाबका बारेमा आनन्द अरुणको निरूपण काल्पनिक तान बुनाइ हो । त्यसै हो भने सुँगुर चर्ने भइसक्दासम्म पनि बोधगयावरिपरिका मुसलमानहरू चुप लागेर बस्थे होलान् ? उनको लेखको पुछारतिर परेको आफ्नै वाक्यले कल्पनाको खण्डन गर्दैन र ?

उनी लेख्छन्, "नालन्दाको पुस्तकालयमा ९ लाख महत्त्वपूर्ण दुर्लभ पुस्तकहरू सङ्गृहीत थिए ।" ९ लाखलाई अङ्कमा लिने हो भने त्यो ठूलै भूल हुन जान्छ । ९ लाख शब्दले महाभारत युद्धको १ अक्षौहिणी भन्ने बुझाउँछ । उँट, घोडा, हात्ती र सारथिहरूका समेत गरी १ अक्षौहिणीमा ९ लाख आत्मा हुन्छन् । यसैले विपुलता भन्ने मात्र अर्थ हुन्छ, ९ लाखको । यस्तोसम्मको त्रुटि नहुनुपर्ने हो । वृषभानुकै सन्तानले जनकपुरको मन्दिर बनाउन जम्मा ६ लाख लागेको हो भनिसकेकाले पनि नौलखाले धेरै भन्ने बुझाउँछ, अङ्क होइन ।

उनी लेख्छन्, "इलियासले 'यो पुस्तकमा के छैन ?' भनी कुरान देखाएर सोधे, सबै कुरा छ भन्ने उत्तर पाएपछि बाँकी किताबको के काम छ त भन्दै जलाउने आदेश दिए । तर यो प्रश्न सम्सुद्दिन इलियासको होइन, इस्वीको छैटौं-सातौं शताब्दीका खलिफा ओमारको हो, जसले अलेकजेन्ड्रियाको प्रसिद्ध पुस्तकालय जलाए भन्ने गरिन्छ । जेरुसालेमको स्वर्ण मस्जिद निर्माताका रूपमा ओमार प्रसिद्ध छन् ।"

तीनतले विशाल भवन भनिए पनि पुरानो युगको तला ६-७ फिटभन्दा अग्लो हुँदैन । मानिस नै बढीमा साढे ५ फिट मात्र हुने भएकाले तला अग्लो नभएको हो । तर नालन्दाको खण्डहर हेरियो भने त्यसको आयताकारले ठूलो अवश्य देखाउँछ तर विशाल होइन । जहाँसम्म कृति सङ्ख्याको

प्रश्न छ, त्यो कालमा मौलिक कृति तयार गर्नेभन्दा प्रतिलिपि तयार गरेर सङ्घका निम्ति आय जुटाउने उद्योग व्यापक मात्रामा हुन्थ्यो । किनभने साक्षर अति थोरै हुन्थे । भएमा पनि राम्रो बुझिने अक्षर लेख्न सक्ने, त्यसमाथि प्रौढ व्याकरणको ज्ञान भएका त गन्नुपर्ने अवस्था थियो । यो समस्या सबै धर्म र संस्कृतिमा विद्यमान थियो, बौद्धधर्ममा मात्र होइन । यसैले खिल्जीको (लेखकले लेखेको खिज्ली शुद्ध होइन, खिल्जी टर्कीको खाल्जी जनजातिबाट आएका हुन्) विनाशमा सङ्ख्यामा धेरै जले अवश्य तर शीर्षक धेरै होइन । त्यसमाथि नालन्दालाई बौद्ध विश्वविद्यालय मानिए पनि विद्याको केन्द्र भन्ने गरिएको छ । त्यहाँ बौद्धधर्मका मात्र कृति थिए, अरू ज्ञान विज्ञानका सङ्ग्रह थिएनन् भन्ने होइन । अर्थात् त्यो नोक्सान बौद्धधर्मको मात्रै थियो भन्ने आशय पूर्ण गलत हो ।

६ महिनासम्म जलिरह्यो भन्ने कुरा झनै गलत हो । त्यो बेला पुस्तक लेखिने तीनवटा माध्यम थिए- भोजपत्र, ताडपत्र र नीलपत्र । यी तीनवटै माध्यमका केही नलेखिएका ९ लाख ढड्डा आजै आगो लगाएर हेरौं, जलिसक्न सात दिन पनि लाग्दैन । सम्पूर्ण भौतिक स्थापत्य, त्यसमा प्रयोग भएका ठूलठूला काठका मुढाहहरूलाई पनि पुस्तकमा गणना गर्ने हो भने कुरा अर्कै हो ।

सांस्कृतिक क्रान्तिका नाममा तिब्बतका दुर्लभ गुम्बा र पुस्तकालयहरू जलाइए भन्ने वाक्य आर्को ठूलो अर्धसत्य हो । सांस्कृतिक क्रान्ति भइरहेका बेला चीनका प्रधानमन्त्री चाउ एन लाईले दुर्लभ तिब्बती सम्पदा भरिएका ६८ हजार बाकसलाई चियाङ क्विङका डफ्फाहरूका हातमा नपरोस् भनेर ती पुग्नुअघि नै कहिले मोटर, कहिले उँट, कहिले घोडा आदिमा बोकाई चीनका प्रान्त-प्रान्त डुलाइरहे । कहिले ताक्लामकान र कहिले क्विङघाईसम्म त्यसलाई पुऱ्याइयो र जोगाइयो । यो अभियानका बारेमा धेरै वर्षअघि नै प्रशस्त लेखिसकिएको छ ।

पाँचौ हरफ उनको पूर्वाग्रहको पराकाष्ठा हो । बाह्रौं शताब्दीपछि बुद्धको जन्मथलो नेपाल (र भारतका भनिएको छ तर उताको कुरा थाहा भएन)बाट

८ सय वर्षका निम्ति बौद्धधर्म लुप्त भयो, बौद्धधर्मावलम्बी तरबारको डरले धर्म परिवर्तन गर्न बाध्य भए वा बुद्धधर्म छोडी विदेशिए । उनका तीर्थस्थल र सम्पति बिस्तारै हिन्दू महन्तहरूले आफ्नो अधिकारमा लिए जस्ता भनाइहरूले उनलाई बौद्धधर्मान्धको स्तरमा मात्र ओरालेको छ ।

राणाकालका केही अपवाद अवश्य छन्, त्यो पनि बौद्धहरूलाई निर्वासित गरिएको घटनालाई लिएर मात्र-

र असहिष्णु हुनुको कारण पनि सटिक छ, "पुरानो किमडोल बिहारमा थेरवादी भिक्षुहरू बस्नुहुन्थ्यो । यसैबीच वि.सं. २००१ साल श्रावण ११ गते बौद्ध भिक्षुहरू प्रज्ञानन्द महास्थवीर, धम्मालोक सुवोधानन्द, प्रज्ञारश्मि र श्रामणेर अगधम्म, कुमार काश्यप, रत्नज्योति, प्रज्ञारत्न माथि अरूलाई धर्म परिवर्तन गराएको भन्ने दोष लगाई जुद्ध शमशेरले देश निकाला गरे । ... पद्मशमसेरलाई भेटी निश्काशित भिक्षुहरूलाई स्वदेश फर्काए पनि हुन्छ भन्ने हुकुम गरायो ।" (पेज ७६, काठमाण्डौ उहिले र अहिले, तीर्थनारायण मानन्धर, वि.सं. २०७० ।)

थाहै छ, थेरवादी धार बौद्धमतका अन्यका तुलनामा असहिष्णु र साम्प्रदायिक धार मानिन्छ । यसको मूल अहिलेको श्रीलङ्का हो । अन्यथा 'बुद्धिष्ट मोनेस्ट्रिज अफ नेपाल'का निम्ति ३५० भन्दा बढी बहालका बारेमा जोन लकले सामग्री जुटाउन सक्ने थिएनन् । आनन्द अरुणलाई थाहा होस्, स्वयम्भूमा १ लाख बत्ती नबाली भुटानका राजाको राज्याभिषेक पूरा हुँदैन ।

छैटौं हरफमा उनी बौद्धक्षेत्रलाई पुनः चिनाउने कार्यका निम्ति अलेक्जेन्डर कनिङ्घम र जोन मार्सललाई श्रेय दिन्छन्, जुन उति सत्य होइन । किनभने उनले लुम्बिनी उत्खनन गर्ने खड्गशमशेर राणा र फ्युहररलाई बिर्सेका छन् । खड्गशमशेर राणाले सन् १८९४ मै अर्थात् फ्युहररसँगको अन्वेषणभन्दा दुई वषअघि आफू एक्लैले अशोकस्तम्भको लिपिको प्रतिलिपि उतारिसकेका थिए । उत्खननले समेत नपुगेर १९०४ को 'पायोनियर' दैनिकमा लुम्बिनीसम्बन्धी तीनवटा लेखको उनले शृङ्खला नै लेखेका छन् । राणाकालको सुरुवातमा समेत जङ्गबहादुर राणाले

एम्बोर्स ओल्डफिल्डलाई पूर्ण रूपमा बौद्धधर्मकेन्द्रित 'स्केचेच फ्रम नेपाल'को खण्ड २ लेख्न राजकीय सहयोग उपलबध गराए । राणाकालको मध्यमा पनि खड्गशमशेर राणा देखा पर्छन् अर्थात् राणायुगको उत्तरार्द्धबाहेक अन्य कुनै अवधिसमेत नेपाल बुद्धधर्मको असहिष्णु देखिँदैन । खड्गशमशेर राणाले लुम्बिनीको मात्र होइन, वरिपरिका गोटिहवा र निग्लीहवाका बारेमा पनि उत्तिकै ध्यान दिएका छन् ।

अन्तिम हरफमा उनी लेख्छन्, "पुराना चैत्य र खण्डहरूबाट बेरोकटोक इँटा झिकी मानिसहरूले घरगोठ बनाइरहेको उनले (धर्मपालले) देखे ।" तर आनन्द अरुण लुम्बिनीबाट बेरोकटोक इँटा झिकी सीमापारि अर्को लुम्बिनी बनिरहेको हिजोआजका घटनाबारे मौन छन् । अन्त्यमा उनी लेख्छन्, "बोधगयास्थित बुद्धतीर्थको हालत देखेर श्रीलङ्काका भिक्षु धर्मपाल रोए ।" उनी अवश्य दिग्दार भए, गम्भीर भए तर रोएको कसले देख्यो ? भएको के हो भने धर्मपाल बोधगया पुगेको ७४ वर्षपछि सन् १९६७ मा सयुक्त राष्ट्रसङ्घका महासचिव उ थान्त लुम्बिनीको हालत देखेर सयौं मानिसका अघि रोए । त्यसपछि लुम्बिनी विकाश कोष खडा भयो । अरुणले धर्मपालप्रति सद्भावना उराल्न उ थान्तको रोदनलाई धर्मपालमा खामिदिए । उनले लेखेजस्तो त्यहाँ बाघभालु दिउँसै हिँड्दैनथे । फोहोर फाल्ने र सुँगुर पाल्ने ठाउँमा परिणत भएको पनि थिएन, मात्रै सुँगुरको जङ्गली प्रजाति बँदेल चर्ने गर्थे ।

सिन्धु नदीपारिकाले वारिकालाई २३ वर्षअघि दिएको सङ्ज्ञा 'हिन्दू'सँग नेपालको 'वैदिक सनातन'लाई मिसाइदिन्छन् अरुण, भारतवर्षलाई हिमालयसम्म ल्याइदिन्छन् । अरू कसैको धार्मिक आस्थामाथि पूर्वाग्रह नराखी सर्वधर्म समभाव लिई लेख्न बसेको भए यस्ता त्रुटिहरू हुँदैनथे । यसैले उनलाई नामका अगाडि स्वामी लेखिनुपर्ने योग्य मैले चाहिं देखिनँ ।

सौरभको यो पाठक प्रतिक्रिया प्रकाशन भएपछि 'समय' पत्रिकामा आनन्द अरुणको स्तम्भ प्रकाशन हुन छोड्यो ।

नरशमशेरको 'बनारसी गफ'

पृथ्वीनारायण शाहको बेलामै सेनामा फाल हाल्न र धाइफाल हाल्न सिक्नुपर्थ्यो जुन एथलेटिक्सभित्रै पर्छ ।

'नरशमशेरले फुटबल, क्रिकेट, एथलेटिक्स, कुस्तीजस्ता खेललाई नेपालमा प्रवेश गराए ।'- यो पङ्क्ति गत साताको एउटा पाक्षिक (हिमाल)ले छापेको छ । अब यसको विश्वसनीयताका लागि तलका पङ्क्तिहरूबाट हेरौं ।

Scratch football match was held on 18 Dec., 1921 Sunday Prince of Wales was centre forward.

H.R.H. The prince of Wale's Sport in India.'

Bernard C. Ellison

किताबको शीर्षकमा भारत लेखिएको भए पनि यो प्रसङ्ग नेपालकै हो ।

"सन् १९२१ तदनुसार वि.सं. १९७८ देखि नेपालमा फुटबल खेलको प्रवेश भएको पाइन्छ । विशेषतः नेपालमा फुटबल खेलको प्रदर्शन र विकासमा योगदान दिने पहिला अग्रणी व्यक्ति ठमेलका नारायणनरसिंह राणा र नक्सालका चन्द्रजङ्ग थापा मानिनुहुन्छ ।"

-खेलकुद र जनजीवन -२०४०

वि.सं. १९६८ मा जन्मिएमा नरशमशेर १९७८ मा १० वर्ष उमेरका हुन आउँछन् र १० वर्षकै उमेरमा फुटबल प्रवेश गराएको दाबी 'गर्भे जनरल'को बिँडो थाम्ने परिपाटीकै देखिन्छ ।

Attempts have been made at various times by their tutors to get the young men to play at cricket and other games, but much amusement are tough degrading.

-page 74, History of Nepal- Daniel Wright

क्रिकेटको यो प्रसङ्ग सन् १८७७ अर्थात् वि.सं. १९३४ को हो । यति बेला नरशमशेरका बाबु बहादुरशमशेर जन्मिनु त के, बाजे जुद्धशमशेर पनि दुई वर्षका मात्रै थिए ।

Less able at cricket, quoits.

page 75 Life of Hodgson- William Hunter

यो प्रसङ्ग सन् १८२० को दशकको पूर्वार्द्धको हो । जति बेला जुद्धशमशेरका बाबु धीरशमशेरसमेत जन्मेका थिएनन् र, नरशमशेरलाई त्यसबेला नेपालमा क्रिकेट थियो होला भन्ने पत्यार लाग्दैन भने यो पङ्क्ति पढौं-

In 2nd January 1804, the Calcutta team, led by the grandson of the British Prime Minister Robert Walpole, had opened the batting against a team of old Etonians in the first cricket match ever played in the orient.

-City of Joy- Dominique Lapierre

भन्न खोजेको, भारतमा आएको ५० वर्ष पछिसम्म पनि क्रिकेट नेपालमा नआउने कुरै थिएन ।

लिगलिगमा बर्सेनि हुने दौडबाट स्थानीय राजा छान्ने प्रचलन थियो र द्रव्य शाहले त्यसमा हस्तक्षेप गरेर आफू राजा भए भन्ने कुरा हरेक नेपाली बच्चोले पढ्दै आएको छ । यस्तै योगी नरहरिनाथको 'इतिहास प्रकाश'मा सन्धिपत्र सङ्ग्रहभित्र पृथ्वीनारायण शाहको बेलामै सेनामा फाल हाल्न र धाइफाल हाल्न सिक्नुपर्थ्यो भन्ने प्रसङ्ग परिरहेको छ, जो सबै एथ्लेटिक्सभित्रै पर्छ ।

A Preliminary Report on two scientific Expenditions - C. Himendorf को पेज १२० मा कुस्तीका बारे जे लेखिएको छ, त्यसलाई सूर्यविक्रम ज्ञवालीले खण्डन गरिसकेका छन् । धनबज्र वज्राचार्यको 'लिच्छविकालीन अभिलेख' (पेज २८७)मा परेको मल्ल युद्धलाई 'नेपाल निरुक्त' पुस्तकले भेडायुद्ध हो भनेको छ । तर न्यातपोल मन्दिरका दुई कुतुब (पहलमान) हरूले त्यसको अस्तित्वको पुष्टि गरेका छन् ।

आधुनिक ढङ्गको भन्न खोजिएको हो भने धर्मभक्त माथेमा नै नरशमशेरका गुरु भएपछि कुस्तीका आयातकर्ता नरशमशेर हुने कुरा भएन । यसर्थ आफू त के, आफ्ना पिता-पुर्खासम्म नजन्मिएको बेलादेखिको विकासलाई आफ्नै नाममा दर्ता गर्न खोजेर नरशमशेरले आफूलाई बनारसी गफाडीसरह बनाएका छन् । परारको वर्ष नेपाल टेलिभिजनका निम्ति शरदराज गौतमलाई दिइएको अन्तर्वार्तामा पनि यस्तै कुरा आउँदा 'भइहाल्यो' भन्न मन लागेको थियो तर आजभोलि रुद्र शमशेरको सम्पत्तिमा जुद्ध शमशेरले हात हाले र बहादुर शमशेरको नाउँमा बहादुर भवन नाम दिए भनेर पुरुषोत्तमशमशेर राणा बेलाबखत लेख्छन् र, अब टेलिभिजनबाट नपुगेर एउटा पाक्षिकबाट फेरि नरशमशेर अर्काेका कीर्तिहरूमा दाबी गर्छन् । अरूको गोजीमा हात हाल्ने एउटा पुस्तैनी रुचि भएको बुझिन्छ ।

मदनशमशेरको क्रिकेट घर 'रातो बङ्गला' छेउ उभिएकाले उनलाई नै नेपालमा क्रिकेट आयातकर्ता आफ्नो कृतिमा बनाइदिनेहरूको त कुरै नगरौं । झन् मदन प्रतियोगिताकी अधिष्ठात्री जगदम्बा महान् नहुने त कुरै भएन ।

पाक्षिकले बोरिस लिसानोभिचलाई माइकल पिसेलको कृतिको पेज नं. ४९ बाट थपक्क पङ्क्तिहरू झिकेर जुन वनस्पतिहरूका निम्ति जति श्रेय दिए पनि बोरिसलाई जाँदैन ।

(अब बोरिसकै कुरा गरौं, हिमाल पाक्षिकको आधार यो हरफ हो-

Boris Lisanovitch also introduced to Nepal dozens of verities of fruits and vegetables that were unknown in the country- carrots, beetroots, spanich, lettuce and strawberries.

Page 49, Tiger for breakfast-Michel Pissel, 1955.

हेरौं त्यसको सत्यता-

Many European vegetables have been in produce during past 60 years and most of them are reared in great perfection, peas, French beans, cabbages, cauliflower, turnips, carrots, artichokes, then asparagus and almost all common English vegetables has grown freely.

Page 62, Confidential report on Nepal- E.R. Elles and Davis Newhaam, 1884 AD. रेग्मी रिसर्च सिरिजमा पुनर्मुद्रित ।

गाजले (गाजर = Carrot) सन् १६६३ मै भक्तपुरमा देखिएको छ- जितामित्र कालीन धरपौ, चुन्दा वज्राचार्य

पालुङ्गो = Spinach र प्याज नरेन्द्रदेवको पालमा नेपालबाट चीन पुगेको कुरा सम्भवतः ढुण्डीराज भण्डारीले नेपालमा आलोचनात्मक इतिहासमा लेखेका छन् । यो लगाउन नेपाललाई लिसानोभिच चाहिने कुरै भएन । अझ जयस्थिति मल्लको जाति विभाजन सूचीमा पाटनमा टेपो अर्थात् व्यञ्जनकारहरूलाई पालुङ्गो खेती गर्नका निम्ति तोकिएको सबैले पढेकै छन् ।

नेपालमा चुकन्दर (Beetroot)का बारेमा सन् १८३७ मा A. Campbell ले लेखेका छन् ।

Lettuce- in prime season (in March)

Page 63, ऐजन

We had celery soup, a fine chicken with mushrooms and various vegetables, strawberries and cream and asparagus.

Page 156, Tiger Lady- Olive Smythies (1940s)

स्मिथीजले कलकत्ताबाट झिकाएकी थिइन्, ती कुरा भन्ने नै मानौं अहिलेलाई र यो पढौं-

And of cultivated fruits, the valley produces strawberries, pears, quinces, plums, apples, apricots, peaches, pomegranates and a few grapes. The apples and pears of English stock and they thrive well.

Page 62, ऐजन

यसरी हलेदोको समुलतिर लागेर को परे र को परेनन् ? चिथोरे या चिथोरेनन् ? तिर नजाऔं । कतिबाहेक भने, नेपाली भाषाका साहित्यिक दुई-चार मात्रै किन ? सबै महान् । दार्जीलिङबाट बसाइँ सरेर आउने साङ्गीतिक गायक-गायिका सबै महान् । विदेशमा आत्मलाभ गरेका नेपाली मूलका सबै महान् । यसरी आफूलाई जातजातिप्रति उदार, पराई मूलप्रति

उदार, धर्म र संस्कारप्रति उदार देखाउने एक कृत्रिमभन्दा पनि कोटामुखी संसदीय प्रयासले सम्भवतः हितभन्दा नोक्सानी नै धेरै गर्छ । शताब्दीभित्रका एक नागरिकलाई बचाउला तर दश हजारलाई मारिरहेको हुन्छ- भलै यो आज बन्द भइसकेको भारतको 'जेन्टलम्यान' मासिकको पुनरावृत्ति किन नहोस् ?

यसैले एकपल्ट नरशमशेरतिरै फर्किऊँ ।

हामी पिंजडामा राखिएको चरालाई पनि घाम र पानीबाट बचाउँछौं । यसैले नजरबन्दमा परेको एक असहाय र दयनीय मानिस त्यसमाथि आफ्नै कान्छाबाबु बहादुर शाहलाई विष खुवाउने र तातोपानी खन्याइदिने रणबहादुर शाहप्रति हाम्रो मनमा कुनै श्रद्धा लाग्दैन ।

हामी बलि दिन लागेको राँगा, बोकालाई समेत नपर्सिएमा अभय प्रदान गर्छौं । त्यसलाई छोडिदिन्छौं । यसैले दामोदर पाँडेलाई नपर्सिंदा-नपर्सिंदै पनि काट्ने पक्षप्रति हामीलाई टीठ लाग्छ ।

खोमेनीको बर्बर सत्ताले समेत फाँसीमा झुन्डयाउँदा भुइँ छुन पुगेको र २० मिनेटसम्म झुन्डिँदा पनि नमरेका सयौंलाई ज्यान माफी दियो तर नरशमशेरले दुईपल्ट झुन्डयाउँदा पनि लच्किन आइपुगेका आफ्नै गुरु धर्मभक्त माथेमालाई बेहोस अवस्थामा झुन्डयाइदिए, जुन 'नेपालको प्रजातान्त्रिक इतिहासमा प्रजापरिषद्को भूमिकामा छापिएकै छ । अझ थप कुरा, गंगालाललाई पोडेले गोली हान्न नसकेर थर्थराएपछि उसको हातको पेस्तोल खोसेर नरशमशेरले हानेकै हो । ज्यान सजायँ पाएको व्यक्तिलाई बिरामी भएमा पुर्ण स्वस्थ बनाएर, धेरै अगाडि नै ज्यान सजायँ दिइने दिन र समय तोकिदिएर, उसले चाहेका सक्दो इच्छा पूरा गराएर, पूजापाठको माध्यमले उसको मनमा आफ्नो कामप्रति पश्चात्ताप उब्जाउन लगाएर, नुहाइधुवाइ गराई राम्रो खाना र सुकिलो लुगा जुटाएर वेदीसम्म पुऱ्याइन्छ । यद्यपी ज्यान सजाय स्वयंम एक नितान्त जङ्गली क्रियाकलाप हो ।

सत्ताले ज्यान लिने जिम्मेवारी सुम्प्यो, उनले पालन गरे त्यति हामी मानिदिऊँ । तर ज्यान सजायँ पाउनेले दिनेबाट पाउनुपर्ने सहिष्णुता, आदर र व्यवहार विपरित उनबाट देखाइएको नकारात्मक अति उत्साह

एक राणालायक क्रियाकलाप हो कि बगरेलायक क्रियाकलाप हो ? सबैले सोचे हुन्छ ।

संस्कृत साहित्यमा एक अक्षर सिकाउने व्यक्ति पनि गुरु हो र त्यसको आदर नगर्ने नराधम हो लेखिएको छ । खेलकुद भनेको कोच नभइनहुने कुरा हो । यसर्थ जब हाम्रा साथीभाइहरू खेलकुद सङ्ग्रहालय खडा गर्छन्, नरशमशेरबाट त्यसको उद्घाटन गराउँछन् त्यहाँभित्र पस्ने कदापि मन हुँदैन ।

यसको अर्थ आज नरशमशेरलाई कुनै भौतिक सँजाय दिनुपर्थ्यो भन्ने होइन तर नेपाली नपुङ्सक समाज उनलाई सामाजिक बहिष्कार गर्न पनि सक्दैन । धर्मभक्त नमरिदिएको भए १९३६ को बर्लिन ओलम्पिक्समा अश्वेत खेलाडीले हिटलरको अपमान खानुपरेजस्तै हरेक नेपाली खेलाडीले आज पनि अपमान खानुपर्थ्यो-भनेर किन हाम्रा खेलकुद पत्रकार मित्रहरूको घैंटामा घाम नलागेको हो ?

त्यती बृद्धलाई आज आएर किन उछितो गरेको हो ? पाठकहरूले भन्नेछन् भनेर पङ्क्तिकार जान्दछ । त्यसका निम्ति अरू दुई उदाहरण आवश्यक पर्छ । १९९१ को एक दिन हरिहर विरहीले बीबीसीसँगको अन्तर्वार्तामा भनेका थिए- राजनीतिमा १० दिन भनेको एक युग हुन्छ ।

उनले त्यसो भन्दा प्रधानमन्त्री पदमा कृष्णप्रसाद भट्टराई थिए तर भट्टराईलाई यो १० वर्षमा त्यस्तो राजनीतिक युग ल्याउने ३ सय ६५ वटा अवसर नेपाली समाजले दियो र त्यति धेरै अवसर पाएका भट्टराई स्वयं भने गिरिजा कोइरालाको गोडामा अल्झेको 'भकुण्डे भूत' मात्रै सावित भए । अझै पर प्रधानमन्त्रीका पदका निम्ति हिरिक्क भएका उनी प्रधानमन्त्री पद त्याग्ने गणेशमान सिंहको 'चिया पार्टी' देउवाको खल्तीमा हालेर केवल बृद्धताको जगात माग्दै छन् ।

संशोधन-मण्डलले डिल्लीरमण रेग्मीलाई करिब २ सयवटा अभिलेख चोरेको आरोप लगाएरै आइरहेको छ तर उनी पनि वृद्धताको सहानुभूति ओढेर फुत्किरहेछन् ।

यी र यस्ता बूढाहरूले आफूले गरेका अक्षम्य गल्तीबापत माफी मागेर परलोक सुधारून् या नसुधारून्, तिनलाई हामीले चाहिं बूढा भए भनेर मान नै गरिरहने हो भने जीवनमा मर्मान्तकारी दुःखहरू झेलेर, त्याग गरेर, हुरी र आँधी बेहोरेर यो देशका निम्ति केश फुलाएका हरेक जेठो नागरिकको अपमान हुनेछ । दण्डित हुनुपर्ने पुरस्कृत हुनुको अर्थ हो- पुरस्कृत हुनुपर्ने उल्टै दण्डित हुनु ।

सौरभको यो लेख 'देशान्तर' साप्ताहिकमा छापिएको केही समयपछि हेमन्तशमशेर राणाको लेखनमा 'नरशमशेरको जीवनी' प्रकाशित भयो । त्यसमा उनले 'देशान्तर साप्ताहिक'को नाम नलिईकन 'खेलकुदका बारेमा सबैले आफूलाई सोध्न आउने गरेको तर आफूलाई खेलकुदका बारेमा सबै कुरा थाहा नभएको स्वीकारे ।

समाजविज्ञानभित्रको अवैज्ञानिकता

नेपालमा समाजशास्त्रको पठनपाठनले पूर्वाग्रहबाहेक वैज्ञानिकता ल्याउँदैन ।

कार्यवाहक प्रधानमन्त्री बलबहादुर राईले एकपटक भाषणमा भनेका थिए, 'हामी मदिराको प्रयोग गर्दैनथ्यौं होला तर अहिले मदिराको प्रयोगले म्लेच्छ भयौं होला । हामीले अब यो छोड्नुपर्छ ।' (भाषाचाहिँ यही हाइन) । इज्जाक असिमोभले लेखेका छन्, 'मदिराले मगजका बाहिरी कोषिकाहरू नष्ट गरिदिन्छ । त्यसै बेलाको बेहोसीलाई भनिन्छ- नशा ।' 'फाउन्डेसन ट्रिलोजी'का लेखक असिमोभको त्यो पङ्क्ति उनको 'बुक अफ फ्याक्टस्'मा छ ।

अर्थात्, 'बाहुन बाठा हुन्छन्' भन्ने वर्तमान नेपाली गैरब्राह्मण समाजको सोचपछाडि असाक्षर भएको अवस्थामा पनि, ज्ञानप्रति दशौं हजार वर्षदेखि उसले राख्दै आएको रुचि र मदिराको वर्जना हो र, मदिराको हजारौं वर्षको चर्को उपयोग गैरब्राह्मण वर्गको 'मगजको ढिलोपन'को उपज हो, बाहुन बाठो भएको होइन भन्ने मलाई लाग्छ । त्यसो भए वैदिक सोमरस के हो त ? बुज्रुकहरूले अवश्य औंल्याइदिनेछन् तर त्यो सोमलता (नेपालको रैथाने इफेड्रा जेरार्डियाना)को मादक रूप 'डिस्टिल्ड' होइन, 'फर्मेन्टेड' हो भनेर ती कहिल्यै बुझ्ने प्रयास गर्दैनन् ।

थप, मैले पाना पल्टाएको समाजशास्त्रका चलेका भनिएका पुस्तकहरूमा वैज्ञानिकता रत्तिभर नदेखेकाले पनि हो ।

मारवाडीहरूले पैसा कमाए भन्ने एउटा परोक्ष पूर्वाग्रह पनि थियो, हर्क गुरुङको बसाइँसराइसम्बन्धी प्रतिवेदनमा । तर मरुभूमिले व्यापारका माध्यमबाट जीविकोपार्जनको अवसर दिन्छ, यो विश्व यथार्थको नतिजा मात्र

हो, मरुभूमि राजस्थानका मारवाडी । माइकल पिसेलको कृति 'मुस्ताङ' अर्थात् मुस्ताङ् हिमालको मरुभूमि भएकाले नै त्यस्ले 'पेम्बा' जस्तो कुशल व्यापारीको उत्पादन गर्छ, जो थाकालीहरूको प्रतिविम्ब पनि हो । सिन्धी र पारसीहरू नमुना हुन् । मृतसागरछेउका यहुदीहरू उदाहरण हुन् । सहाराका नुन व्यापारीहरू थप उदाहरण हुन् । मध्यएसियाका व्यापारीहरू उदाहारण हुन् । अर्थात्, बाहुनजस्तै मारवाडी दिमाग पनि हजारौं वर्षको अभ्यासको उत्पादन हो । उसले पैसा नकमाए पो आश्चर्य हुन्छ ! मारवाडीप्रतिको आक्रोशलाई एउटा सानो ठाउँ मात्र छ- उसले 'क्यापिटल फ्लाइट' गराएको अवस्थामा देशले 'डेब्ट सर्भिसिङ' भित्र थिचिंदै जानुपर्छ र सायद परिरहेको पनि छ ।

शेर्पाहरूबारे प्रशस्तै लेख्नेहरूको तर्क हुने गर्छ- वेदिङजस्तो हिमालयको फेदीमा बसेका, हिउँ चिनेका र साहसी भएकाले उनीहरू प्रख्यात आरोही भएका हुन् । तर अरूका तुलनामा शेर्पाहरूको मुटुको आकार नै ठूलो, रगतमा हेमोग्लोबिन नै बढी, तुलनात्मक रूपमा मुटुको मन्द स्पन्दन नै मुख्य कारण हो । अर्थात्, आरोहणमा उनीहरूको अग्रसरता तिब्बती पठारमा दशौं हजार वर्षसम्म भएको 'एक्लेमेटाइजेसन'को नतिजा हो । उनीहरूले पनि हिमाल चढ्न नसके आश्चर्य हुन्छ ।

तामाङहरूका नाम प्रहरी समाचारमा प्रायः देखिन्छ भन्दै मानिसहरू 'आर्थिक विपन्नता' नामक पश्चिमा ढाँचाको समाजशास्त्रीय र अर्थशास्त्रीय तर्क पेश गर्छन् । तर तामाङहरूमा रहेको अर्थप्रतिको चाम्रो दिगो मनोबल पनि एउटा ठूलो कारण हो । कस्तो विशेष विगतबाट ती गुज्रेका थिए, त्यो अनुसन्धानको कुरा हो । तर अरूका तुलनामा तनावलाई अति धैर्यका साथ तानेर ती अघि बढिरहन सक्नु एउटा अद्भुत विशेषता हो । कुनै तामाङले प्रतिकूल परिस्थितिमा दिगो मनोबल देखाएन भने आश्चर्य हुन्छ ।

काँठमा मानिसहरूको लेख्य र कथ्य भाषा देखेर विशिष्ट भाषिक प्रतिभाका कुरा खुब गरिन्छ तर तिनमा भाषाको शिल्प हुनु विश्व यथार्थ हो । चक्रपाणि चालिसे त कटुन्जे काँठका थिए नै । शिखरनाथ सुवेदी स्वयम् मच्छेगाँउ नामक काँठका भएर पनि लेखनाथ पौडेललाई तिनले 'काँठकुठे सब भए कवि'

भन्दै डाहले छेडपेच गरेका थिए । कृषिले भाषाका प्रायः सबै क्रियापदहरू दिएको छ । यसैले पुरानो युगमा विचारी, कानुनगो/दूतमा प्रायः त्यतैका मानिस हुन्थे नै । तराइका अति चलाख मानिने किम्वदन्तिका पात्र गोनु झा बराबर जङ्गबहादुर कालीन टक्सारी श्यामलाल डोटेल एउटा त्यस्तै स्पष्ट उदाहरणको नाम हो । इङ्ल्यान्डका निम्ति कृषिमूलक आयरल्यान्ड काँठ हो । यसैले हुनुपर्छ, जेम्स ज्वायसलगायत आइरिसहरू साहित्यमा प्रबल र प्रारम्भिक युगको अमेरिकी राजनीतिका प्रखर वक्ताहरू बनेको ।

दार्जीलिङवासीहरू 'चिप्ले' हुन्छन् भन्ने नेपालवासीहरूको आरोप हुने गर्छ । तर त्यसको कारण सन् १८१६ पछि 'समर हिल स्टेसन'का रूपमा विकसित दार्जीलिङको उद्योग पर्यटन हो । आगन्तुकहरूलाई रिझाएर उपार्जन गर्नु नै दार्जीलिङको खास अर्थतन्त्र हो । दाम झरिसकेपछि सबै पर्यटक 'पासिङ रिमार्क' हुने नै भए । यसैले त्यो चिप्लोपनमा देखावटी आत्मीयताको आरोप लाग्नु २ सय वर्षको अभ्यासको नतिजा हो । नक्कली होस् वा सक्कली मानियोस्, त्यो मिठास त्यसै बनेको होइन ।

बाहुनहरूमा पनि कुमाईहरू बाठा हुन्छन् भन्ने गरिन्छतर सन् ८८८ मा अजय पालले ५६ वटा 'प्रिन्सिपालिटी' एकीकृत गरेर खडा गरेको गढवाललाई हेरिन्न, जो कुमाउसँगै छ । गढवाल आफैं एउटा सानो इलाका, त्यसभित्रको पनि ५६ टुक्राहरू कति ससाना थिए होलान् ? त्यो स्थितिमा सधैं र छिटोछिटो भइरहने तीब्र बहुपक्षीय द्वन्द्वहरूबीच आफ्नो रक्षा र उन्नतिका निम्ति बुद्धिको खेलमा अभ्यस्त नभए बाँच्न सकिन्न थियो नै । झन्डै १२ सय वर्षभन्दा बढीको अभ्यासको नतिजा हो, त्यो चलाखी । त्यस्तो चलाखीको एक उदाहरण हर्षदेव जोशी हुन् । यस्तै, तत्कालीन समस्या समाधान गर्नमा कुमाई र साम्राज्यहरूबाट गुज्रेकाले दूरकालीनमा पूर्वीया भन्ने भनाइ त्यसै जन्माएन होला र नै द्रव्य शाहले गणेश पाण्डे र नारायणदास अर्याललाई सहयोगी बनाए होलान् ।

नेवारहरूलाई 'पेट्टी क्यापिटलिस्ट' भनेर नकारात्मक टिप्पणी गरिएको मैले सुनेको छु र, व्यवहारमा आफूले दिएको पैसाको वचन पूरा गर्ने र

लिनुपर्ने एकदाम पनि नछोड्ने पाएको छु तर यसको कारण करिब ७ हजार वर्षदेखि ती उत्तर र दक्षिणबीचको चौबाटोका कारोबारी भएकाले हुनुपर्छ । आज चलन हटेको भए पनि नभन्दै नेवार विवाहमा जन्तीमा एउटा व्यक्ति हुनैपर्थ्यो, तिब्बती लुगाा लगाएको, त्यहाँको मान्छेलाई कारिन्दा राख्न सक्ने व्यापार विस्तार देखाउन र किस्तीमा १२ वटा जटासहित सुपारी हुनैपर्थ्यो, दक्षिणसम्म उसको व्यापार फैलावट दर्साउने । र, नेवारहरूले थालमा हरेक खानालाई अलग राखेर प्रत्येकको धेरै बेर स्वाद लिएर खाएको देख्दा मलाई लाग्छ- प्रत्येक खानाको आफ्नो स्थानको कदर गर्ने हरेक नेवारको बानी उनीहरूले हजारौं वर्षदेखि उपत्यकामा चलाएको कृषिमूलक विकासक्रमको नतिजा हो ।

ठकुरीहरूले 'बाहुनले राज्य गरेर गरिंदैन' भन्ने गरेको सुने पछि मैले 'समय' साप्ताहिकमा 'वतुरेवाद' लेखेको थिएँ । नभन्दै उनीहरूको सर्वपक्षीय अग्रतामा देशको यो हालत हुन पुगेको छ र विगत यथार्थ पनि त्यस्तै रह्यो । पुष्य मित्र सुङ्ग ब्राह्मण राजा थिए । उनी अशोक र अकबर बनेनन् । गणेशदत्त ढाकाका ब्राह्मण राजा थिए तर छोरैले धर्म परिवर्तन गरेर सुल्तान नसिरुद्दीन बन्यो । सिन्धमा दाहिर बाह्मण राजा थिए महम्मद बिम काशिमको आक्रमणमा ती सकिए । सीमापारिका २४ वटा यस्ता दृष्टान्तहरू दिन सकिन्छ, काबुलका ब्राह्मण राजा जयपाल समेतलाई समेट्ने हो भने । नेपालको सन्दर्भमा अर्यालहरू इस्माका राजा थिए तर काटमार नगर्ने भनेर तिनले राजापद त्यागीदिए । पुचौंडीमा पनेरूहरू राजा थिए । चन्दहरूले सजिलै समाप्त पारिदिए । डोटीको सुवाकोटमा बिर्छाम भाट ब्राह्मण राजा थिए, ठकुरीहरूले हटाइदिए । ब्राह्मणको थर भाट हुन पुगेको देखिन्छ ।, तैपनि केहीले पश्चिम नेपालको भाट भट्टराई थरको अपभ्रंश भन्ने गरेका छन् ।) जुम्लामा विष्ट बाहुनहरू राजा थिए । तिनलाई पनि ठकुरीहरूले हटाए । उदयपुर (प्युठान) र जुगाडामा ब्राह्मण राजा थिए तर ती कहिले अधिकारी लेख्थे, कहिले कार्की । अझै एकजनाले ब्राह्मण रहुगण सिन्धुपाल्चोकका राजा थिए लेखेका छन् । भारतकै कुरा

गर्दा पछिल्लो पटक ब्राह्मण जितेन्द्रप्रसाद शाहजहाँपुरका राजा थिए तर ती भारतका प्रधानमन्त्री नरसिंह रावका सर्वाधिक विवादस्पद विशेष सल्लाहकारका रूपमा रहे ।

यस्ता उदाहरण दर्जनौं छन् । यसैले तिनबाट राज्य गरिँदैन भन्ने ठकुरी भनाइमा म मिथ्यारोप देख्दिनँ, अर्यालहरू नै उदाहरण देख्छु । ब्राह्मणहरू ज्ञानले गर्दा सही र गलतको निरूपण गर्न थालेरै कमजोर बन्छन् र राज्य सञ्चालन भनेको अर्जुनको महाभारत हो, त्यहाँ आफन्त र पराई, मिथ्या र यथार्थ हेरिन्न । राज्य सञ्चालनमा बाधक ब्राह्मणको दार्शनिक ज्ञान र आत्मबोध नै हो । अहिले संसद्मा भइरहेको उनीहरूको दगलफसल हेरे हुन्छ, जब कि देशमा एक ब्राह्मण सर्वाधिक शक्तिशाली छन । यसैले उनीहरू सबै राज्य सञ्चालन गर्न सल्लाहका निम्ति दिल्ली धाउँछन् । दिल्लीका राजदूतलाई पर्खिन्छन् र आफूहरूबीचको हरेक स्थितिलाई 'अनिर्णयको बन्दी' भनेर आफैं भनिरहेका छन् । यो राज्य सञ्चालनमा उनीहरूको विकासक्रम नै नभएको हो भन्ने पनि मलाई लाग्छ ।

तत्माहरूलाई तराईमा दुसाधसँग जोड्ने गरिन्छ । अर्थात्, लाक्षणिक अर्थमा डाँका । झिन्झाका दुसाधहरू अन्य पेसामा लागिसके पनि अझै पेसेवर डाँकाका रूपमा सम्झिइन्छन् तर तत्माहरू आफूलाई सुदबनियाँ भनेर चिनाउँछन् । सुद भनेको ब्याज र बनियाँ भनेको व्यापारी अर्थात् स्पष्ट छ, उनीहरू कुनै समयमा तराईका नाम चलेका लगानीकर्ताहरू थिए तर तराई स्वयम् अविकसित 'स्लिपी भिलेज' हरूको इलाका थियो । यो कुनै चौबाटो थिएन । यसर्थ, सम्भवतः तत्माहरूले ब्याज नपाएपछि एक–दुई बाख्रा, गाईवस्तु फुकाएर लान थाले र भारतका पठानहरूजस्तै ती 'लोन शार्क' का रूपमा कुख्यात भए । त्यसपछि ती अन्ततः डाँकामा बदलिए । तिनको व्यापारी परिचय हराएको मात्र हो ।

नहर्कीलाई दलित हो भनेर सोझै पन्छाउने गरिन्छ तर त्यसको पूर्वप्रारूपलाई हेर्ने गरिन्न । स्तनपायीहरूमा सबैभन्दा लामो आठ मिटरसम्मको

आन्द्रा पाइने प्राणी पोलार बियर हो । नाहुरमा पनि आन्द्राको लम्बाइ औसत बढी होला । चिसो इलाकामा चयापचयले समय लिने हुँदा आन्द्रा लामो भएको हुनुपर्छ । यो विशेषता थाहा पाउन हजारौं वर्षको प्रयोग कुनै समुदायविशेषले गर्दै आयो । त्यसमाथि नाहुर अत्यन्त कठिन ठाडो भीरमा मात्रै चर्ने गर्छ, जहाँ मानिस सजिलै पुग्न सक्दैन । ऊ मर्ने भनेको अवस्था सिङ धेरै घुम्रेर मुखले घाँस छुन छाडेपछि मात्रै हो । त्यो नाहुर भएको दुर्गम र कठिन इलाकामा बसेको त्यस समुदायले सयौं तारबाजाका निम्ति तार यही नाहुरको आन्द्र 'प्रोसेस' गरेर प्रदान गरिदियो र नेपाली बाजा एवम् धुनहरूको विकास हुन सक्यो । आज त्यो ब्याडमिन्टनको न्याकेटका निम्ति पनि प्रयोगमा आउन सक्थ्यो होला । केवल हामी 'नाइलनको गट'मा गयौं । ब्याडमिन्टन न्याकेटको गट भनेको पश्चिमले भेडाकै आन्द्रा 'प्रोसेस' गरेर बनाएको होइन र ? त्यहाँ विकासक्रम टुट्दा नहर्कीको परिचय दलितमा पुगेर लोप भएको छ ।

तराईको कलवार र उपत्यकाको मानन्धर एउटै हो । दुवै तेल र रक्सीका उत्पादनकर्ता तर अहिले कलवारलाई रक्सी र मानन्धरलाई तेलसँग मात्र जोडेर लिइन्छ र अहिले तेली, साह, कानु मात्रै तराईमा तेल सम्बन्धित ठानिन्छन् । कलवारको कल तेल विषयक कोल्हुबाट कोल्हुवाल हुँदै आउँछ र उसले कुनै बेला उत्पादन गर्ने रक्सीको कच्चापदार्थ महुवा (ब्यासिया ल्याटिफोलिया)को फल र तेलको कच्चापदार्थ त्यसैको बियाँ हो । यही बियाँको भोजपुरी नाम हो 'चिपी' जसबाट नेपाली 'चिप्लो' शब्द बन्छ । इसापूर्वको चौथो शताब्दीमा विरुधक, जो नेपाली शब्द विरोधको जन्मदाता हो, ले कपिलवस्तुमा आक्रमण गरेपछि कोलीहरू भागेर उपत्यका पसे भन्ने सुनीतिकुमार चटर्जीहरूको भनाइ यसैले सामान्य हो । त्यसपछि कोलीग्रामहरू उपत्यकामा बने र तेल उत्पादन भयो । 'हाम्हु' र 'कुम्हु' अर्थात् तिलको तेल, त्यसपछि तोरीको तेल उत्पादनका प्रसङ्गहरू आउनु स्वाभाविक छ किनभने उपत्यकामा महुवा पाइँदैन पनि । केवल कलवारले युरोपेलीहरूले जैतुन (अलिया युरोपिया)

जस्तै महुवाको अनुसन्धान र विकास नगरेर आफ्नै उज्यालो आर्थिक भविष्यलाई अल्मल्याए, त्यति मात्र हो ।

हामीमा टोपी लाउने परम्परा नै थिएन । मुसलमान र यहुदी धर्मको एउटै जन्मथलो हो मृतसागरवरिपरिको मरुभूमि । टाउकोमा बालुवा पर्न नदिन टोपीको विकास भएको हो । सिख धर्म मुसलमान धर्मको प्रतिरोधमा सनातनधर्मीहरूले विकास गरे । गुरु नानकको लास प्राप्त नहुन्जेल कपाल र दाह्री नकाट्ने निर्णय त भयो तर गुरु गोविन्द सिंहको 'मिलिटेन्सी' भित्र परेपछि युद्धमा कपाल फुक्ने र त्यसमा अनिवार्य रूपमा घुसाइनै पर्ने काइँयो र कडा (छुरी) खस्ने डरले फेटाको विकास भयो । जब कि, हामीकहाँ भादगाउँले टोपीको कपडा चाहिं बाबरले १५५० मा पानीपतमा भित्र्याएको तोपको मोहरीमा पानी छिर्न नदिन लगाइने खोल हो । बाबरको सम्बन्ध सिल्क रुटदेखि बोस्फोरससम्म थियो । यसैले उनले इराकको 'पोर्ट अफ बास्रा'बाट राजसेवन्ती (रोजा डामासेना)देखि समरकन्दबाट शाहआलु (आलुबखडा : प्रनस डोमेस्टिक) भित्र्याएका थिए । यस तोपको मोहरीमा लगाइने कपडा त्यही सिल्करुटबाट भित्रिएका बाक्लो खस्रो रेसमी कपडा थियो । मोहरीभित्र पानी नछिरोस् भनेर लगाइने भएकैले अझै पहाडियाहरूलाई पँधेरोबाट यसले पानी थापेर पियाएकै छ र हाकुपटासी र भीमपाँगा प्रयोग गर्दै आएका भक्तपुरेलाई कहिले नमैलिने र नफाट्ने उपहार भइदियो पनि । यसैले दशैंमा लगाउने नै हो भने पनि भादगाउँले टोपी लगाउनुपर्‍यो । जो लडाइँमा जाँदा टाउकोमा बेरिने एक किसिमको कात्रोका रूपमै आएको हो । होइन भने देवीले युद्ध जितिसकेपछि फेरि टाउकोमा कात्रो बाँध्नै किन पर्‍यो ?

जानाजान एक दर्जन उदाहरण कोरेपछि यस्ता सयौं उदाहरण छन् भन्न म बाध्य छु तर समाजशास्त्रका नाममा लेखिएको सयौं लेख अन्ततः ब्राह्मणका १६ कर्मसँग कुनै ब्राह्मणइतरको समुदायको १६ कर्म पनि पुर्‍याउने खुरुन्धार अभियानमा पुगेर टुङ्गिएको पाएको छु । यसैले चर्चामा आएका मानिने माइकल भिन्डिगको 'द थकालिज', एन्ड्रयु रसेलको

अप्रकाशित 'द याक्खाज' अनि 'स्पिरिट पोजेजन इन नेपाल', 'फेथ हिलर्स इन नेपाल', आदि-आदि कहिल्यै प्रभावकारी लागेनन् । भलै तिनलाई विद्यावारिधि नै मिलोस् । पछिल्लो पटक प्रभावशाली पुस्तक उलरिक म्युलर बोकरको 'चितवन थारुज' मात्र हो । तिनी भूगोलविद् भएकीले पनि कृतिमा वैज्ञानिकता रहेको हुनुपर्छ ।

यसअघि त्यस्तो प्रभाव कर्णाली लोकसंस्कृतिको खण्ड ४ मा स्थिरजङ्गबहादुर सिंहको टिप्पणीहरूलाई लिएर मात्र बोध भएको थियो । अर्थात्, समाजशास्त्रमा 'इमर्सन कोर्स' हरूको जति चर्चा सुनिए पनि 'मल्टिडिसिप्लिनरी एप्रोच' मैले पाएको छैन । यसैले अर्थ, भूगोल, मनोविज्ञान, विशुद्ध विज्ञान, युद्ध, राजनीति, कुषि, व्यापार, उपभोग्य वस्तु, शिल्प, बडी ल्याङ्ग्वेज र अवधारणाहरू गरी एक दर्जन 'फ्यासेट' हरूलाई मैले समेटेको हुँ ।

यतिपछि अब जाऊँ, लायोनेल काप्लानको ब्राह्मणहरूमाथिको टिप्पणी र डोरबहादुर विष्टको 'फ्याटालिज्म एन्ड डेभलपमेन्ट'को पृष्ठभूमिमा । ब्राह्मण सनातन धर्मको यस्तो धर्माधिकारी हो, जो 'व्यक्तिको सन्तानलाई देवता मान्दैन' । यो सोझै मेरीपुत्र, शुद्धोधनपुत्र र दूत नै भए पनि मोहम्मदका अनुयायीहरूसँग सोझै पर्न जाने विवादको जड हो । २०३१ सालमा वीरेन्द्रको शान्ति क्षेत्र प्रस्तावलाई भारतले समर्थन नगरेपछि उनी पश्चिमको समर्थन खोज्न जुटे । पश्चिमले सर्त राखेको थियो- धर्म परिवर्तनका मामिलामा छुट दिइनुपर्छ । जसका सबैभन्दा ठूला खतरा र बाधकहरू ब्राह्मण नै थिए । यहि निहित स्वार्थले गर्दा कापलानको लेखोट यहाँनिर 'इन्जिनियर्ड' र विष्टको पुस्तक 'प्रमोटेड' थियो भन्ने बुझ्नपर्छ । यद्यपि, भाग्यवाद नेपालको विकासमा बाधक रहेनचाहिँ भन्न सकिन्न ।

'हरिजन' पत्रिकाको अङ्क ५ मा हुनुपर्छ महात्मा गान्धीले पहिलोपल्ट नेपाल विश्वका एक मात्र हिन्दू देश भएकाले त्यसको स्वतन्त्रता जोगाउनुपर्छ भनेका थिए र क्लेमेन्ट एटलीले फकाएर माउन्ट बेटनलाई भारत स्वाधीन गराउने जिम्मासहित पठाएपछि उनले पनि गान्धीसँग तादात्म्य राख्दै

नेताहरूसँग नेपाल, सिक्किम र भुटानलाई चीनसँग रहेको पर्खालका रूपमा कायम रहन दिने सल्लाह दिएका थिए । (यद्यपि, चन्द्रशमशेर राणाले अङ्ग्रेजहरूबाट लुकाएर सावरमतीमा गान्धीलाई तत्कालीन १ लाख भारु तुलसी मेहरको हात पठाएकाले राणा प्रशासकहरू स्वाधीनता सङ्ग्रामका नेताहरूसँग पनि उत्तिकै सम्पर्कमा रहे । स्वाभाविक थियो दुवैले, कूटनीतिक भाषामा त्यसको विरोध गर्दै भने- त्यो राणा अधीनमा रहेका नेपालीहरूजस्तो अबुझहरूको इलाका होइन, चेतनशील नेपालीहरूको इलाका हो । मिलाउँदा उल्टै राणाशासनलाई खतरा हुन्छ ।)

माथिको हरफको अर्थ हो- संविधान हिन्दू धर्म सापेक्ष नहुनेबित्तिकै भारतसँगको एउटा महत्तवपूर्ण वचन टुट्यो र नेपालमा तराईबाट झन् चर्को द्वन्द्व उठयो र उठिरहेको छ । यो कुराको भविष्यवाणी फ्रेडरिक गेगले तीसौं वर्षअघि आफ्नो पुस्तक 'रिजनालिज्म एन्ड नेसनल युनिटी इन नेपाल'मा ओकलिसकेका थिए । हिन्दू धर्म र ब्राह्मणवादको उच्चारण गर्दै तीव्र आक्रोश पोखिरहेका बोन धर्मावलम्बीहरू पनि मानवपुत्रलाई देवता नमान्ने, सनातन अध्यात्मवादकै अनुयायी थिए । बौद्ध धर्मावलम्बीहरू सहिष्णु रहेकाले त्यति ठूलो विरोधका सामना गर्नुपर्ने थिएन, संविधानलाई सनातन धर्म सापेक्ष बनाइदिंदा । बोन धर्मावलम्बीहरू नै धर्म परिवर्तनको सबैभन्दा ठूलो निसाना भएकाले उनीहरूका मुखबाट हिन्दू धर्म सापेक्ष संविधानको तीव्र विरोध गराइनुको कारण बुझ्न सकिन्छ । अर्को शब्दमा भन्दा, शान्ति क्षेत्रका नाममा गोहीको मुखबाट बच्ने कोसिस गर्दा धर्म परिवर्तन स्वतन्त्रताको नाममा शार्कको मुखमा वीरेन्द्रको राज्य पर्न गयो ।

र, बोन धर्मावलम्बीहरूमा ब्राह्णहरूका बारेमा रहेका गहिरो अज्ञानता र 'इन्जिजियर्ड' आक्रोश दुवै मिल्न पुग्यो पनि । जस्तैः ब्राह्मणहरूमा कट्टरतम् दक्षिण भारतीय नम्बुदिरीपादहरू मात्र हुन्छन् । सुनौलो कपाल र गोरो छालायुक्त शुद्ध नस्लको ब्राह्मण भारतका सारस्वतहरूलाई मात्र मानिन्छ । बोन धर्मावलम्बीहरूले तिनीहरूको सामना गर्नुपरेको छ र ? उल्टै मासु खाने तीनवटा मात्र छन्- मैथिल, बङ्गाली र नेपाली पहाडी ।

अर्थात्, यावत् शाकाहारीले तिनलाई ब्राह्मण नै मान्न चाहँदैनन् । जो बोन धर्मावलम्बीहरूको नजिकै नै बढी पुग्छन् । अर्कातिर तागाधारीको जनैको मूल आधार बनेको ब्रह्माको कमल, जुन बुद्ध धर्मको पनि हो, त्यो भारतीय कमल (नेलुम्बो नुसिफेरा) नै होइन । त्यो इजिप्टेली मूलको कुमुदिनी (निम्फिया रुब्रा) हो, उद्गम त्यही हो ।

यसैले, नेपालमा मानवशास्त्रचाहिं नभनिहालौं, समाजशास्त्रको पठनपाठन 'समर इन्स्टिच्युट अफ लिङ्ग्विस्टिक'लाई बन्द गराइएपछि त्यसको उद्देश्य पूरा गर्न थालिएको हो भन्ने स्पष्ट छ । त्यसबाट पूर्वाग्रहहरूभन्दा वैज्ञानिकता आउने कुरा पनि छैन ।

नेवार संवादबारे

४ असार २०६५ को 'नयाँ पत्रिका'मा प्रकाशित माणिकलाल श्रेष्ठसँगको संवादमाथि टिप्पणी गर्न चाहेको छु ।

कौटिल्य अर्थशास्त्रमा पहिलो पटक नेपाल लेखिएको छ भन्ने उनको भनाइ सत्य होइन । कौटिल्यका अर्थशास्त्र इसापूर्व २४४ वर्ष अगाडिको हो तर इसापूर्व १००० वर्षको सुश्रुत संहितामै नेपालको उल्लेख भइसकेको छ । त्यसभन्दा पनि पर इसापूर्व ५०० वर्षभन्दा पनि पुरानो मानिएको भरतको नाट्यशास्त्रमै नेपालको उल्लेख भएको छ । इसापूर्व ८०० को मानिने अथर्व परिशिष्टमा त छ नै ।

किरात, लिच्छवि र मल्लकालमा नेपाल भक्तपुर, पाटन र 'कान्तिपुर' गरी तीन राज्यमा विभाजित थियो भन्ने पनि उनको भनाइ छ तर सम्पूर्ण नेपाल जान्दछ, यक्ष मल्लले तीन छोरालाई राज्य बाँडेपछि उपत्यकामा तीन राज्य बन्यो । अब किरात र लिच्छविकालमा नै तीन राज्य थियो भनिएको हो भने त्यो उनको मौलिक खोज मान्नुपर्ला ।

उनी भन्छन्- "नेवारपछि ज्यापु दोस्रो स्थानमा पर्छ । मल्लले लिच्छविमाथि विजय प्राप्त गरेपछि ज्यापुलाई खेतीपाती गर्ने जिम्मा दिइयो" तर संस्कृत यव (जो)बाट जा = धान, चामल शब्द बन्छ । अर्थात् जसले खेती गर्छ, त्यो ज्यापु हुन्छ, मल्लले जिम्मेवारी दिनुपर्ने दरकार के पऱ्यो ? 'उत्तम खेती, मध्यम व्यापार, अधम नोकरी' भन्ने धारणाका कारण खेती गर्ने महाजन (महर्जन) हुन पुगे । ती कसरी नेवारभन्दा दोस्रो स्थानका बन्न गए ?

उनी भन्छन्-गहना बनाउनेलाई शाक्य पद दिइयो । जब कि कपिलवस्तुको महाशाक वन (शाक = साग = झाडी, शाकम्भरी देवी = सागपातकी देवी)बाट शाक्य बन्छ । त्यो कसरी कुनै पद हो ?

'उपत्यकामा रहेका नेवारहरूले शुरुमा शैव (शिव), महोष्टाम, क्रिस्चियन, मुस्लिम गरी चार धर्म मान्थे । पृथ्वीनारायण शाहले शिव धर्म मान्ने नेवारलाई बुद्ध धर्म मान्ने सरह स्थान दिए' -उनी लेख्छन् तर अरू त कुरै छोडौं टोखा, बनेपा, भक्तपुरमा मार्कण्डेय पुराणलाई आधार मानेर स्थापनै गरिएका चण्डेश्वरी देवीहरू के शैव धर्मका र पृथ्वीनारायण शाह पछाडिका थिए ?

उनी थप्छन्- मुस्लिम धर्म मान्ने नेवारका लागि धर्म मान्न पाउने तर धर्म मान्नका लागि सरकारले कुनै खर्च नदिने भनी सार्वजनिक घोषणा गरे । हो भने पनि भाष्कर मल्लको मन्त्री झङ्गल ठाकुरको नेतृत्वमा १४५ मुसलमानलाई हनुमानढोकामा काटेर सिध्याएको र पाँच जना भागेर गएका होइनन् र ? अर्थात् पृथ्वीनारायण शाहले त खर्च नदिने भए तर मल्ल राजाहरूले त काटेर मारिदिए । आर.सी.टी. क्लबको बिल्डिङले 'झङ्ग थकु हिटी' पुऱ्यो भनेर के इतिहास सबैले बिर्से ठानेको हो ?

'शाह वंशका राजाले नै जातजातिमा सम्प्रदायलाई विभाजन गरे । त्यसैले नै मल्लको शासनमा जुन पदमा काम गर्थे त्यही पदले नै नेवार जातिको वैधानिक रूपमा विभाजन हुन गयो' -उनी सजिलै भन्छन् । जब कि जगत् जान्दछ स्थिति मल्ले चार वर्ण छत्तीस जातअर्न्तग ७ सय २५ शाखा-प्रशाखाहरू छुट्टयाई दायित्वहरू बाँडे । यसरी नेपालमा पछिल्लो पटक जाति विभाजन गरे । अब त्यसो भए स्थिति मल्लभन्दा अघि नै पृथ्वीनारायण शाह उपत्यका आइसकेका रहेछन् ? त्यसमाथि श्रेष्ठलाई ठाडो चुनौती के भने नेपालको खस समाजमा वैश्यको उपस्थिति देखाइदिऊन् तर नेवार समाजमा कोजु (कायस्थज्यू), सैंजू (साँढेज्यू), फैंजू (फ्याउरोज्यू), लवज्यू (तराईको कायस्थ थर 'लाभ') वैश्यभित्र पर्छन्, अझ भक्तपुरका तुकँ बन्जार, धौ बन्जार, जाकि बन्जार (बन्जार = बनियाँ = वाणिज्य) पनि पर्लान् । संस्कृतको वैश्य बुझाउने श्रेष्ट शब्दबाट श्रेस्ता र माणिकलालको श्रेष्ट थर पनि बनेको छ । यी विभाजन के शाह वंशका राजाको देन हो ?

नेवार समुदायमा ९९ प्रतिशत मङ्गोलियनमा हुने गुण छ भन्दा फरक पर्दैन भनिसकेपछि उनी थप्छन्- नेपालमा धरैजसो भारत र चीनबाट बसाइँ

सरेर आएका मानिसका बाहुल्य थियो । उनको भनाइ अनौठो छ । धेरैजसो भारतबाट पनि हुने तर ९९ प्रतिशत गुणचाहिँ मङ्गोलियन हुने । यस्तो लुकेको राजनीतिक लक्ष्यसहितको जेनेटिक्स अनुपात मिलाउन सक्ने विज्ञ हाम्रो देशमा भइदिएपछि नासाका वैज्ञानिकहरूको के काम ?

भक्तपुरका नेपारवंशी राजाबाट नेपाल शब्द बन्यो । त्यसैमा नेवाङ मिसिएर नेवार शब्द बन्यो । किरात राजाले नेवार नामको पद खडा गरे आदि उनका यस्ता भनाइ छन्, जसका प्रमाणिक आधार केही छैनन् तर ७० वर्षअगाडिसम्म भारतका नायरहरूका छोरीहरूको इही (बेलविवाह) हुन्थ्यो भन्ने त प्रमाणित छ नि । बनेपा भनेको पल्लो खाल्डो भन्ने तर्क त छ नि ?

उनी घुमाउरो भाषामा खसलाई होच्यउने उद्देश्यले साखुल्य भएर भन्छन्- हामी तामाङी र खस (क्षत्री-बाहुन) भाषीलाई खसी भन्दैनौं तर त्यति ठूलो साम्प्रदायिकता देखाए पनि उनले के बुझ्नु जरुरी छ भने अण्डकोषसमेत काटेर अर्यमा (सूर्य = सूर्यलाई पूजा गर्ने सबै आर्य हुन्छन्)लाई चढाउन सक्ने बहादुरहरूको संस्कृतिबाटै खस शब्द आएको हो । त्यसरी काटेर चढाउन सक्ने हिम्मत छ उनीसँग ?

मल्ल राजाले दिएको पदलाई जातजातिमा विभाजन गर्दा फरक-फरक जात पर्न गए पनि पर्वमा पनि ज्यापुले प्रयोग गरेको बाजा नै प्रयोग भएको छ- यसो भन्दा सुरुवालको इँजार खुस्केको पत्तो छैन । मल्ल राजा थिए तराईबाट उपत्यका पसेका थकुजुजु (ठाकुर राजा) जोसँग आफ्नो बाजागाजा नै थिएन तर पहिलादेखि उपत्यकामा बस्दै आएका ज्यापुसँग भने आफ्ना बाजागाजाहरू थिए । अनी अर्काको बाजागाजा लिने र उल्टै दया गरिदिएजस्तो, निगाह र कृपा गरिदिने गर्दा पनि वाह-वाह हुने ? के यो कुनै गणतान्त्रिक सोच भयो बुद्धिजीवीको ?

उनी डेढ सय इसाईलाई पृथ्वीनारायण शाहले झुन्डयाए भन्छन् तर स्रोत खोल्दैनन् । किन ? जब कि आधिकारिक स्रोत जिस्सेपी, माइकल एन्जेलो र जोनाथन लिन्डेलसमेत मौन छन् ।

उनको अन्तर्वार्ता पढेपछि दुइटा कुरा स्पष्ट भएका छन्- जतिसुकै ठूलो वामपन्थी हुँ भन्ने दाबी गरे पनि आफू ठूलो वर्गको नेवार हुँ र ज्यापु तल्लो

वर्गको हो भन्ने सामन्ती सोच उनमा पाइएको छ । अर्को कुरा, कान्तिपुरेहरूले आततायी र व्यभिचारी भएकाले धपाएर भक्तपुर पुऱ्याइदिएको र त्यहीं नजरबन्द सदाशिव मल्ल, प्रताप मल्लले ३ हजार रखौटी बनाएको घटना, भाष्कर मल्लको कालले डेढ सय मुसलमान काटेको तथ्य, अझ प्रताप मल्लले पाटन र भक्तपुरका भण्डारखालबाट सम्पदा लुटेर हनुमानढोकाको भण्डारखाल सजाएको र स्थिति मल्लले पछिल्लो जाति विभाजन गरेको देख्दादेख्दै उनी सम्पूर्ण दोष पृथ्वीनारायण शाहहरूमाथि थोपर्छन् । जब कि मार्क्सवादले मल्ल सामन्त एकथरी र शाह सामन्त अर्कोथरी हुन् भन्दैन । अर्थात् उनी एक साम्प्रदायिक मात्रै दरिन पुगेका छन्, वामपन्थी विचारक होइन । जो व्यक्ति एउटा इमानदार बुद्धिजीवीसमेत हुन सकेको छैन, उसले दश कक्षाको विद्यार्थीले पनि प्रदर्शन नगर्ने त्रुटिपूर्ण ज्ञान राखेर नेपालबारे अन्तर्राष्ट्रिय क्षेत्रमा के विचार दियो होला ? मैले उनलाई विद्यार्थीहरूलाई पढाउन योग्य प्राध्यापक भन्न लायक पात्र नै देखिनँ ।

तर सौरभको यो टिप्पणी नछापीकनै उल्टो सोही साता 'नयाँ पत्रिका' दैनिकले 'नेवार संवादबारे मेरो प्रस्टीकरण' शीर्षकको माणिकलालको पत्र छाप्यो । उनले सम्पूर्ण दोष अन्तर्वार्ताकार रामहरि पाण्डेमाथि थोपरेका छन् । पाण्डेको भनाइ थियो, 'टेप गरेको कुरा कागजमा सारेको हो तर मलाई नसोधी त्यो साखुल्ले पत्र छाप्नु हुने थिएन ।'

यो अडानले गर्दा दुई हप्तापछि नयाँ पत्रिकाबाट पाण्डेको जागिर गयो पनि । वामपन्थी छापाले बहस र संवाख हुन नदिइ निर्लज्ज जातिवादी श्रेष्टको एकतर्फी रूपमा हदैसम्मको बचाउ गर्नु नेपाली सञ्चारको एक कालो अध्याय हो तर साम्प्रदायिक श्रेष्ठ सुध्रिएका छैनन् भन्ने कुरा २६ भदौ २०६५ मा 'मूल्याङ्कन'मा तिनले लेखेको यस लेखका बुँदाहरूबाट थाहा हुन्छ ।

- *'१३ औं शताब्दीतिर भारतबाट आएका शरणार्थीमध्ये नारायण अर्याल र गणेश पाण्डे पनि थिए ।' (जब कि अर्यालले वि.सं. १६१६ मा मात्र द्रव्य शाहलाई श्रीपेच लगाइदिएका हुन् ।)*

- 'द्रव्य शाहका सात-आठ पुस्ता पहिले किर्चा खान, मिर्चा खान थिए ।' (जुन जैन खाण र मिचाहा खाण हो ।) उनले घुमाएर जैन खाँणलाई गाईवस्तुमा लाग्ने किर्नामा दर्ता गर्न खोजेका छन् ।
- 'नेवारहरूमा बौद्ध, शैव, महिष्टाम र इसाई मतावलम्बीहरू थिए ।' (यो महिष्टाम उनले नै प्रवर्तन गरेको धर्म हो ।)
- 'पृथ्वीनारायण शाहको समयमा भागी नजाने इसाईहरू सयजति मारिएका थिए ।' (प्रमाण के ? स्रोत के ? यथार्थ के हो भने १६२ जनालाई सम्झाइ-बुझाई नै पठाइएको हो ।)
- 'जयप्रकाशले नेपालमा चारवटा धर्म छ भनी इसाई डाक्टरलाई जवाफ दिए ।' (स्रोत के ?)
- 'नेपालमा मल्ल कालमा गाई काट्न पाइन्थ्यो, पृथ्वीनारायण शाहले मात्र रोकेका हुन् ।' (स्रोत के ?)
- 'जयप्रकाशले मच्छेनारायण चर्च बनाइदिएका थिए, पृथ्वीनारायण शाहले भत्काउन लगाइदिए ।' (स्रोत के ?)
- 'रणबहादुर शाहको समयमा पूर्वी नेपालको स्थिति बुझ्न पठाएको मानिसले लिम्बू भाषामा प्रतिवेदन बुझाएकाले शाहले त्यसमा आफ्नो अपमान सम्झी त्यस्तो गर्नेलाई अबदेखि काटी मार्नु भने ।' (आधार के ?)

तर छापा पनि सुध्रिएको छैन, २०७० मङ्सिर ६ गतेको 'नयाँ पत्रिका'मा 'यस्ता थिए सन्की राजाहरू' शीर्षकमा लेखक दिनेशराज पन्तको लेख छापियो । दिनेशराज पन्तलाई त्यस लेखबारे फोनबाट सोध्दा, 'आफूले सो कुरा कहिल्यै नभनेको, सो भनाइ आफ्नो नभएको तर त्यससम्बन्धी कुरा भएको पत्रकार भनिएका रामदत्त पन्तले पनि सो पत्रिका तीन वर्षअघि नै छोडेको बताए । लगत्तै २०७० मङ्सिर १८ को अङ्कमा दिनेशराज पन्तको खण्डन पनि छापियो ।

व्यक्ति चित्र

रामप्रसाद कोइराला

मातृकाप्रसाद कोइरालाले प्रधानमन्त्री भएका बेला रामप्रसाद कोइरालाको दुम्जामा रहेको खेतबारी आफ्ना भइबन्धुको नाममा पास गराइदिए र न्यायालयलाई दबाब दिएर रामप्रसाद कोइरालाकी जेठी छोरीको परिवारलाई एउटा निजी मुद्दामा हराइदिए ।

'कृष्णलाल र मर्कपर्व' नामक पुस्तकमा स्व. गणेश भण्डारीको एउटा लेख छापिएको रहेछ । जसमा एक वाक्य यस्तो थियो- राणाशासनका विरोधीमा चिनिने ४ दुम्जालीहरू कालिदास कोइराला, रामप्रसाद कोइराला, कृष्णलाल अधिकारी र कृष्णप्रसाद कोइराला हुन् ।

रङ्गेली माध्यमिक विद्यालयको २०५५ सालको स्मारिकामा दधिराज सुवेदीको एउटा लेख छापिएको रहेछ । त्यसमा रङ्गेलीका स्थापनाकार हरूको नाममा वि.सं. १९४६ ताकाका सुब्बा रामप्रसाद कोइराला र खरदार कृष्णप्रसाद कोइरालाको नाम पढ्न पाइयो ।

यसबाट रामप्रसाद कोइराला एक कौतूहलपूर्ण तर पछाडि परेका पात्र हुन गए । उनका बारेमा चासो राख्नैपर्ने हुन गयो । मातृकाप्रसाद कोइरालाले गणेश भण्डारीलाई के बताएका छन् भने राणाशासनबाट रामप्रसाद कोइरालालाई जोगी हुन बाध्य पारियो । जुन सम्भवतः एक अर्धसत्य मात्र हो भन्ने अन्य स्रोतहरूबाट बुझिन्छ । त्यसको पृष्ठभूमि यस्तो छ ।

दुर्गाशमशेर राणा वि.सं. १९६० को दशकमा वीरगन्जको तीन थानामा थिए । पुरुषोत्तमशमशेर राणाले दुर्गाशमशेरको मृत्यु कहिले भयो लेखेका छैनन् तर जन्म साल र उमेरको हिसाब गर्दा त्यो वि.सं. १९६४ साल हुन आउँछ । यहाँ दुर्गाशमशेरको यथार्थ अलि स्पष्ट्याएपछि रामप्रसाद कोइरालालाई केही बुझिनेछ ।

सीमापारि औषधोपचार गर्न जान नदिएका कारण दुर्गाशमशेरको निधन भयो भन्ने पुरुषोत्तमशमशेर राणाको लेखाइ छ । रामप्रसाद कोइरालाको परिवारमा चलेको एउटा अनुश्रुतिअनुसार चन्द्रशमशेरद्वारा आयोजना गराइएको एउटा भोजबाट दुर्गाशमशेर घोडामा कुद्दै र 'ए कोपरा थाप्' भनेर चिच्याउँदै आफ्नो घर आए । कोपरामा बेपत्ता रगत वमन गरेर र तत्कालै घोडाबाट खसेर बिते । यद्यपि लेखाइ पुरुषोत्तमशमशेर राणाकै सही होला तर भाइ भए पनि उनी चन्द्रशमशेरका प्रिय पात्र रहेनछन् र होइनन् भन्ने कुरा राणाहरू र राणाइतर सबैलाई थाहा रहेछ । अर्थात् रामप्रसाद पनि चन्द्रशमशेरविरोधीसँग नजिकिएका रहेछन् ।

यससँगै छापिएको तस्बीर रामप्रसाद कोइरालाको अन्दाजी ३० वर्षको हो । उनी वि.सं. १९६५ सालबाट फेरि सार्वजनिक रूपमा कहिल्यै देखा नपरेका अर्थात् बेपता भएका व्यक्ति मानिन्छन् पनि । अर्थात् उनी सम्भवतः वि.सं. १९२५ सालतिर जन्मिएका थिए । सहानुभूतिकर्ता दुर्गाशमशेर राणाको अकस्मात् निधन भएपछि 'काठमाहाल'का सुब्बा रामप्रसाद कोइराला सम्भवतः केन्द्रको कोपभाजनबाट मुक्त हुनका निम्ति बिलाए ।

मातृकाप्रसाद कोइरालाले काठमाडौं ३४ वडाको प्रकाशन 'सुसूचना'मा २०५० सालमा 'मेरा पिताजी' शीर्षकमा यस्तो वाक्य लेखेका छन्- 'वास्तवमा पिताजीको जागिर खाने विचार थिएन तर परिवारमा सबै जागिरे । तीन दाजु सुब्बा कालिदास, माहिला नारायणप्रसाद, कान्छाबाबुका छोरा रामप्रसाद दाजु र साहिँला लेफ्टिलेन्ट दाजु हीरालाल... मेरा कान्छा बाजे बुद्धिनाथ पनि अगावै सुब्बा भइसक्नुभएको थियो र उहाँका छोरा रामप्रसाद पनि पछि सुब्बा हुनुभएको थियो... काका रामप्रसाद मोरङ मालमा खटिनुभयो ।'

यहाँ गणेश भण्डारी र दधिराज सुवेदीसम्मका स्रोत पनि मातृकाप्रसाद कोइराला हुन् भन्ने देखिन्छ । जसले आफैंले पनि रामप्रसादबारे टिप्पणी गरेका छन् । अब माथि प्रयोग भएको शब्द अर्धसत्यको यथार्थतिर जाऔँ । २००४ साल पद्मशमशेर राणाले विधान परिषद्को कुरा उठाएको वर्ष थियो । त्यो वर्ष मध्यपहाडी भेगको स्याङ्जा भन्ने ठाउँमा एक अति वृद्ध,

सेतो दाह्री भएका सज्जन आफ्नो परिचय नदिने तर अरूको परिचय लिएपछि बलियो मानिस जस्तो लागेछ भने प्रश्न गर्ने गर्थे- बाबु ! दुम्जा भन्ने ठाउँमा एकाध स्कुल खोल्न सकिँदैन ? तर दुम्जातिर त कोइराला धेरै हुन्छन् नि ? भनेपछि भोलिपल्ट उनी गायब हुने गर्थे । यस्तो घटना केहीपल्ट दोहोरिएकाले रामप्रसाद कोइराला कम्तीमा ८९ वर्षसम्म जीवितै थिए भन्ने एउटा अनुमान छ । अर्थात् रामप्रसाद कोइरालाको भेष बदलिएको थियो तर उनका राजनीतिक र सामाजिक उद्देश्यहरू बदलिएका थिएनन् । उनी जोगी भएका थिएनन्, भूमीगत थिए । सम्भवतः विधान परिषद्को कुराले अरूमा जस्तै उनमा पनि एउटा आशा जागेको थियो होला ।

अर्धसत्यको दास्रो पाटो के हो भने मातेकाप्रसाद कोइराला आफैं प्रधानमन्त्री भएका बेला रामप्रसाद कोइरालाको दुम्जामा जेजति खेतबारी थियो, त्यो सबै छोरीहरूको कुनै हक लाग्दैन भन्ने निहुँमा उनले आफ्ना भाइबन्धुको नाममा पास गराइदिए । सूत्रहरू भन्छन्- त्यति बेलासम्म रामप्रसाद कोइरालाकी कान्छी श्रीमती जीवित थिइन्, जसले आफ्ना श्रीमान्का् पहिली श्रीमतीतर्फका दुई छोरीलाई हकदार बनाउन निकै प्रयास गरिन् । त्यतिमात्र नभई मातृकाप्रसाद कोइरालाले प्रधानमन्त्री पदको दुरूपयोग गर्दै न्यायालयलाई दबाब दिएर रामप्रसाद कोइरालाकी जेठी छोरीको परिवारलाई एउटा निजी मुद्दामा हराइदिए ।

भौतिक वस्तु आउँछन् र जान्छन् तर यी कान्छी श्रीमती मानसिक रूपमा पनि जीवनभर पीडित र शोषित कासरी रहिन् भने मातृकाप्रसाद कोइरालाले नै मान्नुपर्ने कृष्णप्रसाद कोइरालाले तपाईको श्रीमान्लाई बारबार कहिले बनारस, कहिले कोलकातामा खोजिदिन्छौं भाउजु, भन्दै पचाऔं वर्ष रकम असुल गरिरहे तर १० वर्षमा विवाह भएर पनि श्रीमान्सँग बिछोड भएकी उनले आफ्नो श्रीमान् भेट्ने आशामा खर्च गरिरहिन् । उनीहरू जान्दथे, रामप्रसाद कोइराला जोगी भेषमा हिंडिरहेको छ तर उनले खर्चको लोभले कहिल्यै भेट गराइदिएनन् । रामप्रसादलाई राणाको डर

देखाएर सार्वजनिक हुनबाट रोकिरहे । उनीहरूले भन्न छोडेनन् राणाले रामप्रसादलाई जोगी बनायो ।

अन्त्यमा रामप्रसादको एउटा उक्ति- डोको बोकेर धनी होइँदैन, भोको बसेर धर्म हुँदैन । उनको अर्को धारणा थियो रे- छोरीहरूलाई पढाउनु हुँदैन, पढायो भने केके न जानेको छु भनेर पशुपतिको ढोकामा टाउको ठोक्दै ठूलो-ठूलो स्वरमा श्लोक फलाक्न थाल्छन् । यद्यपि पछिल्लो वाक्य सत्य होइन । उनकी जेठी छोरी कृष्णकुमारीलाई राम्रो लेखपढ गर्न आउँथ्यो । उनलाई पशुपतिमा श्लोक फलाकेको चाहिं पटक्कै मन पर्दो रहेनछ, त्यति मात्रै हो ।

जन्मेको शयवर्ष नाघेपछि अब त बाबुको निधन भइसक्यो होला भनेर 'नारायण बलि' गर्ने कृष्णकुमारीको धोको कहिल्यै पूरा भएन । २०३८ सालमा ८४ वर्षको उमेरमा उनको पनि निधन भयो । श्रीमती रामप्रसादलाई भाउजू भन्ने तत्वहरूले उनकी कान्छी छोरीलाई वि.सं. १९७० सालको गोमन र बिच्छीको बिगबिगी भएको जनकपुरमा झोसे । जोसँग कृष्णकुमारीको जीवनमा एकपल्टबाहेक कहिल्यै भेट भएन ।

अर्थात् किशोरनर्सिंह राणा

बिर्सन नहुने एक स्वाभिमानी स्वप्नद्रष्टा, बहुआयामिक प्रतिभा र आधुनिकताका धरोहर

त्यस बखतको नेपालमा भीमबहादुर पाँडेले 'विद्युत् इन्जिनियर किशोरनर्सिंह राणाले जीवनभर आफ्नो घरमा बत्ती बालेनन्' लेख्नुअघि नै मैले बाल्यकालमा त्यो सुनेथें । फर्पिङको पावरहाउस स्थापना गर्न पढ्न पठाइएका उनी किल्वर्न नाउँको अङ्ग्रेजलाई निम्त्याइएपछि 'अङ्ग्रेजले हुने रहेछ भने हामी नेपालीको के काम ?' भनेर क्रुद्ध भएका थिए ।

त्यसभन्दा पनि पर उनी भूमिगत तार प्रणाली चाहन्थे तर चन्द्रशमशेर राणाले 'सर्ट सर्किट भएर म मरें भने तँ जिम्मेवार हुन्छस् ?' भनेकाले उनी पछि हट्नुपर्‍यो भन्ने पनि सुनेथें ।

'राणा नेपाल : एन इन्साइडर्स भ्यू'मा प्रमोदशमशेर राणाले सेतो दरबारमा जेनरेटरको बत्तीले उज्यालो पारिन्थ्यो भनेर लेखेका छन् । सम्भवतः त्यसपछि खड्गशमशेरलाई पाल्पामा त्यो प्रविधि निम्त्याउने श्रेय दिने पनि उनै हुन् । यद्यपि, त्यो त्रुटि हो ।

'हिस्ट्री अफ कोलिकाता' खण्ड-२ मा सुकान्त राय चौधरीले जङ्गबहादुरको समय (सम्भवतः १८६० को दशक)मै राजकृष्ण कर्माकर नामक बङ्गालीले नेपालमा विद्युत् जेनरेटर प्रविधि भित्र्याएको लेखेका छन् । अर्थात्, जलविद्युतप्रतिको रुचि मात्रै नयाँ थियो किशोरनर्सिंह राणाको समय, नेपालले विद्युत् नै चिनेको थिएन भन्नेचाहिँ होइन ।

त्यसपछि 'गोरखापत्र' दैनिकले बड्डारको लिफ्ट इरिगेसन परियोजना पूरा हुनेबित्तिकै पछिल्लो पृष्ठमा त्यसको स्वप्नद्रष्टाका रूपमा उनलाई श्रेय दिंदै लामो समाचार छापेको पनि मलाई सम्झना छ । 'नेपाल' शीर्षकको पुस्तकमा

भीमभक्तमानसिंह बस्नेतले लेखेजस्तो लाग्छ, किशोरनर्सिंह राणा त्रिशूलीमा जलविद्युत् गृह स्थापना गर्न चाहन्थे । यस विषयमा चन्द्रशमशेरसँग उनको खटपट परेको थियो । यसबाट थाहा हुन्छ, उनी त्रिशूलीको पानीमा जलविद्युत् र सिँचाइ दुवैको रहस्य देख्थे । नभन्दै देवीघाट जलविद्युत् योजना उनको निधनपछि बन्यो । उनी बडो भविष्यद्रष्टा रहेछन् ।

कुरा यत्तिकैमा टुङ्गिंदैन । 'उद्यान' शीर्षकको पुस्तकमा गङ्गाविक्रम सिजापतिले लेखेका छन् : 'नेपालमा आधुनिक फलखेतीको श्रेय उनैलाई जान्छ । उनले आफ्नो इचङ्गु फार्ममा आधुनिक ढाँचाको फल खेती गरेका थिए । कपनमा हेमराज पाण्डेलाई यस्तै आधुनिक हर्टिकल्चर फार्म स्थापना गर्न लगाउने पनि उनै हुन् ।'

कपनको फार्ममा त्रिभुवन विश्वविद्यालय राख्ने प्रसङ्ग उठेको थियो भन्ने कुरा कसले लेखेको हो, मलाई सम्झना छैन तर अहिले गुम्बा भएको त्यस ठाउँमा चार किसिमका पिकान नट, ३३ किसिमका अङ्गुर, अनेक जातका स्याउ थिए भनेर स्व. शिवलाल मालाकारबाट मैले सुनेको हुँ । मालाकार घण्टाघरछेउको मस्जिदभित्रको मालाकार नर्सरीका संस्थापक हुन् । कृषि पत्रिकामा पढेको हुँ, एफिड लागेर ती स्याउका बोट नष्ट भए । सोच्छु त्यसबेला केशवचन्द्र शर्माजस्ता एफिडोलजिस्ट नभएर पो ! किशोरनर्सिंह राणाले चाहिं फार्मको बचाउमा ध्यान पुऱ्याउन सकेका रहेनछन् ।

मालाकारबाटै मैले सुनेको हुँ, सिंहदरबारभित्रको पुतली बगैंचा र केशरमहलको बगैंचाको डिजाइनकर्ता किशोरनर्सिंह हुन् । एमएल बनर्जीसँग मिलेर 'अर्किडस् अफ नेपाल' शीर्षकमा 'जर्नल अफ बम्बे नेचुरल हिस्ट्री सोसाइटी'मा १० अध्याय लेख्ने स्व. वृषबहादुर थापाबाट सुनेको हुँ- लक्ष्मी निवासको बगैंचाका डिजाइनकर्ता पनि किशोरनर्सिंह हुन् ।

'त्यस बखतको नेपाल' र अन्य अनेक पुस्तकमा सिंहदरबारको डिजाइन गर्ने कुमारनरसिंह राणा र किशोरनर्सिंह राणा हुन् भनेर धेरै पटक लेखिसकिएको छ तर पुराना सम्झनामा राममणि दीक्षित लेख्छन्, 'आजको सैनिक अस्पतालको डिजाइनकर्ता किशोरनर्सिंह राणा हुन् ।'

सिभिल इन्जिनियर र प्रसिद्ध खेलाडी स्व. सूर्यजङ्ग थापाबाट १९९० सालपछिको शीतलनिवासका डिजाइनकर्ता डिल्लीजङ्ग थापा र १९९० अघिका डिजाइनकर्ता किशोरनर्सिंह राणा हुन् भन्ने सुनेको हुँ ।

'सगुन' पत्रिकाका कुनै बेलाका सम्पादक चैतन्यराज देवकोटाबाट संयोगवश यति बेला सुन्न पुगेको छु, दिल्लीको राष्ट्रपति भवन, कनाट प्लेस र कनाट सर्कसका तीन डिजाइनकर्तामा कुमारनरसिंह राणा र किशोरनर्सिंह राणा पनि हुन् । यसै भएर देहरादुन पुगेपछि जुद्धशमशेरले तिनलाई त्यहाँ पनि कनाट सर्कस, कनाट प्लेस बनाउन निम्त्याए । त्यहाँको कनाट सर्कसको मुख्य हललाई भारतीय जिब्रोले जोधा हल भने पनि त्यो जुद्ध हल हो । उनी आफ्ना श्रोत किशोरनर्सिंह राणाका सन्तान खड्गनर्सिंह र जुद्धशमशेरका सन्तान शशिशमशेर भएको बताउँछन् । यद्यपि, हामी सबै जान्दछौं ती भारतीयहरू दिल्लीमा निर्मित स्थापत्य र बगैंचाका निम्ति एड्वर्ड ल्युटनस र हदभन्दा हद भए उनका सहयोगी हर्वर्ट बेकरको मात्रै नाम लिन्छन् । त्यसो त हिजोआज भारतले वृषबहादुर थापाको नाम झिकेर एमएल बनर्जीको नाममा 'अर्किडस् अफ नेपाल' छाप्न थालेको छ ।

'टुँडिखेलवरिपरि विद्यमान स्मारकहरूमा साफल्य अमात्यले समरबहादुर मल्ललाई उद्धृत गर्दै लेखे, 'जापनबाट पढेर (जुन गलत हो) आएका कुमार नरसिंह राणा र किशोरनर्सिंह राणाले वायुसेवा निगमको भवनअगाडि जिङ्को विलोबा रोपेका हुन सक्छन् ।' त्यो भनाइलाई इन्कार गर्दै मल्लले उल्टै भनेको सुनेको हुँ, केशरशमशेर राणाले सोधेका रहेछन् किशोरनर्सिंह राणालाई त्यो रोप्ने मानिसका बारेमा र किशोरनर्सिंह राणाले आफूलाई थाहा नभएको बताएका रहेछन् । इमानदार पनि रहेछन् किशोरनर्सिंह राणा ।

नभन्दै 'कान्तिपुर'मा अन्तर्वार्ता दिने शङ्कर थापा लेकालीबाट त्यो रोप्ने व्यक्ति सुबेदार चन्द्रबहादुर थापा (अर्को प्रसिद्ध चन्द्रबहादुर थापा होइन) हुन् भनेर मैले सुनें ।

'राणा : रुल एन्ड रुल'मा दमनशमशेर राणा लेख्छन्, 'वीरशमशेरको समयको पानी वितरण प्रणाली पुरानिएकाले भीमशमशेरका समयमा किशोनरसिंह राणाले नयाँ खानेपानी वितरण प्रणाली सफलतापूर्वक स्थापित

गरे ।' तर पुस्तकबाट देखिन्छ 'नेपाल तारा' चाहिँ तैनाथवाला हाकिम सिंहशमशेरलाई मिल्यो । कस्तो निकृष्ट अन्याय नेपालको ?

एउटै दु:खलाग्दो खोट मैले सुनें हुतराम वैद्यबाट । १९९० को भुइँचालोपछि जुद्धशमशेरले हुँदैन भन्दाभन्दै किशोरनरसिंहले रिझाउने उद्देश्यले त्रिपुरेश्वर मन्दिरको पूर्वी ढोकाका दिक्पालहरू अहिलेको प्रतिनिधिसभा भवनका ढोकामा लगेर रादिदिए । त्यसो त चन्द्रमामा दाग हुन्छ ।

म उनका बारेमा खोजेर पसिनँ, यो सबै संयोगहरूको नतिजा हो तर 'राणा वंशावली'मा किन उनले ठाउँ पाएनन्, 'नेपालका पुराना प्राविधिज्ञहरू 'मा पनि करुणाकर वैद्य र छविलाल गजुरेलले किन उनलाई ठाउँ दिएनन् ? मैले बुझ्न सकेको छैन ।

प्रमाणित भइसकेको एउटा स्वाभिमानी स्वप्नद्रष्टा, एउटा बहुआयामिक प्रतिभा, आधुनिकताको एउटा धरोहर किन बिर्सियो नेपालले ? साँच्चै बुझ्न सकिन्न ।

यसपछि हुलाक सेवा विभागले उनी र कुमारनर्सिंह राणाको तस्वीर भएको हुलाक टिकट प्रकाशन गऱ्यो ।

सौरभको यो लेख प्रकाशित भएपछि 'नेपाल' पत्रिकाको सम्पादकलाई चिठी स्तम्भमा प्रकाशित पाठकपत्र :

प्रसङ्ग ऐतिहासिक पात्रको

नेपाली पत्रकारितामा एक मौलिक र लोकप्रिय नाम हो सौरभ (अर्थात किशोरनर्सिंह राणा, २२ असार) विशेषतः पुराना र ऐतिहासिक पात्र किशोरनर्सिंह राणामा केन्द्रित सौरभको लेखले धेरै पुराना कुरा उद्धृत गरी मजस्तो यस्ता कुरामा ज्ञान नभएको तर चाख लिने व्यक्तिलाई खुशी तुल्याएको छ ।

सौरभले इन्जिनियर र प्रसिद्ध फुटबल खेलाडी सूर्यजङ्ग थापाको नाम उल्लेख गरेका छन् । स्पष्टवक्ता तथा सोझो र दायाँबायाँ नघुमाई ठाडै कुरा गर्थे थापा । अझ उनलाई १९५०-५१ को नेपालको राजनीतिक परिवर्तनको समयमा लन्डनस्थित नेपाली राजदूतावासका सैनिक सहचारी पनि भन्नु उपयुक्त होला ।

सूर्यजङ्ग थापासँगै जोडिएको अर्को प्रसङ्ग छ । मेरो घर थियो हात्तीसारमा । एकपटक सैनिक सहचारी भई लन्डन पुगेका थिए थापा । उनका पूर्ववर्ती पदमबहादुर खत्री जो पछि जनरल, परराष्ट्र र रक्षासचिव, राजदूत तथा परराष्ट्र र जलस्रोतमन्त्री पनि भए । र थापा दुवैलाई फरक फरक काम गर्ने तर राजदूताबासमा सँगै बस्ने रोचक व्यवस्था गरेको थियो, तत्कालीन सरकारले ।

थापाका भतिजा र लन्डनमा पहिलो सैनिक सहचारी हुने जनरल शोभागजङ्ग थापाको भनाइमा त पुराना अधिकांश नेपाली इन्जिनियर डिग्री प्राप्त नभई डिप्लोमा प्राप्त व्यक्तिहरू थिए । यी दुई वर्गमा मुख्य फरक डिप्लोमा पाउने व्यक्तिको नाम गजेटमा छापिँदैनथ्यो र यस्ता व्यक्तिहरूलाई भारतमा काम गर्न प्रतिबन्ध थियो । पहिला इन्जिनियरिङ नै पढ्न शुरु गरी बीचैमा नेपाल फर्कने जनरल थापा लन्डन जानुअघि नयाँदिल्लीमा नेपाली नियोगका उपप्रमुख र प्रमुख तथा पछि रक्षासचिव, परराष्ट्र सचिव र मुख्यसचिव भए । लेखमा किशोरनर्सिंह राणाले तत्कालीन सरकारले किल्वर्नलाई निम्त्याएको प्रसङ्गमा विरोध जनाई फर्पिङमा उन्पादित बिजुली बत्ती नबालेको उल्लेख रहेछ । यसमा केही स्पष्ट पार्नु उचित देखेको छु । (म पनि त्यति पुरानो व्यक्ति होइन र इतिहासको ज्ञान पनि नभएकाले अन्यथा भए माफ पाऊँ ।)

फर्पिङको नेपालकै पहिलो जलविद्युत् गृह हो । यसको निर्माण सन् १९११ मा सम्पन्न भएको थियो । ५ सय किलोवाट क्षमताको यो प्रतिष्ठापूर्ण निर्माणमा आफ्नो योग्यताको कदर नभएकामा राणा स्वाभाविक रूपले रिसाउनुभयो तर त्यो समयमा किल्वर्न आएका थिएनन् । १९०९-१० मा नेपालमा रही कार्य गर्ने ब्रिटिस विद्युत् इन्जिनियरद्वय बी पोन्टेट र टीई लेन्च थिए । आफू योग्य व्यक्ति हुँदाहुँदै यी अङ्ग्रेजको सेवा लिएकामा राणाले विरोध गरे । किशोरनरसिंहको पुरानो घर हालको केशरमहल क्षेत्रमा थियो । त्यसलाई पछि केशरशमशेरले किने ।

सौरभले उल्लेख गरेका अर्का ब्रिटिस इन्जिनियर ई किल्वर्नपछि नेपाल आए । उनलाई विद्युत र रोपवेको जिम्मा दिइएको थियो । बरू अरू नेपालीको तलब न्यूनतम हुँदा किल्वर्नलाई १ हजार ५ सय ५० रुपियाँ

र आफ्नो बढी योग्यता हुँदाहुँदै पनि बराबर तलब दिइएकामा नेपालका पहिला विद्युत् इन्जिनियर पद्मसुन्दर मल्लले कडै विरोध जनाए । मल्ल नेपालकै पहिले महिला राजदूत विन्देश्वरी शाहका पिता हुन् । उनले भारतको खर्साङस्थित यो क्षेत्रकै पहिलो जलविद्युत् केन्द्रको निर्माण गरेका थिए । अरू नेपालीको तुलनामा इन्जिनियर मल्लको तलब बढी नै हो । यसको कारणचाहिँ अमेरिकामा हासिल गरेको योग्यताका साथै स्वीकृतिबेगर समुद्रपार गएर पतिया नपाएकाले विदेशीसरह व्यवहार गरिएको थियो ।

मल्लको विरोधको प्रत्युत्तरमा तत्कालीन सरकारले दुवैलाई बराबर तलब दिएको तर किल्वर्नले रोपवे पनि हेर्ने भएकाले ५० रुपैयाँ थप भत्ता दिइएको सफाइ दिएको मैले सुनेको छु । मल्ल र नेपालका प्रथम प्रधानन्यायाधीश (दुईपटक) हरिप्रसाद प्रधानबीच बिहेबारीको सम्बन्ध थियो । यसै सम्बन्धको सूत्रबाट सम्भवतः प्रधान नेपाल आए । उनका छोरा अरुणचन्द्र प्रधान नयाँदिल्लीस्थित राजदूताबासका प्रथम सचिव, सरकारका अतिरिक्त सचिव थिए ।

किल्वर्नसँग कनिष्ठ पदमा काम गरेका उपेन्द्रकुमार बस्नेत नयाँदिल्लीमा सैनिक सहचारी, ल्हासामा महावाणिज्यदूत, पाकिस्तान र बेलायतका लागि शिष्टाचार महापाल र राजदूत भए । किल्वर्नले नेपालमा सेवा गर्नुअघि रोपवेमा काम गर्ने अर्का ब्रिटिस इन्जिनियर आरएस अन्डरहिल आएका थिए । १९१३ देखि नै लामो समयसम्म योजनाको निर्माण सञ्चालनमा संलग्न रहे ।

नेपालमा रहने अर्का ब्रिटिस प्राविधिज्ञ थिए ईए स्मिथिज, जोअन्तर्गत मातृकाप्रसाद कोइरालाले सुब्बा भएर काम गरेका थिए । स्मिथिजसँग काम गर्ने अर्को व्यक्ति थिए प्रसिद्ध लेखक केशवराज पिंडाली । भारतको वन विभागको कन्जरभेटर भई अवकाश पाउने स्मिथिज नेपालको वनसम्पदाबारे सल्लाह दिन आएका थिए । तत्कालीन सरकारले कोइरालालाई सेवाबाट बर्खास्त गरेको विरोधमा उनले सरकारलाई पत्र लेखेका र तालुकावाला हाकिम जनरल केशरशमशेरले यस्तो कार्य उचित नभएको राय दिएको रोचक प्रसङ्ग मातृका कोइरालाले मालाई सुनाएका थिए ।

– मदनकुमार भट्टराई, (जर्मनीका लागि नेपाली राजदूत)

आत्मबोध

झन्डाको जीववैज्ञानिक आयाम

१५ सय वर्ष पुरानो मानाङ्कमा नेपालको वर्तमान ६ कोणयुक्त झन्डालाई दायाँ खुट्टा उचालेर सिंहले सलाम गरेको अङ्कित छ । यति पुरानो झन्डा अहिले कुनै राष्ट्रको छैन । झन्डाको उत्पत्ति र विकासक्रमका निम्तिसमेत नेपालले कसैसँग ज्ञान र नियम सापट लिनुपर्ने स्थिति पनि छैन ।

पृष्ठभूमि

यो 'एरोडाइनामिक्स' अनुकूल तुल्याइएको हिन्दू झन्डा हो- 'नेपालः सोसियल डेमोग्रफी एन्ड एक्सप्रेसन्स'मा हर्क गुरुङ । राष्ट्रिय झन्डा नै परिवर्तन गर्नुपर्छ भन्ने आवाज उठिरहेका बेला चन्द्रवंशीय र सूर्यवंशी राजाका सौर्य अङ्कित झन्डाको गाथा गाइएको गीत- २१ डिसेम्बर २००६ को 'कान्तिपुर'मा एक लेखकको वाक्यांश । आदिवासी र जनजातिहरूले राष्ट्रिय जनावर, झन्डा, रङ्ग आदि फेर्नुपर्ने माग राखेका छन् । ८ डिसेम्बर २००७ को 'कान्तिपुर' । आदि वाक्य र भनाइहरू सत्य हुन् वा होइनन्, तिनको यहाँ समीक्षा गरिनेछ ।

पहिलो त्रिकोण

स्याङ्जाको आलमदेवीमा प्रयुक्त हुने झन्डाका तीन कुनामा सर्प, बिच्छी र भ्यागुतो आकारका टुक्रा पनि गाँस्नुपर्ने चलन सदियौंदेखि चलिआएको थियो तर त्यस्तो आकार सिउँदै र टाँस्दै आएका आलमेहरू छिटछिटै मर्न थालेपछि अहिले यो रोकिएको छ । कसैले पनि यो तथ्य आलमदेवी मन्दिरसम्म पुगेर बुझ्न हुन्छ । यसबाट स्पष्ट भएको छ, राजनीतिशास्त्रको शक्ति सन्तुलनको सिद्धान्तमा झन्डाको पहिलो त्रिकोण निर्मित थियो । सर्प,

बिच्छी र भ्यागुतो एक (अर्काको उपस्थिति थाहा पाइने समदूरीमा पुगे भने अघि बढ्दैनन् भन्ने प्राचीन मान्यतामा यो त्रिकोण आधारित रह्यो । तीनवटै निशाचर प्रकृतिका र अन्डज (अभिप्यारस) हुन् । यसैले तिनको बीचमा रातको अर्थमा चन्द्रमा प्रयोग हुन पुगेको हो ।

दोस्रो त्रिकोण

मैदानमा प्रयुक्त हुने तीनकुने झन्डामा प्रायः सूर्य हुन्छ किनभने हात्ती, बाघ र बँदेल एक-अर्काको उपस्थिति थाहा हुने समदूरीमा पुगे भने अघि बढ्दैनन् भन्ने अर्को प्राचीन मान्यतामा यो आधारित छ । यी तीनवटै घाममा देखा पर्ने र स्तनपायी (म्यामेलियन) प्रकृतिका हुन् । तीनवटै रैथाने हुन् ।

हात्तीको प्राग्ऐतिहासिक रूप 'आकिडिस्किर्डन प्लेनिफर्मिस'समेत नेपालमा फेला पार्ने जी कर्भिनसलाई केही अघि मुम्बईमा मारिएको 'कान्तिपूर'का पाठकहरूले पढेकै होलान् । पुराणको वराह तमोरको पल्लो भेगमा पाइने 'सस सर्क्फा-क्रिस्टाटस' हो र 'पान्थेरा टिग्रिस' भन्ने बाघ विदेशी होइन ।

त्रिकोणको संयुक्त

१५ सय वर्ष पुरानो मानाङ्कमा नेपालको वर्तमान ६ कोणयुक्त झन्डालाई दायाँ खुट्टा उचालेर सिंहले सलाम गरेको अङ्कित छ । यति पुरानो झन्डा अहिले कुनै राष्ट्रको छैन ।

सिंह चढेर लड्न आएको ग्रिक इटियोस (अहिलेको अपभ्रंश अट्टहास), सिकन्दर (अहिलेको सिकिस्त, हिन्दीको सिकस्त र नेवारीको सिकाय), उसको सेनापति सेल्युकस (अहिलेको नेपालीको सलक अर्थात् पङ्क्ति, हिन्दीको सलाका अर्थात् महान्) आदि विदेशीको प्रतीकका रूपमा यो सिंह (पान्थेरा लियो पेर्सिका) आएको हो । सलाम पार्न बाध्य बनाइएको सिंह रैथाने होइन पनि ।

त्यससँगै जहाँनेर आलमदेवीका पुजारी रानामगर हुन्, त्यहीनेर मानाङ्क ढालिएको भक्तपुर र त्यसपछिको ललितपुरमा त्यही कालमै प्रशस्त

राने, 'रानक' हरूको स्पष्ट उल्लेख छ । यद्यपि राणकको अर्थ महासामन्त हो । यसको वर्तमान छोटो लामो दूरीको ज्यामितीय स्थिरीकरण गर्ने शङ्करनाथ रिमाल यहीं हाम्रै वरिपरि छन् अर्थात् यस्तो 'एरोडाइनामिक्स' अनुकूलको उद्भवचाहिं हिजोको मात्र कुरा हो । संयुक्त राष्ट्रसङ्घ परिसरमा रहेको नेपाली झन्डा नफरिहिएपछि पहिलो प्रतिनिधि ऋषिकेश शाहले झन्डाका दुई त्रिकोणहरूमा ठूला ठूला प्वाल पार्न लगाए । उनका ठाउँमा दोस्रो प्रतिनिधिका रूपमा संयुक्त राष्ट्रसङ्घ मुख्यालय पुगेका पदमबहादुर खत्रीले झण्डाको त्यो अपमान देखेर फहरिने उपायहरूको खोजीको क्रममा एरोडाइनामिक बनाउनुपर्छ भन्ने कुरा उठयो, त्यसपछि यसको ज्यामितीय प्रारूपमा सुधार भएको हो ।

सौर्य गाथाको कुरा

जापानमा सम्राटले राज्याभिषेकको अन्तिम चरणमा धातुको ऐना लिएर सूर्य मन्दिरमा जानुपर्छ । कोरियाको पुरानो नाम चोसुनको अर्थ सम्भवतः सूर्य नै हो । कम्पुचियाको एङ्कोर वाट बनाउने व्यक्ति सूर्य वर्मन हुन् । केही अघि हट्टेलले खिङ्गामा उत्खनन गरेर निकालेको 'कालोङ' ऐना सन् १९९० मा मध्यतिब्बतमा उत्खनन गरेर निकालिएको कालोङसँग मिल्न पुगेको छ । जुन चीनबाट तिब्बत हुँदै नेपाल आएको मानिएको छ र यही ऐना हो, मन्दिरमा विराजमान गराइने नेवार समुदायको सूर्य ऐना = ज्वाला न्हायकं । यो धातुकै हुन्छ ।

कालोङको वर्तमान नेपाली अपभ्रंश हो, काँस । र अर्कातिर लिम्बूहरूको 'थुङथाङ्वा' सूर्यदेव हुन् । उनी अदुवासँगै लसुनमा विराजमान भएर तिब्बतबाट पसे, उनीहरूको परम्परा यही भन्छ । जबकी भाभिलोभले लसुनलाई मध्यएसिया र भूमध्यसागरीय मानेका छन् भने अदुवालाई 'हर्टस थर्ड'ले ऊष्ण दक्षिणपूर्व एसियाई मानेको छ । बरु ५ सय वर्षअघिका शासक मानिएका तुम्बाहाम्फे थुङथाङ्वा शब्दको अपभ्रंश हुन सक्छ । कन्दङवाहरू पनि थुङथुङ्वासँग बढी सम्बन्धित ठानिन्छन् ।

यद्यपि सुनुवारहरू ओखलढुङ्गाको कुइभीरमा सूर्यबाट पहिलो किरातहरू लिम्बू, राई र सुनुवार उत्पन्न भएका हुन् भन्ने मान्यता राख्छन् । राईहरू अहिले सहकाल निम्त्याउने उत्सव साकेवा सिलीमा बेछु (कुर्कुमा एङस्टिफोलियस) खुर्पाले काट्छन् । हरेक धार्मिक कार्यमा बेछु राख्छन्, पितृको सम्झनामा । यो अदुवा (जिन्जिवर अफिसिनाल) कै विकल्प हो । चाहे वान्तवा मुन्धुम होस्, चाहे 'दोवाङदुम सामकालिङ' यही भन्छन् । कुलुङ राईहरू पूर्वे (सूर्य)को पूजामा अदुवा नै प्रयोग गर्छन् र, सूर्यको सवारी मानिएको अश्व तिब्बती पठार, मुस्ताङ र डेढ सय वर्षअघि दोलखामा पाइँदै गरेको 'इक्विस होमिनियस कियाङ' हो ।

अर्थात् यो ग्रिसबाट खैबरभन्ज्याङ हुदै पसेको हेलेनिक अवधारणा होइन, न पामिरको गाँठोबाट विस्तारित धारणा हो । नभन्दै तेह्रथुमको छाते ढुङ्गामा सर्प, भ्यागुतो, चन्द्र, सूर्य, माछासहित देवी-देवता पनि अङकित छन् । यो ५ सय वर्षअघिका तत्कालीन कन्दङ्वा शासकहरूले राखेको मानिएको छ । त्यसका निम्ति त्यहीं पुगेर हेरे हुन्छ ।

झन्डाको रङ्ग- पहिलो

आलमदेवीको आलम शब्द समयलाई बुझाउने उर्दूको आलमबाट बनेको होइन । कुलमण्डन शाह र दिल्लीको आलम शाहबीच कुरै छाडौं, कुलमण्डनकै आलमसँग गोरु बेचेको नाता पनि छैन । बृहत् नेपाली शब्दकोशको उद्दण्ड संस्कृत आग्रह आलम संस्कृतको आलम्भबाट बनेको हो, जोगीहरूले लगाउने अलखा अरबियन शब्द अल्फसाबाट बनेको हो समेत भनिदिन्छ तर कास्कीको आलम, दोलखाको आलम्पु, जुम्लाको चन्दननाथ, भैरवनाथका आलम त्यसलाई रङ्गाइने माध्यम आल्ताबाट बनेको हो । यो थामी शब्द भएको बुझिन्छ । आल्ता अहिले पनि गाउँगाउँमा नङिनीहरूले लिएर हिंड्छन् औंलाहरूमा लगाइदिन, त्यसबाट परालको चारपाटेमा फूल पनि बनाइन्छ तर आल्ताको एक वनस्पतिक स्रोत बनेको इरिपु, चक्रमण्ड (क्यासिया टोरा) सन् १४९२ मा पत्ता लागेको अमेरिकाबाट आएको हो ।

आलमदेवी मान्ने विचित्र खान सम्भवतः सन् १४८९ मै थिए । आलताको नेपालको प्राचीनतम उल्लेख सन् १६६१ को हो ।

योभन्दा पुरानो नेपालको रङ्ग मजिठो (रुविया मन्जिष्ठा)लाई १६६१मै भक्तपुरले नियमित गर्न सनद बनाएको देखिन्छ । यही मजिठोबाट नेपाली भाषाको कपडासम्बन्धी अनेक शब्द बनेका छन्- मजेत्रो, मोजा, धोतीको मुजा आदि । मजिठोको भूगोल (फाइटोजियोग्रफी) भित्र भारतको अरुणाचल र मणिपुर पनि पर्छन् तर त्यहाँ मजिठोको उपस्थितिबारे लेख्ने व्यक्ति सन् १७९२ का विलियम रक्सवर्ग हुन् । रक्सवर्ग अघि नै नेपालबाट निर्यात गरिने मजिठोबाट अेङ्ग्रजीमा रङ्ग बुझाउने शब्द 'मजेन्टा' बनिसकेको थियो । ३ हजार वर्ष अघि नै लेखिएको सुश्रुत संहितामा मजिठो शब्द पनि छ, उखुको प्रसङ्गमा नेपाल पनि लेखिएको छ र भूमिकामै सुश्रुत संहिता उत्तरकुरुमा बनेको लेखिएको छ । उत्तरकुरुको अर्थ हो तिब्बत । मञ्जिष्ठा शब्द ऋग्वेदमै पनि छ ।

त्यसैले मजिठोले दिएको रङ्ग निङ्मापा सम्प्रदायमा पनि स्वीकृत भयो । मजिठो नेपालको पूर्वी हिमालयको ५ सयदेखि १ हजार मिटर उचाइमा पाइन्छ र, यस्तो रङ्ग बनाउनेलाई भाट भनिन्छ भन्ने कुरा १८५० मा एम्बोर्स ओल्डफिल्डले पनि लेखेका छन् । हाँडीगाउँको भाटभटेनीले त्यसलाई कम्तीमा अर्को २ हजार वर्ष पछाडि लान्छ पनि । अर्थात नेपाली झन्डाको रङ्ग सिम्रीक (सिमर अर्थात् सिमलः अफ्रिकी मूलको हो कि भनेर विवदित बम्बाक्स साइवा) रङ्गको रातो थिएन र होइन पनि । पिटर मेथिसिनबाट 'डोल्पा रेड'को संज्ञाप्राप्त रङ्गको स्रोतचाहिं के हो, स्पष्ट हुनु नै छ ।

झन्डाको रङ्ग- दोस्रो

नीलो लुगा लगाएर आएका दुई केपुचिन पादरीका कारण भाष्कर मल्ल मरे भन्ने धारणा काठमाडौंमा पाइएको कुरा सन् १७२१ मा नेपाल भएर तिब्बत गएका इपोलिटो डेसिडेरीले बताएका छन् । काठमाडौंका पुराना रैथानेहरू अझै पनि नीलो सुट, सारी, टाई लगाएर निम्ता मान्न जाँदैनन् । जब कि

आठौं शताब्दीपछि तिब्बती बज्रयानले स्वीकारेको रङ्ग हो यो । यो रातो र कालोलाई 'मार'को रङ्ग मान्ने प्राचीन बोन्पो धर्मको आफ्नै रङ्ग हो । जुन बोन आजभोलि मनाङ र मुस्ताङमा बढी चर्चित छ तर नेपालमा रञ्जितकार हरूले संहार भैरवका रूपमा घ्याम्पो बनाएर सञ्चित गर्ने नीलो रङ्ग कटुवाल दह छेउछाउका ढुङ्गाका चेपमा पाइने फुस्रो नीलो रङ्गबाट बनाइन्छ ।

उता कम्तीमा २ हजार वर्षअघि नै नीलिशाला प्रणाली (नक्साल) र त्यहाँ अहिलेका रजक, रञ्जितको मूल थलो जनाउने 'जोन्जोङदीग्राम' रहेको अभिलेख आधारित धारणा छ । केही अघिको भूगर्भशास्त्रीय अध्ययनले उपत्यकाबाट ७ हजार वर्षअघि नै पानी बगेर गएको तर कटुवाल दह त्यो पानीको सतहभन्दा माथि रहेको मानेको छ । अर्थात् त्यस्तो नीलो रङ्गको प्रयोग नेपालमा २ हजार वर्षभन्दा पछाडिसम्म जान सक्छ, अझ उत्खनित वस्तुहरूमा लेजर प्रविधि अपनाइयो भने अझै हजारौं वर्ष पछाडि जान सक्छ । जब कि पश्चिममा नीलोको स्रोत 'टिङटोरिया इन्डिगोफेरा' बन्न थालेको समय धेरैभन्दा धेरै ७ सय वर्षभन्दा पुरानो होइन ।

अर्थात् झन्डाको प्रतिरक्षा गर्ने बज्रयानी तान्त्रिक प्रयासका रूपमा आठौं शताब्दीपछि रञ्जितकारहरूले आफ्नै स्वदेशी रङ्गको प्रयोग गरी सन्जाफ हाले ।

कपडाको स्रोत

कपास (गस्सिपियम आर्वोरियम) मध्यसियाबाट आउनुअघि नेपालमा मध्य एसियाबाट भाङ (क्यान्नाविस स्याटिभा) छिन्यो । गत महिना 'कान्तिपुर'मा डाक्टरद्वय दयानन्द वज्राचार्य र इसान गौतमले ३ हिजार वर्षअघि इजिप्टमा फूल खेती हुन्थ्यो भन्ने लेखेका छन् । यो फ्रेन्च लिपिविशेषज्ञ ज्याँ फ्राँस्वाँ स्याम्पलियोंले १७९९ मा 'रोजेट्टा स्टोन' नामक चित्रलिपिको रहस्य खोलेपछि विकसित अनुमानहरूमा आधारित हो । तैपनि त्यसको समय 'एक मिलेनियम पूर्व'को होइन, इसापूर्व दोस्रो शताब्दीको हो तर जितारी मल्लका पूर्वजहरूको साम्राज्यभित्र रहेको 'खसमिर'मा लगाइने

केशरले रङ्गाएपछि ५ हजार वर्षअघिको हर्क गुरुङले नरुचाएको हिन्दु केशरिया, त्यही गिरिफूलले रङ्गाएकाले गेरुवा, अनि त्यसैले भाङ्ग्रालाई रङ्गाएपछि भगवा बन्छ तर कपासको कपडालाई खदिर (अकासिया क्याटेसु)ले रङ्गाएपछि खद्दर बन्छ ।

तर भाङको आगमन अघि भाङ्ग्रे सिस्नो (जिरार्डियाना डाइभर्सि फोलिया)को लुगा नेपालको पूर्वी पहाडमा प्रचलित थियो । अहिले लिम्बुहरूको सिस्नेझाँक्री 'सिवाटेट केजाङ चिङचिङलुङ साम्वा'मा सीमित छ । त्योभन्दा पनि पर एक किसिमको सुनाखरी (डेन्ड्रोवियम अफाइलम)बाट निकालिने सुनौला रेसाबाट बनेको 'फरे' मनाङका गुरुङ र तामाङहरूले बोक्थे । यो रेसा बुनेर राईनीहरू अझै शिरबन्दीमा लगाउँछन् । सौभाग्य चिन्हको रूपमा यो मुर्चुङ्गा र विनायोमा पनि यदाकदा गाँसिन्छ किनभने यसको सुनौलो रङ्ग कहिल्यै उड्दैन, ओउइलाउँदैन । त्यसैले राई भाषामा यसैलाई अम्री भनिन्छ । सम्भवतः संस्कृतमा अमर र अमृत शब्द यसैबाट आएको हो । यो बोन्पोको पवित्रतम 'उज्यालो सुनौलो' हो । यसलाई विभाजन गर्दा उनीहरू पवित्रतम सेतो र त्यसपछि पहेंलो मान्छन् र नै टीका लगाउनुपर्दा सेतो रङ्गको लगाउँछन् ।

अर्थात् प्राचीनतम झन्डाको कपडा सम्भवतः मजिठोको रङ्गको भन्दा पनि सुनाखरीको सुनौलो पहेंलो रङ्गको थियो । नभन्दै जुम्लामा आजभोलि बोका-बाख्राका खस्रो ऊनबाट बुन्ने राडीलाई फेरे भनिन्छ, मनाङमा बुनिने कपडालाई मात्र होइन र यही फेरेबाट नेपाली भाषाको कपडा सम्बन्धित फरिया, फेटा, फहराउनु र झन्डाको फर्दा शब्दसमेत बनेको हो । न कि बृहत् शब्दकोशले चिच्च्याएसरह प्राकृतको फालियाबाट । 'हिस्ट्री अफ सर्जरी'मा जर्ज युर्गेन्सनले लेखेका छन्- भारतमा कम्मरमुनिको भागभन्दा अनुहार देखाउनु ५-६ सय वर्षअघिसम्म लज्जाको विषय थियो । उनीहरू अङ्ग्रेज देख्नेबित्तिकै धोती उठाएर अनुहार छोप्थे । अङ्ग्रेजहरूले यसलाई आफ्नो अपमान ठाने । पछि रहस्य बुझेपछि धोती उठाउन नपाइने नियम बनाए ।

अर्कातिर हेरौं, पट्टाचारा एक जातक कथामात्र हो । अन्यथा त्यहाँ सारीको उद्भव गर्ने श्रेय चन्द्रगुप्त मौर्यकी ग्रिक पत्नी हेलेनलाई दिएको अवस्थामा नेपालमा फरियाको प्राचीन उपस्थिति कम महत्त्वपूर्ण छैन । कपासको रेसा धागो हुन्छ, भाङ्ग्राको रेसा गद हुन्छ, केराको रेसा धजा हुन्छ, सुनाखरीको रेसा फेरो हुन्छ, रेसमको धागो रेसा हुन्छ तर इमानसिंह चेम्जोङले भनेजस्तो पूर्वमा किम्बु (पूर्वको सन्दर्भमा मोरस म्याकरोआ) र रेसा उत्पादनको कुनै प्राचीन प्रमाण छैन ।

प्रतीक खम्बाको कुरा

शुरुमा प्रतीक (टोटम) खम्बाका दुई उदाहरण- आलमदेवीको मूल स्थापना धुर्सु (बड्डेलिया एसियाटिका) हो, मनकामनामा लखन थापा प्रथम अलप भएको गुफा बाहिर पनि पवित्र धुर्सु छ । आलमदेवीका पुजारी रानामगर र मनकामनाका लाहोमगर हुन् । अर्थात् मगर प्रतीक (टोटम) धुर्सु अर्थात् भीमसेनपाती भएको स्पष्ट छ । धुर्सु मर्चाको एउटा बलियो माध्यम हुनु यस पछाडिको एक रहस्य हुन सक्छ । त्यस्तै भीष्मका झन्डामा ताड हुन्छ । यो महाभारतकालमा वलिष्ठताको प्रतीक हो । त्यसैले नेवारहरू नेपालको रैथाने ताइवसी (ट्राचिकार्पस मरिटियानस) काट्दैनन् । ढलेछ भने रथ वा खटको निम्ति चाहिने सबैभन्दा बलियो काठ निदालका निम्ति प्रयोग गर्छन् । ठीक त्यसैगरी नेपालको वनकेरा (म्युसा वाल्वेसियाना) एउटा प्राचीन टोटमका रूपमा देखा पर्छ किनभने टोटमको रूपान्तरण भएर दुई त्रिकोणीय झण्डामा परिवर्तन भैसक्दा पनि जातजातिहरू तुप्ला (केराको पातको टुप्पा)लाई अझैसम्म पनि पूर्वजको निम्ति प्रयोग गर्दैछन् ।

र, अर्कातिर त्यो कालको पारुहाङ र सुम्निमा बुझाउन अर्घ्यमा केरा राखेर जल चढाउने चलन कायम छ तर अनिवार्य बज्रासनमा । बज्रासन लिम्बूहरूदेखि जापानसम्मको अभिवादनको अनिवार्य नियम हो । (त्यसै पतञ्जलीलाई योग शिवले सिकाएका हुन् भनिएको छैन ।) केराको खम्बा ढोकाका दुई छेउमा अझै गाडिन्छ । सायद यो जोङ (किल्ला) बुझाउने

प्रतिक थियो । माथि भनियो, केराको रेसालाई धजा भनिन्छ र पातलाई पाली भाषामा पताका भनिँदै छ । मध्यकालीन नेपाली भारदारहरूका बगैंचामा पनि उनीहरूको निवास 'मोट' सहितको एक किल्ला हो भन्ने जनाउन ताड रोप्ने गरिन्थ्यो । धेरै पछिसम्म पनि यो कायम रह्यो, चाहे त्यो त्रिभुवन प्रधानकोमा होस्, चाहे भीमसेन थापाको तर ताड महाभारत युगको हो । झन्डा त्योभन्दा अघि नै प्रचलनमा थियो तर अर्जुनको झन्डामा अङ्कित पात्र हनुमान होइनन्, अङ्गद हुन् । अङ्गततन्त्र विषलाई 'न्युट्रलाइज' गर्ने एक शाखा हो । जैविक विषमा सबैभन्दा विषालु सर्पको विष हुन्छ । त्यसैले अर्जुनलाई विषालुतम वाणका विषबाट बच्न हनुमानको होइन, अङ्गदको आवश्यक्ता थियो । भूमध्यसागरीय विषालुतम सर्प सम्बन्धित भएकाले विष्णु र अङ्गद (माकुला मुलाट्टा) र सञ्जीवनी (नेपालको रैथाने पेपेरोमिया टेट्राफाइला) बीच नै पनि के सम्बन्ध छ कुनै प्रिमेटोलजिस्ट वा फाइटोकेमिस्टले भन्न सक्लान्?

रामका समकालीन नेपालका सुधन्वा हुन्, जसको टोटम हो वनकेरा अर्थात् झन्डाको उत्पत्ति र विकासक्रमका निम्तिसमेत नेपालले कसैसँग ज्ञान र नियम सापट लिनुपर्ने स्थिति छैन । अन्त्यमा ब्युँझिएकोलाई उठाउन सकिन्छ, ब्युँझिएर पनि निदाएकोलाई सकिँदैन । आफैं बसेको हाँगो काट्ने कालिदास कसैलाई हुनु छ भने होओस् ।

राष्ट्रिय झन्डा र धर्म गोरु बेचेको साइनो मात्र

हिमाल १-१५ पुस, २०६७ मा छापिएको राष्ट्रिय झन्डासम्बन्धी प्राध्यापक श्रीकृष्ण आचार्यको लेखमाथि टिप्पणी गर्दै छु ।

क. 'लिच्छवी राजाहरूले आफूलाई लिच्छवी कुलको झन्डाजस्तो भनी चिनाउने गरेकाले त्यति बेला नै नेपालमा ध्वजाको प्रचलन थियो भन्न सकिन्छ,' - यस्तो लेखेर भनिदिनुपरेको जस्तो गरेका छन् लेखकले ।

तर, इस्वीको ६०० को मानाङ्कमा नेपाली झन्डा देखिएको कुरा एन. जी. रोड के. ग्यावर्स र सी भदेत्रोले 'क्वाइनेज् अफ नेपाल'मा तथा त्यसमाथि चन्द्र पनि भएको इस्वीको ६०५-६१५ मा ढालिएका मुद्रा नेपाल राष्ट्रिय मुद्रा सङ्ग्रहालयमा भेटिने कुरा ज्ञानमणि नेपालले लेखिसकेका छन् । इस्वीको ६०५ कै अर्को मुद्रामा पछाडि सूर्य र ६४१ कोमा अगाडि पछाडि सूर्य र चन्द्र भएको कुरा ग्यावर्स र भदेत्रोकै किताबमा उल्लेख छ ।

अझै थप, लुम्बिनी उत्खननताका सगरहवाको स्तूप नं. ८ को पींधमा पाइएका इँटाहरूमध्ये एउटा झन्डायुक्त छ । यो बुद्धधर्मका अष्टमङ्गलहरूमध्ये एक विजयध्वजा हो, जससँगै श्रीवत्स, त्रिशूल आदियुक्त अरू आठ ईट छन् । पीसी मुखर्जीको कपिलवस्तु क्षेत्रका प्राचीन वस्तुहरूको खोजीसम्बन्धी रिपोर्टमा छापिएको प्रस्तुत चित्रबाटै थाहा हुन्छ, यो चारकुने झन्डा होइन । यी स्तूपहरू कोशल सेनापति विरुधकले इसापूर्व चौथो शताब्दीमा कपिलवस्तु ध्वस्त गर्नुअघिको मान्दा पनि हाम्रो झन्डाको उमेर २५०० वर्ष पर जान्छ ।

ख. 'जयदेव द्वितीयको अभिलेख वाक्यलाई उद्धृत गर्दै 'उनीहरूले आफ्नो उच्चताको प्रतीकका रूपमा राष्ट्रको झन्डामा पनि सूर्यको आकृति नै अङकित गराएको हुनुपर्छ' लेखेर मात्र नपुगी, मल्ल राजाहरू पनि आफ्नो वंशलाई

सूर्यवंशी मान्ने हुनाले ध्वजामा सूर्यलाई नै अङ्कित गरे होलान्'- भनेर एक प्राध्यापकले अन्दाजको भरमा लेखिदिंदा झण्डाको हित गऱ्यो कि अहित ?

आफूलाई सूर्यवंशी भन्ने मल्लहरूको झन्डामा हनुमान र चन्द्रवंशी भन्ने सिम्रौनगढका राजाहरूको झन्डामा गरुड भएको कुरा यसअघि नै प्रकाशमा आइसकेको छ । (ज्ञानमणि नेपाल)

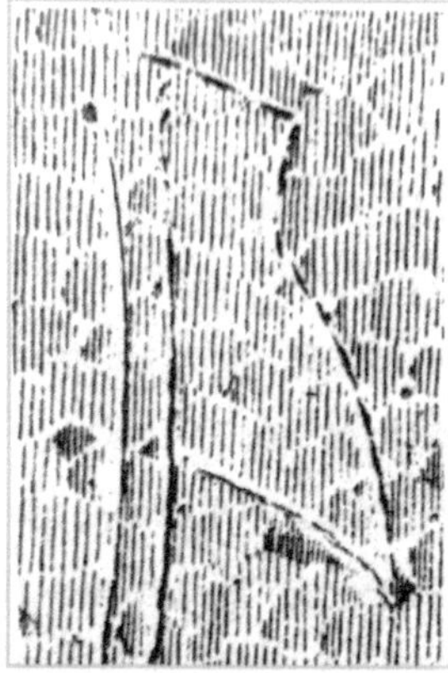

लुम्बिनी उत्खननताका सगरहवाको स्तूप नं. ८ को पींधमा पाइएका ईंटहरूमध्ये एउटा झण्डायुक्त छ ।

ग. 'राजाहरू प्रायः देवीका उपासक हुने गरेकाले झन्डामा रातो रङ्ग प्रयोग गरे होलान्' भनेर अनुमान गर्न सकिन्छ भनी लेख्नुअघि आफ्नो प्रशस्तिमा 'पशुपतिका पाउका धुलाले टाउको फुस्रै भएका' भन्ने वाक्यांश पारेका राजाहरूले पशुपतिलाई नै नचढ्ने रङ्ग झण्डामा प्रयोग गरे होलान् र ? भनेर सोचिदिनुपर्थ्यो ।

घ. 'मल्लकालका भवन र मन्दिरका ढोकाहरूमा दुईतर्फ दुई पताका भएका धातुका झन्डा टाँगिएका पाइन्छन्, जसले नेपालका प्राचीन झन्डाहरूको आकार सङ्केत गर्छन्' लेखिसकेपछि, 'वर्तमान नेपालको राष्ट्रिय झन्डाको परिकल्पना पृथ्वीनारायण शाहले गरेकोमा सन्देह छैन' र, 'नेपाल अधिराज्य बनाएपछि जातीय समन्वयका रूपमा दुईवटा पताका भएको राष्ट्रिय झन्डाको परिकल्पना गरिएको थियो' भन्नेसम्म लेखिनु कस्तो वस्तुपरक विश्लेषणको शृङ्खला हो ? बुझिनसक्नु छ ।

जोन लक लिखित 'बुद्धिस्ट मोनास्ट्रिज अफ नेपाल'मा उल्लेख भएको इस्वीको १५७४ मा बनेको भनिने मखनबहाःको ढोकामा, १३८२ मा बनेको ठानिने इटुम्बहालको तारानन्नीको ढोकामा, ११४२ मा बनेको ठानिएको पाटनको सुबहाःको ढोकामा र अझ १०४१ मा बनेको ठानिने ठमबहीको ढोकामा भएका झन्डाहरूले पृथ्वीनारायण शाहलाई नै पर्खेका थिए त ?

ङ. सम्भवतः यो प्रतिक्रिया लेखिने थिएन यदि सुनियोजित ढङ्ले अन्तर्राष्ट्रिय स्तरमै नेपाली झन्डाविरुद्ध चलाइएको हिटलरी दुष्प्रचारलाई यस लेखले जानेर-नजानेर नसघाएको भए ।

'फ्ल्यागस्पट' नाउँको वेबसाइटले 'दुई त्रिकोणले नेपालको दुई प्रमुख धर्म हिन्दू र बौद्धलाई प्रतिनिधित्व गर्छ' भनेर अनर्थ गरिदिएपछि धर्मनिरपेक्ष मुलुकमा अरू धर्मकालाई झन्डा फेर्ने स्वर उराल्न प्रेरित गर्ने नै भयो । वेवसाइट यस्तो पनि लेख्छ- 'रातो तीनकुने झन्डा रामायण र महाभारतको समयदेखि हिन्दू विजयका प्रतीक हुन् ।'

तर वाल्मीकि रामायणमा हनुमानका बाबु केशरीले हनुमानध्वज लिएको र महाभारतमा पनि हनुमानध्वजकै प्रसङ्गहरू छन्, तीनकुने रातो कतै भनिएकै छैन । रामानन्द सागर र बीआर चोपडाका टेलिसिरियल हेरेर भने मात्रै हो ।

वेवसाइटले अझ वीर सावरकरका भनाइमा नेपाल अहिन्दू झन्डाको वशमा नपरेको देश भएको समेत उल्लेख गरेको छ तर भारतका स्वतन्त्रता सेनानी सावरकर झन्डाज्ञाता होइनन्, पाकिस्तान अर्थात् मुस्लिम राज्य निर्माणका विरोधी मात्र हुन् ।

फ्ल्यागस्पटले नेपालको झन्डालाई राणा वंशको प्रतिद्वन्द्वी हाँगाहरूलाई बुझाउने त्रिकोणहरूको झन्डा पनि भनेको छ । यसरी सम्भवतः जङ्ग राणा र शमशेर राणालाई संकेत गर्ने यी महान् जानकार चाहिँ 'फ्ल्याग्स अफ द वर्ल्ड' (१९८६) र 'अब्जर्भर्स बुक्स अफ फ्ल्याग्स' (१९६६) का लेखक हुन् ।

उनीहरू फेरि लेख्छन्, 'माथिको चन्द्रमाले राजालाई र तलको सूर्यले राणा परिवारलाई प्रतिनिधित्व गर्छन् ।' एमएम लुपर्ट नामका यस्तै लेखकले पनि यसमा सही थप्दै भनेका छन्, 'दुइटा त्रिकोणले शाह र राणालाई प्रतिनिधित्व गर्छन्, चन्द्रमाले राजालाई र सूर्यले राणालाई ।' आफ्नो कुनै गुप्त अभिष्ट पूरा गर्न लागिपरेका यिनको आधिकारिक स्रोत के हो ? नेपालको कुन किताब कुन आधिकारिक अभिलेख र कुन ताम्रपत्रमा यी कुरा लेखिएका छन् ? के

चन्द्रशमशेर राणाले आफ्नोबारे अनुसन्धान गर्ने पर्सिवल ल्यान्डनलाई झन्डाको चन्द्रमा वा सूर्यले मेरो वंशको प्रतिनिधित्व गर्छ भनेका थिए ?

क्रिस्टोफर माउथवर्थ नामका एक अर्का लेखकले ठूलै आविष्कार गरेझै यस्तै अर्को झन्डा भारतको देवास राज्यमा फेला पारेका छन् ।

तर हनुमान भएको यो ध्वजा बोक्ने देवाश राज्य नै १८ औं शताब्दीमा मात्र जन्मेको हो । अर्का स्वयम्भू ज्ञाता अर्भाना ग्रान्के लेख्छन्- भारतीय उपमहाद्वीपमा झन्डाहरू त्रिकोणात्मक हुन्छन् । अहिले पनि भारतका मन्दिरमा त्रिकोणात्मक झन्डा फहराइन्छ ।

तर भारतीय उपमहाद्वीपमा नपर्ने तिब्बती मध्ययुगको प्रशस्त अनुसन्धानपछि एक्सजेड च्यानलले प्रसारित गरेको टेलिशृङ्खलामा देखिने चित्र २ र ३ का झन्डाका पृष्ठभूमि रातै छन् । एउटाको त्रिकोणभित्रका सम्भवतः तिब्बती लिपिका अक्षर र अर्कोका दुई सेता गोलाकार चन्द्र र सूर्यका निम्ति हुन् ।

मलेसियाका टापुपिच्छे त्रिकोणात्मक झन्डा छन् । ब्रिटेनले राजा थी वाउलाई भारतमा निर्वासित नगर्दा सन् १३०० देखि १८८५ सम्म बर्मामा नौकुने झन्डा थियो । तिनै कोटिका एक लेखक मार्क्स इपी श्योगर भन्छन्, 'यस्ता जीवित अवशेष प्रायः समुद्रको पहुँच नभएका एकाकी इलाकामा जीवित हुन्छन् ।'

अर्थात्, पश्चिमको सिको गरेर चारकुने नभई आधुनिक हुनै सकिँदैन भन्ने उनको धारणा छ र नभन्दै ५ सय ६० वर्षअघि नेपाल पसेका पात्रहरू नेपालको तीनकुने झण्डालाई टालो जस्तो देखिएको भनेर अपमान गर्ने आँट गर्दै अन्तराष्ट्रिय ढाँचाको चारकुने बनाउनुपर्ने माग गर्छन, (पासाङ शेर्पा) नेपाल आगमनको १४०० वर्षभन्दा बढी इतिहास नभएकाहरू यस झन्डामाथि विष ओकल्छन् (कुमार योञ्जन/अन्नपूर्ण पोस्ट) ।

'नेपालको राष्ट्रिय झन्डा' का लेखक दयाराम श्रेष्ठले पनि झन्डाप्रति न्याय गरेका छैनन् । वेदमै उल्लेख भएको सूर्यचन्द्रअङ्कित झन्डा हो भन्ने

योगी नरहरिनाथको भनाइलाई पुनर्पुष्टि नगरी लेखिदिएका उनले त्यो उक्ति कुन वेदको कहाँनेर छ, पङ्क्तिसहित उल्लेख गरिदिनुपर्थ्यो कि पाइएन भन्न सक्नुपर्थ्यो । प्राध्यापकहरू नै वस्तुनिष्ठ नभएपछि पशुपतिनाथले मात्रै कति कल्याण गरून् ?

फर्केर फेरी एकपल्ट सगरहवाका अष्ट्मङ्गलमै पुगौं । हरेक स्तूप भिक्षुको अस्तुस्थान हो । कमल चित्र भएको इँटमाथि अस्तुपात्र छ र त्यसवरिपरि अष्टमङ्गलहरू कोरिएका आठ इँट छन् । सबै स्तूपका अष्टमङ्गल समान छैनन् । कुनैमा फर्सा र अङ्कुश छन्, कुनैमा त्रिशूल र शङ्ख आदि । धर्म, सम्प्रदाय, स्थानअनुसार अष्टमङ्गल फरक-फरक हुन्छन् । तिब्बती बज्रयानी अष्टमङ्गलका धर्मचक्रको सट्टा नेपाली बज्रयानी अष्टमङ्गलमा चमर हुन्छ । बिस्केट जात्राका अष्टमङ्गलयुक्त रोटीहरूमा एउटा चन्द्रसूर्यसहितको नेपाली झन्डाकार हुन्छ । हिंसाविरोधी बौद्ध स्तूपमै अस्त्रहरू अष्टमङ्गल हुनुको अर्थ हो ती धार्मिक होइन राजकीय चिह्न हुन् ।

अष्टमङ्गलमा छत्र पनि पर्छ, जुन 'हिमाल'मा लेखकले उल्लेख गरेका पृथ्वीनारायण शाहको छत्र हो । भारतका मुगल सम्राटको सवारीअघि तराजु जस्तै गरी झुन्डयाइएका सुनका दुई माछालाई हात्तीमा राखेर अघि लगाइन्थ्यो । यो राजकीय चिह्नलाई मारातिब भनिन्थ्यो भनेर विलियम डेरिम्पलले 'द लास्ट मुगल'मा लेखेकै छन् । यी दुई सुनका माछा पनि अष्टमङ्गलमा पर्छन् । 'हिमाल' मै प्रकाशित मगर दुलहीको निधारमा भएको चन्द्रसूर्ययुक्त गहनादेखि तेह्रथुमको छातेढुङ्गामा भएको चन्द्रसूर्य, माछा पनि अष्टमङ्गलकै चिह्न हुन् । नेपाली अष्टमङ्गलको प्राचीनतम विशेषता ध्वजा भएको हरिराम जोशीले आफ्नो 'अभिनव संस्कृति कोश'मा उल्लेख गरेका छन् नै ।

यसैले मन्दिरमा राजकीय चिह्नहरू राख्दा विजयध्वज पनि स्वतः गजुर र ढोकामा राखिन पुग्यो, देउतालाई राजाभन्दा ठूला र राजालाई

निमित्त मात्र ठानिने युग भएकाले । जसरी भारतको मेवाडमा एकलिङ्ग (शिव)लाई र केरलामा पद्मनाभ (विष्णु)लाई नै वास्तविक राजा मानिन्थ्यो । स्पष्टै छ, मल्ल शासकहरूको नाममा दुईवटा श्री लाग्छ । शुद्ध नाम जय जय प्रताप मल्ल, जय जय प्रकाश मल्ल हो । श्रीको पर्यायवाची हो जय । दुईवटा श्रीको अर्थ भगवान्को 'नोकर' भनिएको हो र नै प्रशस्तिमा पनि 'पशुपतिको पाउको धूलोले कपाल फुस्रै' भन्ने बोली पर्न गयो ।

यही कारण मूल राजाको निवास मन्दिरमा झन्डा पुगेको हो र कीर्तिपुरको लडाईपछि राजकीय चिन्हरूपी खुँडा र तरवार बाघभैरवको मन्दिरमै सजाइएका हुन् तर यसको लगातार अनर्थ भएको छ र सबैभन्दा बढी अनर्थ गर्ने संस्कृतका विज्ञहरू नै छन् । कुनै चरा कसैको छानामाथि बस्दैमा त्यसमाथि घरमालिकको स्वामित्व हुन्छ र ? नेपाली झन्डा र धर्मबीचको सम्बन्ध पनि त्यस्तै एक गोरु बेचेको नाता हो ।

यो लेख प्रकाशित भएको तीन दिनपछि पहिलो संविधानसभाले वर्तमान राष्ट्रिय झन्डालाई नै पारित गर्‍यो ।

आदिधर्म सापेक्ष संविधान

धर्मसापेक्ष संविधान बन्दैन भने संविधान नबनोस् । गृहयुद्ध र राष्ट्र विखण्डनभन्दा संविधान नबनेकै राम्रो ।

'ट्रिडेन्ट एन्ड थन्डरबोल्ट : कल्चरल डाइनामिक्स इन नेपलिज पलिटिक्स' शीर्षकमा हर्क गुरुङको समाजशास्त्रीय कार्यपत्रको एक पङ्क्ति यस्तो छ- 'जादुयी तरवार (फुर्बा) बज्र (दोर्जे)मा बदलियो । त्रिशूलचाहिं हिमालयको महादेवसँग सम्बन्धित छ । हिन्दूहरूले उनलाई आफ्नो त्रिदेवमध्ये एक मानेकाले त्रिशूलधारक एक चम्किला शत्रुसरह भएका हुन सक्छन् ।' केही पङ्क्ति पछाडि पुगेर 'त्रिशूल र बज्र हिमालयका सांस्कृतिक सम्पदाका भाग भएकाले तिनलाई परस्पर विरोधी प्रतीकहरूका रूपमा चाहिं लिनु हुँदैन लेखिएता पनि पछिल्ला यावत् पेटबोलीहरूले परस्पर विरोधी नै हुन् भन्न खोजेका छन् । यसरी नेपाली समाजलाई फुट र वैमनस्यको जग दिन सक्दो प्रयत्नरत् यस कार्यपत्रको मूलाधार त्रिशूल र बज्रको उत्पत्तिमाथि नै अब जानुपरेको छ ।

'काठको तरवार वज्र हो' तैत्तिरीय संहिताको यति वाक्य नै प्रसस्त छ । तैपनि अगाडि बढौं ।

पहिलो पाटो

लाम्रे काँडाले डोटीमा चिनिने नाम नेपालीको जुम्ल्याहा काँडाबाट बनेको हो । जुन आफैं बनेको हो सुश्रुतले ३ हजार वर्षअघि दिएको संस्कृत नाम 'यमलकण्टक' बाट । विज्ञानले 'युफर्बिया रोएलियाना' भन्ने यो पाटे सिउँडी उस्तै-उस्तै सुनिने अर्को पाते सिउँडी अर्थात् 'अपन्सिया मोनाकान्था'

बाट फरक छ । जो अमेरिकी मूलको हो र जसको पहिलो नेपाली उल्लेख छ, इस्वीको १७२१ को मात्र ।

संस्कृतमा सुश्रुतले नै दिएको अर्को नाम हो, बज्रवृक्ष । आकाशमा मेघ गर्जदाको विद्युतीय 'नेगेटिभ पल्स' तल झरेपछि जमिनबाट त्यसलाई 'पोजेटिभ पल्स' मिल्यो भने चट्याङ-बज्र पर्छ । यस्तो बज्रका 'पोजेटिभ पल्स' प्रायः ठूला, अग्ला, छत्राकार (क्राउन) युक्त रुखहरूले दिन्छन् । त्यसै भएर रुखमा बज्र पर्छ, पानी परेको बेला ओत लाग्नु हुँदैन भनिन्छ तर पुरानो पाटे सिउँडीको क्राउन जतिसुकै ठूलो भए पनि 'नेगेटिभ पल्स' आकर्षित गर्न सक्ने उचाइ हुँदैन । यसैले यो वृक्षले चाहिं बज्रलाई रोक्छ भन्ने मान्यता बनेको स्पष्टै छ ।

गण्डक प्रदेशबाट पश्चिम लाग्दै गएपछि पाटे सिउँडी रोपिएका गाग्री, बाल्टी घरको छानामाथि बीचोबीच राखिएको देखिन्छ, जसको घनत्व सबैभन्दा बढी दैलेख र अझ कालीकोटमा पाइन्छ । सँगै त्रिशूल पनि गाग्रीमा गाडिएको हुन्छ र नुवाकोट जिल्लाबाटै शुरु हुन्छ, निदालमाथि छानामा त्रिशूलकार पाताहरू उभ्याउने पूर्वी नेपालसम्मैको चलन । यहाँ पाटे सिउँडी बज्र प्रतिरोधक हो । नभन्दै लेम्चा भाषामा पाटे सिउँडीको नाम हो, सदरकुङ अर्थात् बज्रवृक्ष ।

इमानसिंह चेमजोङ लेख्छन् नजिकै शिवस्थान छ भने किरातहरूले त्यसछेउ सिउँडी रोप्छन् । जबकी शिवस्थानको प्रतीक हो त्रिशुल तर लिम्बू भाषाको लुङडिङ्वा रोप्ने कुराले त्रिशूलको पूर्वरूप पाटे सिउँडी हो भन्ने स्पष्टै छ । नभन्दै सतही आँखाले हेर्दा यो त्रिशूलजस्तै देखिन्छ र समानान्तर बरोबरी (बाइलाटरली सिमेट्रिकल) शैलीमा चिर्ने हो भने ठयाम्मै त्रिशूल नै । अर्थात् त्रिशूल पाटे सिउँडीको प्रतीकमात्रै हो । भलै आजभोलिका अधिकांश त्रिशुल नामधारी आयुध त्रिशूल नभै एक तीर दुई शूल वा तीन तीरमात्र भएका अशुद्ध त्रिशूल किन नहोऊन् ? यसैले बज्र रोक्ने शङ्कु (अकुंश) जसले बोक्छ, त्यो शङ्कर हो, शशाङ्क हो ।

सुश्रुतले दिएको अर्को नाम महावृक्ष पनि हो । महादेवको वृक्ष भएकाले यहाँ त्यस्तो नाम बन्न गएको त हुँदै हो । केही दशक अगाडिसम्म नेपाली

गाउँघरमा वस्तुभाउ जन्मेपछि तिनको सालनाल सेलाइने, झुन्डयाइने, चढाइने वृक्ष यही हो, जुन गाउँको साझा चौर (खेल/बाङ)मा हुन्थ्यो । जङ्गलमा हुने दैवीप्रकोप (बज्र)बाट नयाँ जन्मेको पशुको रक्षा होस् भनेर कामना गरिने यो प्रक्रिया नेवारहरूको छवासः (क्षेत्रपाल भैरव)को उत्पत्तिको कारण हो, जहाँ मानवशिशुको सालनाल अझै सेलाइन्छ । जो 'पशुपति' नामको जन्मको कारण बन्यो र मृत्युलाई जितिदिने मृत्युञ्जयको पनि । नभन्दै मगरहरूमा मृतको आत्माबाट छुट्कारा लिने प्रकृया 'डैसीवाङ' अन्तर्गत मलामीहरूले दुधिलो चोप आउने बिरुवामा टाउको ठोक्नुपर्दा यो पनि पर्छ र, केही तामाङहरूमा नवजात शिशुको साल बाँसको ढुङ्ग्रेमा राखी दुधिलो काँडे बिरुवामा झुन्डयाउने चलनले पनि यसको प्राचीन प्रयोगलाई प्रस्तुत गर्छ । तिब्बतीमा त नामै श्रीखण्ड । पशुपतिलाई लेप लगाइन्छ, श्रीखण्डको ।

मेचेहरूका निम्ति यो सबैभन्दा ठूलो देवता बाठो हो । यसैको हाँगो गाडेर बाठोको पूजा हुन्छ । दनुवारको निम्ति सिद्ध हो । तन्त्रशास्त्रमा सिद्धको अर्थ कुनै प्रेतात्मलाई नियन्त्रणमा राखी माध्यमका रूपमा प्रयोग गर्न सक्ने पात्र हो । शिव महासिद्ध मानिन्छन् नै । काठमाडौंमा लगाइने कारण पनि प्रेतात्मा भगाउनका निम्ति हो । चेपाङको सिउरी, दराई र मेचेको अर्को शब्द सिञ्जु, थामीको सिजिगारे, कञ्चनपुरका थारूहरूको सुडी र सिउँडी आफैं पनि शिवजी शब्दका अपभ्रंश देखिन्छन्, जसरी भीमसेन भीउँसिन र भीमढुङ्गा भेडुङ्गा शब्द बन्छन्, नेपाली जिब्रोमा । गुरुङको निम्ति तोंतोसी = शीववृक्ष हो । केवल जिरेलहरूको वारिङ, वान्तवाको मिरिम्मा, चाम्लिङ्को मुरिम्माको अर्थ यति बेला खुल्दैनन्, थकालीको प्रचु त्होङ (काँडे रुख) र तामाङको देशेरको खुले पनि । यद्यपि चाम्लिङ्को नुङझ भने ऐतरेय ब्राह्मणको न्युब्जबाट आएको हो अनेक अर्थको रूपान्तरण हुँदै । अङग्रेजीको चुरी कताकता थुलुङ राईहरूले भन्ने चोङकीबाट लिइएको हो किनभने यो उनीहरूको रैथाने होइन । पुमा, साम्पाङ र थुलुङ झाँक्रीहरूले त्यसको प्रयोग गर्छन् नै । जटाधारीहरूले जटामा हाल्ने, लट्टा पार्ने दूध यसैको हो र, जटा शैवमार्गीहरूले नै पाल्छन् ।

आधिकारिक धर्मग्रन्थ कुनैले पनि शिवले विष पिएर नीलकण्ठ भएको कुरा गर्दैनन् । त्यो ब्रह्मा, वायु, भागवत्जस्ता पुराकथाबाट उत्पन्न गन्थन हो । हलाहल/नर्सिह विष (एकोनिटम फेरोक्स) समुद्र मन्थन गरिएको भनिएको भूमध्य सागरको होइन, नेपालको रैथाने हो । न गोमन (नाजा नाजा) युफर्बिया रोयलियाना पाइने इलाका ११ सय मिटरदेखि १२ सय मिटर र फाटफुट पाइने १८ सय मिटरसम्मको 'रेन स्याडो' हो, महादेवको गलामा हुनलाई । हो के भने पाटे सिउँडीका सबै भाग विषालु हुन्छन् । यसको दूधको पोलाइदिने रसायन 'फेरोटक्सिन', खुर्सानीको पोलाइदिने रसायन 'क्याप्सिनिन' भन्दा १० हजारदेखि १ लाख गुना शक्तिशाली हुन्छ । महादेवलाई चढाइने रङ्ग पहेंलो हो, जुन पाटे सिउँडीकै फूलको रङ्ग हो । जुन यही शिवरात्रि पर्नेताका फागुन-चैतमै फुल्छ । जसरी 'इलियोकार्पस स्फेरिकस'को फल रुद्राक्ष अर्थात् रुद्रको आँखा हुन्छ, त्यसैगरी पाटे सिउँडीको बियाँको नाम बज्राक्ष (बज्रको आँखा) हो ।

यही सिउँडीको घार (फेद)बाट कुनै बेला बन्ने भएकाले सारङ्गगी भएको बुझिन्छ, जसलाई आजभोलि ढोडेसारङ्गगी भनिन्छ र यसबाट बनेकोलाई ढोडेमादल । पाणिनीले अष्टाध्यायीमा उदुम्बरीका शब्द प्रयोग गरेका छन् । यसको अर्थ कम्मर नछिनेकी अर्थात् डुम्रीको फेदजस्तो समरो कम्मर भएकी महिला हो, जसबाट डम्बर पनि बन्छ तर पाटे सिउँडीको आँख्ला बीचमा पारेर भित्र कछुवाका हाड राखेर पाहा र सर्पको छालाले मोरिएपछि र भाङ्ग्रे सिस्नु (जेरार्डियाना डाइभसिफोलिया)को धागोमा बज्राक्ष उनेपछि बन्ने बाजाको नाम हो डमरु । बज्राक्ष नउनी तान्त्रिक डमरु बन्दैन । यही हो, नटराज शब्दको सूत्रधार । भयवाह पोल्ने र क्षति गर्न सक्ने हुँदाहुँदै पनि धादिङमा मोतीविन्दुको उपचार निम्ति यसको चोप आजपनि प्रयोग हुनु अनौठो छ । यद्यपि सम्भवतः यही हो, महादेवको त्रिनेत्रको आधार ।

दोर्जे शब्दको उत्पत्ति फुर्बाबाट हुँदैन, थोरबाट हुन्छ, जुन भारतको हिमाञ्चल प्रदेशवासी, पञ्जाबी वा पाकिस्तानको इस्लामाबादवासीका निम्ति पाटे सिउँडी हो । इस्लामाबादवासीका निम्ति अझ दण्डाथोर (बज्रदण्ड) हो ।

उर्दूभाषीका निम्ति थुहर हो । भलै बर्मेलीका निम्ति 'सिउरियोटपाला' होस्, चिनियाँका निम्ति महादेवको त्रिशूलको समानान्तर बुझाउने 'बाबाङबियान' अर्थात् निरङ्कुश राजाको कोर्रा हो ।

जापानका केही पुराना मन्दिरहरूमा 'सिचिसिटो' नाउँका काँडे तरवार छन् । यी काँडाहरू ठीक पाटे सिउँडीकै हाँगाहरूका ढाँचामा माथितिर फर्केका हुन्छन्, दायाँको काँडामाथि बायाँको र त्यस बायाँको माथि दायाँको हाँगा थपिँदै जाने गरी । सिचिसिटु नाम कता-कता सिञ्जुसँग त मेल खान्छ नै तर त्यो तरबार लड्नका निम्ति होइन, धानबाली लगाउने बेला प्रेतात्माहरूलाई भगाउनका निम्ति हो । पशुपालनको युगपछि कृषियुग शुरु भएको पनि हो । नेपाली पैयूँ (प्रनस नेपालेन्सिस) नै आदियुगमा जापान पुगेर साकुरा (प्रनस जापोनिका) हुन पुगेको पुष्टि भइसकेकाले सिचिसिटु पाटे सिउँडीको त्रिशूलजस्तै अर्को सांस्कृतिक रूपान्तरण देखा पर्छ किनभने जापानमा पाटे सिउँडी हुँदैन नै ।

बज्र पर्ने नेपालको मुख्य इलाका केन्द्रीय भूभागको मध्यपहाड हो । गोरखादेखि बागलुङ भेगका गण्डक प्रदेश जहाँ सम्भवतः अन्नपूर्ण हिमालले गर्दा बन्ने वायुचक्र (भर्टेक्स) र घनानदी प्रणाली जिम्मेवार छ तर पाटे सिउँडीको घनत्व इलाका महाभारतको पनि भिरालो हो र त्यहाँ 'नेगेटिभ पल्स' निम्त्याउन धेरै जिम्मेवार रानी सल्ला (पाइनस रक्सबर्गी) पनि पाइन्छ । यसैले देवघाटको उत्तरी भेग बढी सम्भावनाको ठाउँ हो, एउटा अवधारणा विकासको अर्थात् रामानन्दप्रसाद सिंहले बुद्धलाई जसरी थारू भनेका थिए, त्यसैगरी किरातेश्वरमा केन्द्रित हुने हो भने शिवको परिकल्पना मध्यगण्डकी भेगवासीको हो भन्ने देखिन्छ ।

यसरी चुरे र महाभारत शृङ्खला बीचका मनसुन नठोकिने सुखा भिरालाका ११ देखि १२ सय मिटरबीच त्यस शिवको प्राक्परिकल्पना भयो, जति बेला भर्खरै पशुपालनको युग शुरु भए थियो तर लुगाका निम्ति वनस्पतिको रेसा निकाल्ने ज्ञान आइसकेको थिएन । त्यसैले शिव आततायी बाघ मारेर त्यसको छालामात्र बेर्छन् । स्पष्ट छ, गाईभैंसीको अधिकतम

दुई इन्चको रौंबाट राडीपाखी बुन्न सकिन्न । यसैले गोपालकालपछि मेष (भेडा) काल आउँछ । 'बोभिडेई' परिवारका सदस्यहरूको दाँतको अध्ययन हुन्छ र भेडाले मकर र 'बोभिडेई' बाहिरको (एलिफेन्टाडेई) हात्तीको विशेष वर्गले समेत मकुनाको संज्ञा पाउँछ र कौटिल्यको 'भिङगिसी र अपसारक' सम्म आइपुग्दा अरू दशौं हजार वर्ष बित्छ । राईहरूको रुम्मुबाट रुद्र, लिम्बूहरूको हिसाम्माङ यता हिमवन्त बन्छन् र युम्मा यतातिर उमा । तामाङहरूको अग्लो नागी शैलुङबाट शैलपुत्री, मगर हरूको अग्लो नागी पारकोटबाट पार्वती । यहीबीच महिषकाल आउँछ तर विशेष वैज्ञानिक कारणवश गाई-साँढेसँगसँगै भैंसी-राँगो पालिन्न पनि तर यी कुरामाथि नेपाली इतिहासले कहिल्यै सोचेन । न वनस्पतिको रेसा निकालिने समयअघि दुर्वाश्यश अर्थात् दूबोको लुगा लगाउने दुर्वासा, पुला अर्थात् घाँसको लुगा लगाउने पुलह, बल्क अर्थात् बोक्राको लुगा लगाउने याज्ञवल्क्यका समकालीनहरूको समय थियो भनेर नै हेरियो । यद्यपि याज्ञवाल्क्यको खास अर्थ यज्ञ नै लुगा भएका भन्ने हो । सुश्रुतले त केबल चलेर आइरहेको शब्दलाई लिपिमा उतारे ।

तर इसाको चौधौं शताब्दीमा सारङ्गधर पद्धतिमा लेखियो- दूध आउने काँडे बिरुवा घरको परिवेशमा नरोप्नु । यी सारङ्गधरलाई बनारसमा पढेर आउने गुरुदेवहरूले कण्ठस्थ पारे । फलस्वरूप पाटे सीउँडीलाई बेल (अगेल मार्मेलस)ले विस्थापित गरिदियो । यसै पनि लिच्छविकालीन शिवलिङ्गहरूमा बाहिरी पत्र धातुयौगिक (अलोई कम्पाउन्ड)को लेप पाईएको छ, जुन लेप निर्माण गर्दा बेलको चोप प्रयोग हुन्थ्यो । जसरी आज पनि कास्मिरमा तामाका भाँडालाई रूपरङ्ग दिन तिनलाई पाएमा खुर्पानी (प्रनस आर्मेनिका) नपाए निबुवा (सिट्रस लिमेट)को झोलमा उमालिन्छ वा खुकुरी र बन्चरोलाई पाइन हाल्न पानी प्रयोग गरिन्छ । यही कारण बेलका तीन पात शिवलिङ्गमाथि घोप्ट्याइन्छ, रक्षक माध्यमका रूपमा ।

त्यसमाथि वि.सं. १९४० मा सारङ्गरधरको त्यो विशेष अध्याय अनुवाद भएर पहिलो नेपाली मुद्रित सामग्रीका रूपमा आयो र गिरिजाप्रसन्न

मजुमदारका भारतीय अनुवादहरू पनि नेपाल भित्रिए । यसरी शिवको परिकल्पना गराउने एउटा वनस्पति नेपाली बगैंचाको मौलिक भूदृश्यबाट सधैंका निम्ति ओझेलमा पऱ्यो ।

दोस्रो पाटो

संस्कृतको सप्तम बारबाट सेप्टेम्बर, अष्टम बारबाट अक्टोबर, नवम् बारबाट नोभेम्बर र दशम् बारबाट डिसेम्बर लिएर नपुगेर जनम् बारबाट जनवरीसम्म लिन बाध्य पश्चिमलाई आजभोलि नेपाली सेनाको चिनो त्रिशूल र डमरु मन परेको छैन, न झन्डामा त्रिकोणहरू खप्टिएको षट्कोण । नेपाली झन्डामाथिको हमला, पशुपतिको कोषमाथिको हमला, मृगस्थलीका सन्यासीहरूको समाधिमाथिको हमलाहरूबाट क्रमशः हार्दै यो त्यतातर्फ लागेको छ । त्यसैले हर्क गुरुङको त्यो कार्यपत्र एक सुनियोजित उद्देश्यको सैद्धान्तिक सुरुवात थियो भन्ने बुझिनुपर्छ ।

तर यो विषालु षड्यन्त्रको अग्रणी रहेको नर्वेको हजार वर्षअघिको देवता थोर (बज्रदेव)को नाम र चरित्र दुवै पुरानो खस इलाका (कास्मिर) मा प्रचलित थोरसँग मिल्छ । उनको आयुध बन्चरो (पश्चिमाहरू बन्चरो होइन घन मान्छन्, जुन अशुद्ध चलन हो ।) हो, जुन प्रतीकलाई घाँटीमा झुन्डयाइन्थ्यो, हजार वर्षअघिसम्म र जसलाई क्रसले विस्थापित गऱ्यो । नभन्दै बज्र पर्दा ढुङ्गाको बन्चरो खस्छ भन्ने हाम्रो मान्याता छ । यद्यपि यी बन्चराहरू पाषाणयुगीन (नीयोलिथिक) हतियार हुन्छन् भन्ने पुष्टि भइसक्यो र, नभन्दै थोरको परिकल्पना एसियाको यो भूभागबाटै गएको मानिएको छ । यही थोर अङ्ग्रेजीको बज्रबोधक थन्डरबोल्टमा परिणत भएको छ ।

यसले बुझाउँछ, पामिरपछि युराल नाघेर थोर अर्थात् बज्रदेव उत्तर युरोप र मध्ययुरोपको जर्मनीसम्म लाग्यो । अर्कातिर हेलिनिक (ग्रिक) महादेव जियस हुन्, जसको आयुध नै बज्र हो । अनि जियसको प्रतीक साँढे नै हो र उनको वेदी ओलम्पियामा बनाइँदा ढुङ्गाको होइन, खरानीकै

बनाइयो, जसरी महादेवको शरीरमा खरानी दलिन्छ । समुद्रका ठूला देवता हुन्- पजिडन, जसरी गङ्गा महादेवका जटाबाट निस्किन्छिन् । उनका प्रतीक पनि साँढे नै हो, आयुध त्रिशूल नै हो । यसले बुझाउँछ, पशुपालनको युगमा पशुपतिले आल्पस नाघेर दक्षिण युरोपको बाटो लिए अर्थात्, ताइवान र बर्मादेखि मध्यएसिया मात्र नभई उत्तरयुरोपदेखि दक्षिण युरोपसम्मको सभ्यताको मूलधारको स्रोत तल्लो हिमालय शृङ्खला नै थियो, जति बेला अमेरिका र अस्ट्रेलिया (न्युवर्ल्ड) पत्ता लागेको थिएन र अफ्रिका अँध्यारो महादेश मानिन्थ्यो तर त्यही पश्चिम आफ्नो आदिसंस्कृतिको मूल जरोलाई उखेल्न आज नयाँ नेपाल बनाउन उद्यत् छ । प्रचण्ड नाउँका एक इसाई मिसनरीलाई माओवादी खोल ओढाएर धर्मनिरपेक्षताको आफ्नो अभियान चम्काइरहेछ ।

आदिसंस्कृति ध्वस्त पारेर, युनिसेफका विश्वसम्पदा सूचीअन्तर्गत पशुपति राख्ने, बोरोबुदुर राख्ने, एङकोरवाट राख्ने जस्ता कुरा रुख काटेर मुढाको पूजा गर्ने बाँदर संस्कार नै बढी लाग्छ । त्यही अमेरिकामा रेड इन्डियनहरूको हालत हेरे हुन्छ, धर्मले 'रेजिमेन्टेसन' गर्दाको परिणाम र नेपालमा नहुँदाको 'एथ्नोग्रफिक' खानीको अस्तित्व ।

यहाँनिर पश्चिमको संस्कृतिहीनता टड्कारो हुन्छ । प्रकृतिपूजक संस्कृति नै नाशेर 'कार्बन डलर' दिने निर्णय एउटा पाखण्ड र अझ पाखण्डभन्दा बौलट्ठी सावित हुन्छ । जसलाई त्रिशूल र दोर्जेको स्रोत थाहा छैन, त्यसमाथि लेखाउँछ । जसलाई राजखानी काटेर सूर्यलाई चढाएपछि मात्रै खस भइन्छ भन्ने थाहा छैन, उसको नाममा 'फ्याटालिजम एन्ड डेभलपमेन्ट' लेखिदिन्छ र धर्म परिवर्तनको उद्देश्य बोकाएर 'कर्णाली इन्स्टिच्युट' चलाउन जुम्ला पठाउँछ ।

तेस्रो पाटो

नेपालमा धर्मनिरपेक्षताका निम्ति भेटिकनको वकिल बनेको नर्वेमा धर्म परिवर्तन सन् १००० मा शुरु भयो र ११५० मा त्यो कार्य सकियो ।

फलस्वरूप अहिले ७९ प्रतिशत इभाञ्जेलिकल लुथेरनहरू त्यहाँ छन् । त्यहाँका इसाईहरूले प्रायः आफ्ना गिर्जाघर पुराना मन्दिर वा पवित्र स्थलहरूमा स्थापना गरे । गिर्जाघरको संवैधानिक प्रमुख नर्वेका राजा हुन्छन् जसले संविधान अनुसार आफू लुथेरन भएको सावित गर्नैपर्छ, जसलाई नेपालमा गणतन्त्र स्थापना भइसकेपछि मार्च २००९ मा पुष्पकमल दाहालले दर्शनभेट गरेर आफूले नेपालमा दायित्व पूरा गरेकोमा हाजिरी दिंदै धन्यवादको लेनदेन गरे । यसरी भविष्यमा मन्दिर मात्र होइन, गुम्बाहरू पनि गिर्जाघरमा परिणत हुने अब निश्चितै छ । न फिदिममा फाल्गुनन्दको आश्रम, मेन्छायम धाप र साल्पा पोखरी नै बाँकी रहनेछन् । इन्टरनेटमा कसैले पनि नेपालसम्बन्धी जोसुवा प्रोजेक्टका फाइलहरू हेरे हुन्छ ।

अर्को डेनमार्कमा २००८ सम्ममा ८२ प्रतिशत इभाञ्जेलिकल लुथेरन थिए, जुन देशको संवैधानिक धर्म हो र राजाचाहिं राज्यले मान्यता दिएको लुथेरन गिर्जाघरको सदस्य हुनैपर्छ । अर्को वकिल स्वीडेनमा ७० प्रतिशत इभाञ्जेलिकल लुथेरन छन् र फिनल्यान्डमा ७३ प्रतिशत, आइसल्यान्डमा ७९ प्रतिशत इभाञ्जेलिकल लुथेरन छन् र तिनलाई १९४४ को संविधानले संरक्षण दिएको पनि छ ।

तर नेपालमा धर्मनिरपेक्ष संविधान बनाउन नेताहरूलाई बाँडिएको ५ करोड डलरपछि पनि धर्म परिवर्तन गराउने ७ अर्ब रुपैयाँ खर्च भइसकेको छ । अन्तरिम संविधानमा सम्बन्धित वाक्यमा काकपद चिह्न हालेर माथिपट्टी 'धर्मनिरपेक्ष' लेखिदिनेले कति लाख डलर पायो, त्यो खोजीको विषय हो । मुद्दा लिम्बूवानलगायत एक मधेस एक प्रदेशको भन्दा पनि दक्षिणी सुडान जन्मनेतिर बढ्दै गइरहेको देखिन्छ । दक्षिण कोरियाली 'मैत्री अस्पताल' हरूले मङ्गोल अनुहार ओढेर शुरुदेखि नै धर्म परिवर्तनलाई सघाएकै हुन् । त्यसैले माओवादी राष्टवाद कुनै पनि राष्ट्रकल्याणको निम्ति भन्ने बुझिंदैन, अर्को एक इसाई राष्ट्रको निम्ति भन्नेमात्र देखिन्छ । राजा यतिमात्रैका निम्ति फाल्नु थियो भेटिकनलाई, भलै गणतन्त्र भारतका निम्ति पनि सामरिक अनुकूल किन नहोस् ।

हिन्दू धर्मसापेक्ष संविधानले बौद्ध धर्मावलम्बी, मुन्धुम धर्मावलम्बी, बोन धर्मावलम्बी, बर्हमथान (थारू) पूजक, टों पूजक (गुरुङ) आदिलाई समेटेको थिएन । अर्कातिर नेपालमा विश्व हिन्दू सम्मेलन हुँदा कतिसम्म संवेदनहीनता थियो भने हामी ओंकार परिवारका हौं भनेर बोन, बौद्ध, जैन र सिखसम्मलाई समेटियो तर पनि मुन्धुमवादीहरू छुटे । यसैले तिनलाई पनि समेट्न सनातन धर्मसापेक्ष संविधान हुनुपर्थ्यो । बुद्धले पनि 'यश धम्मो सनन्तनो' (यो धर्म सनातन हो) भनेकै थिए तर सनातन भनेको त घुमाइ-फिराइ हिन्दू नै भनिएको हो भनेर मुन्धुमवादीहरूलाई लाग्ला भनेर शीर्षकमा आदिधर्म राखिएको मात्र हो र अन्यथा सटिक शब्द सनातनको खास अर्थ अज्ञात युगदेखि चलेर आएको भन्ने नै हो ।

के पनि भनिहाल्नु जरुरी छ भने पूर्वले कथाहरूले भरिएका कुनै ग्रन्थलाई पनि धर्मग्रन्थ मान्दैन, त्यो पुराणको श्रेणीमा पर्छ । धर्मग्रन्थ ठेली हुनुपर्छ भन्ने होइन । भेन्सिटार्टले दिएका फाल्गुनन्दका उपदेशहरूको सँगालोले तिनलाई पनि धर्मप्रवर्तक नै बनाउँछ र त्यसमाथि जुन धर्ममा दर्शन हुँदैन, त्यो धर्म मानिन्न । आफ्नो दर्शन छँदाछँदै नेपालले पश्चिममले थोपर्न खोजेको पुराणलाई धर्मग्रन्थ मान्नु जरुरी थिएन र छैन, जो देश विखण्डनको कारक बन्नेछ ।

यसैले संविधान धर्मसापेक्ष बन्दैन भने गृहयुद्ध हुने कुरा पक्का छ तर जातीयताको मुद्दा होइन, धर्मनिरपेक्ष संविधान बन्दैन भने नबनोस् भनेर पश्चिम बसेको छ । प्रोटेस्टेन्ट नभईकन राष्ट्रपति हुन नपाइने अमेरिकाका पूर्वराष्ट्रपति जिम्मी कार्टरको नेपालप्रतिको उग्र चिन्ता र दौडधूप त्यसैका निम्ति हो । धर्मनिरपेक्ष संविधान नबन्ला भनेर नर्वेका टोरे टोरेङ विशेषदूत बनेर आउँछन्, नर्वेका राजदूतको निवासस्थानमा वामपन्थीहरूको कविगोष्ठी गराइन्छ । कसै-कसैलाई डलर उपहार दिइन्छ । माओवादीको इसाईधार त्यसै स्वार्थको पहरेदार मात्र हो र हाम्रा निम्ति यदि धर्मसापेक्ष बन्दैन भने संविधान नबनोस् पनि । गृहयुद्ध र राष्ट्र विखण्डनभन्दा संविधान नबनेको धेरै राम्रो हो, नबनोस् ।

पुनश्चः

१

कोरियाइ संस्कृतिमा सिउँडीलाई शुभ, सम्पन्नता र सामाजिक प्रतिष्ठाको प्रतीक मानिँदो रहेछ । आफ्नो सम्पन्नता देखाउन उनीहरू घरको मूल ढोका अगाडि सिउँडी रोपेर सुन्दर गहना जस्तै बनाउँदा रहेछन् । घरका अनिष्ट दुष्कर्म ढोका बाहिर रोपेको सिउँडीले रोक्ने विश्वास रहेछ ।

पेज १८९, नलेखिएको इतिहास-राधाकृष्ण मैनाली

नेपाली संस्कृति कसरी कोरिया पुग्यो यसले जनाउँछ नै । उल्टै एउटा नेपाली मन्त्री त्यस्तो देखेर चकित पर्छन् । सिक्नुपर्ने कुरा ठान्छन्, आफैंबाट गएको पत्तो नपाएर ।

२

चैतको मंगलबारको दिनमा बाँदर मारेर त्यही दिन पाटे सिउँडीको घार तासी त्यस घारमा बाँदरको छालाले ढोलक मोरेर चारदोबाटोमा बसी भकेम्लाको गजाले ढोलकी बजायो भने त्यस गाउँका बोक्सीहरू सबै त्यहाँ आएर नाच्छन् भन्ने विश्वास छ ।

पेज १८, गण्डकी प्रसवण क्षेत्रका... - जगमान गुरुङ

माथिको लेखमा पाटे सिउँडीको डमरुमा भ्यागुतो र सर्पको छाला मोरेर कछुवाको हाडहालेपछि त्यो तान्त्रिक डमरु हुन्छ भन्ने जानकारी रामशरण दर्नालको हो । अब पाटे सिउँडीको ढोलक नामको अर्को बाजामा बाँदरको छाला मोडेर तान्त्रिक रूप दिने जगमान गुरुङको जानकारीले पाटे सिउँडी र बनैया जीवजन्तु बीचको सम्बन्धमाथि अनुसन्धान गर्नुपर्ने संकेत गरेको छ ।

३

नीङमा सम्प्रदायको पुरानो हिदम (इष्टदेवता) चाहिं त्होर्जे र तल्लो भागमा फलामको तीन पाटाको तलतिर चोसिँदै गएको उपकरणलाई

बज्रकील (तिब्बतीः दोर्जे फूरप) भनिन्छ । बज्र पनि पाँच चोसे, नौ चोसे गरि दुई थरिका हुन्छन् ।

पेज ४५, गण्डकी प्रसवण क्षेत्रका... - जगमान गुरुङ

बोन धर्मको प्रमुख देवता वल्से हुन् । बोन धर्मको वल्से देवता लामा बौद्ध धर्मका बज्रकील (तिब्बतीः दोर्जे फूरप) जस्तै हुन् ।

पेज ५३, गण्डकी प्रसवण क्षेत्रका... - जगमान गुरुङ

नेपाली विद्वान् योगी नरहरिनाथले बज्र गुरु पद्मसंभवलाई गोरखनाथ मानेका छन् । बज्रयानी परम्पराको पूजा पद्धति र नाथ सम्प्रदायको पूजा पद्धतिमा समानता रहेको बुझिन्छ ।

पेज ९९, गण्डकी प्रसवण क्षेत्रका... - जगमान गुरुङ

४

थार्सर ग्रीक देवता डायनिससको हतियार हो । यो थुहर (सिउँडी) कै रूपान्तरण हो ।

थायुन भन्ने नयाँ नाम राख्छ डायनिससले आफ्नी आमा बेटेलको प्रेतलोकबाट उद्धार गरेपछि । यसबाट संकेत मिल्दछ डायनिससले स्वयं थुहरबाट जन्मिएको स्वीकार्छ । भन्नाले उ थुहरकै पर्यायवाची हो ।

यसरी सिउँडी संस्कृति जापान, कोरिया, तिब्बतदेखि ग्रीससम्म पुगेको छ ।

अक्षर 'ष' : एक उदाहरण

खल्तीमा करोडौं रुपैयाँ हालेर टिपेक्स लगाएको भरमा दुई पूर्वसभामुखले धर्मनिरपेक्षता लादे भन्ने रहस्य सडकमा प्रमाणसहित पोखिएको दिन तिनको हाडखोर अवश्यै रहनेछैन ।

१७ वैशाखको अङ्कमा पङ्क्तिकारका विश्वविद्यालयीय गुरु लोकराज बरालले 'धर्मनिरपेक्ष राज्य किन ?' लेखेलगत्तै सञ्चारको बजारमा माओवादी धारको मानिने 'नयाँ पत्रिका' दैनिकले नै १८ वैशाखका दिन 'लोकराज बराल आदि भारतीय उपनिवेशी संयन्त्रका नेपाली पुर्जा भएर क्रियाशील छन् । धर्मनिरपेक्षता साम्राज्यवादको एउटा खुट्टो हो' भन्ने दुई वाक्य छापिसकेकाले यो टिपोट उति जरुरी थिएन तर आवश्यकताको सिद्धान्तले उत्प्रेरित गरेकाले प्रसङ्ग अब शुरु हुन्छ-

फुटाउको मन्त्र

मगर, गुरुङ्, तामाङ, राई, लिम्बू, थारूलगायत अन्य अल्पसङ्ख्यक जातजातिले मानिआएको धर्मलाई पश्चिमले एनिमिजम भन्दछ, जसमा जन्तु, जनावर र बोटबिरुवाको आध्यात्मिक महत्त्व हुन्छ । यी सबैको मूल बोन धर्म हो । यसैले यही बोन शब्द मगरहरूमा पुन थर बन्दछ । पश्चिम पहाडको पुनेल संज्ञा बन्दछ । तामाङहरूमा ब्लोन र बोम्जन थर बन्दछ । पूजाको घडाको नाम नै भोम्बु बन्दछ । यही थर छन्थ्यालहरूमा भलन्जा हुन्छ । गुरुङहरूमा पलान्जा (चेम्जोङ १३५) हुन्छ । थकालीहरूमध्ये गौचनहरूको भ्लाम्तन र भ्लेन्तन (विलियम फिसर) उपथर बन्छ । राईको वान्तवा थर हुन्छ । लिम्बूको पान्दक थर बन्दछ । थारूको बान्तर थर बन्दछ ।

तर, फिरङ्गी समाजशास्त्रीहरूले यी जातजातिलाई 'हामी हिन्दू होइनौं, बौद्धमार्गी हौं' भनाइरहेका छन् । निश्चय नै यी ब्रह्माविष्णुवाला हिन्दू होइनन् तर हिन्दू होइनन् भने २५ सय वर्षअघि मात्र थालनी भएको बौद्धमार्गी पनि झनै होइनन् । यसरी हुँदै नभएको बौद्ध र हिन्दू दूरीबीच बोनलाई उभ्याइदिएर उसैको मिचाइँ गर्ने ठूलो षड्यन्त्र चलिरहेछ ।

गराङ्जा थर हुन्छ मगरहरूमा, जुन गुरुङ नै हो । जा प्रत्यय हो गर्बुजा, पाइजा आदिमा लागेजस्तै । गराङ थर घाराँको रूपान्तरण मात्र हो, अर्थ हो-लडाकु । यही थर गर्बुजा पनि बन्दछ मगरहरूमा, घरब्जा थर बन्दछ छन्त्यालहरूमा तर फिरङ्गी समाजशास्त्री र तिनका पिट्ठुहरूले मगर र छन्त्यालसमेत अलग हो भनेर तिनलाई भिन्न देखाउन गर्नु गरेका छन् ।

रानाथारू हुन्छ, थारूहरूमा, रानामगर हुन्छ मगरहरूमा, रानाभाट हुन्छ क्षत्रीहरूमा पनि । रानो (रानो माहुरी)बाट बन्ने मुखियाबोधक नै राना पद हो, पूर्वी पहाडको कुनै बेलाको मिझारजस्तै तर राना थरमा रहेको मातृसत्तात्मक अवशेषलाई लिंदै ती भारतको राजपुतानाबाट आएका हुन् भनिँदै छ । जब कि नेपालमै रानामगरको प्रमाण एघारौं शताब्दीमै पाइन्छ, भारतमा केवल बाह्रौं शताब्दीमा । त्यसमाथि मातृसत्तात्मक प्रथाको उदाहरण बनेको महाभारतकालीन द्रुपद राज्य रानाथारू इलाकाको ठीक दक्षिणमा सीमापारि पर्छ र, उनीहरूको घनाबस्तीको ठीक उत्तरी पहाडमा मगरका घनाबस्तीहरू छन् । अर्थात्, ती बरु तराईका मगर नै हुन् न कि थार मरुभूमिका ।

यी साना उदाहरणहरू हुन् फुटाउँदै लगेर अर्काको पहिचान र परम्परै मेटिदिने ।

एनिमिजमको प्राण

पश्चिमको राशिक्रम जोडियाक संस्कृतको ज्योतिषको अपभ्रंश हो । भलै त्यसलाई १५ सय वर्षअघि ग्रिकहरूले शुरु गरेका दाबी चलिरहोस् । अङ्ग्रेजीको होरोस्कोप ज्योतिषशास्त्रको होरा शब्दमा स्कोप जोडेर माइक्रोस्कोपजस्तै बनाइएको हो । यही होराबाट नेवार ज्योतिषहरूको हाडा थर बन्दछ ।

राशिमा परेको बाह्रवटा प्रत्येक सबै यथार्थमा जनावर नै हुन् । यसको दार्शनिक अर्थ हो, प्रत्येक मानिसको स्वभाव कुनै न कुनै जनावरसँग मिल्छ । दोस्रो पहिलो राशि पशुपालन युगको पहिलो जनावर मेष (भेडा) हुन्छ । दोस्रो वृष (साँढे) हुन्छ । तेस्रो मिथुन (गौरी गाईको घरपालुवा उपजाति बोस फ्रन्टालिस) हुन्छ तर पश्चिमले मिथुनलाई मैथुन पढेकाले नारीपुरुष चिह्न प्रयोग गर्छ । विद्वत्‌शिरोमणि कुलचन्द्र गौतमले पनि त्यही अर्थमा लिएपछि हाम्रो के लाग्छ ? चौथो कर्कट (गँगटो), पाँचौ सिंह र छैटौ भार्गव (हात्ती) हुन्छ तर पश्चिमले नक्कल गर्दा भार्गवी (देवी, कन्या) भन्ने बुझ्यो भर्जिन लेख्यो, अमेरिकाको एक राज्यको भर्जिनिया भन्ने नाम राख्यो । हामीले फेरी आफ्नै कुरा बिगारेर उसको नक्कल गऱ्यौं । सातौं तिलित्स (भाइपर सर्प) हुनुपर्थ्यो, तुला (तराजु) लेखिँदै छ । आठौं वृश्चिक (बिच्छी) हुन्छ । नवौं धन्विन (बँदेल) हुनुपर्थ्यो तर धनु लेखिँदै छ । दशौं मकर (घडियाल), न कि (गोही) हुन्छ । मकर शब्द मानिसको दाँतको प्रारूप (डेन्टल एनाटोमी)बाट बन्दछ । एघारौं कुम्भक (कछुवा) हुनुपर्थ्यो तर घडा लेखिँदै छ । बाह्रौं मीन (माछा) हुन्छ ।

बाहनहरू यथार्थमा रथ होइनन्, ती सम्बन्धित देवताको स्वभाव दर्साउने प्रतीक हुन् । अर्थात्, मुसाले गणेशको मुसा स्वभाव, साँढेले शिवको साँढे स्वभाव, बाघले देवीको बाघ स्वभाव जनाउँछ । यसरी एनिमिज्म देवताकै सन्दर्भमा लागू हुन्छ भने मानिसको के कुरा ?

तुला लेखेर वैश्यलाई, धनु लेखेर क्षत्रीलाई, कुम्भ लेखेर दलितलाई राशिमा ठाउँ दिने गलत कार्य सम्भवतः कान्यकुब्जमा (वर्तमान कन्नौज) गरियो । यहींको एक कान्यकुब्जीले भर्जिन लेखाइको कन्यामा पहिलोपल्ट सायद आफ्नो वर्गको (ब्राह्मण) उपस्थिति देख्यो ।

माथिको दुई उपशीर्षक के कुराका उदाहरण हुन् भने आदियुगदेखि चलेर आएको परम्परागत मान्यता यथार्थमा धर्म नै होइन, प्रकृतिसम्बद्ध जीवनपद्धति र दर्शन हो । हाम्रो सन्दर्भमा वृहद् मानवशास्त्रीय आयाम नै हो, जसलाई मूर्खतापूर्ण पश्चिमा राजनीतिशास्त्र बोकेर निरपेक्ष बनाउँदा

पश्चिम अत्यन्त सभ्य र हामीचाहिँ यस्ता जङ्गली, जसलाई एउटा पादरीले सभ्य बनायो भनेर इन्टरनेटमा हाल्न मात्रै बाँकी रहन्छ ।

यहाँनिर हेक्का राख्नुपर्छ, ल्होसार सम्बन्धित तिब्बती क्यालेन्डरहरू पनि विभिन्न जनावरकै नाम लिंदै फेरिदैं गर्छन् । थप जिज्ञासा शान्तिका लागि फगत मेष, वृष र महिषमा परेको 'ष'लाई मात्र लिएर मानवशास्त्रीय आयामतिर अब गइन्छ ।

मेषको षुट्टा

सातथरीका मेष पाइन्छन् नेपालमा । जङ्गली अवस्थाका नायन र नाहुर एवम् घरपालुवा अवस्थाका रासकोटी (जुम्ला), भ्याङलुङ (डोल्पा, मनाङ र मुस्ताङ), बरुवाल (मध्यपहाड), कागे (काठमाडौं र पोखरा विशेष), लाम्पुच्छ्रे (तराई) ।

जाडो महिनामा रासकोटीका षुट्टा पकाएर खाइन्छ तर काठमाडौंमा चिसो लाग्छ भनेर जाडोमा खाने त परै जाओस्, अरू बेला पनि क्रेताले परिचित बगरेलाई आफ्नो आँखाको डिल देखाएर इसारा गर्छ । बगरेको सङ्केतपछि 'आँखाको डिल सुन्निने' अर्थात् भेडा काटेको बुझेर अर्को पसलतिर लाग्छ । जब कि मध्यपहाडमा बरुवाल काट्नेबित्तिकै त्यसको अघिल्लो षुरको कापलाई राहु र पछिल्लो षुरको कापलाई केतु भन्दै तत्काल काटेर फालिहालिन्छ । त्यो सूक्ष्म चक्राकार हुन्छ । त्यहीं मेषको माषुमा हुने विकार केन्द्रित हुन्छ भन्ने मानिन्छ । यसैले ग्रहण लाग्दा देवताका नाममा मेषलाई पन्छाइन्छ । जब कि पृथ्वीका साढे १२ सयभन्दा बढी भेडाको जातिलाई लिएर अन्यत्र यस्तो विचलन भएको पढ्न पाइन्न । हिमालयको उत्तरी ढालमा भ्याङलुङ मात्र हुन्छ तर यो प्रसङ्ग दक्षिणी ढालको बारुवालको हो । अब इरानका बारहमिहिरहरू राहुलाई शिर र केतुलाई शरीर मान्दछन् नै तर त्यसको प्रेरण नेपाली मध्यपहाड नै देखिन्छ । भृगुकै मेषदेखि मीनसम्मको प्रेरणा नै नेपाली पहाडकै देखिन्छ । सम्भव छ, पार्वतीको जन्मस्थल मानिने र ज्योतिषहरूको आदिथलो मानिएको पर्वतको पाङ गाउँ नै होस् ।

वृषको षुट्टा

पश्चिमा समाजमा सकेसम्म डल्फिनको मासु खाइन्न किनभने यसले समुद्रमा खसेका मानिसलाई साथ दिएर किनारा लगाइदिएका अनेकौं उदाहरण पाइन्छन् । यसैले मानिसको मित्र मानिन्छ ।

त्यसैगरी गाईको माषु किन खाइन्न भने चारषुट्टे स्तनपायीहरूमा एउटै जनावर गाई यस्तो हो, जसले भुइँमा खसेको वा लडेको मानिसलाई कहिल्यै कुल्चेर हिंड्दैन । बरु बाटो नभए नाघेर नै जान्छ । यसैले गाईलाई आमा मानेर ढोगिएको हो । गाईपूजाका बेला उसका षुट्टाहरू बीचबाट छिर्ने चलन आएको हो । यही कारण हो षुकुरीको मुठभन्दा माथि धारमा हुने षुँडे भागलाई 'गोषुर' भन्दछन् । व्यावहारिक अर्थ अर्को धारसँग जुध्दा त्यो चिप्लिएर आफ्नो औंला नकाटोस् भन्ने हो, धारको रगत हातमा नतर्किंयोस् भन्ने हो तर त्यो पानबुट्टे नै हुन्छ किनभने गाई काट्न हुँदैन भनेर सम्झाउनका निम्ति हो । नेपाली अस्त्रहरूका गोषुरहरू यसैले झन्झन् ठूला भएर गए मध्यकालमा । उदाहरणका निम्ति माथवरसिंह थापाको षुँडाको सर्वाधिक सुन्दर गोषुर हो ।

एनिमिजमको 'ष'

(यो उपशीर्षकको सामग्री पाठकहरूलाई झर्कोलाग्दो छ भन्ने जान्दाजान्दै पनि श र षलाई हटाएर नेपाली भाषाको माओवादीकरण गर्नेहरूले यसको चित्रलिपियुक्त सुन्दरतालाई कसरी बिथोलेका छन्, देखाउनका निम्ति पनि माथिका हरफहरूमा जस्तै चल्तीको व्याकरणलाई नाघिएको छ ।)

एनिमिजमको दैवी सूत्रधार शिव/पशुपति मानिन्छन् । एउटा हाँगोका मानवीय गुरु मात्रै कैलाशका दोर्जे शेराब (सिउँडी शेराब) हुन् । शिवको तरबार र सल्लाको पिरल दुवैलाई असी भन्दछन् । 'अषी पत्र नरक' यसैले सम्भवतः सल्लाको जङ्गलबोधक हो र, आँसीबाट हँसिया शब्द आएको त हुँदै हो, जुन ल्याटिनको आँसिस हुँदै अङ्ग्रेजीको सिकल बन्न पुग्छ तर अषीको अ स्वर मात्रै हो, षी व्यञ्जन हो । यही ष सारा नेपाली अस्त्रहरूको पहिलो शब्दस्रोत हो ।

यो 'ष'लाई पेट चिरेको 'ष' भन्ने चलन छ । नभन्दै षाँण (तरबार)ले 'प' आकारको पेट चिर्छ । यसैले पुरानो लेखोटमा षुमर्नु (षसी बनाउनु) लेखिन्छ । षुकुरी र षुँडा लखिन्छ ।

षोदाली पढेको भए जनकलाल शर्माले कोदाली आग्नेयहरूले नेपाल ल्याएका हुन् भनेर लेख्दैनथे । युरोपमा २२ सय वर्षअघिको भनेर फेला परेको हतियारलाई षोपेस भन्दछन्, जुन हाम्रो चन्द्रहास षड्ग हो तर उसको उत्पत्ति दाबी गर्नलाई अङ्ग्रेजी शब्दभण्डारमा त्यससम्बन्धी कुनै नाम र क्रियापद छैनन् षोपनु, षोपा, षपडा, षापा, षोप्राजस्ता ।

युरोपमा २४ सय वर्षअघिको भनिने तर १९ औं शताब्दीमा मात्र नाम दिइएको फाल्कट हाम्रो षुकुरी हो । तैपनि उससँग त्यससम्बन्धी फल्याक, फलकजस्ता शब्द छैनन् । फ्लेकचाहिं फल्याक नै हो । हाम्रो षर्द (कर्द) त्यहाँ स्वर्ड (तरबार) हुन पुगेको छ । षुन्दा, षटारी, षुर्पा, षन्जन, षन्ती सबै षबाट हेर्दा शुद्ध लाग्छन् र हुन् पनि ।

तर, मेष, वृष, महिष तीनओटै घरपालुवा षुरयुक्त (बोभिडेई परिवारका-भाले -षसी हुन लायक) हुन् । षको अर्थ हो नै चिरिएको, काटिएको वा चिर्ने, षाट्ने । चित्रलिपि हो । यसरी जाँदा ष कृवल इसापूर्व दोस्रो शताब्दीको भनिने ब्राह्मी लिपिबाट उब्जिएको बुझिँदैन । न खारोष्टीमा सही पूर्वज फेला पर्ला, भाषाशास्त्रीले मिलाइदिने मात्र हो । ठेली जान सकिन्छ षमा । जुम्ली 'फ'बाट जाँदाको नेपाल त झन् कता हो कता अर्कै संसारको देखिन्छ । मौखिक रूपमा सही षले सङ्केत अनुशासनको हजारौं वर्ष लामो यात्रा गरेको छ ।

उप-अन्त्यमा

माथिका पाँच उपशीर्षकहरूबाट बुझ्नुपर्छ, विशुद्ध राजनीतिशास्त्रले शास्त्रहरूका सयौं फलकसँग सम्पर्क नराख्ने हुनाले नै पलिटिकल साइन्सलाई विशुद्ध विज्ञानले विज्ञान नमानेको हो ।

जब धर्मग्रन्थ साकुलर र मोमसेन थन्किए, ग्रिकहरूको २ हजार वर्षउताको मानवशास्त्रीय जग खोज्न नसकिने भयो । स्लाभहरूको लुथियाना

जब थन्कियो, ती नयाँ स्लाभहरू भए, प्राग्ऐतिहासिक सांस्कृतिक जग नभएका । मुन्धुमहरू थन्किएपछि यही हुन्छ । यो विकासे धान लगाउन थालेपछि नेपाली मार्सी र जेठाबुढाहरूको 'ल्यान्डरेस' लोप भएजस्तै हो । अनि विकासे धर्ममा पुरुषले विवाह गर्ने, टेस्टेरोन र स्ट्रोजोन हार्मोनहरू दिएर 'बाइसेक्सुअल' बनाउने, रासायनिक लागूपदार्थलाई वैध गर्ने, सबै सामाजिक विकासका नाममा स्वीकृत हुन्छन । यसरी फेरी मानिसलाई बाँदर नै बनाउने अभियान चल्छ, जसरी विकासे धानले अनेक स्थानीय रोगहरूलाई थेग्न सक्दैन वा बढी मलको माग गर्छ ।

विसङ्गतिहरू

'संसारका धेरै देशले आआफ्नो धर्ममा आधारित राज्य माने पनि नेपालले त्यही अनुकरण गर्नुपर्छ भन्ने छैन । जसरी भारतले आफ्ना सन्दर्भमा धर्मनिरपेक्ष राज्य बनाएको छ'- भन्ने डा. बरालको वाक्य विसङ्गतिपूर्ण चिन्तनको नजिकै छ । अरूले मानेका कुरा नेपालले मान्न जरुरी छैन भने भारतले मानेको हुनाले मात्र हामीले मान्नुपर्ने हो ? चर्च र राज्य सोह्रौं शताब्दीमा नै छुट्टिएका हुन् भनेर प्रकारान्तरले टमस अक्विनास आदिको कुरा उठाउन खोजिएको हो भने पनि अमेरिकी डलरको 'इन गड वि ट्रस्ट' र 'प्रोटेस्टेन्ट' मात्रै अमेरिकी राष्ट्रपति हुन पाइनेजस्ता पश्चिमा प्रावधानले सोह्रौं शताब्दीका कुरा किताबी भन्टा भइसकेको कुरा पुष्टि गर्दैन ?

'नेपाली काङ्ग्रेसका नेताहरू आफ्नो महासमितिको बैठकमा हिन्दूराष्ट्रको अभियानमा लागेकालाई यसका पक्षमा बोल्ने मौका दिन्छन्,भन्ने वाक्यले लेखक भित्री हृदयबाटै प्रजातन्त्रवादी नरहेका छर्लङ्ग हुन्छ । यसै पनि बरालको विद्यावारिधिको थेसिस 'अपोजिसनल पलिटिक्स इन नेपाल' ईश्वर बरालको लेख 'अपोजिसन ग्रुप इन नेपाल'को 'एक्सटेन्सन' हो भन्ने स्वीकारोक्ति सुनिएकै छ । जब कि ईश्वर बरालकै थेसिस पनि नयराज पन्तको लेखोटको अनुवाद हो, अङ्ग्रेजहरूले पत्तो पाएनन् भनेर जनकलाल शर्माले भनेका छन् ।

(जनकलाल शर्माले भने - नेपाली नबुझ्ने वेलायतीलाई डा. बरालको चातुर्य थाहा भएन । यता नेपालमा पं. नयराज पन्तले दिव्योपदेशको व्याख्या गरेर नेपाली भाषामा पुस्तक छपाइसकेका थिए । त्यसैको खुरुखुरु अङ्ग्रेजीमा अनुवाद गरेर बरालले डाक्टरी पुरा गरे -पेज १११, ज्ञानगुनका कुरा, भाग ५५, २०५७)

हृदयले आत्मसात् नगरेको प्रजातन्त्रलाई थेसिसले थेग्दैन भन्ने यहाँ स्पष्ट हुन्छ ।

'तत्कालीन भारतीय नेताहरूलाई भारतलाई धर्मनिरपेक्ष बनाउन ठूलो मुस्किल परेको थियो'- लेख्नुअघि सन् ११९१-१८५७ गरी ६ सय ६५ वर्षको मुसलमानी राजकीय प्रभावले गर्दा भारत स्वयम् अर्धइस्लामिक भइसकेको थियो, जुन अवस्था नेपालको होइन भन्ने कुरा ख्याल गर्नुपर्थ्यो ।

यथार्थ

पश्चिमाहरूले सबैभन्दा धार्मिक आक्रमण नेपालमा बोन धर्मलाई नै गरेका छन्, जुन यस देशको प्राचीनतम र मौलिक नृवंशशास्त्रीय एवम् मानवशास्त्रीय पहिचान र परम्परा हो, जसको एक फलक माथिल्लो अंशमा दिइयो तर लाङदार्म (छोटकरी रूप लामा)को कारण यसै देशमा जन्मिएका बुद्धको मतसँग बोनको भिडन्त भइसकेकाले बोन धर्मसापेक्ष संविधान हुनुपर्छ भन्न नसकिएको हो । फेरि तराईवासी रैथाने गैरथारूहरूलाई पनि समेट्नुपर्ने स्थिति छ । यसैले सबैको साझा 'आदिधर्मसापेक्ष संविधान' भनिएको हो ।

यद्यपि, बोन धर्मावलम्बीहरूमा कहिले जनजाति महासङ्घका तर्फबाट धर्मनिरपेक्षताको दुहाइ दिने र कहिले राप्रपा (राणा) र राजपाका तर्फबाट सर्वधर्मसापेक्ष संविधानको दुहाई दिने भयावह दिग्भ्रम देखिन्छ । पहिचानको मुद्दा उठाउन लगाउनेहरूले पहिचान कसरी मेट्ने अभियान चलाइदिएका छन् भन्ने कुराको पटक्कै हेक्का छैन । त्यसमाथि राजनीतिक वैज्ञानिक भनाउँदाहरू डार्बिनिज्मको उल्टो बफ्फोनेरिज्मको नाङ्गोपन प्रदर्शन गरिरहेका छन् ।

त्यसमा पनि धर्मसापेक्ष भन्नेबित्तिकै राजतन्त्र फर्काउने अभियान र माग हो भन्ने अनर्थकारी अत्तो भारत र उसका मतियारहरूले गर्ने गरेका छन्, जसले नेपालमा पश्चिमको सांस्कृतिक औपनिवेशिकता लाद्‌दै गएको छ । जब कि राजसंस्था नेपालीका निम्तिभन्दा पनि भारतका निम्ति सबैभन्दा बिझेको काँडा थियो भन्ने कुरा क्रान्तिकारी नेपालीहरूले विक्रम संवत् २१६३ सालमा मात्रै बुझ्नेछन् । गैंडाको देश, संवेदना भित्री पेटसम्म पुग्न त्यति बाक्लो छालालाई सय वर्ष लाग्ला नै ।

अनावश्यक विवाद

भारत र पाकिस्तान धार्मिक कारणले छुट्टिनुपर्ने नै थिएन, महमद जिन्नाहरूले गुरुगम्भीरतालाई बुझेको भए । अल्लाहको प्रार्थना शून्य वा खालीपनमै हुन्छ । यसैले उनका मूर्ति र तस्बिर नितान्त वर्जित छन् इस्लाममा । सनातन धर्मले पनि निराकारलाई नै मान्दछ । मूर्ति र तस्बीर उसलाई सम्झन सजिलो होस् भनेर अपनाएको साध्य मात्रै हो । मूर्तिपूजा नगर्ने बौद्धमतकाले पनि उनलाई सम्झना गर्ने सजिलो माध्यमका रूपमा मात्रै मूर्ति अपनाएका हुन् ।

जुडाइज्म (यहुदी धर्म)को जुडा संस्कृतको यदु हो । यो यमराजलाई जेमराज बनाइएजस्तै हो, युद्धशमशेरलाई जुद्धशमशेर बनाएजस्तै हो । धर्मग्रन्थ तालमुड तालपत्रकै रूपान्तरण हो । पारसीको 'जेन्द आवेस्ता' शब्द 'हिन्दू वेद' कै अपभ्रंश हो । येशु र इस्लामको ईश दुइटैका मूल शाब्दिक स्रोत ईश्वर हो । यसर्थ धर्म र मान्यताहरूका बीचमा झगडा गर्नु नै अत्यन्त गलत कुरा र मूर्खता हो ।

तर शिव, विष्णु, ब्रह्माजस्ता पूर्वकाले मानेका देवताहरूलाई सैतान भन्ने असभ्यता नेपाली समाजमा २०६३ पछि चर्कदै गएको छ । तेत्तीसकोटि शब्दलाई करोड भन्ने अनर्थ गरिराखिएको छ । यथार्थमा भने बाह्र आदित्य, आठ वसु, एघार रुद्र र दुई अश्विनीकुमार गरी तेत्तीसवटा मात्र देवताको स्तरका दैवी पात्रहरू हुन्छन् यो मान्यतामा । कोटिको अर्थ स्तर हो । जब कि पूर्वीय अघोर मतले क्राइस्टलाई अझै शुलीमै रहेको, परलोक पुग्न नपाएको

ठान्दछ । 'प्रे'लाई प्रार्थना होइन, प्रेतको अल्परूप भन्दछ । यो उनका बारेमा मात्रै होइन, सनातनी बाबाहरूका बारेमा पनि कायम छ । जस्तो, उनको आमा (भारत)लाई घोर सङ्कट परेका बेला (स्वाधीनता सङ्ग्रामको क्षण) बेलायत पलायन गरेकाले शिवपुरी बाबाले अझै वैतरणी नतरेको मान्दछ अघोर मतले । जब कि स्वर्गद्वारी महाप्रभु ज्योतिपुञ्जका रूपमा उठेर हिमाल लागेको देख्नेहरूका बारेमा लिखित पङ्क्तिहरू नै छन् ।

फेरि मेष

एक विज्ञ लेख्छन्, 'वैदिक युगको पूजामा माषु वर्जित थएन । वैष्णव मतको उदयपछि त्यसको विकल्प माषलाई बनाइयो ।' (यसैले माष छर्न जानुको अर्थ मर्नु भएको हो) । किन यत्रो महत्त्व भयो, यो मेषबोधक माषको आज पनि ? सायद यसैबाट बुझ्न सकिन्छ कि उमेर पुगेको मानिस र बूढो मेष दुवैका दाँत ३२ ओटै हुन्छन् । मेष यहाँ मानिसकै प्रतीक हो । यसैले मेष राशिमै एक बोनपोले आफ्नो प्राथमिक आन्तरिक अनुहार खोज्छ, स्वभाव खोज्छ ।

नभन्दै ५० सय वर्षअघिदेखिको मात्र राजनीतिक इतिहास भएको मेसोपोटामियाको पूजावेदीमा मेष र वृषको १३ हजार वर्ष पुरानो टाउको फेला परेको छ । त्यसमाथि अहिले बोन संवत् १८ हजार २९ औं चलिर हेछ । त्यसै शैव धर्मको सुरुवात ३० हजार वर्षअघि भएको भनेर अनुमान गरिएको पनि होइन ।

अन्त्यमा

खल्तीमा करोडौं रुपैयाँ हालेर टिपेक्स लगाएको भरमा दुई पूर्वसभामुखले धर्मनिरपेक्षता लादे भन्ने रहस्य सडकमा प्रमाणसहित पोखिएको दिन तिनको हाडखोर अवश्यै रहनेछैन । उक्त लेखकको रोष र स्वार्थ अर्को कुरा हो तर आफ्नो 'कृष' चोरेर 'क्राइस' बनाएका यथार्थलाई नेपाली काङ्ग्रेसको त्रिवेणी सम्मेलन कसैले कसरी भुल्न सक्छन् ? कसरी बिर्सन सक्छन् ?

पोतालामाथि एक्लो धर्म 'धुजा'

जो माओवादी आन्दोलनका हिमायती 'एभानजेलिस्ट' हरू हुन् तिनै 'फ्री टिबेट' आन्दोलनका लगानीकर्ता हुन्, सर्वसाधारणले यी कुरा बुझेका छन् भने के चीनले चाहिँ बुझेको छैन होला ?

बामपन्थीहरूलाई समाजशास्त्रीय इन्जिनियरिङले न्युट्रलाइज गर्ने र त्यसभित्र आफ्ना एजेन्डाहरू पनि घुसाउँदै लाने योजनाको सुरुवात भएको झन्डै तीन दशक नाघेको छ । भलै छायाँमा त्यसको अगुवाइलाइ साइनबोर्डसरह वामपन्थ मुक्त राखिएको छ । आफूले चोट पाइसकेपछि मात्र वामपन्थीहरू त्यसको मूल्याङ्कन गरेर चेत्छन् तर समय बितिसकेको हुन्छ । नेपाललाई लिएर भैरहेको वर्तमान वैदेशिक भूराजनीतिमाथि मार्क्सवादीको मूल्याङ्कन त्यस्तै हो, प्रयोग भएपछिको खेद, ब्याँसो खेद ।

शुरु गरौं । हर्क गुरुङ, डोरबहादुर विष्टलगायत ४० र ५० को दशकका कथित 'ब्राह्मणवाद' विरोधीहरू सबै दरबारबाट परिपोषित थिए । सर्वसाधारणलाई साम्प्रदायिक लागेका तत्वहरूले राजकीय अवसरहरू पाइरहनु नै त्यसको पुष्टि हो । यसका प्राथमिक कारण थिए राणाशाहीको जग हल्लाउन पुगेका टङ्कप्रसाद आचार्य र राजतन्त्रलाई संविधान तल ल्याउन प्रयासरत विश्वेश्वरप्रसाद कोइराला । कथित ब्राह्मणवादविरुद्ध दरबारी अनुदारवादी गुटको आक्रोशको चरमचुली त्यो क्षण थियो जब प्रधानन्यायाधीश, त्रिविका उपकुलपति, प्रहरी महानिरीक्षक, प्रधानसेनापति र नेवार भए पनि प्रधानमन्त्रीसमेत 'सिंह' थर भएका मानिस एकैपटक आ-आफ्ना पदमा बहाल थिए । नभन्दै यो चुलीको लगतै पञ्चायत ढल्यो । सुनियोजित नहोस् समाजशास्त्रीय दृष्टिले ०४६ को घटना पहिलो आन्तरिक 'आर्मागेड्डन' हो न

कि ०६३ को परिवर्तन । बाइबलले आर्मागेड्डनको अर्थ असल पक्ष र खराब पक्षबीचको अन्तिम युद्धका रूपमा लिएको छ । अर्को अर्थमा महाभारत ।

'गस्पेल अफ द गड', जनाथन लिन्डेलले लेख्दासम्ममा भेटिकन हिमालयको उत्तरी र दक्षिण ढालका सन्दर्भमा दुई निर्क्योलमा पुगेको थियो, इसाई धर्म बिस्तारका निम्ति दुई तत्व ठूला बाधा छन् । पहिलो ब्राह्मण जस्लाई तोड्न संस्कृतलाई पहिला नष्ट गर्नुपर्छ, तिब्बत जसलाई तोड्न चीनबाट अलग गर्नुपर्छ । यहाँनेर ०३८ एउटा महत्त्वपूर्ण वर्ष हो । जुन वर्ष एक तुलाधर तत्कालीन राष्ट्रिय पञ्चायतमा रोए र अयोध्यामा माओवादीहरूको पहिलो बैठक बस्यो ।

कालान्तरमा तिनले माओवादीसँग सहकार्य गर्दै 'गाई खान पाउनुपर्छ' भनेपछि भित्री उद्देश्यहरू छर्लङ्ग भए । यो भनाइ धर्मनिरपेक्षताको पक्षधर र कथित 'ब्राह्मणवाद'को विरोधी देखिए पनि माओवादभित्र शीर्ष नेतृत्वदेखि तल्लो पङ्क्तिसम्म एउटा छुट्टै इसाईधार विद्यमान थियो । जसले धेरै पर नगई नागाल्यान्ड र मिजोरममा इसाई लाल डेङ्गा र ललथन हौलाको पृथक्तावादी आन्दोलन र विहारको कोल्हान जिल्लामा इसाईहरूको समानान्तर कोल्हानिस्तान सङ्घर्ष देखेको थियो । त्यहींनेर नेपालमा भइरहेको आत्मनिर्णयको अधिकारका मागलाई पृष्ठभूमिबाट हेर्दा के ख्याल गरिनुपर्छ भने इस्लाम संसारभित्र सम्प्रदाय र नस्लका आधारमा भौगोलिक सीमाहरू टुटेका छैनन् जति इसाई संसारमा टुटेका छन् । जानेर वा बुझेर नै हुनुपर्छ संस्कृतका विरुद्ध वज्राचार्य र रिम्पोछेहरू बोलेनन्, यद्यपि त्यो संयम पाली भाषाको जग संस्कृत हो भनेर भएको होइन ।

नभन्दै सन् १९८९ मा 'बर्लिन वाल' भत्कनेबित्तिकै केही नेपालीले टिप्पणी गरिसकेका थिए, अबको युद्ध इस्लामविरुद्ध इसाई युद्ध हो । लाक्षणिक सुरुवात श्रीलङ्काबाट भई नै सकेको थियो । युद्ध सिंहला र तमिलबीच थिएन, बौद्ध धर्मावलम्बी र इसाईबीचको थियो त्यो । त्यसैले त्यहाँ नर्वे मध्यस्थताका निम्ति आयो, ९७ प्रतिशतको हाराहारीमा 'इभान्जेलिकल लुथरन' जनसङ्ख्या भएको नर्वे र, त्यही कारण अन्ततः कोलम्बो सरकारले

नर्वेलाई वार्ताबाट बर्खास्त गऱ्यो र डेनमार्कका विदेश मन्त्रीलाई भिसा दिएन । युनिसेफका प्रमुखलाई पनि बर्खास्त गऱ्यो र स्मरण रहोस् नेपालमा भने त्यही वर्ग पैसाको भकारी बोकेर संविधानसभा, सभासद्, शिक्षण तालिम र संविधान निर्माण सहकार्यमा पार्टीका ढोकाहरूमा धाइरहेको छ । नेपाल आएको ईयू ट्रोइकामा पनि स्वीस परराष्ट्र मन्त्रालयको प्रतिनिधित्व थियो, धर्मसापेक्ष उत्तर युरोप खुलेरै नेपाली समाजविरुद्ध लागेको छ ।

यता २०४७ मै पङ्क्तिकारलाई केही भारतीयहरूले भनिसकेका हुन्, नेपालसँग भारतको लडाइँ २०४० को हर्क गुरुङको बसाइँसराइसम्बन्धी प्रतिवेदनबाट शुरु भइसक्यो, तिमी हेरिराख/हामीलाई बाहिरबाट आएको भन्नेहरू आफू मङ्गोलियाबाट आएको भन्न थालेका छन् । स्वयम् बाहिरबाट आएकाले अरूलाई बाहिरिया भन्ने के अधिकार ? भन्ने अब हाम्रो प्रश्न हुनेछ । नभन्दै भक्तपुरमा एक अमूक गुरुङको महामूर्खतापूर्ण भाषण सबैले सुने, 'मङगोलियाका महामहिम राष्ट्रपति ओकिरवातज्यू, हाम्रै मूल भूमिबाट आउनुभएका तपाईलाई आज स्वागत गर्न पाउँदा हामीलाई साह्रै खुशी लागेको छ ।' यद्यपि भारतीयहरूको त्यस प्रश्नपछि 'बसाइँसराइ' शब्दका ठाउँमा अब 'आदिवासी' शब्द राख्दै लान थालियो । यो समूल नेपालबाट उल्टै आञ्चलिक, प्रान्तीय, सङ्घीयतर्फको खुम्चाइ घाइते चितुवाले आफ्नो पन्जा लुकाएको दृश्यजस्तै, खुट्टा काट् भनेपछिको तनाईजस्तै थियो । यद्यपि नौ वर्ष लगाएर गरिएको ह्युमन जेनोम रिसर्चले मानिसका बसाइँसराइसम्बन्धी आश्चर्यजनक तथ्याङ्क अघि सारेर ती दाबीहरूलाई धूलिसात गरिसकेको हो ।

उता २०५७ को वर्ष केही पाका लिम्बू र राई मुन्धुम ज्ञाताहरूले पङ्क्तिकारलाई दुःखमनाउ गर्दै भनेका थिए- 'हामी तिम्रो पक्षको 'हिन्दू' परम्परालाई मन पराउँदैनौं । त्यसको एउटै कारण हो- हेपाहा प्रवृत्ति, हुनसम्म होच्याउने संस्कृति तर आज आ-आफ्ना भाषाका शब्दकोश, व्याकरण, मुन्धुमको लिखित रूप आदिको खोजी र अनुसन्धानबाट दङदास हुँदै अघि बढ्दै जाँदा हामीले के पनि बुझ्दै गएका छौं भने 'हिन्दू'

प्रभुत्ववादबाट मुक्तिको अर्थ मुन्धुम धर्मको उठान गराउने, संरक्षण गर्ने भन्ने होइन रहेछ, हामीलाई त अर्कै धर्ममा जाक्नलाई पो रै छ ।'

अर्थात् तिब्बतीहरूले कदाचित स्वतन्त्र तिब्बत पाए भने त्यसको भोलिपल्टै पश्चिमको सबैभन्दा ठूलो शत्रु दलाई लामा नै हुनेछन्, जो धर्माधिकारीका रूपमा तिब्बती लामावादको संरक्षकका रूपमा बसेको हुनेछ । त्यसपछि जोखाङका पञ्चेन लामा हुनेछन् । एवम् रीतले श्याक्यपा, गेलुक्पा, श्यामर्पा, कर्मापा जे-जस्ता सम्प्रदायहरू भनियोस् ती सबै तारो हुनेछन् । भुटानी 'हमोजिनिटी'ले त्यसपछि कुनै अर्थ राख्नेछैन न लद्दाखी संस्कृतिले । विश्व बजारलाई कार्पेट चाहिनेछैन र उपत्यकाका डाँडाहरूमा फराइरहेका खुइलिएका धर्मध्वजा फेर्नलाई गुम्बाहरूसँग चुनदाम हुनेछैन । त्यसबेला राई, गुरुङ, लिम्बू, मगरका परम्परागत धर्म र मुन्धुमहरू पनि मात्र एक अभिलेख भएर थन्किनेछन् । जब 'एनिमिजम' नै रहँदैन भने जल, जङ्गल र जमिनमाथिको आजको दाबीले आन्तरिक मूल्य गुमाउनेछ । भलै आईएलओको विवादास्पद धारा १६९ का आडमा त्यसको दाबी भइरहोस् ।

यही कारण थियो नेपालको संविधान हिन्दू धर्म सापेक्षका ठाउँमा मुन्धुम धर्म, उच्च हिमाली वोन्पो धर्म र व्यापक अर्थमा क्रकुच्छन्द र विपश्वी बुद्ध र मुसहरहरूको भिसुवादेखि थारूको बरहमथानसम्मलाई समेट्ने गरेर 'सनातन धर्म सापेक्ष बनेर आएन, एकैपल्ट धर्मनिरपेक्ष बन्न पुग्यो । विश्वका झन्डै १ सय ५७ राष्ट्र कुनै न कुनै रूपमा धर्म सापेक्ष हुँदाहुँदै कथित 'हिन्दू' धर्मले भूमध्यसागरको किनारबाटै कुमुदिनी-कुवलय (निम्फिया लोटस), बुद्ध धर्मले लाहोरबाट पुण्डरिक (निम्फिया अल्वा), त्यसैको हाँगो बज्रयानले नीरकमल (निम्फिया स्टेलाटा) र मुन्धुमले बाबरी फूल/आन्दाङफुङ (एनिसोमेलस मलाबारिका) समातेको थियो र ती सबै एकाएक चुँडिए ।

त्यसमाथिको विसङ्गति, महेन्द्रले जुन व्यक्तिका बारे 'यो व्यक्तिलाई बिर्सेर पनि प्रधानमन्त्री नदिनू' भनेका थिए भनेर पुराना भारदारले भन्दाभन्दै वीरेन्द्रले तिनैलाई किन बनाए ? तिनै जानून् र नेपाली नागरिकता त्यागेर गइसकेको र अझ उल्टो राष्ट्रिय झन्डालाई सलाम नगर्ने, राष्ट्रिय गीत

नगाउने सम्प्रदाय 'जेहोभाज विटनेस' अँगालेकोलाई राष्ट्रवादको नारा दिँदै ज्ञानेन्द्रले उपप्रधानमन्त्री किन बनाए ? त्यो पनि तिनै जानून् ।

आखिर आफू मिल्न नसकिने पराशक्तिसँग उल्टै मिल्न जाँदा साम्प्रदायिक, विखण्डनकारी र तान्त्रिक गरी तीनपल्ट सैतानी शक्तिसँगको सङ्गतले दरबार स्वयम् ढल्यो । यो उसका निम्ति मात्र होइन, तराईमा सङ्घर्ष गरिरहेका समेत नेपालका सबै भाषी राजनीतिक शक्तिहरूलाई पनि ठूलो पाठ हो । थप कुरा, १९४५ मा युगोस्लोभियाका राजालाई पेरिसमा हत्या गरिनुपछाडिको उद्देश्य के थियो, आज इस्लाम बोस्नियादेखि इसाई मेसेडोनियासम्मका टुक्राहरूलाई हेरे पुग्छ ।

यहींनेर स्पष्ट हुन्छ, माओवादीको नेतृत्व किन चाहेर पनि चिनियाँ नेतृत्वको पाँचौं पङ्क्तिसम्म पनि पुग्न सकेको छैन । चीन धर्म, नस्ल र भूगोलका आधारमा विखण्डनको प्रयासबिरुद्ध लडिरहेको छ र माओवादीहरू त्यसैका 'मसिहा' हुन्, जो अर्काको भरिया बनेर चीनभित्रसम्म पनि त्यसलाई भित्र्याउने दूत बन्न सक्छन् । भारतमा चिनियाँ हतियार भित्र्याउने वाहक त बनि नै सके र त्यतापट्टिको विश्वसनीयता पनि गुमाइसकेका छन् । भलै तिनका तीन हजार लडाकुहरू आफ्नै सुरले विशुद्ध आन्तरिक क्रान्तिका निम्ति दीक्षित र वचनबद्ध भएका होऊन् । नभन्दै जो माओवादी आन्दोलनका हिमायती 'एभानजेलिस्ट' हरू हुन् तिनै 'फ्री टिबेट' आन्दोलनका लगानीकर्ता हुन्, सर्वसाधारणले यी कुरा बुझेका छन् भने के चीनले चाहिं बुझेको छैन होला ?

तास्मानियामा अबोरिजिन र अमेरिकामा रेड इन्डियनहरूको कस्तो जातीय संहार भयो भन्ने कुरा दरबार स्कुलको पाठयक्रममै कुनै बेला थियो । तिनले आईएलओको १६९ को बुँदा पसार्ने भनेको आफ्नो अनुहार हेर्ने मात्र हो । त्यसमाथि के भने अमेरिगो भेस्पुसाई र क्याप्टेन कुकभन्दा रेड इन्डियन र एबोरिजिनल अघि त्यहाँ तैनाथ थिए भन्नलाई नृवंशशास्त्र नै चाहिंदैन । आफ्नो पुच्छर चुँडिएपछि अरूको पनि चुँडिनु नयाँ फेसन हो भन्नु त इसपको कथाको धर्म नै हो ।

तर यतातिर हेर्दा उदाहरणका निम्ति 'थारू' शब्द संस्कृत नै होइन, बरु त्यो 'तोखारियन' हो, यसैले हुँदै नभएको ठाउँ थारबाट ती नेपाल आउन् कसरी ? जस्तो कि तराईका बज्जीहरू भन्दै छन् । सिनकियाङको मरुभूमि तारिम बेसिबाट आजको अफगनिस्तान र पाकिस्तानमा शासन गर्न आएका कुसाणहरूले सबै मरुभूमिलाई तारिम भनेर नाम दिए, विश्वको दोस्रो ठूलो चलायमान र गेगरबाहक कोसीका बलौटे ढिस्काहरूलाई समेत ढाक्ने गरी । र बुटवलछेउ तिनाउ नदीकिनारमा रामपिथेकसको बङ्गारा के फेला पऱ्यो आज राई, मगर, लिम्बू, गुरुङका छापाहरूमा हामी १० लाख वर्षअघिको रामापिथेकसका सन्तान आदिवासी हौं भनेर छयापछयापी लेखेको पाइन्छ । जब कि रामापिथेकस मानिसको होइन, आँदरको मात्रै पुर्खा हो भनेर प्रमाणित भएको दुई दशक बढी भइसक्यो ।

हाङ शब्दले राजा जनाउँछ भनेर राजकीयताको दाबी गर्न सजिलो छ तर त्यस शब्दले आदिवासी दाबीलाई उल्टै मुन्ट्याउँछ किनभने त्यसले चीनको हाङ/ हान वंश (२०६ इपूदेखि इस्वी २२०)को समकालीन र पछिल्लो सिको बनाइदिन्छ । लिम्बूवान र खम्बुवानको प्रत्यय 'वान' हानको रूपान्तरण हो । अर्थात् हानले राज्य र राजा दुवै बुझाउँछ । पहिलो श्रीजङ्गा नै स्रङचङ गम्पोको अपभ्रंश हो र लिपि कुटिलाको परिवर्तित रूप हो भन्ने व्याख्या (काशीनाथ तमोट) भइसकेको छ । ग्यामी मगरले गोरखामा राजपालकी बोक्नुपर्थ्यो अवश्य तर ग्यामीको अर्थ हो चिनियाँ, जस्तो चिपिनको अर्थ हो नेपाल । अर्थात् जातीय आधारमै सङ्घ खडा गर्ने हो भने नृवंशशास्त्रकै वैज्ञानिक आधारमा आदिवासित्वहरू प्रमाणित हुनु जरुरी छैन ? यो अहम् प्रश्नमा संसार किन मौन छ ?

नेपालको एउटा जातीय वर्ग राजनीतिमा छ- दूरकालीन 'भिजन'को अर्थमा र अर्को त्यसैभित्रको एउटा उपवर्ग बैङ्किङ, अर्थशास्त्रीय र वाणिज्यिक क्षेत्रमा छ- अल्पकालीन 'टाक्टिस'को अर्थमा तर राजनीति र अर्थको वास्तविक 'फ्युजन' हुन सकेको छैन । जुन दिन फ्युजन होला त्यसको पहिलो सफलता पुँजी पलायन रोकिएकोबाट देखिनेछ । त्यो

बाँध बाँधेपछि मात्र नेपाली दरिद्रताको सहारामा आउने नाइलको पुँजीगत बाढीले सबै धार्मिक, जातीय, क्षेत्रीय, घूसपैठ र दूषित लक्ष्यहरूलाई समाप्त पार्नेछ । विश्व बैंक र आईएमएफविरुद्ध टर्कीमा अहिले भइरहेको विरोधको पृष्ठभूमिमा विदेशी लगानी, अनुदान र ऋणपत्रका सर्त र उद्देश्यहरू आज 'जमिन तिम्रो, बेर्ना मेरो, भोलि मुढा र हाँगा मेरो, पातपतिङ्गरचाहिं तिम्रो'को विरुद्ध वामपन्थीहरू पनि जानेछन् । यद्यपि योचाहिं एक कल्पना हो वामपन्थीहरूका सन्दर्भमा किनभने अरूका के कुरा ? मार्क्सले नै 'पुँजी' बुझेको रहेनछ- गोविन्दप्रसाद लोहनीले 'नेपाल' साप्ताहिकमा भनिसकेपछि उनीहरूसँग त्यसबारेमा बढी बुझ्नुपरेन ।

आज नेपाल परदेशीका धर्म विस्तारको उद्देश्यका कारण बेहोर्न परेको अनेकौं पाटाका दुःख कथित तिब्बती स्वतन्त्रतापछि तिब्बतीहरूले विशेष गरी बौद्ध धर्मावलम्बीहरूले बेहोर्नुपर्नेछ । चीनअन्तर्गत नौ विकासक्षेत्रमा बाँडिएको तिब्बत अनेकौं टुक्रामा बाँडिन सक्नेछ । मोन्पा, लोवा, खम्पा आदि आदि अन्य जातीय, सङ्घीय साझेदारी गर्नुपर्ने स्थितिमा पुग्न सक्नेछ । के दलाईले नबुझेका होलान् ? यसमा तिनको मन्तव्य के होला, सुन्ने धेरैलाई ठूलो धोको छ ।

'आधिकारिक पोसाक'बारे

हजारौं वर्ष लगाएर एउटा पूर्ण शास्त्रीय विधान प्राप्त गरिसकेको मयलपोसको विरोध सुनियोजित षड्यन्त्रको एक पाटो हो । व्यक्तिगत शालीनता, गौरवशाली परम्परा र सुसंस्कृत सामाजिक स्थानमा विश्वास गर्नेले मयलपोस लगाउँछ नै ।

मयलपोसमाथिको समकालीन खेदो अनौठो होइन, सर्वसाधारणले आशा मारिसकेका न्यायमूर्तिहरूको पटक-पटकका अन्योलपूर्ण व्याख्यानबाहेक । यहाँ त्यसको शास्त्रीय प्रारूपमाथि मात्रै गइएको छ पनि ।

खार्पा

मयलपोस र सुरुवाल दुबैमा हुन्छ, खार्पा । काखीमा र जाँघमा गाँसिने तीनकुने कपडाको नाम हो खार्पा । खार्पा गाँसियो भने चौबन्दी चोलो हुन्छ । गाँसिएन भने भोटो हुन्छ । खार्पा नेपाली टोपीमै पनि हुन्छ । यद्यपि यसको प्रचलित नाम चक्की र चकिया हो, तामाङमा गुङला (माझको) हो । नेपाली पहिरनको यो एक सर्वाङ्ग विशेषता नै हो ।

खार र सुरुवालको फुकाइ अर्थात् 'राग' दुवै नकारात्मक शब्द हुन्, जसमा पोसाकबोधक नेवारीको पा जोडिएजस्तो लाग्छ । जस्तो शिरपा तर खोटाङछेउ बग्ने रावा खोलाको सेरोफेरो पर्छ खार्पा, जहाँ अल्लो र उखुको रेसा निकालेर खार्पा बनाइन्थ्यो ।

सन्जाफ

मयलपोसका सबै किनारमा सन्जाफ हुन्छ । सुरुवालको मोहोतामै हुन्छ । टोपी (भादगाँउले छोडेर) मै सन्जाफ हुन्छ । चौबन्दी चोलोको कठालोमै

हुन्छ । भादगाउँले टोपीको सिल्क कपडाचाहिँ १५२६ मा बाबरले पानीपतमा तोप भित्र्याएपछि मोहोरीमा पानी नछिरोस् भनेर ढाकिने गरेको बुखाराबाट आयातीत रेसमी कपडा ठानिन्छ । यद्यपि, भाद (बोद) गाउँमा टोपीको धेरै पुरानो प्रचलन थियो, किनभने कानेटोपी (तुलसीदास गोस्वामीको जस्तो टोपी) भित्रिएपछि दुई भक्तपुरे स्वदेशी उद्योग धराशायी हुने चिन्ताले धरधरी रोएको प्रसङ्ग छ, जुन टोपी पाल्पाबाट गोरखाको बाटो हुँदै भक्तपुर पुगेको थियो ।

तुना

तन्तु (टिस्यु)बाट तान र तुना शब्द आउँछन् । तुना (लेस)को परम्परागत पश्चिमी गाँठो बटरफ्लाई (पुतली) हो । हाम्रो 'श्री' हो । जो उल्टो बाँधियो भने शत्रुको आक्रमण बेहोर्नुपर्ने र सुल्टो बाँधे विजय र समृद्धि हुने मानिन्छ ।

गणेशचतुर्थीमा चन्द्रदोषबाट जोगिन हरियो सुन्तला देब्रे तुनामा बाँधेर मात्रै बाहिर निस्कने चलन काठमाडौंमा राणकालसम्म थियो । उत्तरी खोटाङका युवाहरूले तुनामा कुलुम्छी फूल (प्ल्युरोसपर्मम) उल्लासको प्रदर्शनका रूपमा झुन्डयाउँछन्, जुन लिम्बू भाषामा सेम्फुङ भनिन्छ र सेच्छेने सेनेहाङ थरको प्रतीक हो । रुम्जाटारका गुरुङहरूमा लालुपाते (पन्सेटिया पल्चेरिमा), खालिङ राईहरूमा पाउडर फुल/दोङदाङ पुङमे (प्रिमला इयोनान्था) झुन्डयाउने चलन थियो र छ । पहाडी महिलामा जटामसी/ङोरोकी झुन्डयाउने चलन थियो र छ ।

तर, शोकको खबर सुन्दा र मलामी जाँदा यही तुना फुकाइन्छ, टोपी फुकाल्नुसँगै ।

दाहिने फेर

मयलपोसको दाहिने फेरले देब्रे फेरलाई छोप्छ । पश्चिममा चाहिँ कोट, कमिज पाइन्ट, टिसर्ट सबैमा पुरुषले दाहिने फेरलाई देब्रेले छोपेर

लगाउने व्यवस्था हुन्छ । जापानी किमोनो, कोरियाली चोसुन ओत, चिनियाँ चोङसाम, तिब्बती चुवा, भुटानी घो, बर्मिज कोट, थाइ फ्रारा, इन्डोनेसियन बेसकाप, फिलिपिनो बारुन तगालोग, पाकिस्तानी शेरवानी सबैका सबै देब्रे प्रधान हुन्छन् । यो पश्चिमा नवउपनिवेशवादप्रतिको 'त्वं शरण गच्छामि' हो र पूर्वीय परम्परामा पुरुषका निम्ति यो अशुद्ध पहिरन हो । शुरुमा नेहरूले पनि दाहिने प्रधान अचकन नै लगाएका हुन्, १९औँ शताब्दीमा वर्तमान बङ्गलादेशीहरूले दहिने प्रधान कुर्ता नै र दरबारी नेपाली अचकनमा पनि दाहिनेबाट दुई तुना देब्रेतिर जान्छन् ।

जङ्गबहादुर राणाले श्रेय पाए पनि दाहिने प्रधान मयलपोसमाथि देब्रे प्रधान कोटको पहिरन नै हास्यास्पद र अशुद्ध हो र कोटलाई पश्चिमेली मगरको फट्टुले विस्थापित गर्ने हो भने त्यो सही ठहरिनेछ । पुरुषको देब्रेपट्टि सिउँदो निकालिन्छ परम्पराले र टोपीको सिउनी पनि देब्रे पारेर नै लगाइन्छ ।

खल्ती न प्वाल

मयलपोसमा प्वाल हुँदैन पश्चिमा लुगाहरूमा जस्तो । छेद (प्वाल) राम्रो मान्दैन परम्पराले । महेन्द्रकालीन चार पैसाबाहेक चीन, तिब्बत, भारत र अन्यत्र जस्तो प्वाल भएको मुद्रासमेत निकालेन नेपालले र खल्ती (खाल्टो) पनि हुँदैन । यसैले, खोकिला तल खल्ती पनि हुँदैन कुर्तामा जस्तो यसको । कुनै बुट्टा (दाग) पनि हुँदैन र स्कटिश 'टार्टन'मा जस्तो धर्साहरू पनि हुँदैनन् ।

मयलपोससँग लगाइने पलाञ्चोके जुत्तामा समेत फित्ता हाल्ने प्वालहरू हुँदैनन् । फलामका होइन, बाँसका काँटी हुन्छन् । साबर (रसा युनिकलर) हिमालयको दक्षिण ढालमा पाइने मृग हो । दैलेखी जुत्ता पनि यसैबाट बन्छ । 'पवित्र' मृगको र मयलपोससँग रङ मिल्ने भएर पनि यसले मान्यता प्राप्त गऱ्यो । सार्की शब्द साँङ्काकबाट आएको भन्ने भनाइलाई मान्ने हो भने पश्चिमा नेपाली प्रभाव मान्नुपर्ने हुन्छ ।

भिन्नता एक

मयलपोस, लबेदा र दौरा समानार्थी लाग्छन् तर पूर्ण समानार्थी होइनन् । मयलपोस दरबारी, लबेदा काँठप्रचलित र दौरा पहाडी सम्बोधन हो भनेर पुग्दैन । सही लबेदा मुकुन्द सेनका खजान्ची चिन्तामणि भट्टराईको अद्यापि पाल्पामा (आजभोलि काठमाडौंमा) सुरक्षित पोसाक हो, जुन घुँडाभन्दा तलसम्म आउँछ, धेरै फुकेको पनि हुन्छ । लिवासको रूपान्तरण र वलुचिस्तानमा लोकप्रिय लबेदासँग यो मिल्दैन, जस्तो कि ठानिन्छ ।

मयलपोसका सम्भवतः अन्तिम 'आदर्श प्रयोक्ता' त्रिभुवन हुन् । कस्सिएको, मिहिन वस्त्रयुक्त, शङ्ख घोटेको भनेर मात्रै पुग्दैन । मोटो अर्थमा विशिष्ट निर्मित (कस्टम मेड) पनि हो, जसको गाह्रो भाग खोकिला मिलाउनु हो र जो सहज नाप (फ्री साइज)को दौराभन्दा भिन्न देखिन्छ । मयलपोस 'सेभिल रो सुट' भनेजस्तै हो ।

व्युत्पति

बजनदार सुनिए पनि सुकलाको अर्थ सुकुलमै सुत्नु हो । रणोद्वीप सिंहको बेलासम्म सतरन्जा, दरी उति प्रचलित थिएन । सुकुल नै ओछयाइन्थ्यो दरबारी बैठकमा र टत्र्याउनुको शुद्ध रूप टकराउनु अर्थात् जुध्नु हो, भन्नाले दरबारी भाषा सोचेजस्तो परिमार्जित र परिष्कृत होइन तर मयलपोसको मयलचाहिं शारीरिक होइन । यो पोसाक रङ्ग्याउने मेहेल (पाइरस पासिया) हो, बियाँले बदामी रङ दिन्छ । नेवारीको छुस्यापासीबाटै प्रजातिबोधक वैज्ञानिक नाम पासी बनेको छ पनि । पासी र पोसमा सम्बन्ध होला ।

भक्तपुरको इथुली फूलबारीमा नवदुर्गा मानेर मयललाई पुजिन्छ । डोटीको मेलौली भगवती वा बैतडीको तल्लो स्वराडस्थित मेहेलसैनी भगवती मयलबाटै स्थापित हुन् । पर्वतराज्यले फागुमा चीरका रूपमा मयलकै हाँगा गाडेर छाता बनाउँथ्यो र अरूले गाडे हमला गरी तोडिदिन्थ्यो । पृथ्वीनारायण शाहले बीचमा लमजुङ परेकाले तीनछाते चीर मयलकै गाडे ।

हिजोसम्म दरबारको दक्षिण ढोकाभित्र गाडिने चीरपनि तीनछाते नै हो, मयलको । दशैंको मौलोलाई मूल खम्बाको रूपान्तरण ठानिन्छ अहिले तर मौलो मयलकै रूपान्तरण बुझिन्छ ।

त्यसैले, सम्भवतः फागुमा भारदारले पहिरिने पोसाक शोकबोधक पूर्ण सेतोभन्दा हल्का बदामी हुन्थ्यो कुनै बेला । यही कारण जब कमला नदीपारि, महोत्तरीबाट पर, भारतको मधुवनी प्रगन्नामा पनि कोगिटा (गस्सिपयिम अबट्युसिफोलियम)को खेती हुन थाल्यो, नखुइलिने बदामी रङ नेपालीहरूमा लोकप्रिय बन्यो । डिल्लीबजारका अम्बरबहादुर केसी सन् १९४४ तिर पाल्पामा कोगिटा (कोम्पटीको रूपान्तरण) खेती भइरहेको सुनेर बोट ल्याउन दौडिए । चक्रमणि चालिसेले सन् १९२० तिर हनुमाननगर र मोरङमा खेती भइरहेको पाए । सन् १८०३ मा फ्रान्सिस हेमिल्टनले नेपालमा 'रेड्डिस कटन उल' देखे, जसलाई आजका घर रङ्ग्याउने कामदारको भाषामा 'नेपाल रेड' भने हुन्छ । पवित्र गेरु रङजस्तो भएकाले सयपत्रीले देवपूजामा प्रश्रय पाएजस्तै हो यो, जब कि सयपत्री पुष्पविधानमै पर्दैन ।

दौराको कालक्रम

वि.सं. १६८० तिर सिद्धिनरसिंह मल्लले एउटा रेखाचित्रमा तुना बाँधेको पोसाक पहिरेका छन् । अरू अनगिन्ती मल्लकालीन मूर्ति र प्रसङ्ग छोडौं, जस्तै महिपतेन्द्र मल्लको समयको लवेदा सुरुवालको ।

सन् १८०८ तिरको चिन्तामणि भट्टराईको लबेदाको प्रसङ्ग माथि परिसकेको छ । यद्यपि, उनलाई १५७५ तिरको अर्थात् मुकुन्द सेन प्रथमको समकालीन मान्नेहरू पनि छन् ।

इस्वीको छैठौं शताब्दीमा चीनबाट किमोनो जापान पुग्यो । महिलाले पहिरिने किमोनोको बाहुलाको तल्लो पाटोलाई फुरी भनिन्छ । हामी खोकिलाको तल्लो भागलाई फेर भन्छौं । सुनाखरीको रेसालाई भनिने फेरोबाट नेपालीका फरे, फरिया, फर्दा हुन्छन् । यसैबाट आउँछ फ्रक । किमोनोको भित्री कठालोको माथिल्लो भागलाई उरारी भनिन्छ । हाम्रा

निम्ति यहींबाट उर (छाती) शुरु हुन्छ । नभन्दै किमोनोको अगाडिको भागको धारलाई दौरा भनिन्छ र, एउटा नेपाली व्युत्पत्तिले भन्छ द्वि (दुइटा) उरा (छाती) छोप्ने पोसाक । बुझिन्छ, दौरा छैटौं शताब्दीअघि नै नेपालमा रहेछ । त्योभन्दा धेरै अघि नै नेपालबाट कैयन् सांस्कृतिक कुरा जापान पुगेको पुष्टि भई नै सकेको छ । जापानमा किमोनोलाई हान फू र चोसुनओतलाई हानगुक भनिन्छ । हान शब्द चीनको मूल जातिबोधक हो । यसबाट दुइटैको मूल स्रोत चीन भएको र चीनको पनि राष्ट्रिय पोशाक नेपालबाट त्यहाँ पुगेर जापान र कोरिया प्रायःद्वीपमा छरिएको बुझिन्छ ।

१५ देखि २० हजार वर्षअघि लेखिएको मानिएको ऋग्वेद र त्यसपछिको अथर्ववेदमा पोसाकबोधक द्रापी शब्द परेको छ, जसलाई भाष्यकारहरूले क्लोक (लबेदासरहको) हुन्थ्यो भनेका छन् । द्रापीबाट दौरा भएको तर पी लोप भएको बुझिन्छ । यजुर्वेदमा नेपालसँग मात्रै सम्बन्धित केही तथ्य परेका छन् भन्ने कुरा 'अमान्य संज्ञा आदिवासी' (पृ.१९२) शीर्षकको लेखमा परिसकेको छ ।

दर्जी शब्दलाई बृहत् नेपाली शब्दकोशले फारसी मानेको छ । तर फारसी मानिएका शमशिर (तरबार), समा (बत्ती), मस्कारा (महिलाहरूले परेलामाथि लाउने रङ) सबै संस्कृत मूलका हुन् । त्यसैले, जसले द्रापी सिउँछ, त्यो दर्जी हो । जसरी आवाज दिने (बाजा बजाउने) आउजी, ओदान बनाउने ओड, नाउरको आन्द्रा प्रशोधन गरेर तारबाजाको तार बनाउने नहर्की, तालबाजाको पाड्को विशेष कुनै बेला बनाउने पार्की, गहत उमालेर ढुङ्गामाथि खन्याउँदै फोर्ने गहतराज हुन्छ । नभन्दै नेपालमा 'दौरा सिउन जाने दर्जी, नजाने दमाहा बजाउने दमाई' भन्ने उखानै छ ।

भिन्नता दुई

सुरुवाल पनि सलवारको अनुवाद वा रूपान्तरण होइन । सलवार बन्दछ, कपडाबोधक सल जसबाट दोसल्ला चौसल्ला पनि बन्छ । सलवार एक्लै आउँदैन, कमिज सलवार बनेर आउँछ र रेसममा धागोले बुट्टा

भरेपछि पर्सियन मूलको 'किमखाब' बन्छ, प्राचीन युगको किमोनो रेसमकै हो, हाम्रा निम्ति रेसम कीरालाई मन पर्ने किम्बु हो । यसैले, कमिज रेसमकै हुन्थ्यो भन्ने जसरी स्पष्ट छ, सलबाटै अङ्ग्रेजीको सिल्क बन्छ ।

सुरुवाल भने आकारबोधक हो, सुराही र सुरुङ भनेजस्तै । यसैले सुरुवाल विदेशी हो भन्ने केही प्रमाण छैन र सलवार कमिज आयो नै, भारतमा इरानबाट इस्वीको बाह्रौं शताब्दीमा मात्र । जब कि दौराको छैटौं शताब्दीको प्रसङ्ग माथि परिसकेको छ ।

'एनाटमी'

कुहिना र नाइटोलाई समानान्तर मानिन्छ । काखीदेखि कुहिनासम्म खोकिला हुन्छ, कुहिना तलबाट कम्मर शुरु हुन्छ । नाइटोमाथि पेट हुन्छ, तल तल्लो पेट हुन्छ । यही कारण भित्री पेटेभोटो छोटो हुन्छ, बाहिरी भोटो केही लामो हुन्छ । खुकुन्डी र खोकिला तल राखिने भएकाले खुकुरीजस्तो देखिन्छ । यद्यपि होइन । किनभने यसको पुरानो नाम फाल्कट देखा पर्छ । लिम्बू र लेप्चामा भने दाबे हो ।

मयलपोसमा कठालो, बाहुला (दुई), भित्री फेर, बाहिरी फेर, खोकिला, आङ, तुना (आठबटा), कल्ली (पाँचवटा), खार्पा गरी नौ अङ्ग हुन्छन् । यद्यपि, हिन्दी शब्द कल्लीको ठेट अङ्ग्रजी अनुवाद 'प्लिट' हो र नेपाली मुजा हो । यसैले कल्ली भन्नुभन्दा अहिलेलाई त्रिभुज भन्नु ठीक पर्नेछ ।

जुम्लामा दौराको नाम कोच्छया पनि हो, सुरुवालको नाम जाङ्लो हो, ठूलो राग भए खोलुवा जाङ्लो हो, पाउलो भनिन्छ जुत्तालाई । नेवारीमा 'भोट लँ'ले भोटो लुगा बुझाउँछ । यद्यपि नेवारीमा मयलपोसको खास नाम छवालीपोचा हो । ठूलाकोमा खार्पा हुने र सानाकोमा नहुने मान्यता छ । मगर र गुरुङमा दौरा भनेको भोटोकै पर्यायवाची हो, बरु पेटेभोटोलाई गुरुङमा फत्तु भनिन्छ । थकालीमा दौरा आङीले चिनिन्छ । साम्पाङको दौराबोधक लछुम र याक्खाको लोकी लाङसुप्मा केही मिल्न खोज्छन् ।

गादो र कछाड

मयलपोस सुरुवाल सिएर (खुटेर) मात्रै बन्छ तर धोतीगम्छालाई सिउनु पर्दैन । पहाडी पहिरन मानिएको गादो र कछाडलाई पनि सिउनु पर्दैन । नसिएका कपडालाई परम्पराले दुःखका बेलामा' लगाइने 'एकसरो' कपडा मान्छ ।

गादो भनेको भाङ्ग्राको रेसाबाट बनेको टुक्रा हो । गदबाट बनेकाले राजाको आसन होस् वा मारवाडीको व्यापारिक आसन गद्दी भनिन्छन् । यसैको कपडा लाउने गोठालोलाई हिन्दीमा गदरिया (गडरिया) भनिन्छ । जसको लाक्षणिक अर्थ मूर्ख हो नेवारीको गद्दूजस्तै । यसैको भारी बोक्ने गदहा हुन्छ । यसैलाई धुँदा निस्कने मैलो गद्दर र परिस्थिति फोहोर पार्ने गद्दार हुन्छ ।

कछाड भनेको एक किसिमको लँगौटी नै हो । यसैले भारतमा कच्छा भनिएको हो । लामो फेर कहिलेकाहीं कुमसम्म बेर्न पुग्ने भएकाले जुम्लामा कोच्छ्या भएको हो । यसैले शरीरका अन्य ठाउँमा छाला दर्फरिनुलाई पाछनु भनिन्छ तर तिघ्राको छाला दर्फरिनुलाई काछ लाग्नु भनिन्छ । यही कछाडबाट भुटानको राष्ट्रिय पोसाक घो बन्न पुगेको छ र नै मेचमा बस्दा भित्रका कुरा सबै देखिन्छ । हामीले यही खोजेको हो ? कछाडभित्रको पनि सानो टुक्रा लिङ्गबोधक लँगौटी हुन्छ, यसैबाट हिन्दीको लेहेङ्गा, मुसलमानको लुङ्गी र पश्चिमको पेन्टीबोधक लिङ्गरी आउँछ । लिङ्गरी पश्चिमको पनि राष्ट्रिय पोसाकमा पक्कै पर्दैन ।

राजनीतिक पाटो

२०६३ को परिवर्तनको पूर्वासन्ध्यामा 'कान्तिपुर' दैनिकमा एक लेखोट छापियो, मयलपोस सुरुवाललाई हुनसम्म होच्याएर सुटको वकालत गर्दै । लेखकको पहिचान थियो, दार्जीलिङबाट नेपाल छिरेको तर सनातन धर्म त्यागिसकेको, गीतकार र सङ्गीतकार पनि (लोकनाथ मनेन) ।

यसबाट के बुझिन्छ भने मयलपोसका ठाउँमा सुट-टाईलाई नेपालको राष्ट्रिय पोसाक बनाउनमा कुनै एउटा धर्म र उसका अनुयायीहरू लागिपरेका छन्, किनभने सुटसँगै अनिवार्य जस्तो आउने टाई लगाइन्छ नै, क्राइस्टलाई शूलीमा टाँगिएको सम्झनामा । भलै तराईकेन्द्रित पार्टीका नेतृत्ववर्गले धोतीकुर्ताको पनि पहिचान हुनुपर्छ भनेर वा राई, लिम्बू, मगर आदिले गादो र कछाडको वकालत गर्नुमा एउटा मौलिक निर्दोषपना अवश्य छ ।

अहिले एसियामा दक्षिण कोरिया, ताइवान, हङकङ, फिलिपिन्स र पूर्वी टिमोरसम्मले पनि आफ्नो सांस्कृतिक पहिचान करिब-करिब गुमाइसकेका छन् । एक दक्षिण कोरियालीको कार्यकालमै संयुक्त राष्ट्रसङ्घ नेटोको मुख्यालय हुन पूगेको छ । जसले सुडानको विखण्डनमा सबैभन्दा पहिलो खुशी जनाएको छ, उसैले बाबुरामलाई पहिलो सुखद बधाई दिएको छ ।

हजारौं वर्ष लगाएर एउटा पूर्ण शास्त्रीय विधान प्राप्त गरिसकेको पोसाकको, अज्ञानीहरूलाई अघि लगाई विरोध गराउनु सुनियोजित र दूरगामी षड्यन्त्रको भाग मात्र हो । जसले आफ्नो व्यक्तिगत शालीनता, गौरवशाली पारिवारिक परम्परा र सुसंस्कृत सामाजिक स्थानमा विश्वास गर्छ, उसले मयलमोस लगाउँछ नै । कसैलाई जङ्गल फर्किन मन लाग्छ भने उसलाई पनि उत्तिकै छुट छ ।

अपरिचित 'राष्ट्रिय गौरव'

फागुपूर्णिमाको नाममा मनाइने सालभञ्जिका महोत्सव ७ हजार वर्षभन्दा पनि पुरानो, विश्वको सबैभन्दा प्राचीनतम र नेपालमा जन्मिएको पर्व हो ।

२७ फागुनको 'कान्तिपुर'मा सम्पादकीय पृष्ठमा उल्लिखित वसन्तोत्सव (होलीपूर्णिमा) भन्ने वाक्यांशप्रति यो लेख लक्षित छ । वासुदेवकृष्ण शास्त्रीयजस्तो तत्सम्बन्धी विज्ञलाई समेत ती दुई पर्यायवाची हुन् भन्ने लागेपछि यो परम्परागत र व्यापक नेपाली भ्रम तोड्नैपर्ने भएको छ ।

फागुको अर्थ

फागु सालको परागकणलाई भनिन्छ सम्भवतः यो थारू शब्द फल्वाबाट आएको छ, जसको शाब्दिक अर्थ अचेल हल्का पहेंलो रङ भन्ने लाग्छ र साल (सरिया रोबस्टा) समऊष्ण हिमालय क्षेत्र अर्थात् भारतको उत्तरप्रदेशदेखि नेपाल हुँदै भारतकै आसामसम्म १ सय ५० मिटरदेखि १५ सय मिटरसम्म मात्र पाइन्छ । श्रीलङ्कादेखि चीनसम्म पाइने जिनस सरियाका करिब २ सय प्रजातिमध्ये यो भेगमा यही एक प्रजाति रोबस्टा मात्र पाइएको छ र, रोबस्टा यस कारणले पनि कि 'विशाल' भनेको पनि यही हो ।

सालको उल्लेख

नेपालको भैंसालोटनका भनिएका वाल्मीकिरचित ३५ सय वर्षअघिको मानिएको रामायणमा साललाई ठाउँठाउँमा उल्लेख गरिएको छ । इसापूर्व ६ सयका पाणिनीले अष्टाध्याधीमा सालको पर्याय सङ्केत गर्ने फाल्गुणी (९-४.१/४.२) पटक-पटक लेखेका छन् । उनको अर्को नाम नै सालङ्कायन अर्थात् सालको रुखमुनि आराम गर्ने भन्ने अर्थ पनि लगाइन्छ ।

वसन्तको पर्याय

वसन्त शब्द पहिलो पटक कम्तीमा ७ हजार वर्षभन्दा अघि लेखिएको यजुर्वेदमा (१३.२५)मा आएको छ । यजुर्वेदमा प्राप्त जीवजन्तु र वनस्पतिका १ सय २१ नाममध्ये ९० वटा अर्थात् ७५ प्रतिशत नेपालका रैथाने हुन् । करिब १० वटा विदेशका छन् भने करिब २० वटाका त खास अर्थ नै लोप भइसकेको छ । अर्थात्, यजुर्वेद नै तत्कालीन नेपाली ऋषिमुनि एवम् ब्राह्मणहरूले लिपिबद्ध गरेको बुझिन्छ, जसमा स्थानबोधक शब्द तुरग मात्र परेको छ, जुन टर्कीबाट आएको घोडाका निम्ति मात्र हो ।

वसन्त ऋतु मनाइन्छ फागुन महिनामा, जति बेला साल फुल्दछ । भैरहवा, दमौली, पर्सा, इनरुवा, रौतहट, बैतडी आदिका वसन्तपुर, दैलेखको वसन्तमाला, रौतहटको वसन्तपट्टी, धनकुटाको वसन्तटार र अझ कैलालीको वसन्तावन साल पाइने ठाउँ हुन् । वसन्तावन सालको जङ्गल नै हो । थारूको फल्वा रङलाई परम्परागत नेपालीमा वासन्ती भनिन्छ । अर्थात् साल र वसन्त पर्यायवाची हुन् । पाणिनिले पनि वसन्तादिभ्यस्टक (४.२), लेखेकै छन् ।

यजुर्वेदले वसन्त र कपिञ्जललाई बराबर राखेको छ (२४.२०) । यो विज्ञानको भाषामा पाशर रुटिल्यान्स नामको भँगेरा हो, न कि काकाकुल (स्किर्पस चिला) जुन पश्चिम नेपालमै पाइन्छ, तेजपातको रुख शुरु हुने सीमारेखामा ।

मायादेवीको मूर्ति

एक लुम्बिनीविज्ञ (वसन्त बिडारी)ले मायादेवीले समातेको रुख अशोकको हो भन्ने जिकिर गर्दै जर्नलमा लामै सन्दर्भसूचीसहित दिएका छन् । जुन सन्दर्भसूचीका लेखकहरू सबैजसो पश्चिमा हुन् तर जुन अशोक वृक्षले सितालाई शोक मात्रै दियो, त्यही इक्ष्वाकु कुलका शुद्धोदनले किन आफ्नो परिवेशमा दुःखदायी अशोक लगाए होलान् ? यथार्थ के हो भने यो शैलीलाई संस्कृतमा सालभञ्जिका शैली भनिन्छ । काठमाडौंका

मन्दिरका टुँडालहरूमा पनि पाइन्छ । अर्थात् खुशीयालीबोधक शैली, जसले आदियुगमा चलेको सालको हाँगा भाँचेर एक-अर्कामाथि फागु वर्षा गर्दै झ्याम्टा हान्ने उत्सवलाई बुझाउँछ ।

(यद्यपि यहाँनिर अशोक र इक्ष्वाकुको प्राचीन लाक्षणिक अर्थ अर्कै रहेको कुरा उल्लेख गर्नु अनिवार्य भएको छ । महिलाको, अझ नवयौवनाको बूढीऔंलाले मात्र छोयो भने पनि अशोकमा बेग्लै रङको फूल फुल्छ भन्ने मान्यताले गर्दा शोकहरण गर्ने अर्थात् उल्लासको प्रतीक मानियो अशोकलाई । यसैले वाल्मीकिले यसैका मुनि सीतालाई लगेर राखिदिए । अशोकको प्रयोग प्रतीकात्मक हो ।

तर संस्कृतमा इक्ष्वाकुको अर्थ गुलियो लौका वा चिन्डा हुन्छ, जसको गुदी झिकेर फालेपछि कमन्डलु बन्दछ । अर्थात्, साधु भएर जङ्गल लागेका राम, महाभिनिष्क्रमणमा निस्किएका बुद्ध, स्वामी रणबहादुर शाह, स्वामी षडानन्द, योगी नरहरिनाथ, देउपाटनका साधु, वसन्तपुरका नागा, भक्तपुरका जङ्गम, थापाथली पुलका उदासी, वैरागी र संन्यासी, बालाजुका नानक पन्थी सबै इक्ष्वाकु वंशकै हुन्, जो कमण्डलु बोकेर हिंड्छन् वा हिंड्ने परम्पराका हुन् । इक्ष्वाकु वंशको अर्थ हो जोगी, साधुवर्गको । बुद्ध रघुवंशका होइनन् नै ।)

आधा अङ्ग

पीपलसँग मङ्गलिनीको विवह गर्ने परम्परा आएपछि भारतमा पत्नीलाई श्रीमती भन्ने चलन चल्यो किनभने पीपलको अर्को नाम श्रीमत् हो । नेपालमा सुवासनी भनिन्छ किनभने सम्भवतः यसैबाट बासना शब्द आएको होस् तर 'फागुने बैंस' थामिनसक्नु, सम्हालिनसक्नु मानिन्छ नेपाली परम्परामा, जुन यही फागुन महिनासँग सम्बन्धित छ । बैंस वयसन्धि अर्थात् जीवनवसन्तकै लाक्षणिक रूपान्तरण हो ।

यही कारण बसन्तोत्सवको अर्को नाम मन्मथोत्सव हो । मन्मथ कामदेवको पर्यायवाची हो । ध्रुवे हात्तीमाथि टिप्पणी गर्दा चितवनका रेञ्जर (कमलजङ्ग कुँवर)ले हात्तीको आँसु मुखमा पऱ्यो भने मात्तिन्छ भनेका छन्, जुन गलत

हो । मुन्ड (टाउको)बाट मद (झोल) झर्न थालेपछि हात्ती मात्तिन्छ । मुन्ड भनिए पनि अङ्गचाहिं कान हो । यसैबाट प्रागैतिहासिक मेमथ (नेपालको कम्तीमा एकदेखि तीन लाख वर्ष पुरानो आर्किडिस्किडोन प्लेनिफर्मिस)को नाम बन्दछ, न कि पछिल्लो हिमयुगमा हात्तीको अवशेष पाइएको साइबेरियालाई हेरेर अङ्ग्रेजी शब्दकोश (लर्नर्स)ले मेमथको व्युत्पत्ति रुसी भाषामा खोजेजस्तो ।

होलीबारे

हिरण्यकशिपु (सुनौलो केश भएको मानिस) भूमध्यसागरको हो, जसकी बहिनी होलिका (अग्निरूपा) थिई । जिब्राल्टरबाट समुद्र ओइरिएपछि अहिलेको भूमध्य उपत्यकामा प्रलयको हद (प्रह्लाद) भयो । त्यहाँ घटेको यस प्राचीनतम दुर्घटनालाई पश्चिममा पनि हलोइन र हलिपलिका रूपमा सम्झना गरिंदै छ, जुन इसाई मत स्थापनापूर्वको चाड हो । हिरण्यकशिपुको एक सहयोगी थियो मुर, जो मौरिटानिया र मोरक्कोको हो । उसको अर्को सहयोगी थियो शङ्खासुर, जो समुद्रमै हुन्छ । अर्को सहयोगी थियो बकासुर (पछि दक्षप्रजापति) जो इरानको ठानिन्छ । उसको एक नगरवासी बर्बर (लिबियाको)लाई सगर (समुद्र)ले हराएको थियो । यसरी साहित्यमा प्रतीकवाद फ्रान्सका कविद्वय बदलेयर र मलार्मेबाट होइन, संस्कृतमै जन्मिसकेको थियो, जसलाई नचिनेर नृसिंहपुराण भनिँदै छ ।

यो चाड इजिप्ट वा ग्रिस (दुवै भूमध्यसागरका किनारमा छन्)बाट आएको हो भन्ने एक भारतीय लेखक (श्रीगुप्ते)लाई खण्डन गर्दै पीबी काणेले गुप्तेले भारतीय प्राचीन ग्रन्थ नपढेको बताएका छन् तर यहाँनिर काणे नै गलत देखिन्छन् । ग्रिकमा हेलियोको अर्थ अग्निदेव (सूर्य) हुन् । यसैले विज्ञानले सूर्यमुखी फूललाई हेलियान्थस, सूर्यभक्ति फूललाई हेलियोट्रोपियम स्ट्रीगोसम भन्दछ । होली चाड सम्पूर्ण रूपमा इसाइयताका पुराण (भविष्योत्तर) हरूको उपज हो र तराईकाहरूले वा दलितहरूले अन्यथा नठानून्, होलीलाई भारतीय विज्ञहरूले नै शूद्रको चाड भनेका छन् ।

(हरिण्य = सुनौलो, कशिपु = खाट भन्ने अर्थ हाम्रा संस्कृतज्ञहरू लगाउँछन् र सुनौलो केश भन्नु गलत ठान्छन् तर हिरण्यकशिपुको ग्रिक नाम हेर्नाकस = हिरण्य केश नै हो ।)

फेरि साल

लिम्बूहरूले यस सासिङवाको धूप प्रयोग गर्छन्, जुन सुश्रूतसंहितामै सर्जरालको नामले उल्लिखित छ । आठपहरे रामेछापका मगर, थामी र रौतहटका माझी, बोटे, चितवनका थारूका निम्ति पनि पवित्रतम धूप हुँदै हो । तामाङहरू त भन्छन् नै, 'दक्षिणका देवतालाई सालको धूप अर्पण गर्छु' (ह्वाई रिमठिम) ।

याक्खा, लोहोरुङ राई, पहरी, राजीका निम्ति पनि अत्यावश्यक मानिन्छ, यसको पात । कुसुन्डाले पूजासामग्री चढाउने सालको रुखमुनि नै हो । दुरा केटीले विवाहअघि जङ्गलमा सालका दुइटा रुखलाई टीका लाइदिनुपर्छ । किसान जातिलाई पाँचवटा सालको बोट चाहिन्छ हरेक पूजामा । नेवारहरूका निम्ति 'पोरे सिं' हो अर्थात् जगमा गाड्नुपर्ने काठ यही नै हो । यसैले अग्रकाठ भएको हो । बोटेहरूको खम्बादेवी यसैबाट खडा हुन्छ । मानन्धरहरूको सालदेवताको जगमा यही छ, जहाँबाट आउँछ साल्मी शब्द । सतारहरूको निम्ति सरज (साल) माथि वाण लागेपछि त्यही नै प्राथमिक बस्ती बन्न गयो ।

थारूहरू यसैको पातबाट देवतालाई चढाउने पवित्रतम रक्सी बनाउँछन्, सामपाङ राईहरू यसेको फूलबाट देवतालई चढाउने रक्सी । दाङका थारूहरूका निम्ति यसको चोप भियाग्राबराबर हो । यी सबै कारणले यसको नाम सखुवा (सुख दिने) बन्यो ।

जोखनामा आउने शब्द सल्लिबिसल्ली यही सालविशालको रूपान्तरण हो । अरू सबैका मुढा नितान्त मुढा हुन् । यसकै मात्र मुढाले गर्गन्डा भन्ने नाउँ पाएको छ । अरू सबैका जङ्गल, जङ्गल नै हुन् । यसको जङ्गलचाहिँ खोरिया हो ।

फाल्गुनप्रति

फाल्गुन नक्षत्र हो वायुपुराणका निम्ति, जसका भौगोलिक नामहरू नेपाल नाघेर तिब्बत र चिनियाँ भूभागतिर लाग्छन् (जिपी गुप्ताको अनुवाद) । फाल्गुनीको अर्थ हो जुन दिनको संस्कारले व्यक्तिलाई सुन्दर बनाउँछ । फाल्गुन र लिङ्ग पर्यायवाची पनि हुन् । फाल्गुन शिवलाई विशेष पुज्ने महिना हो । फाल्गुन सौभाग्यशयनको महिना हो, सम्झे हुन्छ फाल्गुने बैंस । फागुपूर्णिमालाई चन्द्रमाको जन्मदिन मानिन्छ, जुन नेपालका शिवको शिरको गहना ठानिन्छ । यसैले विक्रम संवत्‌को एउटाचाहिँ महिना हुन पुगेको छ । अब यति भइसकेपछि पृथ्वीनारायण शाहले फागुलाई राष्ट्रिय पर्व मानेनन् भनेर (बालकृष्ण पोखरेल) गुनासो, गर्न कसरी मिल्छ ? जुन शब्द दिव्योपदेशमै छैन ।

अन्त्यमा

जापानको 'चेरी फेस्टिबल' विश्वविख्यात छ तर त्यो साकुरा (प्रनस जापोनिका) नेपालबाट लगिएको पैंयु (प्रनस नेपालेन्सिस)बाट विकसित हो भनेर १७ वर्षको अनुसन्धानपछि जापानीहरूले नै पुष्टि गरिसकेका छन् ।

पारिजात (निक्यान्थेस आर्बर टिस-ट्रिस)को चोरीको प्रसङ्ग र संस्कृति अवश्य आउँछ नेपाली परम्परामा तर त्यो कथा १४ सय वर्षमात्र पुरानो हो ।

देउखुरी र बर्दियाका थारूहरूले सिमल (बम्बाक्स साइबा)लाई बीचमा गाडेर उत्सव मनाउने गर्छन् तर त्यो होलीको रूपमा हो ।

पर्वत राज्यमा मयल (पाइरस पाइसिया)को हाँगा गाडेर फागु मनाउने चलन थियो, जुन अठारौं शताब्दीको मात्र प्रसङ्ग हो ।

ताप्लेजुङमा लालीगुराँस (रोडोडेन्ड्रन आर्बोरियम र अन्य) महोत्सव मनाउन थालिएको सन् १९९९ देखि मात्र हो ।

अर्थात् फागुपूर्णिमा नाममा मनाइने सालभञ्जिका महोत्सव थाहा भएसम्म ७ हजार वर्षभन्दा पनि पुरानो, विश्वको सबैभन्दा प्राचीनतम र

नेपालमा जन्मिएको पर्व हो । अत्यन्त गैरवशाली परम्परा हो यो, जसलाई भूमध्यसागरको पराइ होलीले छोपेर विकृत बनाइदियो ।

त्यसमा पनि यसको मुख्य स्रोत चारकोसे झाडीमाथि भारतीय रेल्वे स्लिपरहरूका निम्ति उतिबलै ब्रिटिसहरूको आँखा लाग्यो (जेभी कलियर, फरेस्ट्री इन नेपाल) । यो मासिँदै गयो अनि सालसिडकै तेलले सालसिडको पीठोलाई पकाएर कुनै बेला बनाइने 'सेल'समेतको अनुहार त्यसरी नै बिर्सिइयो, जसरी विज्ञानले नभन्दासम्म चन्द्रमा पृथ्वीबाट छुट्टिएर गएको उपग्रह हो भनेर संसारले मानेन ।

यो लेख प्रकाशित भएपछि प्रकाशित पाठक प्रतिक्रिया :

भ्रम निवारण गर्ने लेखमै भ्रम किन ?

बुधबार प्रकाशित सौरभको अनुसन्धानात्मक लेखले होली पूर्णिमाबारे विशेष प्रकाश पार्दै प्रतीकवाद पश्चिममा होइन, संस्कृत वाङ्मयमा पहिल्यै जन्मिसकेको थियो भनेर हाम्रा बौद्धिक वर्गको ध्यानाकृष्ट गरेका छन् ।

सौरभको लेखमा 'पाणिनीले आफ्नो अष्टाध्यायीमा सालको पर्याय सङ्केत गर्ने फाल्गुणी (९.४.१ र ४.२) पटक-पटक लेखेका छन्' भन्ने उल्लेख भएको पाइयो । परन्तु पाणिनीले आफ्नो अष्टाध्यायीमा 'फाल्गुणी' शब्द कतै उल्लेख गरेको भेटिँदैन । पाणिनीले अष्टाध्यायीका दुई सूत्र 'फल्गुनी-प्रोष्ठपदानां च नक्षत्रे' (१.२.६१) र 'श्रविष्ठा - फल्गुन्यनुराधा - स्वाति - तिष्य - पुनर्वसु - हस्त - विशाखाषाढा - बहुलाल्लुक्' (४.३.३४)मा नक्षत्रवाची 'फल्गुनी' शब्दको तथा सूत्र 'विभाषा प्रयोग गरेका छन् । जुन महिनालाई 'फाल्गुन' महिना भनिएको हो । यसैगरी चित्रा, विशाखा, ज्येष्ठा, उत्तराषाढा, श्रवणा, उत्तरभाद्रपद्रा, अश्विनी, कृतिका, मृगशिरा, पुष्य र मघा नक्षत्रले युक्त भएको पूर्णिमा परेका महिनालाई क्रमशः चैत, वैशाद, ज्येष्ठ, आषाढ, श्रावण, भाद्र, आश्विन, कार्त्तिक, मार्गशीर्ष, पौष र माघ महिना भनेर नामकरण गरिएको हो ।

अनुसन्धानको खडेरी परिरहेका बेला कहिलेकाहीं कान्तिपुर दैनिकमा पढ्न पाइने अनुसन्धानात्मक लेखले अनुसन्धानमा रुचि राख्ने हामीजस्ता पाठकका लागि निकै राहत दिए पनि यस्ता अनुसन्धानात्मक लेखमा उल्लेख गरिने विषय र सन्दर्भस्रोतले पाठकलाई पार्ने भ्रमप्रति लेखक महानुभावहरू सजग हुनुपर्ने आवश्यकता देखिन्छ ।

- डा. मतिप्रसाद ढकाल, सहप्राध्यापक (पाणिनीय व्याकरण)

कालिका विद्यापीठ, गैंडाकोट, नवलपरासी

सौरभ भन्छन् : के अर्थमा फाल्गुणी शब्द प्रयोग गरे ? त्यसलाई यो लेखमा लिइएको पनि होइन र फाल्गुनी लेखेर फरक पनि पर्दैन । न अल्पप्राण व्यञ्जन हो, ण उच्चप्राण व्यञ्जन हो ।

तीज बहिष्कार ?

केही साम्प्रदायिकहरूले देशका चालचलन, परम्परा बहिष्कार गरे भन्दैमा तिनको सिको किन गर्ने ? भारतको दक्षिणसम्म फैलिएको यो विशुद्ध नेपाली चाड धूमधामसँग र अरू गौरवका साथ मनाउने हो ।

'अहिलेसम्म तीजलाई नेपाली महिलाले मात्र मनाउने पर्व मान्दै आएको थिएँ । बल्ल तत्वज्ञान भयो । म कुवाको भ्यागुतो रहेछु ।' २७ भदौको 'कान्तिपुर'को अङ्कमा एक पाठकको पत्र पढेपछि केही लेख्नुपर्ने हुन गयो । त्यसमाथि 'राई' थर भएको पात्रले नै लेखेपछि झन् जरुरी भयो । नेपालमा हिन्दूकरण भयो र हिन्दूकरण भयो भनेर पश्चिमाहरूले आफ्नो स्वार्थपूर्ति गर्न अनावश्यक नारा उरालिरहेका बेला (१) यो कसरी करिब-करिब राईहरूको मात्रै परम्पराको रूपान्तरित चाड हो र (२) दशैं बहिष्कारको जवाफ तीज बहिष्कारले किन नदिने ? भन्ने यी दुइटा कुरा अगाडि राख्नु यस लेखको उद्देश्य हो ।

पहिलो

दर खानबाट तीज शुरु हुन्छ । दहीमा काँक्रोको टुक्रा मिसाएपछि जुन खानेकुरा बन्छ, त्यो दर हो । दरको खास अर्थ यही हो । जसरी महमा बनाएको तिलको धूलो मात्र हलुवा हो, मूल अरेबिक हो । काँक्रो (कुकुमिस स्याटिभस)लाई भाभिलोभले चीनको मानेका छन्, भारतको होइन (र नेपालको सबैभन्दा पुरानो उल्लेख सन् १३८१ को हो, अमरकोशलाई नेपालकै मान्ने हो भने आठौं शताब्दीसम्ममा पुग्छ) ।

दोस्रो

९९ प्रतिशत क्यालेन्डरमा एक सय एक संस्कृतबाजहरूले हरितालिका लेख्दै आएका छन् तर यो हरि (विष्णु)को नाममा हुने चाड होइन, हर (शिव)को नाममा हुने हो, जसलाई किरातेश्वर भनिन्छ । यसैले हरहर महादेव भनिन्छ, हरिहरि महादेव होइन । भारतरत्न प्राप्त पीबी काणेले समेत मूर्तिमा हरिताल दलेर मनाउने भएकाले हरितालिका भएको हुनुपर्छ भनेका छन् तर हरिताल (आर्सेनिक कम्पाउन्ड) मन्द विष हो । देवताको मूर्तिमा कसैले विष दल्ने प्रसङ्गै हुँदैन । न नेपाली बृहद् शब्दकोशकारले भनेजस्तो हरितालबाट हड्ताल आउँछ । तालिका (वरिपरि ताली बजाउँदै घुमेर नाच्नु)बाटै आउँछ । यो पाखुरामा पाखुरा बाँधेर पङ्क्तिबद्ध भई पहाडी इलाकामा हुने नृत्यशैलीकै रूपान्तरण हो ।

तेस्रो

त्यसको पर्सिपल्ट बिहानबाट स्पष्ट रूपमा किरात मोड देखा पर्छ । जब व्रत बस्नेले कर्कलोको गुवा खान्छन् । नभन्दै चाम्लिङ राई परम्परा भन्छ, देउता पारुहाङले पृथ्वीमा खडेरी निम्त्याउनुअघि कर्कलोमा शुक्रकीट छोडे । पार्वती (नायिमा)ले तिर्खाले आकुल भएर त्यो पिइन्, गर्भवती भइन् र मानवको उत्पत्ति भयो । कुलुङ राई परम्परा भन्दछ, पारुहाङले खडेरी ल्याउनुपूर्व कर्कलोमा शुक्रकीट छोडे । निनामरिम्दुले पिइन् र यसरी मानवको सृष्टि शुरु भयो । त्यो बेलाका परिकल्पनाको कर्कलो पहाडी वन कर्कलो (क्यालोक्यासिया एफिनीस) हो, जबसम्म सुदूर पूर्वेसिया, मलेसिया विशेषबाट अहिलेको खान सजिलो हुने कर्कलो (क्योलेक्यासिया एस्कोलेन्टा) भित्रिएन । (म्लेच्छ शब्द केही मेचेहरूले लेखेजस्तो उनीहरूका निम्ति होइन, मलायाका निम्ति प्रयोग हुन्छ, जसरी यवन ग्रिसको आयोनियनहरूका निम्ति र असुर शब्द एसेरियन अर्थात् वर्तमान सिरियनहरूका निम्ति) । नभन्दै गुरुङ परम्परामा शिव, पार्वतीलाई 'हिउँ केरी कर्कले' भन्छन् नै । हायुहरूलाई कुलपूजामा कर्कलो नै चाहिन्छ ।

चौथो

बिहानै तिनले ३ सय ६५ वटा दतिवन/अपामार्ग (एसिरान्थेस आस्पेरा)ले दाँत माझ्छन् । जिनस एसिरान्थेसअन्तर्गतकै 'एसिरान्थेस आल्वा' चीनमा गर्भाशयको सङ्कुचन गराउनका निम्ति प्रयोग गरिन्छ । अपामर्ग भारतको उत्तरप्रदेशमा धेरै रक्तस्राव नगराईकन गर्भपात गराउन पनि प्रयोग हुन्छ । यसैले अपामार्गको अर्थ हो नै 'जन्ममार्ग व्यवस्थित गर्ने' यो दाँतमझाइले ठयाक्कै मानव सृष्टिसँग सम्बन्ध राख्छ ।

पाँचौं

त्यसपछि तिनले अर्घ्यलाई घोप्टाउनुपर्छ (प्रक्रिया) । त्यसो गर्दा दुइटै घुँडा टेकेको (बज्रासन) हुनुपर्छ । यसले पटक-पटक भनिएजस्तो लिङ्ग सम्प्रदाय (फालिक कल्ट) दक्षिण भारतबाट भित्रिएको होइन भनेर स्पष्ट पार्छ र, अतिथि सत्कार गर्दा हुने लिम्बूहरूको आसनसँग ठयाम्मै मिल्छ, जुन जापानसम्म पुग्छ तर यसको परम्परागत प्रजाति वनकेरा (म्युसा बाल्बेसियाना) हो, जसमा बीज स्पष्टै छुट्टिन्छ । जुन रामेछापका मगरहरूलाई कुलपूजामा चाहिन्छ । राई, लेप्चा, दनुवार, आठपहरिया, याख्खा, गुरुङ, सुनुवार, थामी सबैलाई विवाह या कुलपूजामा चाहिन्छ, मेचेहरूलाई 'अँठिया' का नाममा विवाहमा झनै चाहिन्छ, फेरि पारुहाङ र नायिमाकै कथामा पुग्ने गरी ।

छैटौं

जुन ऋषि पञ्चमीको पूजा हुन्छ, त्यसका दुई स्पष्ट आयाम छन् । आज ऋग्वेदका सात ऋषिको नाम लिइने गरे पनि पञ्चमी पारिएको छ । यो पञ्चमीमा प्याङमा चामल भरेर, सुपारी राखेर पूजा गर्नुपर्थ्यो राणाकाल र त्यसको केही वर्षपछिसम्म पनि । यो प्याङ बन्थ्यो, पाटनको प्याङ गाउँमा । प्याङ शब्द बन्दछ, पर्याङ नाउँको मालिङ्गो (ड्रेपानोस्टासियम हुकेरियानम) बाट, जुन राईहरूको शब्द हो । यसैबाट बनाइन्छ पेरुङ्गो, जुन प्वाल

परेको हुन्छ तर चोया बाँस (बाम्बुसा बाम्बोज)बाट जुन भाँडा बन्न थाल्यो, त्यसलाई पनि नाम दिइयो पर्याङ, जो पछि प्याङ बन्न पुग्यो (जापानमा प्याङलाई भनिने फुकुरो धेरै मिल्छ पेरुङ्गोसँग)। यसैले बरु प्याङ गाउँको गहिरो अध्ययनले त्यसलाई राईगाउँ देखाउन पनि सक्छ ।

सातौं

अर्को आयाम हो, सुपारी। हिजो सुपारीका ठाउँमा ओखरपाङ्ग्रो (इन्टाडा फासेलोइडम) हुन्थ्यो भन्ने बलियो सङ्केत मिल्छ । ओखरपाङ्ग्रोका दुवै प्रमुख जात (फासेलोइडस र पर्साइथा) दुवै पूर्वी नेपालमा मात्र पाइन्छन् । जिरेल र अरू धेरैमा पारपाचुके गर्न ओखरपाङ्ग्रो फुटाल्नुपर्छको अर्थ हो, यो परम्पर सम्बन्धको प्रतीक हो । पूर्वी हिमाली ग्रामदेव पाङ हुन् नै र, नै पाङ्ग्रो भएको हो । मेबाहाङ राईको निम्ति त सांस्कृतिक हो नै, थुलुङ राईले देउस्थानको रूपमा यसको बोटलाई मान्छन्, दुमी राईले चिहानमा राख्छन्, गुरुङले पनि अन्तिम संस्कारमा फूटाल्छन्, लिम्बूले चिहानबाट सातो फर्किनबाट रोक्नलाई प्रयोग गर्छन् ।

एसिया माइनरबाट भाङको प्रवेश हुनुअघि सम्भवतः यसको ठूलो अर्थ थियो किनभने यो हल्का लाग्ने विषालु महादेव बुटी पनि हो । पञ्चमीमा सम्बन्धको प्रतीक पाङ्ग्रोको प्रयोग आदियुगको बहुपति प्रथा (आजको अर्थमा हिमालयन पलियान्ड्री)को सङ्केत हो र, हिमरेखाको ठीक तलमात्रै यो चलन थियो भन्ने होइन, महाभारतको पाञ्चाल (द्रौपदीको देश) ठीक हाम्रो पश्चिमी तराईको सीमापारि पर्छ, जुन 'पलियान्ड्री'को अन्तिम अवशेष देखिने डोल्पाको करिब-करिब अक्षांशमै छ ।

आठौं

पञ्चमीका महिलाहरू छोइनसक्नुका हुन्छन् भन्ने भनाइ नै छ । त्यसको अर्थ हो, त्यो दिन अश्लील बोल्न पनि उनीहरूलाई छुट हुन्छ र अश्लीलताको हद नेवारहरूको गथामुगमा देखिन्छ, शेर्पाहरूको दुम्जी

चाङमा देखिन्छ, थकालीहरूको फालयात्रा र चौरीयात्राका बेला देखिन्छ, गुरुङहरूको टोँटेका बेला देखिन्छ र, यी पाँचवटै प्रथा जेठदेखि भदौसम्म पर्छन् । स्रोत एउटै हो, हिमाली हो भन्ने स्पष्टै छ । ओखरपाङ्ग्रोको फूल वैशाख-जेठमै फुल्छ । पाँच पत्र नै हुन्छन्, फूलका । चाङ पर्ने बेलामा फूल नहुने भएपछि फल प्रयोग गर्नैपर्‍यो (र, त्यसको लगभग १० महिनापछिको फागुन कुनै बेला धेरैजसो नेपाली शिशुहरू जन्मिने महिना पनि हो) ।

नवौं

नेवारहरू फुली लाउँदैनन् र तीज मान्दैनन् भनेजस्तो ब्राह्मण-क्षत्रीहरू ठान्छन् । फुली पक्कै लगाउँदैनन् किनभने त्यो मुगल प्रभाव हो तर ऋषि पञ्चमीलाई नेवारीमा कोखजा बिये भन्छन् । त्यो दिन उनीहरूलाई बुँसाकी (क्यालोक्यासिया एफिनिसको गानो) चाहिन्छ र बिहामा पनि (स्वर्गीय कान्छा मालाकार) । यसको अर्थ कोखपूजा हो र कोखपूजामाथि लिम्बूहरूको ठेली पुस्तक नै छ । लिम्बू कोखपूजा 'साम्माक चोमेन' तीन दिन तीन रातको हुन्छ, जुन ठयाक्कै तीजको खास समयावधि हो ।

राईहरूमा त कोखपूजाको विधान झनै छ । यसलाई चाम्लिङ्हरूले खारोंधिम्मा भन्छन् ।

अन्त्यमा,

केहि स्पष्ट पार्नुपर्ने कुराहरू-

क. माथिका हरफहरू पढेपछि केहीले तीज त यलम्बरले चलाएका रहेछन्, नत्र कसरी उपत्यकामा राई-लिम्बू परम्परा ? भन्न सक्नेछन्, जुन यथार्थ चाहिं होइन । इन्द्रकमल फूल (गार्डेनिया जास्मिनइडस) लाई नेवारीमा 'येलामखु स्वाँ' भन्छन् । झट्ट सुन्दा देशेमरु झ्या भनेजस्तो 'पाटनमा नभएको फूल' भन्ने मोटो अर्थ लाग्न जान्छ तर यो मखु शब्द कोपिला बोधक संस्कृत शब्द मुकुलको रूपान्तरण हो । अर्थात् नेवारीमा येलाको अर्थ इन्द्र नै हो । त्यसैगरी काठमाडौंलाई भनिने यें

पनि इन्द्रबोधक नै हो । यङ्गलमा परेको गलको अर्थ देउता हो भन्ने मेरी स्लसरको भनाइ मान्ने हो भने यङ्गलको अर्थ इन्द्रदेवता नै हुन्छ ।

ख. विजयादशमीको दिन नेवारहरूले जमराका सट्टा ञन्हा स्वाँ (बार्लेरिया स्ट्रिगोसा) प्रयोग गर्छन् । नेपाली नाम इन्द्र पुष्प हो । यहाँ पनि ञ को अर्थ इन्द्र नै हो । आजभोलि कन्हा स्वाँ भन्ने पनि चलन छ । यो चाहिं उस्तै देखिने कटसरैया (बार्लेरिया प्रियोनाइट्स) + ञन्हा जोडिएर बन्न गएको हो । पचली भैरव थानमा यसको खेती गरेको देखिन्छ ।

ग. इन्द्रजात्रा जुन दिन सकिन्छ, त्यसलाई यँयापुन्ही नै भनिन्छ, नेवारीमा । पाटनमा मत्स्य+इन्द्रनाथ र काठमाडौंमा सेतो+इन्द्रनाथ छन् पनि, न कि भक्तपुरमा र नभन्दै चिनियाँहरूले नेपाललाई दिएको पुरानो नाम चिपिनको अर्थ इन्द्रकिल हो । इन्द्रकिलको अर्थ हो, कमल । उपत्यका दह थियो र त्यहाँ कमल फुल्थ्यो भन्ने कथामा यो आधारित छ, जुन विष्णु (इन्द्र)को नाइटोबाट निस्किएको कथाचाहिं सनातन हो र यसै कमलको उपस्थितिलाई बौद्ध परम्पराले पछिबाट आफ्नो कथामा रूपान्तरण गरेको मात्र हो तर बौद्ध कमल (निम्फया लोटस) होइन । कनिष्कले २१ सय बर्षअघि लाहोरमा गरेको प्रथम बौद्ध सम्मेलनले सद्धर्म पुण्डरिक सूत्रको निर्माण गरेपछि अपनाइएको पुण्डरिक/सेतो कमल (निम्फिया आल्वा) हो, नकि पलेस्वाँ । हामीले प्रयोग गर्ने गरेको प्राचीन, अर्वाचीन शब्दहरू मूलमा चीनकै निम्ति हुन् पनि, न कि भारत वा अन्य कुनै देशका निम्ति । यसर्थ आफूभन्दा पुरानोले दिएको सम्बोधनको पनि सार त हुन्छ नै ।

घ. इन्द्र छोट्टिएर यें कसरी बन्न सक्छ ? भन्ने जिज्ञासा पनि हुन सक्छ । मानदेवको बेला (पाँचौं शताब्दी)मा प्रयुक्त उत्पलिनी फूल (नीरकमल) सत्रौं शताब्दीमा आइपुग्दा छोट्टिएर उफो हुन पुगेको छ । १२ सय वर्षमा साढे तीन अक्षर खिइएका छन् । आज तुण्डी (वाण) खेलिने (खेल) ठाउँबाट टुँडिखेल भएको देखि त्रिरत्न ख्योलबाट भएको (धुस्वाँ) सम्मको अर्थ लगाउने गरिन्छ तर पूर्वी ढोका रहेको ठाउँमा कुनै बेला

शाश्वतवज्र वज्राचार्यले बनाएको द्रोणी (धारा)को द्रो बदलिएर टुँ भएको हो, खेलको अर्थ त चौर हो नै ।

नभन्दै अहिले चक्रपथ बाहिर रहेका बीस-पचीसवटा मल्लकालीन लाग्ने रित्ता ढुङ्गे ट्याङ्कीहरूको नेवारी नाम हो नै 'जेटुँ', जो संस्कृत जलद्रोणी शब्द खिइएर बन्दछ । यसैले जनजिब्रोमै अक्षर खिइने क्रमले देखाउँछ, त्यो कति पुरानो भाषा हो । इन्द्रलाई यले (य=इन्द्र, ले=देउता) हुँदै यें बन्न हजार वर्ष लाग्यो होला तर त्यसको शुद्ध रूपको थालनी त पानी जहिलेदेखि बगेर गयो, उहिले देखि भयो । नबग्नु अघिकै जस्तो लाग्ने चिनियाँ नामले यही सङ्केत गर्छ ।

फेरी अन्त्यमा,

शीर्षक र पहिलो हरफमा तीज बहिष्कार ? भन्ने वाक्यांश परेको भए पनि रमाइलोका निम्ति लेखिएको हो । केही साम्प्रदायिकहरूले देशका चालचलन, परम्परा बहिष्कार गरे भनेर त्यही सिको गर्ने होइन । हामीले तिनलाई होइन, ध्यानबहादुर राई र बलबहादुर राईहरूजस्तालाई सम्झेर भारतको दक्षिणसम्म फैलिएको यो विशुद्ध नेपाली चाड मनाउने हो, अरू धूमधामसँग र अरू गौरवका साथ । पाठक राईले हीनताबोध गर्नु पर्दैन, गौरव गरे हुन्छ ।

त्यो 'रातो थोप्ला'

जातिवादीको विचारलाई ठेगाना लगाउने भनेको जातिवादविरोधी/नस्लवादविरोधी अन्तराष्ट्रिय रङको मान्यता पाइसकेको मजिठो रङलाई नै राष्ट्रिय रङ्गका रूपमा स्थापित गर्ने हो ।

पृष्ठभूमि

एउटा नेपाली टेलिभिजन च्यानलमा जेठको अन्तिम साता पङ्क्तिकारले 'हाम्रो आफ्नै रङ्गको परम्परा कम्तीमा ६ हजार वर्ष पुरानो हो, जुन हर्क गुरुङजस्ता पूर्वाग्रहीहरूलाई थाहै थिएन' भनेपछि श्रोता/पाठकहरूको प्रतिप्रश्नको ओइरो लाग्यो । आधार थियो गुरुङले 'नेपाल सोसल डेमग्रफी एन्ड एक्सप्रेसन्स' पृष्ठ १०१ मा लेखेको पङ्क्ति- 'पञ्चायत व्यवस्थाले तर्जुमा गरेका राष्ट्रिय चिह्नहरूमा रातो थोप्ला हिन्दू प्रभुत्वको चिह्न हो ।' संविधानका सबैजसो कुरा मिलिसकेको भनिएको पृष्ठभूमिमा राष्ट्रिय चिह्नहरूका कुरा नै पनि कति मिलेका छन् ? भन्ने सन्दर्भलाई लिएर हेर्ने हो भने अब व्यापक चासो बनेको त्यस विषयको उठान गरिनेछ ।

इलाका

रातो रङ्गको स्रोत मजिठो (रुबिया मञ्जिष्ठा) अवश्य पनि आजको भारतको हिमाञ्चल प्रदेशदेखि मेघालयसम्म पाइन्छ १२ सयदेखि २१ सय मिटरसम्ममा तर विलियम रक्सवर्गले 'फ्लोरा इन्डिका'को सन् १८१० को संस्करणमा स्पष्ट लेखेका छन्- 'नेटिभ अफ नेपाल, द अदर माउन्टेनस कन्ट्रिज, नर्थ एन्ड इस्ट अफ बेङ्गाल' अर्थात् त्यति बेलासम्म पनि पश्चिम

हिमालयमा मजिठो पाइनेबारे केही थाहै थिएन र, सन् १८८३ को ह्युज म्याक्क्यानको 'डाइज् इन्ड ट्यान्स् अफ बेङ्गाल'मा अन्ततः यो दार्जीलिङ भेकमा प्रचुर मात्रामा पाइने र त्यतैबाट धेरै सङ्कलन हुने जानकारी दिइएको छ ।

थाहै छ, समुद्र गुप्तको विक्रमको पाँचौ शताब्दीको अभिलेखले आसामदेखि कुमाउसम्म नेपाल थियो भनेर जनाएको छ र कल्हणको राजतरङ्गिणीले उल्लेख गरेको विक्रमको नवौं शताब्दीका गण्डकी भेकका राजा अर्मुडीको नाममा नै त्यहाँको अर्मादी खोलादेखि कुमाउँको अल्मोडासम्म रहेको पनि सर्वज्ञात कुरा हो । यसैले नेपालसँग र नेपालसँग मात्रै मजिठोलाई जोडिनु स्वाभाविक हो ।

प्राचीनता १

जिनस रुबियाका असीभन्दा बढी प्रजाति छन् । यस लेखमा लिइएको प्रजाति 'मञ्जिष्ठा' मात्रै हो र, म्याडर नै भनिने तर अफ्रिकादेखि जापान, सुडानदखि दक्षिण अफ्रिकासम्म हुने प्रजाति अरू नै हुन् । अफ्रिकामा पाइने सबैजसोलाई 'कनोट्रिजा' भनिन्छ ।

४ हजार वर्षअघिका इजिप्टका ममीहरूमा म्याडरको अवशेष अवश्य पाइएको छ तर त्यो युरोपियन प्रजाति 'टिङटोरम' हो र अहिले पाकिस्तानमा पर्ने मोहनजोदारोमा प्राप्त ६ हजार वर्ष पुरानो रेसमको कपडाको रङ्ग मञ्जिष्ठा हो । यसैले माथि ६ हजार वर्ष पुरानो लेखिएको हो ।

रुबियाका सबै प्रजातिका सामान्य नाम म्याडर हुनुमा मजिठोकै देन देखिन्छ । तामिलमा यसलाई मजिटी/मडिटी भनिन्छ । यही भाषा बोलिने भारतीय प्रान्त तामिलनाडुको समुद्री द्वार हो, चेन्नई बन्दरगाह । जहाँबाट यो पश्चिम निर्यात हुन्थ्यो 'इन्डियन म्याडर'को नाममा । इन्डियन म्याडर भन्नाले उस्तै रङ्ग दिने भारतीय मूलको 'अल्ड्नलेन्डिया अम्बेलाटा'लाई पनि चिनिन्छ तर म्याक्क्यानले स्पष्टै लेखेका छन्- अन्डेनलेन्डिया उडिसाको पुरीमा बटुलिन्छ, जुन तामिलनाडुको उत्तरमा सँगसँगै जस्तो छ ।

अर्थात् पश्चिममा माग भएको परिमाणमा मजिठो दिन नसकेपछि त्यसमा अल्डेनलेन्डिया मिसाउन थालियो । बुद्धको जन्मथलो नेपाल र कर्मथलो भारत भनिएजस्तै चीनले नेपाललाई आफ्नो खुर्सानीबारी भन्दाभन्दै पनि भारतले नेपाली खुर्सानीलाई दक्षिण अफ्रिकासम्म निर्यात गर्थ्यो । १९औं शताब्दीमा उसले गर्दा विश्व बजारमा नेपाली खुर्सानी सर्वोत्तम मानिन्थ्यो (म्याक्मिलन) ।

प्राचीनता २

काठमाडौंको पुरानो नाम मञ्जुपत्तन थियो भनेर इन्साइक्लोपेडिया ब्रिटानिकासम्मले लेखेको छ, अनि अर्को थरी लेख्छन् विक्रम संवत् ७८० मा गुणकामदेवले मञ्जुपत्तन स्थापना गरे । जुन कसैको (शाक्य) भनाइमा अहिलेको मजिपाट हो ।

मजिपाट जात्रा भनेको रञ्जितकार (रङ्गकर्मी) हरूको हो । मजिपाट भनेकै मूलमा रञ्जितकारहरूको बस्ती हो । अर्थात् मजि शब्द मजिठोलाई उपयोग गर्नेहरूको बस्तीबाट बन्दछ, जसरी नक्साल, निलिशाला अर्थात् नीलो रङ्गले रङ्गाउनेहरूको बस्तीबाट बन्दछ । यहाँनेर के बुझ्नुपर्छ भने जुन रञ्जितकारहरूले कटुवाल दहको नीलो माटोलाई रङ्ग बनाउन प्रयोग गरे, तिनले नीलो रङ्गले भरिएको घ्याम्पोलाई 'संहार भैरव' का रूपमा पूजा गरे र जसले मजिठोको रङ्ग उपयोग गरे तिनले रातो रङ्गले भरिएको घ्याम्पोलाई शुरुमा मञ्जुश्रीका रूपमा पूजा गरे ।

यसैले मञ्जूषाको खास अर्थ हुन्छ, रातो खाम । अनि मञ्जुरीको खास अर्थ हुन्छ रातो छाप लागेको पत्र (मञ्जनको अर्थ हुन्छ रातो लेदो, मिजारको अर्थ हुन्छ रातो रङ्गले छाला रङ्गाउने व्यक्ति) मजिठोको अर्को नाम नै मञ्जुषा हो । यसैले मञ्जुश्रीलाई सरस्वतीको समानान्तर मानियो कपडा बोधक मजेत्रो, मोजा, मुजा जस्ता शब्दहरू त छँदै छन् । मजिपाटको संस्कृत नाम मञ्जेश्वरीको 'श्वरी' ऐश्वर्य बोधक हो । जसरी मञ्जुश्रीको 'श्री' ।

प्राचीनता ३

भृकुटीले छैटौं शताब्दीमा मात्र बौद्ध धर्मलाई तिब्बत/चीनमा विस्तारित गरिन् भनिएपछि बौद्ध पात्र बोधिसत्व मञ्जुश्री चिनियाँ हुने नै भएनन्, २५ सय वर्षअघिको चीनदेखि आएर चोभार गल्छी खोल्नलाई । रमाइलो त त्यहाँनिर हुन्छ जब उपत्यकाको पानी बगिसकेपछि उनले धर्माकर नामको ग्वालालाई राजा बनाइदिए भन्ने कथा पढेर होला नेपाली बृहद् शब्दकोशकारहरूले उनलाई पनि ग्वाला बनाइदिएका छन्- मञ्जुश्री माने मञ्जुघोष लेखेर ।

मञ्जुश्रीको पहिलो उल्लेख २१ सय वर्षअघिको मानिएको 'अष्टसहस्रीका प्रज्ञापारमिता'मा भएको छ । प्रज्ञा पारमिता नाम पाएका ग्रन्थहरू अरू पनि आधा दर्जन बढी छन् । यसैले प्रसिद्ध र पुरानो प्रज्ञा पारमितामा नेपाली नाम मञ्जुश्री पर्न जानु अनौठो होइन । भन्नाले गुणकामदेवले वि.सं. ७८० मा मञ्जुपत्तनको स्थापना गरे भन्ने कुरामा कुनै दम छैन । मजिपाट उनीभन्दा हजारौं वर्ष पुरानो हो ।

विश्वव्यापकता

पञ्जाबमा मजिठा भन्ने शहर नै छ । यो छिपाहरूको प्राचीन वस्ती हो । कालान्तरमा त्यहाँका बासिन्दाहरूको थर नै मजिठिया हुन पुगेको छ । अब अनुमान गर्न सकिन्छ मोहनजोदारोको रङ्गको मूल केन्द्र कहाँ थियो ? बेलायतीहरूको म्याडर थर छिपाहरूकै हो भन्ने अनुमान गरिएको छ । सबैभन्दा पुरानो म्याडर थर सन् १२२१ को पाइएको छ ।

इटलीमा मजेन्टा शहर छ । मजेन्टा मजिठोको ल्याटिन नाम हो । यद्यपि रोमन बादशाह म्याक्सेटियसबाट मजेन्टा बनेको हुनुपर्छ भन्ने पश्चिमको अनुमान छ किनभने उनको सदरमुकाम मजेन्टामा थियो भन्ने अनुमान छ । दुईवटै अनुमान नै हुन्, यकिन होइनन् । संयोगवश त्यही ठाउँमा सन् १८६९ मा कृत्रिम मजेन्टा पत्ता लाग्यो । तर अङ्ग्रेजी वाङ्मयमा सन् १८६०

मै रङ्गबोधक मजेन्टा शब्द प्रयोग भइसकेको थियो । नभन्दै अहिले सन् २०१२ मा अमेरिकन सोसाइटी अफ प्लान्ट बायोलोजिस्टले लागू गरेको निर्देशिकामा लेखिएको छ- रातो र हरियोका सट्टा मेजेन्टा र हरियो लेख्नु । यसबाट मजेन्टाको स्रोत वनस्पति हो भन्ने प्रस्टै हुन्छ ।

उत्तरपूर्वी चीनको युर्चेन जातिका सेनापति नुर्हाकीलाई आफू मञ्जुश्रीको अवतार भएको लाग्यो । फलस्वरूप उनले आफ्नो जातिको न्वारान मञ्जु भन्ने नामबाट गरे । यही जातिको इलाका वर्तमान मन्जुरिया हो । उनको मञ्जु राजवंश क्विङ राजवंशका नामले चिनिन्छ, जसले सन् १७९२ मा नेपालमा हमला गर्‍यो । मजिठाको चिनियाँ नाम क्विङ काओ हो, जुन चीनमै हुँदैन । यसैबाट बनेको हो मञ्जुश्री चीनबाट आए भन्ने भ्रमको मूल कारण (विडम्बना मञ्जुश्री वंशले नै मञ्जुश्रीको देशमा हमला गर्‍यो, अझ पाँच टुक्रा बनाउने उद्देश्यका साथ) ।

स्पेनमा साँढे जुधाउने खेलमा उज्याइने रातो कपडाको एकापट्टिको रङ्ग मजेन्टा नै हुनुपर्छ । साँढे/राँगो रातो रङ्ग देखेर होइन, रङ्ग हल्लिएर मात्र उतर्सिने हो । फ्रन्समा पैदल सैनिकको पोसाक यसैबाट रङ्गाइन्थ्यो र रक्सीसमेत बनाइन्थ्यो । सन् १८१४ को युद्धमा नेपालीहरूले जुन 'रेड कोटस्'सँग लड्नुपर्‍यो, ती ब्रिटिस सैनिकहरूको पोसाक पनि यसैबाट रङ्गाइन्थ्यो (विडम्बना जुन देशले रङ्ग दियो त्यसैलाई हमला गरेर टुक्र्याइयो) ।

आज लेटिनको 'ला माजेस्टाज्' शब्द चुम्बक बोधक म्याग्नेटबाट आएको ठहर छ तर कतै व्युत्पत्ति मिल्दैन किनभने अङ्ग्रेजीको रेड डाई भन्ने शब्द नै संस्कृतको रक्त (रातो) दागबाट बनेको हो । वनस्पति जगत्मा प्रयोग हुने रातोबोधक रुब्रा र अलाटा दुवै रातो र आल्ताबाट बनेका हुन् । अर्थात् रोमन बादशाह चार्ल्स पाँचौंका निम्ति सन् १५१९मा म्याजेस्टी शब्द प्रयोग गरिएपछि मजिठोले रङ्गाएको लामो लुगा पहिरियोस् नपहिरियोस् विश्वका सबै राजाहरू हिज् मेजस्टी हुन पुगे (विडम्बना हामीले नै मेजस्टी सम्बोधन पाउन सन् १९२३ आउनुपर्‍यो) ।

आजभोलि यो प्रेम दिवस (भ्यालेन्टाइन डे)को रङ्ग हो । एम्स्टर्डममा नस्लवाद/जातिवादविरोधी म्याजेन्टा फाउन्डेसनको रङ्ग हो । यो तिब्बतको निङमापा सम्प्रदायले आफ्नो लुगा रङ्गाउने रङ्ग हो । यो डच पेन्टर भरमिरको रङ्ग हो ।

नाम

जर्मनीमा यसको नाम टिबेटेशेर फावरक्राप हो तर मजिठो तिब्बतमा हुँदैन । यसले के बुझाउँछ भने उनीहरू यसका थोक व्यापारी थिए । नभन्दै ३ हजार वर्षअघि उत्तरकुरु (तिब्बत)मा लेखिएको मानिएको सुश्रुत संहितामा मजिठोको उल्लेख छ, अर्कै प्रसङ्गमा भए पनि नेपाल पनि उल्लेख छ । पोर्चुगीजमा रुइभा द साइबेरिया हो । तिनलाई साइबेरियाबाट आउँछ भन्ने भ्रम हुनुमा आश्चर्य पनि छैन किनभने पोर्चुगलमा अद्यापि सुन्तलाको नाम नारान्हा द तार्दे हो । यो हिन्दीको नारङ्गबाट बनेको हो, जुन आफैं संस्कृतको नागरङ्गबाट बनेको हो तर हामीलाई चाँही के भ्रम छैन भने सुन्तला पोर्चुगलको पोर्ट सान्तारेमबाट बनेको हो । यसैले नेवारीमा सन्त राशी भनिन्छ पनि । त्यो हामी जान्दछौं । संसारभरि मजिठोका यसै गरी अनेकौं नाम छन् । लिम्बूमा भने पाङ्दु र राईमा कोटलिन हो । मजिठो शब्द मध्यनेपालकै देखिन्छ, जसको संस्कृतकरण भयो मञ्जिष्ठामा, न कि मञ्जिठाबाट मजिठो ।

नेपालीका मस्याङ, मरुई, मारङ्गी, मलायो, मल्लिँडो, मैदल, सबै वनस्पति हुन् र रातो रङ्गको प्रसिद्ध फल या फूलले परिचित छन् । रैथाने 'मालोटस फिलिपेन्सिस्'को रैथाने नाम मलाटा हो, संस्कृतमा मात्र सिन्दूरे । नेवारीमा खुर्सानीलाई पनि मल्टा नै भनिन्छ (जुन भूमध्यसागरीय देश माल्टाको निम्ति होइन), किनभने नेवारीमा पनि पुरानो नाम खुर्सानी नै हो, इरानको खुरासानबाट बनेको, आसामको अवरबाट अबरे खुर्सानजस्तै) । यसैले 'म' अक्षर प्राचीन नेपालीको रातो बोधक हो भन्ने देखिन्छ ।

र, रातो रङ्गका ३ हजार स्रोत/ओरिजिन छन्, जसअनुसार टोन/शेड फरक हुन्छ हङ्गेरियन रेड/चाइनिज रेड भनेजस्तै । यसैले यस लेखमा मजिठोमाथि मात्रै जोड दिइएको छ ।

पहिलो अन्त्य

गुरुङले थोप्ला भनेर तोकेको रङ्ग सिम्रिक हो । गन्धक र पारो तताएर यो तयार गरिन्छ । सिमर (सिमल)बाट यसको नाम लिइएको छ । सिम्रिक ४ हजार वर्षअघि चीनले जन्माएको हो । यसैले परदेशी ठानेर होला, देउपाटनका पुराना सङ्घट (रजक/धोवी) हरूले पूजामा सिम्रिकका सट्टा सालको पराग कण प्रयोग गर्थे ।

न गुरुङले तोकको रङ्ग बरौनी हो, जुन सल्लाको पराग कणबाट बनाइन्छ । संस्कृतको वारुणीबाट नाम लिइएको हो । न कि आँपको मुजुरालाई अवधिमा भनिने बौरबाट बनेको सीमापारिको बरौनीबाट । पुराना नेपालीहरूले केशरका सट्टा प्रयोग गर्ने रङ्ग हो यो ।

न गुरुङको रङ्ग अबिर हो जुन मजिठोको जरा र बनधाले (कर्कमा जेडोरिया) वा बेछु (कर्कमा इन्गस्टिफोलिया)को धूलो मिसाएर बनाइन्छ । भारतबाट आउनेमा चाहिं आलुको बोक्रा र अभ्रखको धूलो मिसाइन्छ ।

न गुरुङको सिम्रिक, सिन्दूर हो, जुन भारतबाट आउने कुनै पनि रङ्ग नभएर सिन्दूरे (मालोटस)को धूलो हो । नेपाली नाम मलाटाबाटै जिनस मालोटस रहेको छ । यद्यपि मलाटाको अर्थ वायोमास नपुगेर सानो दाना फल्ने फल पनि हो ।

न गुरुङको रङ्ग रोचना हो, जुन मजिठोको जरा, पाखनभेद (बर्जेनिया सिलियाटा) र मगरकाँची (बेगोनिया पिक्टा)को जरा मिसाएर बनाइन्छ । यसको खास पूर्वस्रोत रोचन (मालोटस) हो र त्योभन्दा पनि पूर्वस्रोत रक्तचन्दन (डाफ्नेफाइलम नेपालेन्सिस्) हो, न कि भारतीय रक्तचन्दन (टेरोकार्पस् स्यान्टालिनस्) ।

न गुरुङको रङ्ग अर्पण हो, जसलाई पहाडमा ऐंपन र तराईमा अरिपन भनिन्छ । कुनै पनि रङ्गको धर्सो बनाउन सकिन्छ अर्पणमा तर नीलो रङ्गको बाहेक । भारतमा यसलाई रङ्गोली भनिन्छ ।

पछिल्लो अन्त्य

यसरी संविधानमा नेपालको राष्ट्रिय रङ्ग तोक्दा वा झन्डा रङ्गाउँदा प्रयोग हुनुपर्ने रङ्ग भनेको मजिठो रङ्ग नै हो । मञ्जुश्रीले गद्दीमा बसाइदिएका भनिएका धर्माकरका वंशज सुधन्वा सीता स्वयंवरमा नेपालबाट भाग लिन गएका थिए लेखिएको छ । त्यसै हो भने रामायण नै ५ हजार वर्षअभिको मानिएको छ । मञ्जुपत्तनमा राजा हुने धर्माकर सुधन्वाभन्दा कति सय वर्षअघिका थिए होलान् ? मञ्जुश्रीको २५ सय वर्षयता मात्रै बौद्धकरण भएको त स्पष्ट नै छ ।

नभन्दै विज्ञानले सातदेखि १० हजार वर्षअघि नै उपत्यकाको पानी बगेर गइसकेको अनुमान गरेको छ र, त्यसै हो भने मोहनजोदारोको रेसमको टुक्रा, धर्माकर, मञ्जुश्री र मजिपाट एकै समयका हुन आउँछन् पनि । जातिवादी हर्क गुरुङजस्ताहरूको विचारलाई ठेगाना लगाउने भनेको जातिवादविरोधी/नस्लवादविरोधी अन्तर्राष्ट्रिय रङ्गको मान्यता पाइसकेको मजिठो रङ्गलाई नै स्थापना गर्ने हो ।

बाजको सान

'वनका, पर्यावरणका, साइटिसका कुरा तपसिल हुन्, जसले बाजगिरी बुझ्दैन, जोगाउँदैन, त्यो केको नेपाली ?

'अपरेसन बाज' लागू गर्ने योजनामा थिए वीरेन्द्र तर एकाएक उनको हत्या भइदियो ।' 'मैले देखेको दरबार'मा विवेक शाहले लेखेका थिए । त्यसैलाई आफ्नो पुस्तक प्रयोगशालामा सुधीर शर्माले पनि उल्लेख गरे । अब आएर १९ असोजको 'कान्तिपुर'मा वासुदेवकृष्ण कोइरालाका 'खसहरू बाजलाई पुज्छन्' र २६ असोजको 'कान्तिपुर' मै 'खसहरू बाजअङ्कित झन्डा राख्छन्' पढेपछि केही टिप्पणीसाथ थप्नु आवश्यक भयो । नभन्दै बाजको यात्रा फगत एक चराको होइन, आधुनिक राजनीतिशास्त्रले नबीन सिद्धान्तहरूको प्रतिपादन गर्नु, गीता र मेकियाभेलीको प्रिन्सका सन्दर्भहरू उठाउनु अघिको युयुत्सा (युद्धको भोक)को जग नै बनेर आएको छ, भन्नु यस टिप्पणीको उद्देश्य हो । प्रकारान्तरले नेपालकै लाग्ने हुनाले पनि विस्तृत पृष्ठभूमि दिइएको छ, राजनीतिक मनोविज्ञानमा टुङ्गिनुअघि ।

बाजको सान : एक

सुरुदेखि नै बाजले उच्च पदासीन मानिससरह व्यवहार पाउँथ्यो यसरी- शुभसाइत हेरेर सिकारी कसैको पनि मुख नहेरी जङ्गल पस्थ्यो र माउ बाज पक्रेपछि बाजका टाउकोमा दूबो राखिदिन्थ्यो । सिकार परेको खबर तत्काल गाउँ पठाउँथ्यो र फर्किन थाल्थ्यो । गाउँलेहरू पनि उसको स्वागतमा जङ्गलतिर दौडिन्थे, जहाँ दुवै पक्षको भेट हुन्थ्यो, त्यहींदेखि पाइलैपिच्छेजस्तो बाजको स्वागत समारोह हुन्थ्यो । ट्याम्को, सहनाई, कर्नाल, दमाहा, नरसिंहा साराका सारा बाजा गुञ्जायमान हुन्थे ।

बाजा धुनसाथ बजाइन्थ्यो राजकीय धुनबराबर र माङ्गल गीतहरू गाइन्थे । लाग्छ, बाजा शब्दको उत्पति नै त्यसैबाट आएको हो । लमजुङको गाउँशहरमा माङ्गलेनी भन्ने पद नै हुन्थ्यो पनि । त्यसैले, यहाँ माङ्गलभन्दा राजसी स्वागत गायन भन्ने नै बुझ्नुपर्छ । अनि सिकारीको घरका दुईतिर घडा राखी, फूल, अबिर अक्षता राखी बाज भित्र्याइन्थ्यो । सिकारी घरको सामाजिक स्थान नै गाउँभरिमै ह्वात्त बढ्थ्यो ।

बाजको सान : दुई

बाजको शिरमा पनि हुमायुं कल्कीसरहको फुर्का लगाइदिन्थे कसैकसैले, मानौं त्यो श्रीपेच हो । बाजसहितको सिकारी नदीघाटमा पुगेपछि अरूको पालो मिचेर पहिला उसैलाई तारिदिइन्थ्यो, मानौं ऊ राजा नै हो र जब उसको इहलीला सकिन्थ्यो, सम्मानसाथ कात्रो ओढाई शिर झुकाएका मलामीसहित जङ्गल पुऱ्याइन्थ्यो, उसको पार्थिव शरीरलाई । उसलाई गाडेपछि श्राद्ध, पिण्ड, नुहाइधुवाइ, पहिलो दिनको उपवास सबै प्रक्रिया पूरा गरिन्थ्यो ।

बाजको सान : तीन

बाजले भित्र्याँसहरू केही खाँदैन । बासी मासु पनि खाँदैन । पाएसम्म चरा नै खान्छ, कुनै कीरा कमिला पनि खाँदैन । सुकुटी खान्छ तर रत्ति पनि गन्ध नआएको स्वच्छ मात्रै । उसले अलिकति पनि गन्ध थाहा पाइहाल्छ । त्यसैले, बझाङे ठकुरीहरू त्यही सिकोले गर्दा होला, 'हामी फल मासु मात्र खाने हो' भन्छन् पनि ।

बाजले रुखको टोड्का र ढुङ्गामा जमेको आकाशे पानी मात्र खान्छ भन्ने धारणा छ । यद्यपि, उति सत्य होइन तर त्यस्तो पानी लिम्बू मान्यतामा पवित्र पानीचाहिं हो । आफूले सिकार गर्न चाहेको चराको ठीक तल समानान्तर चतुर्भुज (प्यारलल रेक्ट्याङ्गुलर स्पेस)मा उड्दाउड्दै एक्कासि उत्तानो परेर त्यस चरालाई समात्छ । त्यति मात्र होइन, पुर्सो (भाले)ले उड्दाउड्दै शाही (पोथी)लाई सिकार दिंदा उसले पनि उत्तानो परेर सिकार लिन्छे । यद्यपि यो दुर्लभ दृश्य हो ।

दुईदेखि आठ वर्षसम्म बाँच्छ बाज । यद्यपि २५ वर्ष बाँच्छ भन्नेपनि छन् । यसैले, बाज र राजाको अल्पायु हुन्छ भन्ने मान्यता नै छ । त्यतिभित्रमा उसको इलाकामा सातवटासम्म गुँड बन्छन् । अर्थात्, ती उसका प्रान्तीय दरबारहरू हुन् ।

नेपाली मान्यतामा बाह्र कोस परसम्म देख्न सक्छ र पश्चिमा शोधमा प्रतिघण्टा ३ सय ९० माइलसम्मको वेगमा झम्टा दिन्छ । त्यस्तो वेग अरू कुनै चराचुरुङ्गी र जनावरको हुँदैन ।

बाजको शान : चार

वि.सं. १९०० मा जुम्ला, सिञ्जाबाट घोडा निकासी गर्दा एक रुपैयाँ पर्थ्यो तर बाज निकासी गर्दा चार रुपैयाँसम्म महसुल लाग्थ्यो । अर्थात् घोडाभन्दा बाज चार गुणा बढी महत्त्वपूर्ण थियो ।

बाजले सर्प पनि खान्छ । त्यसैले, कल्पनाको गरुड होइन, यथार्थको गरुड यसैलाई मानिन्छ (न कि आजभोलि ठानिएजस्तो गिद्ध) । नभन्दै सर्प नियन्त्रण गर्न जान्ने व्यक्तिलाई नै भनिन्छ, बाजीगर ।

बाघ मरेपछि त्यसको दाहिने खुट्टाको कुममा हुने हड्डिपातो अर्थात् बाजु एक सानो अङ्ग 'बाजु' बुझाउनुपर्थ्यो दरबारलाई । चितवनका रेजोर्टहरूले राँगो पासो थाप्दा बाघ देख्नेबित्तिकै राँगो लल्याकलुलुक हुने कारण मानिन्छ बाजुलाई । यसैले बाघले पनि प्रकारान्तरले बाजलाई बोकेको छ ।

फटकशिला बाज पऱ्यो भने त्यस्तो रोगी बाजलाई कपडाले बेरेर गाईलाई पछिपछि लगाई अरूका हात दिने चलन थियो । यसरी एउटा चराको पछि गाई नै लाग्नुपर्ने भएपछि गाई पुज्ने देशमा त्योभन्दा बरु रोगी बाजको महत्त्व कम थिएन ।

विक्रमको अठारौं शताब्दीमा गोरखा दरबारमा हात्तीका लागि एक रुपैयाँको दाना र बाजका लागि डेढ रुपैयाँको चारो किनिएको थियो । जसले हात्तीभन्दा बाज कैयौं गुनाले महत्त्वपूर्ण सावित भएको छ ।

पेत्व शब्द अथर्ववेदमा बाजका निम्ति यस्तो अर्थमा प्रयोग भएको छ, जसले सिंहिनीलाई अर्धबेहोसजस्तो बनाइदिन्छ ।

अर्थात्, हात्ती, घोडा, सर्प, बाघ, सिंह, गाई, जोसुकैको शिरमाथि बसेको थियो बाज ।

यहाँनिर बाघ र बाजुलाई लिएर दुइटा कुरा बुझ्न आवश्यक छ :

(क) सिंहभन्दा बाघका दर्जनौं शौर्यशालीन विशिष्टताहरू हुन्छन् । दुइटाको झगडा भएका अधिकांश घटनामा सिंह नै मारिएको छ । यसैले पनि नेपालको शाक्त प्रतिमालक्षणशास्त्र (आइकनोग्रफी)मा देवी भगवती व्याघ्रवाहिनी मात्र हुन्छिन् । भारतको चाहिं गिर जङ्गलमा पाइने भएर पनि होला देवीहरू सिंहवाहिनी हुन्छन् ।

(ख) त्यति उच्चस्तरको बाघको एउटाचाहिं गुण घाँटीमै दाँत गाड्न पुग्नु हो तर बाजले त्यसभन्दा एक कदम अघि बढेर मेरुदण्ड र टाउको छुट्टयाइदिन्छ । त्यसमाथि मूल शरीरसँग पखेटा जोडिएको ठाउँ नै अर्थात् कुम नै छुट्टयाउन थाल्छ । बाघको प्रभावशाली मानिएको बाजु यही कुमसँग प्रकारान्तरले सम्बन्धित छ ।

माथिका तथ्यहरूबाट पुष्टि हुन्छ, आज विज्ञानले जे भने पनि बाज र बाघको चरित्रमाथि हामी नेपालीका पुर्खाहरूले कम्तीमा बाउन्न शय वर्षअघि जुन गहन अध्ययन गरेका थिए, त्यो विश्वमा कसैले गरेको थिएन ।

बाजको सान : पाँच

वि.सं. १८४५ मा पाल्पामा एक राजकुमार डम्बर सेनले बाजको उपचारमाथि एक ग्रन्थ नै तयार पारे (हजार वर्षअघिको बाजको उपचारसम्बन्धी दस्तावेज त नेपालसँग सुरक्षित छ नै) ।

त्यसपछि अठारौं शताब्दीको गोरखामा राजाले हात्तीलाई भन्दा बाजलाई महत्त्व दिएका छन्, राजकुमारीको गहनालाई भन्दा बाजलाई ।

त्यसअघि १६२३ मा काठमाडौंका एक राजाले हुमायुंलाई बाज र हाँस उपहार पठाए । नतिजा के थियो, उनले मोहर छाप्ने सल्लाह पाए ।

त्यसअघि १६४८ मा एक जुम्लावासीले उसको राजालाई एक भाले बाज चढायो । त्यसबापत उसले गाईवस्तु चराउने खर्क मात्र पाएन, त्यसमा

सिकार खेल्न आउनेलाई जरिवाना गरेर आउने शुल्क आफैंले लिन पाउने अधिकार पनि पायो । मानौं, उसले खर्क नाउँको अर्धराज्य नै पायो ।

वि.सं. १७९५ मा सीमापारि कुमाउँका एक शासक थिए । उनको नाम नै बाजबहादुर ।

वि.सं. १७१२ मा सीमापारि भारतको मध्यप्रदेशस्थित मालवामा एक शासक थिए । उनको नाम पनि बाजबहादुर तर त्यसभन्दा धेरै अघि वि.सं. १७०३ मै विजयपुरका शासक लोहाङ सेनका सेनापति भइसकेका थिए, बाजहाङ राई ।

मानिसको नाम चिलबहादुर र चिलहाङ त कसैले राखेन, न गरुडबहादुर नै कसैले राख्यो । यी केही उदाहरण हुन्, जसले बुझाउँछ बाज जनावर हरूमाथि मात्र होइन, राजाहरूकै शिरमाथि चढेको थियो ।

बाजको सान : छ

खसहरू अरुणदेव बाजलाई मान्छन् (पोखरेल २०५५) । थारूहरूले पनि जितिया पावनीका बेला बाजलाई पुज्छन् (चौधरी २०६९) जस्ता सन्दर्भहरूले स्पष्टै पार्छन् बाज सर्वसत्तावादी राजाहरूभन्दा पनि माथि देवताको आसनमै पुगेको छ नेपालमा ।

उद्गमस्थल : एक

माथि चर्चामा लिइएको बाज विज्ञानको भाषामा 'फाल्को पेरेजिनस पेरेजिनेटर' चाहिं हो, जसलाई संसारभर शाहिन नामले चिनिन्छ र नेपालीमा शाही बाज ।

(क) तर अङ्ग्रेजीको फाल्कन शब्द मध्यतेह्रौं शताब्दीमा हाम्रै फाल्कटबाट लेटिन हुँदै बनेको हो । पेरेजिन शब्द पनि ल्याटिनको विदेशीबोधक फरेन शब्दबाट बनेको हो । त्यसैले, बाज उडानको प्रथा युरोपको मौलिक भएको बुझिन्न । त्यसमाथि उनीहरूले यसलाई भन्ने शब्द शाहिन हो । न भारतको राजस्थान गुजरातकै मरुभूमि बुझिन्छ किनभने त्यहाँ पाइन्न (अलि र रिप्ले १९८७) ।

(ख) चीनबाट कोरिया हुँदै बाज उडानको चलन चौथो शताब्दीमा जापान पुगेको हो तर चीनमै पनि बाजलाई 'यु श्युन' भनिन्छ, जुन शाहिन नै सुनिन्छ र, यो बाज उसको बाज उडानको केन्द्र रहेको उत्तर र मध्य भूभागमा हुँदैन पनि ।

न शाहिन शब्दको मूल नादिर शाहदेखि बहादुर शाह जफरसम्मको मुसलमानी शाही सोख नै हो । ऋग्वेदको चौथो मण्डल २७ औं सूक्तको पहिलो ऋचामै छ बाजबोधक 'श्येन' शब्द र ऋग्वेद लेखिएको मानिन्छ अहिलेको पाकिस्तानको स्वात उपत्यकामा, जहाँ अकबर वीरबल कथाका वीरबललाई वीरगति प्राप्त भयो ।

(ग) बाज शब्दचाहिं अरबी वा हिब्र मूलको हुनुपर्छ भन्ने पश्चिमाहरूको मान्यता छ । अर्थात, लक्षणले बाजगिरि मध्यपूर्वबाट उत्पन्न हो तर त्यो सही होइन ।

यजुर्वेदका दुई प्रकार छन् बाजसनेयी र तैत्तिरीय । यद्यपि, पूर्वकाले पनि बाजसनेयी शब्दको अनर्थ नै गरेका छन् । याज्ञवल्क्यले ओकल्दिएका ऋचाहरू तित्राहरूले टिपेर खाएकाले तैत्तिरिय शाखा जन्मिएको र बाज भनेको घोडा, जसमाथि सवार बाजसनेयी अर्थात् सूर्यले घोडाको मुख्यको माध्यमबाट व्यक्त गरेका ऋचाहरू याज्ञवल्क्यले टिपेकाले बाजसनेयी शाखा जन्मेको भन्छन् उनीहरू । । (बरु अति मौलिक भनेर बुझाउने अङ्ग्रेजीको टुक्का 'फ्रम द हर्सेज माउथ' यही यजुर्वैदिक अपव्याख्या 'घोडाको मुखबाट' बनेको बुझिन्छ ।) सूर्यबाट नै आएको भनिदिएपछि ग्रन्थले अलौकिक आयाम पाउने र सजिलै पूज्य हुने हुँदा त्यस्तो कथा बुन्ने कुटनीति मात्र गरिएको हो । शुद्ध रूप हो, बाजश्येनी ।

तैत्तिरियको खास अर्थ सरलीकृत र बाजश्येनीको अर्थ हो जटिल । तित्राचाहिं कुखुराजस्तै चरी हिंड्ने (फ्लाइटलेस) चरित्रको हो । बाजचाहिं अति वेगवान् । बाजिनको अर्थ हो नै वेग तर बाजको अर्थ वाणको प्वाँख, वेग र पखेटा तीनवटै हो । त्यहाँ घोडाको सङ्केत कहीं आउँदैन । नभन्दै बाजश्येनीको अठारौं अध्यायको तेत्तीसौं ऋचामा भनिएको छ- 'अन्नका अधिष्ठाता बाज देवताले हामीलाई अन्नदानको प्रेरणा प्रदान गरून् ।'

यसरी चराबोधक बाज शब्द बीसौं हजार वर्षअघि नै पूर्वमा प्रयोग भएको छ । अर्थात्, बाज शब्द नै मध्यपूर्वीय होइन भने बाजगिरि त्यहाँको रैथाने होइन नै र बाजश्येनय अर्थात् याज्ञवल्क्य नेपालको जनकपुरकै हुन् पनि । बरु श्येनबाट तद्भव भएर सेन, सैन र सैनिक शब्द आएको हुन सक्छ । उर्दूको सान नै पनि हुन सक्छ ।

यही बाजश्येनय शाखाको अध्येता भएकाले नेवारहरूले ब्राह्मणहरूलाई बाजे भन्दछन् । बाजे अपमानजनक होइन । नेवारहरूले भन्ने 'बर्मु' शब्द पनि 'ब्रह्मु' भन्दाभन्दै बनेको हो । नभन्दै बर्माको संस्कृत नाम ब्रह्मदेश नै हो । (ब्याख्याताहरू तैत्तिरियचाहिं दक्षिणभारतमा मात्रै पढाइ हुने हुनाले उतैको सिर्जना हुनुपर्छ ठान्छन्, त्यो पनि सही होइन । तैत्तिरियलाई कालो (कुष्ण) यजुर्वेद पनि भनिन्छ तर कालो तित्रा 'फ्रान्कोलिनस फ्रान्कोलिनस एसियाई' पनि पाइन्छ नै नेपालको पूर्वी तराई र त्यसको ठयाक्कै सीमापारि मात्र, न कि दक्षिण भारतमा ।)

उद्गमस्थल : दुई

तर यो बाज १६ हजार फिटको हिमरेखा छोड्नेबित्तिकै नेपालको पश्चिम कुनादेखि पाकिस्तानको दक्षिणी पुच्छार हैदरावादयता मात्रै पाइन्छ भन्दा हुन्छ । तेर्सो रेखापारि करिब-करिब पटक्कै पाइँदैन भन्न सकिन्छ । यसो किनभने नवीनतम जीव भूगोल (जू जोग्राफी)ले यही बुझाउँछ । यद्यपि, उत्तरपश्चिम पाकिस्तानमा पाइन्छ भन्ने छुट्टै मत पनि छ (अलि र रिप्ले १९८७) । अर्थात्, स्वातमा बनेको भए पनि व्यापक संस्कृतिको भाग बनिसकेको श्येन शब्द ऋग्वेदमा पर्न जानु अनौठो होइन, जसरी महाभारतको उद्योगपर्वमा परेको नाम श्युन त्सु चिनियाँ नाम हो, जसको 'आर्ट अफ वार' विश्वका सबै प्रमुख राजनीतिज्ञहरूले पढेका हुन्छन्, जुन ग्रन्थको 'वार कलेज' हरूमा पढाइ हुन्छ । 'श्युन त्सु'को अनुवाद हुन्छ नै बाजबहादुर ।

अर्को शब्दमा सेती अञ्चलका बाजुरा (बाज र जुर्रा अर्थात् भाले बाज) र बझाङ यस संस्कृतिको विकास गर्ने केन्द्र हुन सक्छन्, जसरी श्रीलङ्काको सिगिरिया (श्रीगिरि) यस बाजले गुँड लगाउने केन्द्रका रूपमा

प्रख्यात छ वा जसरी लिम्बूहरूका निम्ति पनि पूर्वको पुपाङदेन एउटा त्यस्तै ठाउँ हो चराचुरुङ्गी प्रशस्तै पाइने (एकथरीले बझाङ बाभ्रुङबाट बनेको हो लेख्दै आएका छन् तर संस्कृतको जल शब्द बङ्गाली र नेवारीमा झोल हुन पुग्छ, त्यही ज बदलिएर झ बन्ने हो) ।

बाज अव्यय भएर आउने सयौंसयौं स्थान नाम पश्चिम नेपालमा जति मात्रामा छन्, त्यो महाकालीपारि छैन पनि । नभन्दै भारतीय मुगलकालमा असत्ख प्रत्यय जोडिएर पाल्तु बाजका जति नाम आउँछन्, त्यो महाकालीपारिको आस्कोट हो, नेपाली बाज निर्यात हुने नाका ।

बूढो हुन लागेको बाजलाई जुम्लामा कुच्या भन्छन्, रोल्पा-रुकुममा प्रचलित खाम मगर भाषामा काप्च्या, गुरुङमा क्रलाक्रली, उपत्यकाका पुराना निवासी गोपालीहरूमा कुँलाखु, वान्तवा राईमा काकायोक्मा, कुलुङ राईमा केकुवा र लिम्बूमा काम्मुया । यसले पूर्वतिर शब्द रूपान्तरणमा हुँदै गएको बताउँछ र कुनै बेलाको व्यापक संस्कृतिको हल्का प्रभाव पनि । थकालीहरूमा के धारणा छ भने थाक खोप्चनमा सत्रौं शताब्दीमा उनीहरूका पूर्वज 'हसंराजा' शासक थिए (गौचन २०३१) तर यो उपनाम नै बुझिन्छ । शाही बाजमध्ये सेतोलाई भनिन्छ, सबैभन्दा उच्चस्तरको, शुभलक्षणको 'हंसराज' र नभन्दै हंसराज जोडिएका छन्, बाजका निम्ति प्रख्यात जुम्लासँगै आफूलाई ठकुरी ठान्ने थकालीहरूका निम्ति श्रद्धेय भएर (भिन्डिग १९८९) ।

फगत एक भ्रम

बाजले मोती निल्ने चरालाई टिपेर ल्याउँथ्यो, जसलाई चिर्दा मोती पाइन्थ्यो । यसैले, सौखिनहरू यसको चाहना गर्थे भन्ने एउटा भ्रमचाहिं व्यापक छ । स्व. पूर्णप्रकाश नेपाल 'यात्री'ले दिवङ्गत हुनुअघि पङ्क्तिकारलाई यही भनेका थिए, सिंह (२०२८), देवकोटा (२०४७) र सुवेदी (२०५४)ले पनि यही लेखेका छन् तर यो भ्रम हो ।

मोती चरा भनेको नउड्ने खालको 'हौवारा बस्टार्ड' चरा हो (यो रणबहादुर शाहको दस्तावेजमा परेको मोतीकुकुर खासमा 'टिबेटियन स्पानियल'को सर्वनाम हो भनेर नबुझेजस्तै हो) तर नेपालमा नपाइने यो

चराको नाम नेपालीहरूले मोतीचरा भनेर बाजकै निम्ति जगेर्ना गरिरहनु पनि अनौठै छ ।

बाजका बारेमा सयौं फलक छन् ठेली नै लेखेर र भनेर नभ्याइने । आँखाको बाहिरी पर्दा सिएर सधाउने उपाय त झन् कहीं छैन । एउटा चराका बारेमा झन्डै १५/२० हजार वर्ष पुरानो लाग्ने परम्परा युनेस्को संरक्षणलायक संस्कृति नै हो । बुझ्नु-नबुझ्नु त आफ्नो कुरा हो । नभन्दै आकाशमा बाजहरू देखिनुलाई सन्तुलित पर्यावरणको चिह्न मान्छन् उहिलेदेखि ।

राजनीतिक पाटो

अत्यन्तै हिंसाले भरिएको कालो बोनको आध्यात्मिक धार र काला भोटेहरूको लुटेरा अर्थतन्त्रले ग्रस्त तिब्बती पठारलाई 'न्युट्रलाइज' गर्ने उद्देश्यले आठौं शताब्दीमा पद्मसम्भवको पदार्पण भयो । उनले बोनसँग बौद्ध मतको फ्युजन गरेर बज्रयान स्थापित गरे तर बाह्र सय वर्षसम्मको ब्रह्मचर्यले गर्दा र त्यसमा पनि पलायनवादी सोचले तिब्बतको जनसंख्या यसरी घट्यो, त्यसले नेपालजस्तो सानो देशको हातबाट समेत आफ्नो सार्वभौम सत्ताको रक्षासमेत गर्न नसक्ने भयो । स्रङचङ गम्पोको राजनीतिक राज्यबाट दलाई लामाको धार्मिक राज्यमा बदलिंदाको परिणाम थियो त्यो । चीनले नभए त्यहाँ रुसले, भारतले या पश्चिमको कुनै देशले रजाइँ गर्ने निश्चित नै थियो बीसौं शताब्दीको अन्त्यसम्ममा । त्यसको विपरीत पश्चिम नेपालको दुर्गम भिरालोहरूमा बाजगिरि, गर्रा, सरायँजस्ता आक्रामक मानसिकता बोकेको संस्कृतिले त्यहाँ सीमित सही राज्यप्रणालीहरू निरन्तर बन्ने, भत्कने र फेरि बन्ने क्रम चलिरह्यो । त्यो पूर्वसम्म त विस्तारित भयो नै, राविसम्म पुग्यो पनि । बाज आक्रामक राजनीतिक मनोविज्ञानको नेपाली प्रतीक हो ।

वनका, पर्यावरणका, साइटिसका कुरा तपसिल हुन्, बाजगीरी जसले बुझ्दैन, जोगाउँदैन, त्यो केको खस ? त्यो केको नेपाली ?

वसन्तको पयार्यवाची शाल हो भनेर आफ्नो समयमा बुझ्ने एउटै नारी थिइन्- त्रिपुरासुन्दरी, बाज युद्धको पर्यायवाची हो भनेर बुझ्ने एउटै नेपाली हाम्रो समयमा भए- वीरेन्द्र ।

'जम्बुद्वीप'को विचरण

१० पुसका अखबारहरू दुःखद समाचार लिएर आए । दिवंगत हुतराम वैद्यलाई सोही दिन एक अर्को दैनिकले यसरी उद्धृत गऱ्यो- '१ लाख बिरुवा रोप्ने अभियान चलाउनु नक्कली विकास हो, सक्कली त यो उपत्यकाको बाउन्ड्री फरेस्टवाल हो । यो सय गजा सबैले जोगाउनुपर्छ ।' यो त्यसैको पृष्ठभूमिमा लेखिएको हो र उनीप्रति समर्पित छ किनभने विगतका दर्जनौं भेटमा उनले पङ्क्तिकारसँग रैथाने प्रजातिमाथि धेरै जोड दिएका थिए । उनी बाग्मतीका मात्रै कुरा गर्दैनथे, जस्तो कि प्रायः ठानिन्छ वा सञ्चारले केवल बाग्मतीसँग मात्रै उनलाई जोडिदिएको छ ।

टुँडिखेलवरिपरि

सन् १८३८ मा रोपिएको एउटा रुख करिब-करिब आफ्नै आँगनमा पर्न जाँदा कमान्डर इन चिफ धीरशमशेर राणालाई त्यो जति सुन्दर रुख उपत्यकामा सम्भवतः कुनै लाग्दैनथ्यो । यसैका पोथ्रा बिरुवा थिए उनले सन् १८७९ को वर्ष कवाज खेल्ने चहुर टुँडिखेलको वरिपरि रोपेका । यो रुख थियो मसला (युकलिप्टस ग्र्यान्डिस)को, जसलाई भीमसेन थापा बितेको कुरा बाटैमा सुनेर हतारहतार बेइजिङ पुगेर फर्किएका भावी प्रधानमन्त्री चौतरिया पुष्करजङ्ग शाहले ल्याएका थिए र आफ्नै हातले रोपेका थिए । यो रुख ठ्याक्कै १३२ वर्षपछि १९७० मा नयाँ नारायणहिटी दरबार बनाउने क्रममा त्यसको परिसरबाट हटाउँदा काटियो । अतिशयोक्ति लाग्दैन भने उक्त रुख २५ फिट व्यासको थियो र ढालेका मुढाहरूले बीस ट्रक भरियो ।

(यही रुख हो, जसमा '१७ शमशेरलाई झुन्डयाउन पाए हुन्थ्यो' भन्ने अभिव्यक्ति जगतजङ्ग राणाले दिएका थिए भन्ने गरिएको । यो कतिसम्म

लोकप्रिय थियो भने यसैबाट बिरुवा निकालेर प्रधानमन्त्री रणजङ्ग पाँडेले फसिकेवस्थित आफ्नो बगैंचामा रोपेका थिए तर भावी प्रधानमन्त्री माथवर सिंह थापाले पाँडेलाई उनको घर पुऱ्याएर यही रुखमा झुन्डयाइदिने योजना बनाए । संयोगवश, पहिला नै विष खुवाइएका पाँडे आफ्ना बगैंचा नपुग्दै मरे । त्यो घटना सन् १८४३ को हो । नियति अनौठो हुन्छ । भावी प्रधानमन्त्री पुष्करजङ्ग शाहको मसलाको रुखमा आधा दर्जन प्रधानमन्त्रीलाई कसो झुन्डिन परेन । पुष्करजङ्गको रुख काटिनु पाँच वर्षअघि २०२२ मा रणजङ्गको रुख पनि काटियो ।)

फेरि विदेशी

सन् १९६१ मा एलिजावेथ द्वितीया नेपाल आउने भएपछि टुँडिखेल वरिपरि पक्की सडक बन्यो । मसलाका केही रुख अहिले भृकुटीमण्डप रहेको पर्खालभित्र पर्न पुगे, जहाँ मसलाको रुख छुटेर थोतेपन देखियो, त्यहाँ भर्न अर्को जात (युकलिप्टस एमिग्लाइडस) जुटाइयो, फर्पिङको स्वर्गबाटिकाबाट, जो त्रिभुवनले निजी प्रयोजनका निम्ति बनाएका थिए ।

सन् १८८४ मा वीरशमशेर प्रधानमन्त्री भएपछि एउटा अर्को सुन्दर रुख उपत्यका आइपुगेको थियो तर साझै विदेशबाट होइन, गोरखाको कुसुम बाटिकाबाट । त्यो थियो थलकमल (म्याग्नोलिया ग्र्यान्डिफ्लोरा) जसलाई वीरशमशेरले आफ्नै हातले रोपेका थिए, कमलादी गणेशको आँगनमा (जुन अहिले छैन) । योचाहिं किन टुँडिखेल वरिपरि रोपिनेमा परेन, बुझ्न सकिंदैन । जब उनकै बेलामा भित्रिएको कल्की (क्यालिस्टेमन ल्यान्सियोलाटस) र त्योभन्दा पुरानो कपुर (सिन्नामोमम जापोनिकम)समेत रोपिन पुगेका थिए । १९२० ताका सूरशमशेर राणाले अहिलको दरबारमार्गमा लगाएको नीलो शिरिष (ज्याकारान्डा मिमोसिफोलिया)समेत रोपिन पुगेको थियो टुँडिखेलवरिपरि । यद्यपि, २० वर्ष नाघेपछि यो रुखले सौन्दर्य गुमाएर जान्छ भन्ने ज्ञान पाउनका निम्ति पनि अर्को २५ वर्ष यथेष्ट भइसकेको थियो ।

फेरि पनि विदेशी

अनि सन् १९२० भन्दा अघिदेखि नै उपत्यकामा रहेको लहरे पीपल (पपुलस डेल्टोइडस) जब टुँडिखेल वरिपरि रोपिएकै थिएन भने १९६५ मा भित्रिएका पपुलस नाइग्रा र युमेरिकानाचाहिँ किन रोपियो ? भन्ने कुराको पनि कुनै उत्तर छैन ।

बरु सन् १९९० पछि राजनीतिक परिवर्तन भयो । स्वायत्त नगरपालिकाले टुँडिखेल वरिपरिको सडक विस्तार गर्ने क्रममा धेरैजसो रुख हटायो । त्यही बेला देवदार/पर्रोडा (सेडरस देवदारा) र सडकपारि पूर्वपट्टिका समी (फाइकस बेन्जामिना)हरू रोपियो । टुँडिखेलवरिपरि झन्डै १२५ वर्षपछि केही भए पनि रैथानेपन आयो । आमनागरिकले देख्ने गरी देवदारको सुन्दर पङ्क्ति थापाथलीमा रोटरी क्लबको आँगनमा मात्रै थियो (अहिले त्यो छैन) । अब त्यो रुख टुँडिखेलको वरिपरि देखियो तर जे रैथाने थिएनन्, ती यथावतै रहे, अहिले पनि छन् ।

देवदार कर्णाली अञ्चलबाहिर प्राकृतिक रूपमा उम्रिएको पाइन्न । हजार वर्षअघि ढुन्ड्या बरुन्ड्या चौलागाईंले रोपेको भनिने तीनवटा सर्वाधिक पुराना रुख पनि जुम्लाकै लाम्रागाउँमा छन्, १ सय ४६ फिट अग्ला र १८ फिट चौडा (देवकोटा/श्रेष्ठ)ले स्पष्टै बुझाउँछ देवदार मात्रै रोप्ने प्रयास गरिएको भए पनि त्यसले एउटा असीम सौन्दर्य दिने थियो ।

टुँडिखेलबाहिर

सन् १८६३ मा जङ्गबहादुरले मृगस्थलीमा विश्वरूपा मन्दिर बनाएपछि त्यसको पश्चिमपट्टि काँडेसल्ला (अर्कारिया बिडविली)को दोहोरो पङ्क्ति रोपे । बेलायतबाट सन् १८५० मा फर्केलगत्तै गोलबैठक बनाएपछि त्यसको दुई ढोकामा यो अस्ट्रेलियायी मूलको काँडेसल्ला उनले रोपिसकेका थिए । त्यसैको नक्कल हो लाजिम्पाट जाँदा केशरमहल अगाडिको एभेन्यु ।

वि.सं. १९६२ देखि २००७ साल र त्यसको धेरै पछिसम्म पनि सिंहदरबारको ढोकादेखि भद्रकालीसम्म रातो असारे (ल्यागेस्ट्रोमिया इन्डिका)को पङ्क्ति

बीचबाटोमा देख्ने थुप्रै छन् । किन रैथाने सेतो असारे (ल्यागेन्ट्रोमिया पार्भिफ्लोरा) लाउने सल्लाह खडानन्द शर्माहरूले दिएनन् ? जसले परम्परा थेग्थ्यो र पतझरपन पनि बेहोर्नु पर्दैनथ्यो । यो पनि बुझिनसक्नु छ ।

बानेश्वर चोकदेखि गौशाला र त्यसपछि भन्डारखालसम्म मसलाका रुख लगाइएका थिए । यद्यपि, ती अहिले छैनन् तर त्यहाँ अहिले सन् १९९० मा डालेघाँसको रुपमा भित्रिएको विदेशी मूलको (क्यालिआन्ड्रा टेट्रागोनम र क्यालथाइर्सस आदि) फाटफुट लगाइएको देखिन्छ । विचित्र लाग्छ, त्यही ढाँचाकै चाहिएको हो भने हुनुपर्थ्यो जमाने मान्द्रो (माहानिया नेपालेन्सिस) । यस्ता उदाहरण प्रशस्तै छन् ।

बाहिरबाट बाहिर

भक्तपुरको पूर्वीढोकामा छ च्यामासिं । यो चापसिं (माइकेलिया चम्पका)कै अपभ्रंश हो । उसले एभेन्यु दिनुपर्ने पपुलस नाइग्राको नै होइन, जगातेसम्म बरु चाँपको हो यत्रतत्र । नजिकैको चाँगु नाम नै चाँपको जङ्गलबाट बनेको हो ।

कीर्तिपुरको पुरानो नाम कसैले भनेजस्तो केपु अर्थात् मूलाको बीउ होइन । यो कीर्तिपुरकै छोटकरी रूप हो, भपु र लपु भनेजस्तै । बरु पुरानो नाम हो पदमकाष्ठपुरी (चाँपपुरी) । अर्थात् त्यसको एभेन्यु बन्छ भने पनि चाँपकै हो । टोखाको दुई गाविसमध्ये एक हो चम्पादेवी गाविस ।

त्यस्तै लेलेमा पनि छ चम्पादेवी । चापागाउँ नै चाँपगाउँको अशुद्ध रूप हो । टोखा, बनेपा, भक्तपुर सबैका चण्डेश्वरी चाँपबाटै उत्पन्न भएका मानिन्छन् । अर्थात् उपत्यकाको प्रतीकात्मक रूप हो चाँप । मल्लकालमा वैशाख महिनामा किस्तीमा चाँपको फूल हालेर कान्तिपुर दरबारले सबै प्रमुख देउताथानमा पूजा गर्न पठाउँथ्यो । (वज्राचार्य) यही हो चम्पकारोहण । यही हो काठमाडौं विशेषको पुष्पमहोत्सव- जापानको चेरिफेस्टिबलजस्तै । टुँडिखेलमा देवदारलाई ठाउँ छोडेर अर्को पङ्क्तिमा कसैको हक लाग्छ भने त्यो चाँपको हो ।

बाहिरबाट भित्र

तलको पेटबोली पढ्दा विषयान्तर भएजस्तो पाठकलाई लाग्नेछ तर पक्का काठमाडौंवासीलाई बाहेक थप पृष्ठभूमि थाहा नभएकाहरूले एकदेखि पाँचसम्मका हरफहरू निर्क्योलले मागेको सहायक सन्दर्भ हो भन्ने बुझ्नुपर्छ ।

जम्बुद्वीपमा एक वान्तबा

टुँडिखेलको पूर्वदक्षिणमा एउटा रुख छ । त्यसलाई दन्त्यकथाको गुरुमापालाई भात र मासु दिने ठाउँ मानिन्छ । गुरु शब्द संस्कृतको भए पनि यहाँनिर नेवारी मान्यताको हो । नेवारीमा गुरुमान्‌को अर्थ हो 'मास्टर स्किल्ड' । अर्कातिर संस्कृतको नाल्प र प्राकृतको णप्प मिलेर जङ्गी, रिसाहाबोधक मापा शब्द बनेको, जबर्जस्ती निर्क्योलमा नेपाली बृहद् शब्दकोशकारहरू पुगे पनि राई भाषामा माङ्पाको अर्थ तीब्र चमत्कारी शक्ति भएको बिजुवा वा धामी हो ।

एक

माङ्पा खासगरी राईहरूमा पनि बहुल वान्तवा राईहरूबीचको उपमा हो र, वान्तवा थर नै बोन मतको रूपान्तरण हो । अर्को बाटोबाट जाने हो भने दुमी राईहरूको पुर्खा मापे राई, कुलुङ राईहरूको पुर्खा माप्ख्या । एक लेखकले मापे राईको मूलथलो खोटाङको बोक्सिङ भएको लेखेका छन् (थापा २०३२) । तिब्बती चौरासी सिद्धपरम्परामा लुइपाबाट शुरु भएर भलिपामा टुङ्गिने नाम सूचीमा ७७ नामान्त पा छन्, जुन आठौं शताब्दीबाट शुरु हुन्छ । त्यसमा नपर्ने मिलारेपा, नरोलपादेखि काग्युपा, श्यामर्पा, गेलुक्पा आदि अन्य नामहरूसमेतका 'पा'ले आठौं शताब्दीमा बज्रयान जन्मनुअघिको बोन परम्पराको 'पा'लाई नै संकेत गर्छ । राईहरूको एक पूर्वज हुन्, खोक्चिलिपा ।

दुई

तर यी गुरुमापाको प्रसङ्ग जोडिन्छ, इटुम्बहालसँग, जसको उत्तरपूर्वी कुनामा उनको मुखुन्डो अद्यापि छ (लक १९८५, पेज २९०/यसअघि

लमजुङको रागिनास कोटमा लामा गुरुङको सदियौं पुरानो मुखुण्डोमाथि पढिएथ्यो, (थापा २०४१, पेज १७४) । उनको अस्तित्व एघारौं शताब्दीमा भएको मानिन्छ । इटुम्बहाल बौद्ध मतको थलो हो । यसले के देखाउँछ भने आज दन्त्यकथाका रूपमा आए पनि त्यो घटना बौद्धाचार्य र बोन आचार्यबीचको मिलाप हो ।

तीन

गुरुमापाले मरेका बच्चाहरू खाने गरेको र पछि ज्यूँदै पनि खान थालेकाले त्यो छुटाउन चैतेपूर्णिमामा एक मुरी चामलको भात र एउटा सिंगै राँगाको मासु दिन थालिएको कुरा कथाको सार हो । कालो बोनमा हिंसात्मक अभिचारको प्रावधान अवश्य छ तर तर्कमा सन्तुलन छैन । एउटा बच्चा खाएर पुग्नेले त्यत्रो भात र मासु खाइसक्थ्यो होला ? वा जसलाई त्यत्रो मासु र भात चाहिन्छ, ऊ ३ सय ६४ दिन कसरी भोकै रहन सक्थ्यो होला ? फेरि कोही शहरछेउमै जिउँदो बच्चा खाने पात्र छ भने त्यसलाई शहरै उल्टेर नोलले कुटेर मार्थे होलान् । आखिर बालादैत्यलाई मारिएको कथा पढिएकै हो । यसैले वार्षिक भण्डाराका निम्ति यो इटुम्बहालले गुरुमापालाई ठेकेको रसद हो, बरु उनी बितिसकेपछि पनि हजारौं वर्षसम्म कवुल पालना गर्नु इटुम्बहालको इमानदारीको विश्वकीर्तिमान नै हो ।

चार

यात्रामा मानिस अल्मलियो भने अर्थात् मानिलिऊँ त्रिपुरेश्वर जान हिंडेको मानिस डिल्लीबजार पुगेर झल्याँस भयो र फेरि त्रिपुरेश्वरतिर लाग्न खोज्दा नक्साल लाग्यो भने त्यस्तोलाई अझै पनि 'गुरुमापा लागेको' भनिन्छ । गैरनेवारहरूले त्यसैलाई 'झुँगी लागेको' भन्दछन् र नभन्दै कुलुङ राईहरूका निम्ति 'छुक्री' पुर्खा हो ।

पाँच

चैत पूर्णिमाको दिन कुनै पनि साइजका तीन ढुंगा जोडेर टुँडिखेलको कहीं पनि लुकाएर राखिदियो भने पनि भोलिपल्ट छुट्टयाइराखिएको हुन्छ

र त्यो काम गुरुमापाको हो भन्ने चलन छ । नभन्दै राईहरूको अँगेनामा तीन ढुँगाको मात्र चुलो बनाइन्छ सुतुलुङ, फुतुलुङ र उतुलुङदेवको । तीन ढुंगा नछुट्टयाई चुलो बन्दैन पनि । यसले गुरुमापा काँचो मासु खाँदैनथे र तिनको चुलो निभ्दैनथ्यो भन्ने संकेत गर्छ ।

छैटौं र अन्तिम

इटुम्बहालको अर्को अनुश्रुती हो -गुरुमापाले एक भारी सुन बोकेर केशचन्द्रकहाँ पुऱ्याइदिएका थिए । जो आफैं वर्षको एकपटक पाइने भात र मासु पर्खेर बस्छ, उसले एक भारी सुन पुऱ्याउने कसरी ? यस्तो बुझिन्छ नेवारीको लुँ (सुन) वान्तवाको लुङपुसी (जामुन) हो ।

'लुँ'सँग लुङपुसीको मिलन अवश्य पनि पाठकहरूलाई हाँसउठ्दो लाग्नेछ तर उतिपरको नागाजातिको झिलियोङ (पुतली) नेवारीमा झ्यालिन्चा (गाइने कीरा) हुन पुगेको छ । नभन्दै न्वागी, च्यान्दाम, हाङमाङजस्ता बोन संस्कार अन्तर्गत नै हो, अझै तिलुङ, बुङलावा, बाहिङ राई हरूलाई जामुनका पात र हाँगाहरू अनिवार्य हुन्छ । अरू किसिमका राईहरूलाई पनि होला नै । त्यसैले गुरुमापाको कुटी अहिलेका पत्झर रुखमुनि थिएन, कुनै पतझरमुनि कसैको कुटी कहिल्यै हुँदैन पनि । त्यो निश्चय नै सदाबहार जामुनको रुखमुनि थियो । राईबहुल पूर्वी पहाडी भेगको अधिकांश स्थान जामुनको भूगोल ३००-१५३० मिटरभित्र नै पर्छ ।

भित्रबाट पनि भित्र

'मञ्जुवज्र' वज्राचार्यको नाम जामुन गुभाजु किन भयो भने उनले सन् १६५४ मा बनाएको ब्रह्मटोलको मुसुमबाहालस्थित इनारको बीचबीचमा दुईतिर जामुनका काठहरू राखी बीचमा प्वाल परेका ढुंगाका च्यापा फल्याकहरू बिछ्याई (पींधमा कलश राख्नुअघि) इनारलाई सातत‌ले बनाएका थिए भन्ने भनाइ छ ।

जामुनको काठलाई पानीले खाँदैन भनेर चिन्न सक्ने त्यो युग थियो । यसैले बालुवामा ढुंगा नभासियोस् भनेर बाग्मती र विष्णुमतीका किनाराका

ढुंगाका सिँढी र भकारीहरूका कतिपय पींधमा जामुनको काठका टेकाहरू राखिएका छन् पनि (जून १० वर्षअघि थापाथली पुलबाट टेकुसम्म हुतराम वैद्यसँग यात्रा गर्दा पङ्क्तिकारले देखेको हो, उदासी मठ र अन्यत्रको सामुन्ने) ।

तर, सुनीतिकुमार चटर्जीले जामुन पनि कोलीहरूले नेपालमा लगाएका हुन् भनी लेखे । तिनले भनेको जामुन दक्षिण एसियाई मूलको गुलाफ जामुन (साइजिगियम जम्बोज) हो र यहाँ चर्चा भैरहेको बहुमूल्य रैथाने फनिर जामुन (साइजिगियम क्युमिनी) हो ।

यसैले पनि आज टुँडिअेलमा जे रुख छ, त्यो अरूको होइन, नेपाली पानीको पहिरो रोक्ने तर आफू नबिग्रने जामुन (जम्बु) हुनुपर्थ्यो ।

अब केन्द्र- यम्बु माने जम्बु

'यम्बु काठमाडौंको उत्तरी क्षेत्र टुँडिखेललाई जनाउने नाम भए पनि काठमाडौं राज्यलाई बुझाउन पनि प्रयोग भएको छ । तिब्बती र तामाङ्हरूले पनि काठमाडौंलाई यम्बु नै भन्छन् । मूल शब्द यम र बु उपसर्ग रहेको बुझिन्छ । यसले टेबहाल, ओटु, मखन, असन, ठँहिटी समेट्छ । यम्बुका देवता यमलेश्वर हुन् (रेग्मी, २०५१) ।

एक

जमयम्बी शब्द इस्वीको ७३३ मै उल्लेख भइसकेको प्रमाण त छ नै । तामाङहरू स्रङचङ गम्पोका घोडाचढी भएर आए (चेम्जोङ, १९६७) भन्ने भनाइले यम्बु शब्दलाई कम्तीमा सातौं शताब्दीमा पुऱ्याउँछ । प्रोज्ञयम्बु (सन् ५९६) भनेर पढियो भने यम्बु शब्द छैटौं शताब्दीमै देखिन्छ । यम्बु जोडिएको अरू आठ नाउँ यसपछिका हुन् । त्यसमाथि भुयम्बु (सन् ६०८), ठयम्बु (सन् ६३४) र बलयम्बु (सन् ७०५) भनेर पढियो भने हाँडीगाउँदेखि पाटन, मनोहरादेखि थानकोटसम्म यम्बुक्षेत्रमा पर्छन् ।

थप कुरा, अन्तिम हरफहरू इस्वीको पाँचौं शताब्दीमा मात्र जोडिएको भनेर मानिने वायुपुराण (अध्याय ४८.११-१४, जिपी भट्टको अङ्ग्रेजी अनुवाद-

युनेस्को)ले जम्बुद्वीपका ६ इलाकामा एउटालाई यम र वर्तमान भारत वरपरको मानेको छ । यसले गर्दा यम्बु कम्तीमा स्वतः चौथो शताब्दीको हुन पुगेको छ । गुप्तकालीन अवशेषलाई पछि थपिएको मानेर हटाउँदा वायुपुराण २ हजार वर्षभन्दा अगाडि पुग्छ ।

दुई

नारायणहिटिअगाडि महेन्द्रको सालिक रहेको ठाउँमा यमलेश्वर (दुई शिवलिङ्गका जोडायुक्त मन्दिर) थिए, त्यसैले अहिले त्यहाँ मच्छिन्द्रनाथको रथ घुमाइन्छ भन्ने चलन छ । अर्थात् यही यममा नेवारीको जमिनबोधक बु जोडिएको हो भन्ने राय छ तर जोडा शिवलिंग पुज्ने रुद्रयामलतन्त्र पाँचौ शताब्दीपछिको हो, जो कस्मिरी शैवधर्मबाट आउँछ । यसैले यम्बु शब्द यमलेश्वरबाट आएको होइन भन्ने स्पष्ट छ ।

तीन

अनेक किसिमका तरल पदार्थले घेरिएको टापुका रूपमा पौराणिक जम्बुद्वीपको आख्यान सुन्दै र पढ्दै आए पनि त्यसको प्रेरणा यही यम्बु देखिन्छ । आखिर यंवरा (यव=जौ)बाट जमरा बन्ने हो, यमराजबाट जेमराज र युद्धशमशेरबाट जुद्धशमशेर बन्ने हो ।

चार

जहाँ जामुन हुन्छ, त्यहाँ स्याल हुन्छ, त्यसैले उसलाई जम्बु भनिन्छ भन्ने कथा (भागवत)मा अस्वाभाविकता छैन किनभने जहाँ गुटेल (ट्रेविया नुडिफ्लोरा) हुन्छ, त्यहाँ हरिण हुन्छ भन्ने कुरा स्वाभाविक हो तर ५ हजार वर्षअघिको रामायणले जाम्बवान् भनेर लिएको भालु जामुन रङ भएको ब्राउन बियर (अर्सिनस आर्कटस एजाबेलस) हो, न कि तराईमा पाइने स्लथ बियर किनभने यसलाई हिमालयको राजा भनेर स्पष्टै भनिएको छ । खैरो भालु पाइन्छ हिमाली प्रदेशमा मात्र, न कि अयोध्या र कर्नाटकको किस्किन्धा वनको सिमानामा । अर्थात् त्यसको परिचय हिमाली/नेपाली

भूगोलले दिएको हो । पाल्पाको तैनाथवाला हुँदा रुद्रशमशेर राणाले एउटा खैरो भालु मारेर अमेरिकी प्रकृतिविद्लाई दिएका थिए, त्यो धेरै पछिसम्म न्युयोर्कको जुलोजिकल म्युजियममा थियो र आज पनि होला- स्रोत भन्छ । पाल्पाको उचाइ १ सय ७० फिटले कम छ काठमाडौं (४ हजार ६ सय फिट) भन्दा । यसबाट एउटा बेला जाम्बवान् धेरै तल उपत्यकासम्म पनि आउँथ्यो भन्ने टड्कारै देखिन्छ ।

पाँच

जिम्बु लसुनप्याज परिवार (अलियम) कै हो । खास जिम्बु अलियम हिप्सिष्टम मध्य र पश्चिम नेपालमा मात्रै पाइन्छ अठार हजार फिटमा, हिउँरेखाभन्दा २ हजार फिट तल । योसँग जिम्बुको नाममा बेचिने अर्को जात अलियम प्रजेलास्कियानम पाइन्छ निकै तल, जुन लद्दाख, हुन्जालगायत तिब्बती पठारमा पनि हुन्छ (१९००-४८०० मिटरबीच) तर तिब्बती मसलामा यो पर्दैन । नेपालमा डुन्डु (अलियम ट्युबेरोसम/काठमाडौंमा चुलोचा र ललितपुरका केही ठाउँमा (ललिचा) मसला सरह प्रयोग हुन्छ । बजारमा जिम्बु बोटको नाममा बेचिनेचाहिं युरोपियन मूलको चाइभ (अलियम शोइनोप्रासम) हो ।

जिम्बु प्रयोग हुने मास शब्द जनकपुरका याज्ञवल्क्यको योगदान रहेको यजुर्वेदमै छ । जसले याज्ञवल्क्य स्मृतिमा चाहिं लसुनप्याजको उल्लेख गरे (गुम्तकालीन केही शब्द औंल्याएर यस स्मृतिलाई पाँचौ शताब्दीको भन्दै बाइबलभन्दा पछिको देखाउने पश्चिमा प्रयासमा आप्टेहरू पनि फसेका छन् । याज्ञवल्क्य वेद र स्मृतिबीच के साढे १० हजार वर्ष बाँचे त ?) । स्पष्टै देखिन्छ, दक्षिण भारतको मास वैदिककालमै चुरे उक्लियो र जिम्बुचाहिं यम्बु उपत्यका ओर्लियो किनभने मासको दाल हिमाली क्षेत्रको खाना होइन र, जिम्बु तराईको खानामा पर्दैन । यसको वर्तमान उपयोग विशुद्ध उपत्यकाको र यजुर्वैदिककालीन नेवारहरूको हो । यसर्थ यम्बु शब्द पौराणिककालीन होइन, वैदिककालीन हो । ३५ हजार वर्षदेखि उपत्यकाको ताल सुक्दै जान थालेको र पछिल्लो ७ हजार वर्षमा निमिट्यान्नै भएको त वैज्ञानिक निर्क्योल नै छ ।

स्थानविशेषबाट वनस्पतिका नाम बन्न गएका अरू उदाहरण पनि छन् । धनियाँको संस्कृत नाम कुस्तुम्बुरु हो, जुन भारतको निम्ति कुस्तुन्तुनियाँ र युरोपियनहरूका निम्ति कन्स्ट्यान्टिनोपल हुँदै अहिले इस्तान्बुल हुन पुगेको छ । यसको उत्पत्ति थलो टर्की नै हो । त्यसैको तुम्बुरु टिपेर नेपालीमा टिमुर बन्छ । हामी इरानको खुरासानबाट आएकाले खुर्सानी भन्दै छौ, श्रीलङ्काबाट आइपुगेकोले बङ्गालीहरू यसलाई लङ्का भन्छन् । पहिलोपल्ट सिमानामा देखिएकाले भेडेखुर्सानीलाई भारतमा सिमला मिर्च भन्छन्, पहिलोपल्ट आसामको अब्बरे जातिमा पुगेकाले अब्बरे खुर्सानी भनिन्छ (अकबरे होइन । उनका बेला यो खुर्सानी भारतमा थिएन) ।

जम्बुफल झरेर नदीकिनारमा सुनका धूलोमा परिणत हुने विष्णुपुराण/महाभारतको जम्बु नदी यहाँनिर वाग्मती विष्णुमती हुन पुग्छन् । यसरी झन्डै ५ हजार वर्षअघिको मानिने त्यो महाकाव्यपछिका पुराणहरूले भूगोल मिच्दै गए पनि यम्बुद्वीप अरू कुनै थिएन । जुन जामुन तिब्बतमा हुँदैन, त्यसले यसलाई पाँचौं शताब्दीदेखि देखिन थालेका प्रौढ संस्कृतका पुराणहरू पढेर यम्बु भनेको होइन भन्ने स्पष्टै छ । यसैले पनि टुँडिखेलमा जामुनकै रुख हुनुपर्थ्यो- एनिमेसन सिनेमा 'अवतार'को 'नाभी'जस्तै ।

पुछारमा

पाकिस्तानमा परेको पञ्जाबको सलातुर गाउँबाट माटो ल्याएर भारतले बनारसमा पाणिनि मन्दिर खडा गरेको छ (यद्यपि, पाणिनि पञ्जावका हुन् भन्ने पतञ्जलिको राय नै गलत लाग्छ) । अफगानिस्तानबाट पृथ्वीराज चौहानको चिहान उधिनेर माटो ल्याएको छ र, अब रङ्गुनबाट बहादुर शाह जफरको अवशेष ल्याउने प्रयास चलिरहेको छ । पछिल्ला पुराणहरूले भूगोल मिच्दै जम्बुद्वीपको गलत स्थानान्तरण गर्दै गए पनि यो यम्बुको मध्यमा जामुन रोप्न किन सकिंदैन र मिल्दैन ? बुझ्न चाहनेहरूले बुझ्नुपर्ने कुरा हो ।

साम्प्रदायिकतापारि

जातीय सङ्घ अर्थात् माओवादी वर्णाश्रम

आफ्नो आन्दोलन विस्तारित गर्न मानिसका परम्परागत भावनासँग क्षणिक खेलबाड गरेर राष्ट्रवादलाई प्रागऐतिहासिक दलदलमा माओवादीले पुऱ्याएका छन् नै, उनीहरूलाई मधेस आन्दोलनपछि यसबाट निस्कनमा मुस्किल परेको छ ।

पृष्ठभूमि

आफ्नो आन्दोलन विस्तारित गर्न मानिसका परम्परागत भावनासँग क्षणिक खेलबाड गरेर राष्ट्रवादलाई प्रागऐतिहासिक दलदलमा माओवादीले पुऱ्याएका छन् नै, उनीहरूलाई मधेस आन्दोलनपछि यसबाट निस्कनमा मुस्किल परेको छ । ९ माघ २०७० को अन्तरिम संविधान संशोधनले सङ्घीय पुनःसंरचनाका परिकल्पना गरे पनि जातीय सङ्घचाहिं कसरी संवैधानिक छ ? भन्ने कुरा समीक्षा गरिनेछ ।

पढिएको कुरा : पहिलो

सतारहरू नेपालमा करिब २ सय वर्षअघि आए, स्रोत : १ । लिम्बूहरू नेपालमा सातौं शताब्दीमा आए, स्रोत : २ । मुसहरहरू नेपालमा १३ औं शताब्दीमा आए, स्रोत : ३ । लेप्चाहरू नेपालमा चौथो शताब्दीमा आए, स्रोत : ४ । दनुवारहरू भारतको सिन्ध प्रान्तबाट चौथो शताब्दीमा आए, स्रोत : ५ । शेर्पाहरू नेपालमा सन् १४४० मा आए, स्रोत : ६ । तामाङहरू नेपालमा छैटौं शताब्दीमा मध्यतिब्बतको माङबाट आए, स्रोतक : ७ । थामीहरू दोलखाको सरुपमा १७ औं शताब्दीदेखि बस्न थाले, स्रोत : १० । थारूहरू नेपालमा

आए, स्रोत : ११ । मगरहरू नेपालमा पहिलो पटक इसापूर्व २३०० मा आए, स्रोत : १२ । मेचेहरू नेपालमा चौथोदेखि पाँचौं शताब्दीमा आए, स्रोत : १३ । पाँच गाउँलेहरू आठौं र थाकालीहरू १४ औं शताब्दीमा आए, स्रोत : १५ । किरातहरू ७ औं शताब्दीमा उत्तर हिमालबाट आए, स्रोत : १६ । दुसाधहरू ७ औं शताब्दीमा थिए, स्रोत : १७ । मारवाडी सन् १८९४ मा आए, स्रोत : १८ । धिमालहरू आसामको दिमापुरबाट आए, स्रोत १९ । वालुङ र वालुङ्गाहरू पहिलो पल्ट तेह्रौं सताब्दी अघि नेपाल आए, स्रोत : २० । विक्रमको नवौं शताब्दीमा गुरुङ, थाकाली र भोटेहरू आएको देखिन्छ, स्रोत :२१ ।

छैठौं स्रोत माइकल अप्पित्ज हुन् । उनका विश्लेषण सबैभन्दा वैज्ञानिक मानिएको छ । १० औं स्रोत, धर्मप्रसाद श्रीसमगरको कृति हो । उनको पुस्तक स्रोत माध्यमहरूमा सबैभन्दा हाँसउठ्दो छ । सातौं र सत्रौं स्रोत आर डी. र एल. एन. हो । उनीहरू मात्रै होइन, अरू पनि यस्तो निर्क्योलमा कसरी पुगे अन्योल छ । स्रोत ९ मेचीदेखि महाकालीको खण्ड ३ हो । प्रश्नचिह्न किनभने उसले समय दिन सकेको छैन तर ब्रायन हड्सनले थारूहरूले ३ हजार वर्ष लगाएर औलोविरुद्ध शरीरमा एन्टिबडिजको निर्माण गरेको कतै लेखेका छन् । १२ फेब्रुअरी २००७ को 'कान्तिपुर'मा थारू र तीन हजार वर्षदेखि भन्ने वाक्यांश यसैमा आधारित हुनुपर्छ ।

पढिएको कुरा : दोस्रो

कामीहरू उडिसाबाट आए, स्रोत : २२ । कुलिन्दहरू र श्रीपाली खस मध्यएसियाबाट आए स्रोत उही, काइकेहरू जाग्रोस पर्वतबाट आए स्रोत उही, काइतेहरू गल्फ अफ सेड्राबाट आए, स्रोत उही, कुकुरहरू खेचर पर्वतबाट आए, स्रोत उही वत्सगोत्रीहरू जर्जियाबाट आए स्रोत उही, । सिंजा प्रान्तका शासक नागराज तिब्बतको खारी प्रदेशबाट आए स्रोत उही, खसहरू इजरायलबाट आए, स्रोत उही । राउटे र कुसुन्डाका सांस्कृतिक केन्द्र बर्माको आराकान हो स्रोत उही । थारूहरू कन्नौज र कुचविहारबाट आए, स्रोत उही । पोखरेलहरू हरियाणा र सापकोटाहरू राजस्थानबाट आए, स्रोत उही ।

सार्कीहरू साँह्राकबाट आए, स्रोत उही । कर्मीहरू केर्मीबाट आए, स्रोत उही । मुडुला कार्की तिब्बतको पुराङ र उप्रेतीहरू कोंकणबाट आए, स्रोत २१ । पन्त कोङ्कणबाट, पाण्डेहरू काँगडाबाट, जोशीहरू भुसीबाहन र ओझाहरू तिरभुतबाट आएका मानिन्छन्, स्रोत २२ । सुवाल र खड्गीहरू सिम्रौनगढ हुँदै ११ औं शताब्दीमा पसे स्रोत : २३ । नगरकोटीहरू १८ औं शताब्दीमा आए, स्रोत : २४ । अर्यालहरू कनौजको धारानगरीबाट आए, स्रोत : २५ । रेग्मीहरू बनारसबाट १२ औं शताब्दीमा आए स्रोत : २६ ।

स्रोत २२ बालकृष्ण पोखरेलका कृतिहरू हुन् । उनको निर्क्योल व्युत्पत्तिशास्त्र (इटिमलजी)मा आधारित छ । अन्य कुनै पनि भाषाशास्त्रीहरू उनको त्यस्तो निर्क्योल मान्न तयार पाइँदैनन् । स्रोत २२ देविप्रसाद ओझा हुन् । स्रोत २३ भाषा वंशावली हो । स्रोत २३ कुलचन्द्र गौतम र कुलचन्द्र कोइराला हुन् तर त्यो सत्य होइन, रवर्ट लेभीलाई गहिरिएर पढेपछि थाहा हुन्छ । स्रोत २२ चाहिं यथार्थ हो । स्रोत २३ को आधार के हो स्पष्ट छैन ।

भएको कुरा : पहिलो

अत्री आश्रम हिमालयमा छ । स्रोत २७ । आश्रम हिमालको ऋक्ष पर्वतमा छ । स्रोत २८ । ऋग्वेदको समय इसापूर्व २७०० वर्षदेखि १०००० वर्षसम्म मानिएको छ । स्रोत : २९ ।

माथि भनिएका ऋक्ष पर्वत वर्तमान कालिकोट जिल्लाको रासकोट अक्षांश २९ दशमलव २ र देशान्तर ८१ दशमलव ६५, उचाइ १ हजार ४ सय ३९ मिटर ४ हजार ७ सय २१ फिट हो । संस्कृतका ऋक्षले विज्ञानका तीन जनावरलाई एकैपटक बुझाउँछ- भालु अर्थात् सेलेनाकोट्स थिवेटानस, स्थानीय दुम्सी अर्थात् 'हिस्ट्रिक्स इन्डिका र स्थानीय लङ्गुर अर्थात् हसबाइटस एन्टेल्स । रासकोटको सन्दर्भमा ऋक्ष यहाँ नङ्ग्राको पर्यायबाचीमा रूपमा आएको हो । यसैबाट राक्षस, रक्षक, हिरण्यरक्षकजस्ता शब्दहरू बन्न आउँछन् । नभन्दै कालीकोटे थापा र खड्काहरूका पूर्वज उनै अत्री हुन् । स्रोत : २८ ।

भएको कुरा : दोस्रो

सराङ्गकोटनजिकैको वर्तमान चिसाखोला ब्रह्मचर्याश्रम कश्यप आश्रम हो, स्रोत २९ । उनको समय इसापूर्व ५१ सय हो, स्रोत : ३० । नभन्दै कश्यपले अर्थववेदको सन्दर्भमा प्रयोग गरेका वनस्पतिका वैज्ञानिक नामहरू केही छन्- कुश अर्थात् डेस्मसटास्या विपिन्नाटा सय मिटर उचाइ, हल्लाङग्रे/सिप्लिकान्/खाइचोल अर्थात् क्रटेभा युनिकरालिस (सयदेखि हजार मिटर) जुन पश्चिम हिमालयमा पाइँदैन । अपामार्ग अर्थात् एसिरान्थेस अस्पेरा (सयदेखि २९ सय मिटर) दुबो अर्थात् साइनोडाइन डक्टाइलोन (सयदेखि ३ हजार मिटर), समी अर्थात् फाइकस बेञ्जामिना (डेय सयदेखि हजार मिटर), पलास अर्थात् ब्युटिया मनस्पर्मा (डेढ सयदेखि १२ सय मिटर) गुन्दरगानो अर्थात् सिसम्पेलस परेरा (डेढ सयदेखि २२ सय मिटर) धान अर्थात् अराइजा सटिभा -दुई सयदेखि १२ सय मिटर) खयर अर्थात् अकासिया क्याटेसु (२ सयदेखि १४ सय मिटर), काँस अर्थात् साक्रुम स्पन्टनाटस (२ सयदेखि १७ सय मिटर), कदम अर्थात् अकान्थोफालस चाइनेन्सिस (२ सय ९० देखि ८ सय मिटर) डुम्री अर्थात् फाइकस ग्लोमेरटा (३० मिटर) काभ्रो अर्थात् फाइकस लेकर (५० मिटर) जीवन्ती अर्थात् डेस्मास्ट्रियम फिम्रिक्याटम (५०० मिटर) कुरिलो अर्थात् एस्पेरस रसेमसस (६०० देखि २१००) मिटर, बिहीं अर्थात् सोलानम नाइग्रम (९०० देखि २९०० मिटर) असरा अर्थात् भाइवर्नम नर्वोसम (२६०० देखि ३५०० मिटर) सोमलता अर्थात् इफेड्रा जेरार्डियाना (३७०० देखि ५२०० मिटर) सबै मध्यनेपाल अर्थात् पोखरा वरिपरि उपलब्ध छन् । मध्यउचाइ ५०० देखि १५०० मिटरमा पर्न आउँछन् । चिसा खोलाको उचाइ ७६२ देखि १२९९ मिटरसम्म पर्छ, स्रोत : ३१ ।

यसमा जौ (हर्डम भल्गार) र भाइवर्नम नर्वोसम उच्च हिमाली भेगमा मात्र पाइन्छ भने इफेड्रा तराईमा पाइन्न । रैथाने २५, विदेशी १२ परेका छन्, ६ वटा चिन्न सकिएको छैन । यसले हिस्टोरिया प्लान्टारम लेखेबापत इसापूर्व ३५० का थियोफ्रास्टसलाई पश्चिमले वनस्पति शास्त्रका पिता मान्दै आएकोमा त्यो दाबीसमेत गलत ठहरिन पुग्छ ।

भएको कुरा : तेस्रो

अश्वत्थ, स्रोत : ३२ ।

यो अश्वत्थ मुस्ताङमा पाइने पपुलस सिलियाटा हो । संस्कृतज्ञहरूले चिन्ने फाइकस बेगालेन्सिस होइन । पी. सिलियाटा नेपालको सिमानाबाहिर पनि हिमालयको दक्षिणी ढालमा पाइने भए पनि स्थानीय अश्व (इक्विस हमिनियस कियाङ)को प्रिय भोजन भएकाले अश्वत्थ भनियो । पुराणमा आउने श्यामकर्ण घोडाहरू अरेबीक हुन्, रैथाने होइनन् । अरबी घोडा यो भेगमा १३ औं शताब्दीमा मात्र आएको हो । पछि पातसँगको समानताले गर्दा पीपललाई पनि अश्वत्थ भन्न थालियो र हात्तीलाई पीपल मन पर्ने हुँदा अश्वत्थामा हुन पुग्यो । हात्तीलाई यसरी संस्कृतज्ञ भाषाशास्त्रीहरूले घोडामा बदलिदिए तर अश्व आफैं नेपाल तिब्बत भेगको असीपत्र वनबाट बन्न पुगेको हो । असीपत्र वन गोब्रे सल्ला (पाइनस वालिसियाना)को सुई असीबाट आएको हो । शिवका असी पनि त्यसैको रूपान्तरण हो, भानुभक्तको घाँसीको हँसिया पनि हो र त्यही अश्वत्थमा बस्ने काग (कोर्भस करेक्स टिबेटानस) का कारण मुक्तिनाथचाहिं मुक्तिनाथ र कोकानदी भने कोकानदी बन्न पुग्यो । पश्चिममा यस काग पनि मर्ने उचाइ भएको शिखर कागमारा र पूर्वी नेपालमा गोराक शेप (तिब्बतीमा कागमारा) र त्यहाँको कोकानदी चाहिं कोकामुख बराह भएर आउँछ ।

भएको कुरा : चौथो

वसन्त नै कपिञ्जल चातक हो, स्रोत ३३ ।

यो कपिञ्जल चातक विज्ञानको भाषामा सालका टुप्पामा गुँड बनाएर बस्ने भङ्गेरा (पासर रुटिलान्स) हो । जसका आधिकारिक जीवशास्त्री मोनयस हुन् । यसको अङ्ग्रेजी नाम हिमालयन सिनामोमम स्पारो अर्थात् तेजपात भँगेरा हो । यो साल र तेजपातका जङ्गल मिसिने ठाउँमा खासगरी पश्चिम नेपालको १८०० देखि २४०० मिटरमा पाइन्छ र सबैभन्दा तल ३५० मिटरसम्ममा यसले फुल पारेको पाइएको छ । पूर्वी नेपालबाट

कुनै उदाहरण प्राप्त छैन । हिउँदामा पश्चिम हिमालयको ५०० देखि १५०० मिटरसम्म देखिएको छ । (स्रोत ३४ र स्रोत ३५) ।

पाइएको कुरा

'द प्रि हिस्टरिक कल्चर्स इन नेपाल फ्रम द अर्लि पालएलिटिक टु द नियोलिथिक' नामक कृतिमा स्व. गर्डन कर्भिनसले ढुङ्गे युगताका नै भारत र पूर्वी एसिया हुँदै मानिसहरू नेपालसम्म आएका हुन् भन्ने निर्क्योल दिएकी छिन् ।

यद्यपि उपत्यकाको सेडिमेन्टोलजी र पालिनोलनी (परागकण र स्पोरको प्राग्ऐतिहासिक अध्ययन) माथि गिफू विश्वविद्यालयका हिडेओ तावाकाले गरेको अध्ययनचाहिं सम्भवतः सार्वजनिक भैसकेको छैन । पालिनोलजीले समेत आब्रजनलाई परोक्ष रूपमा इंगित गरेको पनि हुन सक्छ, मानिसले नै बसाइँसराइपछि खेती गरेर मात्र आउन सक्ने वनस्पतिको सङ्केत गरेर ।

अर्थात् पढिएको कुरा, भएको कुरा र पाइएको कुरालाई समयको समसन्तुलन (इक्विलिब्रियम) दिन खोज्दा आप्रवासी भन्न खोजिएकाहरू आदिवासी र आदिवासी भनिएकाहरू आप्रवासी हुने खतरा आउन सक्छ, होइन भने जातीय सङ्घमा जानुअघि गुणसूत्रीय शृङ्खला (जेनेटिक स्ट्रेन) हरूको व्यापक अध्ययन गर्न जरुरी छ । बनारसबाट १२ औं शताब्दीमा आएका धम्मु जोशीलाई रिपु मल्लले रिगाममा बिर्ता दिएर बसाएपछि उनका सन्तान बनेका रेग्मी छँदाछँदै उसका अगाडि १४४० मा आएका शेर्पाहरूलाई आदिवासी भनिएको एउटै उदाहरण अवैज्ञानिकताको निम्ति यथेष्ट छ ।

थारू र मधेस विशेष

थारूहरू थार मरुभूमिबाट आए भन्नु संस्कृत दुराग्रह हो । कोसी एमेजोनपछिको दोस्रो ठूलो बालुवा बोकेर बग्ने नदी (सिल्ट क्यारिङ रिभर) हो । कोसीमात्र होइन, बट्टारको 'लिफ्ट इरिगेसन' परियोजना बालुवाका कारण विफल हुन पुगेको उदाहरण छ । कोसीको भँगालो परिवर्तनमाथि शोधहरू भएका छन् । यसैको बालुवाको ठाउँठाउँ बन्ने बगर र थुप्रो हो

थार, जसको संस्कृतमा अर्थ हुन्छ बाँझो । तराई यही थारबाट बनेको पनि होला । केवल दङगौरा थारूमा चलेको केही चलनले तिनलाई सिन्धको, थारको र राजपुतानाको भन्न पुग्दा ज्यापुका खर्पन र ह्वाइट नाइलका किसानहरूको खर्पनको बनोट मिल्ने हुँदा महर्जनलाई इजिप्टबाट आएका भन्नुपर्ने हुन्छ । धादिङको खेतको डयाङ मिल्ने हुँदा धादिङेलाई पेरुको भन्नुपर्ने हुन्छ । बरु 'भोटगामिया' देखि 'बाँतर' थरसम्म हेरियो भने थारू एउटा जनजाति विशेष नभई नेवारीजस्तै एउटा संस्कृति दरिन सक्ने सम्भावना पनि उत्तिकै प्रबल छ । थारूको विस्तार कोसीको कमान्ड एरियाबाट पश्चिमतिर बढ्दै गएको हुन सक्छ मिथिला र महिसोथलाई छोडेर पछि आएका आव्रजकहरूलाई थारूको संज्ञा दिंदादिंदै ।

न दनुवारहरू सिन्ध प्रान्तबाट आए होलान्, पोखरेलले भनेजस्तो । दनु शब्द सालको पातको द्रोणबाट बन्दछ । डुङ्गा शब्द द्रोण 'दुना' बाट बनेको हो, जसमा बसेर दनुवारहरूमाछा मार्छन् र, थप कुरा १ सय ५० जातका साल प्रजातिहरूमा नेपाली सरिया रोबस्टासँग थारू र दनुवारहरू जति घनिष्ट सम्बन्ध राख्छन्, त्यति अरू नेपालको कुनै जातिले राख्दैनन् । २-३ हजार वर्षको सम्बन्धले मात्रै यस्तो घनिष्ठताको विकास हुँदैन ।

र, मधेस अर्थात् पाली भाषाको मझिम नेपालमा पर्दैन भनेर जनवरी २००७ को 'कान्तिपुर'मा एक लेखकले तर्क दिए । पर्दैन पनि होला, यद्यपि एक लेखकले पूर्वी तराईका केही पोखरीका आधारमा मेचीको तल्लो भागलाई सुशर्माको मध्यदेश मानेका छन्, स्रोत ३६ । त्यसो हो भने मोरङबाट कञ्चनपुरसम्म थारूवान र पूर्वी नेपालको एउटा जिल्लामात्र मधेस हुन पुग्छ । त्यो पनि शिवप्रतापशमशेर थापाको कृपाले, स्रोत ३७ । यद्यपि कोसीमा थारू घनत्व कम छ भन्ने तर्क निस्कन सक्छ तर परी पनि इरानका मात्र युवती हुन्, अप्सरा ग्रिसका मात्र हुन्छन्, उर्वशी इटलीकी एक्ली सुन्दरी हुन् । अमरसिंह वाँडाको कोशमा जाने हो भने वनस्पति भनेको डुम्री मात्र हुन आउँछ । वन मन्त्रालयअन्तर्गतको अहिलेको वनस्पति विभाग डुम्री विभाग हुन पुग्छ ।

राजनीतिक पाखण्ड

'एथनिक टर्न टेबल अफ एसिया' भन्ने वाक्यांश १९५० दशकको सुरुवातमा टोनी हेगनले आफ्नो 'नेपाल'मा प्रयोग गरेका थिए । गोमनको न्युरोटक्सिन दुरूपयोग गरे विष हो, परिशोधन गरे औषधी हो, प्रयोग नगरिए उसैको खाना हो । टोनी हेगनको त्यस न्युरोटक्सिनलाई दुरूपयोग गरेर २०४० सालमा हर्क गुरुङले पहाडलाई तराईबाट फुटाए भन्न बुद्धिजीवीहरूलाई किन गाह्रो ? २०३८ को अयोध्या प्लेनमले माओवादी आन्दोलन ल्यायो होला तर २०४० को प्रतिवेदनबाट क्रुद्ध पक्षले माओवादीलाई प्रयोग गऱ्यो भन्न पनि किन कञ्जुसी ? र त्यसैलाई दुरूपयोग गरेर डोरबहादुर विष्टले पश्चिम नेपाललाई पूर्वी नेपालबाट छुट्टयाए भन्न किन साह्रो ? २०६३ सालमा शहर सम्पूर्ण बहुदलवादी हुँदाहुँदै पनि राति बत्ती बाल्ने घरघरमा ढुंगा हिर्काउन उद्दत गर्ने मङ्का खलःका तत्कालीन नायक पद्मरत्न तुलाधर नै एउटा व्यक्तिनै कथित बन्दका दिन आफ्नो साधन हाँक्न नपाउने, कारोबार चलाउन नपाउने, प्रजातन्त्रविरोधी परम्पराका सूत्रधार 'वास्तविक निमित्त नायक' हुन् भनेर ठम्याउन किन अप्ठयारो ?

गोविन्दप्रसाद लोहनीले उहिल्यै दुई अङ्ग्रेजी शब्द प्रयोग गरेका थिए । दरबारलक्षित गरेर 'डेकाडेन्ट' अर्थात् कुनै बेला शालिन योगदान गरेको तर अहिले पतनोन्मुख र अर्को नयाँ कम्युनिस्टहरूलाई लक्षित गरेर 'डेमागग' अर्थात् वस्तुपरकभन्दा भावपरक भएर सुवास घिसिङले जस्तो जातीय राजनीति गर्ने । माओवादी पक्षका दुई सोम शर्माहरू राष्ट्रमा यो जातीय सङ्घ नामक नयाँ वर्ण व्यवस्थाका सूत्रधार हुने कुरा- लोहनी र हर्क गुरुङलाई त्यतिबेलै तारो बनाउने कृष्णप्रसाद भण्डारीमा- छैटौं इन्द्रिय थियो पनि कसरी नभन्ने ?

वर्णाश्रमको भविष्य

संस्कृतको 'अहं ब्रह्मास्मी'को समाजशास्त्रीय अनुवाद एथ्नोसेन्ट्रिसिटी हुन्छ र राजनीतिक अनुवाद हुन्छ नाजीवाद । नस्लहरूमा आर्य महान् हो,

आर्यहरूमा जर्मन र जर्मनहरूमा म ठूलो हुँ भन्ने हिटलरी सोच नाजीवादको जग हो र जातीय सङ्घले क्षेत्रीय वैमनस्यता हुन्छ भन्ने डरभन्दा पनि ठूलो डर मास हिस्टेरिया हो । यहाँ हिस्टेरिया शब्द छारेरोग वा दमित वासनाका विकृत अर्थमा आएको होइन । जातीयताभित्रको बहुल वर्गले आफ्नै स्वायत्त इलाका पनि त्यागेर बाहिरिनुपर्ने मानसिक यातनाको स्तरमा पुऱ्याउँछ । एथ्नोसेन्ट्रिसिटी चर्को एथ्नोइसेन्ट्रिसिटीमा बदलिने डर हो । आदिवासीका सट्टा सीमान्तिकृत शब्द प्रयोग गर्नुपर्थ्यो माओवादीहरूले उहिल्यै ।

सङ्घवादीहरूमा स्वीजरल्यान्डका बारे एउटा सांघातिक भ्रम पनि छ । त्यो हो- स्वीस सङ्घसरह सङ्घीय संरचनामा गइसकेपछि ऊ जस्तै भइनेछ । यो टामिन्स्कीलाई राष्ट्रपति बनाएर अमेरिकाजस्तै भइनेछ भन्ने पोलिसहरूको र फुजिमोरीलाई राष्ट्रपति बनाएर जापान भइनेछ भन्ने पेरुभियनहरूको भ्रमजस्तै हो । स्वीजरल्यान्ड हिटलरको ग्रेटर जर्मनीभित्र पर्थ्यो, स्वीस सङ्घीयता जातीयतामा आधारित छैन, स्वीजरल्यान्डमाथि १९५० को सन्धि लादिएको छैन । युद्धकालमा उसको तटस्थता हुने कुरा छिमेकीहरूले मानेका छन् । त्यसैकारण उसका काला बैंकहरूसँग लगानी गर्न प्रशस्त पैसा संसारभरिबाट थुपारिन्छ र त्यो सर्वहाराहरूका होइन, यहुदी पुँजीपतिहरूकै हातमा छ ।

यसैले दुईवटा बन्दरगाह भएका प्रान्तबाट चीनले वेहाइ बन्दरगाह र भारतले काण्डला बन्दरगाह झिकेर बन्दरगाह नभएको प्रान्तलाई दिएजस्तै आर्थिक प्रगतिलाई लक्ष्य बनाएर निर्माण हुने सङ्घ जति वैज्ञानिक हुन सक्छ, जातीय सङ्घ त्यति नै पछौटे, पुरातन र गएगुज्रेको युगमा फर्काउने कदम मात्र हुनेछ ।

१९८० को शुरुतिर एक नेपाली पत्रकारले लेखेको थियो, 'को प्रगतिशील ?' स्रोत ३९ । उसले त्यो लेखेको २५ वर्षमा बर्लिन पर्खाल ढल्यो र देङ सिआयो पिङको उठान भयो । मानव सभ्यताले पानीले जस्तै आफ्नो सन्तुलन मिलायो, किनभने मार्क्सको दर्शन क्रोचे, मिल र नित्सेको

जस्तो प्राकृतिक थिएन । त्यो अहिले आफ्नो 'दुर्गतिशीलता'लाई नेपालमा प्रमाणित गर्न गइरहेछ । स्रोत : ३९ त्यो पत्रिका 'स्वतन्त्रता' हो ।

सन्दर्भ

सतारहरू नेपालमा करिब दुई शताब्दीअघि आए । सन्थाल जाति एक परिचय केदार सत्याल, पृ. १०४, पब्लिक मा.वि., रङ्गेलीको स्मारिका

इतिहास अनुसार लिम्बूहरू नेपालमा सातौं शताब्दीमा आए, स्पेस टाइम दैनिक, १२ नोभेम्बर, २०००

लिम्बूहरू फेन्दुवा वंशावलीअनुसार इसापूर्व ७७ मा तिब्बतबाट ताप्लेजुङ आए । पृ. ७, वालुङ र वालुङ्गा- राजेश्वर थापा

गुरुङहरू इस्वी सन् ५०० मा खोलमा बस्न थाले । पृ. ८९, तमु गुरुङ जातिको उत्पति र धर्म संस्कृति- होमा थकाली गुरुङ ।

मुसहरहरू नेपालमा करिब सात सय वर्षअघि आए । पृ. ९, कुलचन्द्र कोइराला

लेप्चाहरू नेपालमा चौथो शताब्दीमा आए । भदो २०५६, गोरखापत्र दैनिक

दजुवारहरू थारूका एक हाँगा हुन् र उनीहरू भारतको सिन्ध प्रदेशबाट नेपाल आए । पृ. ४००, हाम्रो समाज एक अध्ययन- जनकलाल शर्मा ।

दनुवारहरू नेपालमा सिम्रौनगढ राज्यबाट चौथो शताब्दीमा आएका हुन् । पृ. २२१ मेचिदेखि महाकाली खण्ड २

दनुवारहरू नेपालमा कम्तीमा दुई शताब्दीअघि आए । पृ. २८, नेपालका विभिन्न जाति र लोकगीत एक परिचय- आर. डी. र एल. एन.

शेर्पाहरू नेपालमा सन् १४४० मा आए । माइकेल अप्पिज

तामाङहरू मध्यतिब्बतीय क्षेत्र माङबाट छैटौं र सातौं शताब्दीमा नेपाल आए । पृ. १०, तामाङ संस्कार र संस्कृति- रुद्रसिंह तामाङ

थारूहरू नेपाल आए (मिति नभएको) । पृ. ९४१, मेचिदेखि महाकाली खण्ड ४

मगरहरू नेपालमा पहिलोपल्ट इसापूर्व २३०० मा आए । पृ. ९, मगराँती संस्कृति- धर्मप्रसाद श्रीष

मेचेहरू चौथो, पाँचौ शताब्दीमा जन्मिए । पृ. १०१, राजवंशी- ईश्वर गोविन्द श्रेष्ठ

पाँच गाउँले आठौं शताब्दीमा नेपालमा आएको देखिन्छन् र थाकालीहरू चौधौं शताब्दीमा आएका हुन् । पृ. १२८, मुस्ताङ दिग्दर्शन- नारायणप्रसाद क्षेत्री

थाकालीहरू थाकमा करिब २९३ वर्षअघि (सन् १६८६) आए । पृ. २९ हाम्रो देश हाम्रो जाति-प्रकाश गौचन

हर्क गुरुङका अनुसार वालुङ्गाहरू पहिलोपल्ट १३ शताब्दीअघि नेपाल आए । पृ. ९, वालुङ र वालुङ्गा

नभएको 'किरातकाल'

पटकपटक भनिँदै आएको किरात शासनको कथित १७०१ वर्ष पाँचौं शताब्दीको ७६ वर्षमा टुङ्गिन्छ ।

माओवादीको जातीयताको आधार बनेको एउटा लेखोटमाथि प्रश्न उठाउनु अनिवार्य भएको छ, किनभने सेसिल वेन्डलले पत्ता लगाएको भनिएको वंशावलीमा आधारित रहेर उपत्यकामा ३२ किरात राजाहरूले शासन गरेका थिए भन्ने संस्कृति नै बनिसकेको छ (वज्राचार्य र मल्ल १९८५) । विलियम कर्कपेट्रिक र डेनियल राइटजस्ता गोरा छालाले मान्यता दिएपछि त शिलापत्रमै खोपिएको ध्रुवसत्य हुने नै भयो । अब लिम्बूवानको इतिहास (२०६६)मा त्यसभित्र एकलव्य र बर्बरिकलाई थपेर ३४ शासक पुऱ्याइएको छ । तिनको यथार्थमाथि यहाँ समीक्षा गरिनेछ ।

पहिलो नायक एलम जसलाई यलम्बर पनि भन्ने गरिन्छ । नभन्दै इस्वीका ३७४ देखि ४०० सम्म प्रथम हुण नायकका रूपमा प्रख्यात वालामिरको अर्को नाम वोलाम्बर पनि हो । वोलम्बर शासक परिवारको सदस्य र युद्धनायक अवश्य हो तर मङ्गोलियाको ओर्दोस प्रदेशको । अमानियम मार्सेलिनसअनुसार हुणहरूमा राजा हुँदैनथ्यो र नायकले मात्रै शासन चलाउँथ्यो ।

दोस्रो नायक पेलम । यो नाम दोस्रो हुण नायक वल्दिनसँग मिल्न खोज्छ जसले इस्वीको ४०० देखि ४१० सम्म शासन गऱ्यो ।

तेस्रो नायक मोलम । यो नाम मन्कुकसँग नजिक छ जसले इस्वीको ४१५ देखि ४२२ बीच शासन गऱ्यो ।

चौथो नायक चमि । यो नाम मन्कुकको उत्तराधिकारी छोरा बेंडाको हुनुपर्छ, जसले इस्वीको ४३४ देखि ४४५ बीच हुण नायकत्व सम्हाल्यो ।

पाँचौं नायक धस्कं । यो नाम डेन्जिसिकको ठयाम्मै रूपान्तरण हो । इस्वीको ४५४ देखि ४६९ बीच हुण नायक थियो । रोमनहरूले उसको टाउको काटेर इस्तानबुलमा प्रदर्शन गरेपछि हुण साम्राज्यको वास्तविक पतन भएको मानिन्छ ।

छैटौं नायक वलुंच । यो नाम डेन्जिसिकको दाजु इलेकको नजिक छ, जसले इस्वीको ४५३ देखि ४५४ बीचको थोरै अवधि मात्र शासन सम्हालेको थियो ।

सातौं नायक हुंति । यो वेंडाको सहशासक भाइ अट्टिलाको सेनापति हुण इटेकोसँग मिल्न खोज्छ । ऊ अट्टिलाको हत्याको मुख्य योजनाकार थियो ।

आठौं नायक हुरमा । यो हेर्नाकको ठयाम्मै रूपान्तरण हो । ऊ अट्टिलाको कान्छो छोरो हो । उसले साम्राज्यको सानो साइथिया भनिने बचेखुचेका दक्षिणी भागहरू अर्थात् वर्तमान बल्गेरियामा इस्वीको ४३७ देखि नै नायकत्व सम्हालेको थियो ।

नवौं नायक तुस्कें । यो हेर्नाकको छोरो कोवातको निम्ति उपयोग भएजस्तो लाग्छ तर यति बेलासम्म नेपाली वंशावलीकारलाई अन्योल भएको देखिन्छ, किनभने ऊ हुण साम्राज्यको पतनबारे अलमलमा छ र नयाँ उत्तराधिकारीबारे उसले थाहा पाइरहेको छैन । यसैले यहाँबाट नभन्दै टिपोटले यसरी अर्को रूप लिन्छ ।

दशौं नायक प्रसफुँ र एघारौं नायक पव । यो नाम हुणहरूसँग लड्दै आएको पश्चिमी रोमन नायक प्रिस्कस अट्टालसँग मिल्छ जसले नभन्दै इस्वीको ४०९ र ४१४ मा गरी दुईपल्ट शासन गर्‍यो ।

बाह्रौं नायक दास्ती जसलाई जितेदास्ती भन्ने गरिन्छ तर अगस्टससँग यो मिल्न पुग्छ । यो अगस्टस माक्सिमसनिम्ति प्रयोग भएको बुझिन्छ, उसले ४०९ देखि ४११ सम्म मात्र अगस्टस पद सम्हाल्यो ।

तेह्रौं नायक चम्ब तर यो जोभिनसलाई जोम्भी बनाएको देखिन्छ, जसले इस्वीको ४११ देखि ४१३ सम्म शासन गर्‍यो ।

चौधौं नायक कङ्क । यो नाम कन्सटान्टिनको सोझै संस्कृतकरण हो, जसबाट कंस नाम पनि बन्छ । नभन्दै कन्सटान्टिन तृतीय इस्वीको ४०७

देखि ४११ सम्म र कन्सटान्स द्वितीय इस्वीको ४०९ देखि ४११ सम्म पश्चिम रोमन साम्राज्यका शासक थिए । रोममा एकैपल्ट अगस्टस (वडा सम्राट्) र सिजर (कान्छा सम्राट्) बहाल रहन सक्ने व्यवस्था थियो ।

पन्ध्रौं नायक स्वनन्द । यो सेवास्तियनको रूपान्तरण हो, जसले इस्वीको ४१२ देखि ४१३ सम्म सम्राट् पद सम्हाल्यो ।

सोह्रौं नायक फुकों । यो फ्रान्कियामा पश्चिम रोमन सम्राट योहानेसको निम्ति प्रयोग भएको बुझिन्छ । फ्राङ्कको नेपाली र भारतीय रूप हो नै फिरङ्गी । भारतमा भिरङ्गीलाई फिरङ्ग रोगले चिनिने भए पनि फिरङ्ग शब्दले सबै गोराहरूको प्रतिनिधित्व गर्दैन । उसले इस्वीको ४२३ देखि ४२५ बीच शासन गऱ्यो ।

सत्रौं नायक शिंघु । यो सिजर थियोडोसियसका निम्ति प्रयोग भएको बुझिन्छ । उसले इस्वीको ४२५ देखि ४५५ सम्म शासन गऱ्यो । उसलाई ४२५ मा सिजर पद दिइएको थियो ।

४२५ मा मात्रै अगस्टसको उपाधि दिइयो । यहाँनेर बुझ्नुपर्छ वंशावलीकारको टिपोट ४२४ को हो र ऊसँगै पश्चिम रोमन साम्राज्यको अवसान शुरु भएको मानिन्छ ।

अठारौं नायक जुलम । यो नाम जुलियस नेपोजका निम्ति हो जसले इस्वीको ४७४ देखि ४८० बीच शासन गऱ्यो ।

उन्नाइसौं नायक लुक । यो नाम रोमुलस अगस्टसका निम्ति प्रयोग भएको देखिन्छ । उसले इस्वीको ४७६ मा मात्रै शासन गरेको थियो तर जुलियस नेपोजको मृत्युपछि पनि बाँचिरहेको थियो । यसपछि हाम्रा वंशावलीकारलाई एकपल्ट फेरि टिपोटमा समस्या पऱ्यो ।

बीसौं नायक थोरम । यो नाम होनोरियसका निम्ति प्रयोग भएजस्तो लाग्छ, जसले इस्वीको ३९५-४२३ बीच पश्चिम रोममा शासन गऱ्यो ।

एक्काइसौं नायक थुङ्को । नेपालीमा स्थुङ्को पनि भनिने यो पात्र भन्डाल सेनापति स्टिलीको हो । हुण नामबाट बनेको हङ्गेरीबाट उदाएका भन्डालहरूले स्टिलीको बितेपछि इस्वीको ४३९ मा पश्चिम रोमन साम्राज्यलाई

धक्का दिए, जब तिनले कार्थेज (वर्तमान ट्युनिसिया)मा हमला गरे । उसले इस्वीको ३९४ देखि ४१४ बीच होनोरियसलाई थपना बनाएर पश्चिम रोममा स्वयं शासन गरेको पनि थियो ।

ब्रह्माण्डपुराण कार्थेज हमलाको अर्धकाल्पनिक आख्यान हो । यसमा खलनायक भन्डको एक सेनापतिको नाम थुक्लस छ पनि र अर्को सेनापतिको नाम छ कङ्क, जसबारेमा भनिसकियो कन्सटान्टिनको संस्कृतकरण हो र अर्को सेनापतिको नाम छ पुल्कस, जुन प्रिस्कस अट्टालसका निम्ति हो । यसैले भागवत्मा परेको पुल्कसगणको अर्थ रोमन फौज हो र नै भागवतलाई कसै कसैले इस्वीको ५५० मा लेखिएको ठानेको हुनुपर्छ । यही भन्डबाट नेपालीमा भाँड र भँडुवा शब्द एवम् भन्डाल्सबाट अङ्ग्रेजीमा तोडफोड बोधक भन्डाल्स र भन्डालिज्म शब्द बनेको छ ।

बाइसौं नायक वर्म्म । यो गुन्डावारिकका निम्ति हो । स्टिलीकोलाई झुन्ड्याएपछि उसले इस्वीको ४१९ देखि ४२७ सम्म भन्डाल नायकका रूपमा शासन गर्‍यो ।

तेइसौं नायक गुंज । यो नाम गुन्डवरिकको छोरा गाइसेरिकका निम्ति हो, जसले इस्वीको ४२७ देखि ४७७ सम्म कार्थेजमा पश्चिम रोमन साम्राज्यको भन्डाल नायकका रूपमा शासन गर्‍यो । त्यसपछि फेरि वंशावली अल्मलिन्छ र अर्को टुक्रा जोडिन्छ ।

चौबीसौं नायक पुस्क जसलाई नेपालीमा पटुकको नामले पनि चिनिन्छ । थुङ्कोबोधक थुन्कोको नेपाली अर्थ ढिस्को लाग्ने भएकाले त्यो देखेर पाटनको पटुकद्वों (नेवारीमा पटुक ढिस्को)को समेत उत्खनन पनि भएको हो तर कथित पटुक दरबारको भग्नावशेष मिल्ने कुरै थिएन किनभने पुस्क नाम नायक साम्राज्ञी गाल्ला प्लाकिडियाको हो जसले छोराका नाममा इस्वीको ४२३ मा शासन गरेकी थिइन् ।

पच्चीसौं नायक त्यमपि । यो नाम रुलाभियस एटियसका निम्ति हो । ऊ इस्वीको ४३३ देखि ४४५ सम्मको वास्तविक शासक थियो । नभन्दै भन्डको एक सेनापतिको नाम एटिएस (अट्टहास) हो ।

छब्बीसौं नायक मुगमम । यो नाम पेट्रोनियस माक्सिमसका निम्ति हो जसले इस्वीको ४५५ मा साढे दुई महिनासम्म शासन गऱ्यो ।

सत्ताइसौं नायक शसरु । यो नाम रशीमरका निम्ति हो, जसले पश्चिम रोमन शाम्राज्यको केही भागमा इस्वीको ४५६ देखि ४७२ सम्म शासन गऱ्यो ।

अट्ठाइसौं नायक गुणं । यो नाम रशीमरको भतिजा गुन्डोवादका निम्ति हो, जसले इस्वीको ४७२ देखि ४७३ सम्म शासन गऱ्यो ।

उनन्तीसौं नायक खिमवुं । यो नाम अलिब्रियसमका निम्ति प्रयोग भएजस्तो लाग्छ । उसले इस्वीको ४७३ मा शासन गऱ्यो । उपरिचरबाट खोजी शब्द बन्न पुगेको मानिएको छ । 'अ' बाट 'ह' हुँदै 'ख' हुन पुगका धेरै शब्द विद्यमान छन् पनि । खुन शब्द नै पनि हुणबाट बनेको हो ।

तीसौं नायक गिरिजं । यो नाम ग्लाइसेरियससँग मिल्न पुग्छ, जसले इस्वीको ४७३ देखि ४७४ सम्म शासन गऱ्यो ।

एकतीसौं नायक खुरांज । यो नाम ओरेस्टेजका निम्ति प्रयोग भएजस्तो लाग्छ । इस्वीको ४७५ देखि ४७६ बीच वास्तविक शासक थियो र कुनै बेलाको अट्टिलाको सहयोगी पनि ।

बत्तीसौं नायक खिगुं । यो नाम ओगासरका निम्ति प्रयोग भएजस्तो लाग्छ जो हुण मूलको थियो । पश्चिमी रोमन साम्राज्यमा भारी अन्तरद्वन्द्व भएका बेला इस्वीको ४७६ मा गद्दीमा बहाल भएको थियो । यसपछि नभन्दै पश्चिम रोमन साम्राज्यको एक अध्यायको अन्त पनि भयो ।

माथिका पङ्क्तिहरूले के स्पष्टै भन्छन् भने इस्वीको पाँचौं शताब्दीको ७६ वर्षसम्म एउटा उपत्यकावासी सार्थबाहु (व्यापारी)ले हुणहरू र पश्चिम रोमनहरूबीच साम्राज्य विस्तारका निम्ति मध्ययुरोपमा भइरहेको भीडन्तबारे साह्रै ठूलो अभिरुचि राखेर त्यसलाई लिपिबद्ध गरिरहेको थियो । उसले सम्भवतः गरम मसलाका फोनेसियन (लेबनान, सिरिया आदि) व्यापारीहरूले मिथिलामा ओसारेका द्वन्द्वनायकहरूका अपभ्रंश नामहरूलाई रुचिपूर्वक सुनिरहेका थियो । सम्भवतः सिन्धुलीको बाटो हुँदै ऊ धनुषासम्म ओहोरदोहोर

गर्थ्यो, गागलफेदीमा आराम गर्दै । पुरानो मैथिलीमा गागलको अर्थ भोगटे हो । बेलाबेला आपूर्ति बिथोलिन जाँदा उसले किन र कसरी भनेर सोध्ने क्रममा युरोपमा चलिरहेको भिडन्तबारे जानकारी पाइरहेको हुँदो हो, किनभने मेथी, सुप, धनियाँ, मुङ्ग्रेलो, ज्वानो, कालो जिरा यी छवटै गरम मसलाको उत्पत्तिथलो दक्षिण युरोप र त्यसको परिवेश हो एवम् धेरैजसोको मौलिक नेपाली र हिन्दी नामचाहिँ मैथिल हो । जसरी लिम्बूवानको सेकमुरी दक्षिण युरोपमा पुगेर सेलरी (अपियम ग्राभेलन्स) नाउँको मसला हुन पुगेको बुझिन्छ । यसरी पटकपटक भनिंदै आइएको किरात शासनको कथित १७०१ वर्ष पाँचौं शताब्दीको ७६ वर्षमा टुँगिन्छ ।

थप दुई टिप्पणी

पहिलो, बेन्डल हुँदै आएको वंशावलीलाई अनुसरण गर्नुपरेकाले इस्वीका ४१० देखि ४१५ सम्मको हुण नायकको नाम माथि छुटेको छ । उसको नाम हो कराँतो । ऊ नै नवीन किरात शब्दको सूत्रधार हो ।

दोस्रो, यलम्बरलगायतलाई नाममा राजाबोधक हाङ जोड्ने चलन छ तर बादशाहबोधक चिनियाँ शब्द ह्वाङ्दीबाट यो बनेको हो । चीनमै पनि ह्वाङ्दीको पहिलो प्रयोग ग्रेटवालका निर्माता शी ह्वाङ तीका निम्ति इपू २२१ मा मात्र प्रयोग गरियो । किरात याक्थुङ चुम्लुङले वेबसाइटमा जितेदास्तीलाई इपु ६०० का र उनीसँग लिम्बू शासक भाइपुथहाङले लडी जितेका लेख्नुको आधार खुलाए राम्रै हुन्थ्यो ।

मोरङहाङ इस्वीको १४ सयमा पूर्णियाको जलालगढ पुगेको लेखिएको छ तर जलालगढको निर्माण अठारौं शताब्दीमा मात्र भएको हो, जब कि मोरङको खास अर्थ स्थानीय थारू भाषामा धाप, दलदल, सिमसार आदि हो । नभन्दै हजारौं वर्षदेखि बाटो फेरिरहेको कोसीले सिमसारहरू बनाउने नै भयो र सिमसारमा गोगराहा (विराटनगरको पुरानो नाम) हुने नै भयो । जसरी संस्कृतमा गोगराहाले गोही, मकरहाले घडियाल, गोमनले कोब्रा र गोनसले भाइपर बुझाउँछ ।

केशरशमशेरले नयाँ नाम दिए पनि यसैले विराटनगरमा विराटको र किचक अर्थात् नर्कटघारीमा किचकको दरबार अर्थात् महाभारतकालीन भग्नावशेषहरू नपाइएको हो ।

पवातकहाङले इसापूर्व ३१७ मा चन्द्रगुप्त मौर्यलाई सघाए भनी लेखिएको छ तर चन्द्रगुप्त ३२० मा मात्र सत्तासिन भए । यथार्थ के हो भने अलेक्जेन्डरविरोधी चन्द्रगुप्तजस्तै उनका समकालीन प्रभातेश्वर पनि थिए जुन पन्जाबका राजा पोरसको अर्को नाम हो । बरु अलेक्जेन्डर बोधक सिकन्दरबाट सिकिस्त बनेजस्तै प्रभातेश्वरबाट नेपालीमा परिभ्राट शब्द बनेको हो । स्रङचङ गम्पोले सातौं शताब्दीमा सम्भोटा लिमि भित्र्याउनु, उनकै नामको रूपान्तरण सिरिजङ्गा, स्रङचङ वा सिरिचङले पनि सातौं शताब्दीमै लिम्बूलिपि आविष्कार गर्नु अनि चेम्जोङअनुसार मोरोङहाङले पनि सातौं शताब्दीमै लेप्चाहरूको रोङ लिपि आविष्कार गर्न पुग्नु कस्तो काकताली ? बुद्धका जीवनका तीन वैशाख पूर्णिमाजस्तो । बालामिर नै बलिहाङ त हुँदै हो । यस्ता प्रसङ्ग धेरै भएकाले अरू नलम्याऊँ ।

अमानियसकै मतसँग मिल्दो मत आफूले ४२ वर्ष लगाएर लेखेको प्राचीन किरात इतिहासमा स्वामी प्रपन्नाचार्यले व्यक्त गरिसकेकै थिए । ती नामहरू स्थानीय ठालुहरूका हुन्, राजाका होइनन् । आफूलाई शुद्ध ठान्ने जुनसुकै बाहुनले पनि गुरुकुलले मात्र दिन सक्ने उच्चतम शैक्षिक उपाधि उपाध्याय धारण गरेजस्तै, कुलमण्डनले मात्र पाएको शाहपद सबै ठकुरीले बोकेजस्तै अरि मल्लले प्राप्त गरेको पद मल्ल उनका उत्तराधिकारी सबैले आफ्नो थर बनाएजस्तै यथार्थलाई नहेर्ने हो भने खम्पा विद्रोही कर्णेल वाङ्दी (हुवाङदीको तिब्बती रूपान्तरण) खाम प्रदेशका र उपनाम तेन्जिङ शेर्पाले चिनिने पर्वतारोही नामग्याल वाङ्दी पनि खुम्बुका बादशाह हुन पुग्छन् ।

यस लेखपछि आएका पाठक-पत्रहरूलाई प्रतिक्रिया दिने क्रममा 'आफूलाई किरात भन्नेहरू पढ्दैनन्, गोपालराज वंशावलीले अरुण र तमोरबीचको भूभागलाई मात्र किरात प्रदेश भनेको छ' सौरभले लेखेपछि जातीय आन्दोलनकारीहरूले खम्बुवान नाम झिकेर किरात प्रदेश भन्न थाले ।

चेम्जोङलाई पढेर

वेबसाइटमा स्व. इमानसिंह चेम्जोङ लिखित 'हिस्ट्री अफ किरात' भेटियो । प्रस्तुत लेख त्यही पुस्तक पढ्दाको परिणाम हो ।

१. काबुलको लोककथामा त्यहाँको हजारा जाति र नेपालका किरात एउटै थिए- शुरुमा पर्सियाबाट आउँदा तर हजारा जातिको नेता लालेहाङ नेपालमा पुगेर गोरखा बन्यो । (चेम्जोङ पृ. ४)

हजारको बारेमा यथार्थ हो- चङ्गेज खानको १२२१ मा भएको बामियान आक्रमणका बेला छुटेको हजार जनाको डफ्फाबाट 'हजारा' आउँछ ।

२. तिनले आसाम र लोहितलाई म्लेच्छ देश वा मेचेहरूको देश भन्दथे । (चेम्जोङ पृ. ७)

म्लेच्छ देश भनेको मलय पर्वतयुक्त पहिलेको मलाया र अहिलेको मलेसिया हो । बरु मलय पर्वतलाई चन्दनयुक्त मानिएको छ र चन्दन वृक्ष (स्यान्टलम एल्बम)को उत्पति मलेसियाछेउको इन्डोनेसियास्थित जाभा भएको आधुनिक विज्ञानले पनि मानेको छ । यसै भएर चन्दनजस्तै बास्ना आउने भएकाले सुगन्ध कोकिला (सिन्नामोमम ग्ल्यान्डुलिफेरम)लाई मल्लागिरि भनिन्छ । मेचेलाई नेपालमा मात्रै मेचे भन्ने हो मेची नदीबाट । अन्यथा यसको भारतीय नाम बोडो हो, जसलाई चीनको फुजियान प्रान्तबाट आएको मानिन्छ ।

३. महाभारतकालमा आठ किरात राज्य थिए भनी मार्कण्डेय पुराणले लेखेको छ । (चेम्जोङ पृ. ७)

उक्त पुराणको कुन ठाउँमा लेखेको रहेछ, पङ्क्तिकारले फेला पार्न सकेन । अर्थात् चेम्जोङले मार्कण्डेय पढ्ेका छैनन् । त्यसमाथि महाभारतकाल ५ हजार वर्षअघिको हो र, मार्कण्डेय पुराण लेखियो २ हजार वर्षअघि ।

त्यति वर्षको अन्तरालमा कति कुरा शुद्ध होलान् । बरु, मत्स्य र ब्रह्माण्डमा किरात शब्द परेको छ लेखेको भए शुद्ध हुन्थ्यो ।

४. किरात असुर जातिले आसाममा उत्तरबाट आएका चिनियाँसँग मिली राज्य खडा गरे । तिनको पहिलो प्रसिद्ध राजा नरकासुर थिए । उनको राजधानी प्राग्ज्योतिषपुर थियो । (चेम्जोङ पृ. ८)

प्राग्ज्योतिषपुरका पहिलो राजा रामका नाति र कुशका छोरा अमूर्तराज थिए । यो रामायणमै छ । नरकासुरको कुरा गर्ने महाभारत र भागवत् आदि रामायणभन्दा धेरै पछिका हुन् ।

५. जितेदस्तीको समयमा (लिम्बूहरूले) एउटा भेला गरी मुखियाहरूको सर्वसम्मतिले भाइफुट्टा हाङलाई आफ्नो नेताका रूपमा इसापूर्व ५०० मा चुने । (चेम्जोङ पृ. १०)

यो भेन्सिटार्टको पुस्तकको पेज १३४ बाट सारिएको हो, जसको कुनै स्रोत छैन । त्यति बेला हाङ शब्द जन्मिएको थिएन, किनभने सी ह्वाङ ती सम्राट भइसकेका थिएनन् चीनका । त्यसमाथि भेन्सिटार्टले पेज १३१ मा लिम्बूहरूलाई झगडालु भनेका छन् । यो भाइफुट्टा हाङ तिनले गरेको ठूलो व्यङ्ग्य हो भन्ने स्पष्टै छ । त्यति मात्र होइन, यही बानीले गर्दा उनीहरू रहेको भैरवनाथ गणलाई समेत अरूबाट टाढै राख्ने गरेको कुरा लेखेका छन् सोही पेजमा ।

६. चाणक्यको राजनीतिक चलाखीले उत्तर विहार र उत्तर बङ्गालका किरात राजा प्रभातक मारिए । त्यसपछि किरातहरू पहाड लागे । त्यसपछि तिनलाई मधेसिया किरात वा काशी गोत्रका किरात भनियो । (चेम्जोङ पेज ११) ।

जब कि पोरस (प्रभातेश्वर) किरात थिएनन्, न तिनी पन्जाब छोडेर कहिल्यै मगध आए । बरु, चाणक्य आफैं चन्द्रगुप्त मौर्यका छोरा बिन्दुसारका समय मन्त्री सुबन्धुका हातबाट मारिए ।

७. पर्सियाबाट आई अफ्रासियाबले तिरहुतमा आक्रमण गरी किरात फौजलाई हरायो । (चेम्जोङ पृ. १५) ।

अफ्रासियाब, फिर्दौसीको शाहनामामा परेको एउटा बोक्सोरूपी बादशाही पात्रको नाम हो, जसको भौतिक अस्तित्वको पुष्टि आजसम्म भएको छैन । हकिम फिर्दौसीको शाहनामा इस्वीको १०१० मा मात्र लेखिसिध्याइयो र भारतमा मध्यएसियाई क्षेत्रबाट पहिलो हमला ईस्वीको ११९१ मा मात्र भएको मानिएको छ । शाहनामाको एउटा सदियौं पुरानो प्रति छाउनीको सङ्ग्रहालयमा छ पनि । अरू थप्नुपरेन ।

८. ऋग्वेद (१० र ९९ र १०)ले प्राचीन युगमा असुर राजाहरूको उपनिवेश इन्डस उपत्यका र सौराष्ट्रमा थियो भनेर प्रमाणित गरेको छ । (चेम्जोङ पृ. ४५)

तर, १० औं मण्डल, ९९ औं सूक्त, १० औं ऋचा भनिएको हो भने त्यो कुरा कतै छैन । त्यहाँ मात्रै होइन, अन्यत्र पनि छैन । चेम्जोङले ऋग्वेद पढेका छैनन् ।

९. किरात मुन्धुमले भन्दछ- काचीनहरू (बर्माका) नेपाल तराईको सिमानगढ (सिङमाङगढ/सिमरौनगढ)बाट त्यतातर्फ लागेका हुन् । (चेम्जोङ, लिम्बू शब्दकोश पेज ४ र किरात इतिहास पेज ४८) ।

जब कि आजभोलि बारामा पर्ने यो ठाउँको नाम सिमरौनगढ हो । सिमरन शब्दबाट सिमल शब्द बन्दछ । सिमलको जङ्गलले भरिएको यस वनदुर्गको नामकरण सबै जान्दछन् एघारौं शताब्दीमा मात्र भएको हो, जब त्यहाँ नान्यदेवले राज्यस्थापना गरे ।

१०. सान जाति (बर्माका) दक्षिणतर्फ बढेर बर्माको मध्यमा सान सङ्घ खडा गऱ्यो । तिनको प्रमुखलाई शब्बा भनिन्थ्यो । त्यसैबाट सुब्बा शब्द आयो । (चेम्जोङ पृ. ४८)

सबै जान्दछन् सुबह (इलाका/क्षेत्र)को प्रशासकलाई मुगलकालमा सुबहदार (गभर्नर) भन्ने चलन थियो । जहाँगिरको समयमा शाहजहाँ स्वयम् लाहोरका सुबहदार थिए, बादशाह हुनुअघि । सुबह शब्द बाबरले बर्माको भाग नटेक्दै बनिसकेको थियो । यसैबाट आएको हो सुब्बा । इन्डोनेसियाको प्रान्त सबाह पनि यसैगरी बनेको हो, जसको बर्मासँग कुनै सम्बन्ध थिएन ।

११. पृथ्वीनारायण शाहले सन् १७६८ मा किपट उन्मूलन गरिदिए । (चेम्जोङ पृ. ८५) जुन वि.सं. १८३१ को सनदमा दिइएको कबुलअनुरूप थिएन । अर्थात् यही किपट नहुनु नै सबैभन्दा असन्तोषको विषय हो ।

तर १८३१ को सनदमा किपट शब्द कतै परेको छैन । यो पहिलो कुरा भयो । दोस्रो कुरा किपटको मूल रूप कृतपत्र हो । अर्थात् किनिएको जमिन । यसैले किपट राई, लिम्बू अदि जातजातिको मात्रै हुन्थ्यो भन्ने कुरा होइन, बाहुन, क्षत्रीको पनि हुन्थ्यो किनभने किपट- डोटी, बैतडी, अछाम, दैलेख, जुम्लामा पनि पाइएको छ ।

किपट भनेको छाप, बिरौटा, जागिरजस्तै जमिनको एक रूप हो । सामान्यता किपट भन्नाले सिकार गर्न मिल्ने जङ्गलयुक्त पाखो भन्ने बुझिन्छ, खेतीपाती नगर्ने सिकार गर्ने जातजातिको । छाप भन्नाले सामान्यतया एक रुपैयाँ तिरेर छाप लगाई किनिएको जमिन हो । जसबाट पूर्वकै कुरा गर्दा पनि दिबानछाप (इलाम), भोटेछाप, सानीछाप, सुन्दरीछाप (तेह्रथुम), थोलेछाप, छापगाउँ, कार्कीछाप, ढुङ्गेछाप (भोजपुर), कार्कीछाप (खोटाङ), बाँचाछाप, बाग्रीछाप, भर्तीछाप, भोटेछाप, बोर्लाछाप, छुआनछाप (ओखलढुङ्गा) बन्न गएका छन् । बिरौटा भनेको प्रायः बाहुनका हुन्छन् । बँदेलको भाले (वीर)ले दाह्राले उधिनेको अर्थमा उधिनिएको, खनिएको, खोस्रिएको, खेत बनाइएकोबाट बिरौटा (बिर्ता) शब्द आउँछ । जागिर भनेको प्रायः क्षत्रीको हुन्छ, सैन्य भएबापत तलब दिनुनपर्ने उसले आयस्ता खान पाउने जमिन हो । फेरी पूर्वी नेपालकै मात्र कुरा गर्दा पनि जागिर भित्ता (उदयपुर), धनबहादुरको जागिर (मोरङ), जागिर गाउँ (धनकुटा), जागिरदारबारी (झापा) जस्ता ठाउँ अझै छन् ।

१२. सङचङ गम्पो (सातौं शताब्दी) का समय किरात राजा हंसुदेव काठमाडौंको कोरी/कोली द्रङ्गस्थित किल्लाबाट राज्य गर्थे । द्रङ्ग अर्थात् दरबार अहिले बबरमहल भएको ठाउँमा थियो । (चेम्जोङ पेज ८९)

उनले हंसुदेव भनेका पात्र अंशुवर्मा हुन् । उनले कोरी भनेको ठाउँ कुरियागाउँ हो, जहाँ भर्खरै भित्रिएको मुरली मकै लगाउन थालेपछि बाँदरले

दुःख दिन थाल्यो । रातबिहानै साराका साराले कुर्न थालेपछि कुरियागाउँ नाउँ रहन गएको हो तर यो जङ्गबहादुरको समयको कुरा हो अंशुवर्माको समय होइन । स्रङचङ गम्पोले नै अंशुवर्मापछि एक वर्ष कुरियागाउँमा बसेर नेपालको शासन गरेका थिएसम्म पनि लेख्छन् उनी । (चेम्जोङ पृ. ८९)

र, के भने दरबारको पूर्वरूप द्रङ्ग होइन । पारसी शब्द दरको अर्थ भित्र हो । यसैले दरबारिया भन्नाले भित्रिया भन्ने हुन्छ । दरबार शब्द सत्रौं शताब्दीमा मुगल भारतबाट प्रचलित भएको हो । यसैले अबुझ बीरशमशेरले आफ्ना नौ घरका नाम प्रत्यय दरबार राखे पनि चन्द्रशमशेरले सिंहदरबार मात्र बनाए, अरू घरलाई महल नाम दिए । जुद्धशमशेर सिंहदरबारमा बसे । आफूले निर्माण गरेका घरहरूलाई भवन नाम दिए । तर दरको मूल संस्कृत शब्द द्वार नै हो ।

१३. हर्षवर्द्धनपछि अर्जुनले चिनियाँ राजदूत वाङ हुयन त्सेलाई अपमान गरेकाले अर्जुनविरुद्ध स्रङचङ गम्पो र आसामका राजा भाष्कर बर्मा वा कुमारले सघाए । (चेम्जोङ पृ. ९२)

अर्जुन होइन, अरुणाश्व हुन् । वाङ हुयन त्सेलाई अपमान गरेको होइन, चिनियाँ प्रतिनिधिमण्डलाई नै मारेकाले अरुणाश्वविरुद्ध चिनियाँ युद्धमा सन् ६४८ मा स्रङचङ गम्पोले सघाए । भाष्कर बर्माको हर्षवर्द्धनसँग मित्रता थियो अवश्य तर ६४७ मै हर्षवर्द्धन मरिसकेका थिए ।

१४. भृकुटी स्रङचङ गम्पोकी छोरी थिइन्, हंसुदेवसँग उनको विवाह भएको थियो । (चेमजोङ् पृ. ९१) लेखिसकेपछि पेज १०० मा उनी फेरि जोड्छन्, स्रङचङ गम्पोले अंशुवर्माकी छोरी भृकुटीसँग विवाह गरेका थिए ।

अब हाम्रो परम्परागत इतिहासमा जाने हो भने यहाँ सोझै बाबुसँग छोरीको विवाह हुन पुगेको छ । अद्‍भुत रामायण (श्लोक २१६ र त्यसपछि)ले भनेजस्तो सीता रावणकी धर्मपुत्री नै सावित हुन पुग्छिन् । अरू विस्तारको जरुरी भएन ।

१५. लिम्बूहरू भनेका किरात, चिनियाँ र सानमोकवान जातिको मिश्रण हो, चेम्जोङ लेख्छन् । किरात राजा मोकवान सान (चेम्जोङ पृ. १०४) ।

यहाँनिर सान मोकवान जाति र व्यक्ति दुवैको नाम बन्न पुगेको छ । यो आफैंमा अन्योल किन भएको हो भने सान जाति त्यहाँ अवश्य छ तर मोकवान कतै छैन किनभने उनका सान मोकवानको प्रेरणा सेनमकवानी बुझिन्छ, जसको एउटा शाखाले विजयपुरलाई राजधानी बनाएर टिष्टा नदीसम्म शासन गऱ्यो । मकवानपुरमा सेन राज्य थियो नै ।

धर्मपाल, मगधका राजाले मिथिलाको शासन सन् ७७०-८१५ बीच किरातहरूबाटै लिए । (चेम्जोङ पेज १०४)

उनले यो ठाउँ भर्ने प्रयास गरेका छन् किनभने उनी जान्दछन् यो समय अन्धकार छ नेपालको इतिहासमा ।

१६. सुनीतिकुमार चटर्जी पनि भन्छन् अरमुडी संस्कृत शब्द होइन । (चेम्जोङ पृ. १३०)

अरमुडी संस्कृत नै हो । अरि (शत्रु) मुडी (मर्दन) गर्ने । (चटर्जीले केराखेती नेपाली पहाडमा कोलीहरूले ल्याएका हुन् भनेका छन् एक ठाउँ तर केरा नेपालको रैथाने हो, कसैले खेती गर्न सिकाउनु नपर्ने । पूर्वी पहाडका केही ठाउँमा केरालाई कोला भनिन्छ भन्ने जर्ज ग्रियर्सनको अनुसन्धानबाट थाहा पाएर उनले त्यसो भनेका हुन् तर नेपालको रैथाने वनकेरा (म्युसा बाल्वेसियाना)बाटै घरकेरा (म्युसा प्याराडिसिका)को विकास भएको हो । चटर्जी नेपालका कैयन् सन्दर्भमा आलोच्य छन् ।)

१७. घलेहरू वार्षिक दौडका निम्ति जुटिरहेका बेला, द्रव्य शाह सुट्टुक्क लिगलिग दरबारभित्र पसे र खाली गद्दीमा बसे । उनीहरूले विजेतालाई गद्दीमा राख्न ल्याउँदा गद्दी खालि राख्न हुँदैन भन्ने थाहा छैन ? भन्दै बसेको बस्यै गरिदिए । (पृ. १३६)

सबै जान्दछन्, द्रव्य शाहले दौडमा भाग लिएका थिए र दोस्रो कुरा, घलेहरू त्यतिविघ्न अबुझ पनि थिएनन् होला, ४०० वर्ष मात्र अगाडि जो नियम मिचेर गद्दीमा पहिल्यै बस्दैमा त्यसलाई मानिहाल्ने ? यसर्थ यो नितान्त पूर्वाग्रही लेखोट हो । यसै पनि जुन ठाउँमा उनको राज्याभिषेक भएको मानिन्छ, त्यो सानो जमिनको पाटो छ, दुङ्गैढुङ्गाको थुप्रो भरिएको, त्यसलाई गद्दी मान्ने कुरै भएन ।

चेम्जोङकै शैलीमा जाने हो भने यति बेला पनि सामान बोकेर पहाडी गाउँघर पुग्ने खच्चडहरूको लाममा नौवटाको छुट्टाछुट्टै जमात हुन्छ । सबैभन्दा अघिल्लो खच्चडलाई लम्बु भनिन्छ, सबैभन्दा पछिल्लोलाई घले । यो घले सधैं अन्त्यमा रहन्छ र आफूअगाडिका खच्चडलाई अनुशासित पनि गर्छ । यो प्रचलनले घले दौडमा पछि नै थियो भन्ने पुष्टि हुन्छ र, द्रव्य शाह घलेभन्दा धेरै अग्ला थिए भन्ने पनि ।

खच्चड भनेको घोडाकै रूप हो र यहाँ घोडा अर्थात् दौडको प्रतीक बनेको खच्चडकै सन्दर्भका लम्बु र घले प्रयोग भएको छ पनि ।

१८. मगर राजा बलिहाङले देउसीभैलोको चलन ल्याएका हुन् । (चेम्जोङ पृ. १४३)

मगर परे गैरवैदिक, देउसीभैलो पर्‍यो तिहार अर्थात् सनातन चाडभित्रको एउटा रमिता । कसरी बलिहाङले ल्याए होलान् ? त्यसमाथि जसको अस्तित्वको पुष्टि नै छैन । त्यसमाथि यो पाँच सय वर्षअघिका जुम्ली राजा बलिराज शाहीले युद्धखर्च उठाउन चलाएको भनेर बुझिँदै आइएको छ । काल्पनिक बलिहाङलाई श्रेय दिने फिरङ्गी हेमिल्टन हुन् । गोराले बोलेपछि पाको भइहाल्यो ।

१९. हिन्दू धर्मप्रचारकहरूले पश्चिम नेपालमा हिन्दू धर्मप्रचार शुरु गरे । पाल्पाका शाह राजा हिन्दू हुने पहिलो थिए । उनको नाउँ चिल्लाराय थियो । (चेम्जोङ पृ. १४७) लेखिसकेपछि उनको अर्को पङ्क्ति छ, आसामका राजा शुक्लध्वजको नाउँ चिल्लाराय थियो । (चेम्जोङ पृ. २३६)

त्यसमाथि जन्मेर मात्रै हिन्दू भइन्छ भन्ने परम्परा रहेको यस संस्कृतिमा धर्म प्रचारक भन्ने व्यवस्थै हुँदैन तर धर्म प्रचारक चेम्जोङको आँखाले सबैलाई धर्म प्रचारक देखेको छ ।

अब यहाँनिर आएपछि कालिम्पोङमा जन्मेका इसाई चेम्जोङको हिन्दूधर्मप्रतिको वितृष्ण र यो पुस्तक लेख्नुको उद्देश्य बुझ्न सकिन्छ, पहिलो कुरा । प्रेरणा हो उही फिरङ्गी हेमिल्टन । दोस्रो कुरा, चिल्लाराय लेखिए पनि मध्यनेपालका ठकुरीहरूले पूर्वज भनी नाम लिइने पात्र हुन्, जिलाराय ।

अकबरले छोरी सदलसँग विवाह गर्न चाहेपछि जिलाराय उज्जैन हुँदै नेपाल पुगेको ठकुरीहरूको कथा पढ्न पाइन्छ तर अकबरको पूरा नाम समेटेर दीन-ए-इलाही मत प्रतिपादन गरेपछि उनलाई नै जिल-ए-इलाही भन्न थालियो । यही मतका विरुद्ध वैदिक सनातनीहरूले सत्यनारायण मतको परिकल्पना गरे । त्यही हो, जिलाराय (उनको चिल्ला) नामको प्रेरणा र अकबरसँग जोड्ने हौसला । यो कथा हो यथार्थ होइन ।

२०. मुख्यमन्त्री बुद्धिकर्ण राई (चेम्जोङ पृ. १५३), देवान बुद्धिकर्ण राई (चेम्जोङ पृ. १५३) बुद्धिकर्ण राईले कामदत्त सेनको राज्य जफत गरेका थिए । (पेज १५३) लेखिसकेपछि त्यस समयका राजा बुद्धिकर्ण राई पहाडका राजाहरूमा अति चलाख थिए (चेम्जोङ पृ. १९७) लेख्न कसरी मिल्यो ? विचित्र छ ।

विजयनारायण राईले राय पद दिएपछि यसरी मुरेहाङ खेवाङ लिम्बू यस्तो राय पदवी पाउने पहिलो पहाडी किरात मुखिया बन्यो सोह्रौं शताब्दीमा (चेम्जोङ पेज १५४)ले आफ्नो कुरा कति हदसम्म काटेको छ, पत्तो छैन ।

२१. सिक्किम तर्फबाट नेपाल विरुद्ध लड्ने अर्का सेनापति टिपुटाका थिए । (चेम्जोङ पृ. २११)

सिक्किमसँग नेपालको द्वन्द्व सन् १७७१ मा भएको थियो, नभन्दै त्यही वर्ष भारतको मैसुरका टिपु सुल्तानको इस्ट इन्डिया कम्पनीसँग पहिलो मैसुर युद्ध भएको थियो । यसबाट टिपुको प्रसिद्धि व्यापक भयो । चौथो मैसुर युद्धमा मारिएपछि उनका सन्तानलाई टाका (बङ्गाली मुद्रा) भत्ता दिई कलकत्तामा ल्याई अङग्रेजहरूले राखे । यसपछि अरू शब्द थपिरहनु पर्दैन ।

२२. तिनीहरूले गोरखालई सत्रवटा युद्धमा हराए । त्यसकारण सिक्किमको सेनापति छ्योकथुप बारफोङलाई गोरखाद्वारा सत्राजित भनियो । लाप्चाहरूले उनलाई अथिङ (विजयी) भने । (चेम्जोङ पृ. २१५)

सत्र-सत्रवटा युद्धमा हारेपछि गोर्खाली पक्षबाट पनि केही लेखिनुपर्थ्यो । आखिर कीर्तिपुरसँग दुईपल्ट मात्र हारेकोमाथि लेखिएकै थियो तर बारफोङसँगको द्वन्द्वबारे केही लेखिएन । लेखिने कुरै थिएन किनभने

सत्राजित भागवत्पुराणको एक पात्र कृष्णको ससुरा हो । छयोकथुपको लेप्चा अर्थ योग्य र जिम्मेवार मात्र हो । विजयी पनि त्यस्तै हो । अर्थात् यी सबै विशेषण मात्रै भए नाम भएनन् तर जसले औरङ्गजेबको सेनापति रामसिंह द्वितीयलाई ब्रह्मपुत्रमा तीनपल्ट हरायो, ऊ अहोम् सेनापति लक्षित बाराफुकन हो । यो बारफुकन यहाँ बाराफुङ हुन पुगेको छ । जुवा खेल्दा तीन पासा सुल्टो पल्टिँदा अङ्क ६+६+५ = १७ अङ्क पुग्यो भने खेलाडीले सत्रै पाऱ्यो (जित्यो) भनिन्छ । यसैले सत्राजित हो भने पनि त्यो बाराफुकन हो । तैपनि यो यति भयावह रूपमा अशुद्ध किन भएको छ भने स्रोत हुन्, डेनियल राइट र भेन्सिटार्ट (पृष्ठ १४९) जसको कुनै स्रोत छैन । यद्यपि, भेन्सिटार्टले पनि ती कथित लेप्चा सेनापति हारेकै कुरा लेखेका छन्, 'बट हि वाज हिमसेल्फ इभेन्च्युअल्ली सबडियुड ।'

२३. राजा भाष्कर बर्मा सातौं शताब्दीमा आसाम, नेपाल र उत्तरी वर्माका प्रसिद्ध राजा थिए । (चेम्जोङ पृ. २३२)

त्यसो हो भने अंशुवर्मा, शिवदेव, नरेन्द्रदेवका पचासौं शिलालेख भेटिएको सातौं शताब्दीको भाष्कर बर्माको शिलालेखचाहिँ किन नभेटिएको हो ? अचम्मै छ ।

२४. किरात जातिले अफगानिस्तानदेखि आसामसम्म शासन गरेको थियो । पछिबाट खस जातिहरू उत्तरबाट आएर किरातहरूसँग युद्ध गरे । (चेम्जोङ पृ. २३९-२४०)

खसहरू काबुलदेखि टिष्टासम्म छन् भनी एटकिन्सनले लेखेका थिए । यहाँ त्यही खस शब्द झिकेर किरात शब्द ठयाक्कै राखिएको छ । जब कि एटकिन्सनको लेखाइको यथार्थ के हो भने बडाखसान पर्छ आजको अफगानिस्तानको उत्तरपूर्वी र ताजकिस्तानको दक्षिणपूर्वी भूभागमा । आज पनि अफगानिस्तानले त्यसलाई बडाखसान प्रदेश नाम दिएको छ र ताजकिस्तानले पनि बडाखसान प्रदेश नाम दिएको छ । करिब ६ हजार वर्षपहिले नै त्यहाँको अर्धबहुमूल्य पत्थर नृपोपल (लेपिस लाजली) विश्वभर छरिन्थ्यो । अहिले यहाँ खसबोधक खोसाजाति बस्दछन् ।

खासी पर्वत शृङ्खला छ बडाखसानको सुदूरपूर्वतिर भारतको आसाममा। यहाँ बस्ने जातिलाई भनिन्छ खासी। मङ्गोल नस्लका हुन् तर तिनमा खसकै चलन छ, लासलाई जलाउने। यसैले खस एउटा संस्कृति मात्रै हो भन्नुपरेको। प्राचीन खसलाई मातृसत्तात्मक मान्ने हो भने खासी पनि मातृसत्तात्मक हुन्। यहाँका पुरुषलाई १९४४ सम्म मत हाल्ने अधिकार थिएन पनि।

खसम भन्दछन् आफ्नो श्रीमान्लाई उत्तर भारतीय महिलाहरूले। यो मालिक/श्रीसम्पत्ति/संसार बोधक सम्बोधन हो। यसैबाट कसम (किरिया/सपथ) बन्दछ। जस्तो कि, नेवारहरूमा श्रीमान्-श्रीमतिले एक अर्कोलाई बुझउनुपर्दा जहान भन्ने चलन छ। पृथ्वी/संसार बोधक संस्कृतको ज्याबाट उर्दूको जहाँ र नेवारीको जहान बन्दछ अर्थात् जसरी नेवार महिलाहरूले श्रीमान्लाई आफ्नो संसार ठान्दछन्, त्यसैगरी कसम खानु कुरा नमिले संसारै सकियोस् भन्ने अर्थमा बनेको प्रतिक्रिया हो।

अब द्रङ्गको अर्थ : यही बडाखसानबाट अमुदरियाको उद्गम हुन्छ। दरियाको अर्थ नदी हो तर यही दरियाबाट भेग बुझाउने गरी अहिले पनि जुम्लामा असिदरा, पाँच सय दरा, सिञ्जादरा, चौधबीस दरा, कालिकोटमा कालिकोटदरा, बाइबीसदरा, रासकोटदरा, पलाँतादरा, सान्नीदरा, खालदरा, मुगुमा मुगुदरा, करानदरा, गमदरा, खत्याडदरा, हुम्लामा हुम्लादरा, गल्छादरा, सोलुदरा र डोल्पा जिल्लामा तिब्रिकोटदरा गरी १८ दरा अझै छन्। खासी हिल्सको उत्तरपट्टि आसाममा दरङ्ग जिल्लै छ। स्याङ्जाको नाउँडाँडाबाट आधा घण्टाको दूरीमा दोरङ्गा भन्ने ठाउँ छ जुन द्रङ्गबाट बिग्रको हो।

२५. उनीहरू राजा धनपालको नेतृत्वमा कोच राज्य स्थापना गरेको दाबी गर्छन्। (चेम्जोङ पृ. २३९)

मोरङको कसेनी गाविसमा धनपालको पोखरी भन्ने ठाउँ अवश्य छ। यस पोखरीको किनारमा रणपालको मन्दिर छ। दिल्लीबाट आएका अल्लारुदलले रुदललाई लिएर सुल्तानकहाँ गएको लोककथा पनि प्रचलित छ, जसको

यथार्थ यस्तो हो - आल्हा र उदाल (अल्लारुदल) महोवा राज्यका सेनापतिहरू हुन्, जसको विरोचित मृत्यु दिल्लीका शासक पृथ्वीराज चौहानसँगको लडाइँमा सन् ११८२ मा भयो । महोवा राज्य पर्छ बुन्देलखण्डमा र बुन्देलखण्ड पर्छ वर्तमान भारतको उत्तरप्रदेश र मध्यप्रदेशबीच । यसैले अल्लारुदलको प्रसङ्ग कर्खा/वीरगाथा/'सागा' हो तर रामपाल ठ्याक्कै सोही वर्ष अर्थात् सन् ११८२ मै मगधका सम्राट् भए बङ्गाली पाल साम्राज्य अन्तर्गत । मगध पर्छ मोरङको दक्षिणमा नेपालको सीमापारि । बङ्गाली पाल साम्राज्य भनिएकाले उनले 'कोच' थपिदिएका छन् तर यो कथाको धनपाल कोच होइनन् । यो समय नेपालको इतिहासमा अन्धकार रहेको जानेका चेम्जोङले 'खाली ठाउँ भर'को नीति लिएका छन् ।

२६. इसापूर्वको छैटौं शताब्दीतिर हुक्काङको लडाइँमा हारेर छरिएका १० लिम्बू सरदारले फिदिमको गढीगाउँस्थित आम्बे पोजोलाई जन्म दिए भन्ने चेम्जोङको लेखाइलाई एक लिम्बू विरही काइँलाले नै (१९९०) मा यो भ्रामक कुरा हो, भेन्सिटार्टको गन्थनबाट टिपेर बनाइएको हो भन्दै सो घटना वि.सं. १८३० तिरको हो भनी लेखिसकेका छन् ।

२७. चेम्जोङले एक ठाउँ वाणले हानेर जितेको देशलाई लिम्बूवान भन्ने अर्थ लगाएका छन् । त्यो बिनाप्रमाणको अर्थलाई अर्का लिम्बू काजीमान कन्दङ्वाले 'किरातेश्वर सन्देश'मा खण्डन गरेका छन् ।

पुछारमा

उनले प्रशस्त ठाउँमा आफैंलाई उधृत गरेका छन् । स्रोत नदिएका फिरङ्गीहरूलाई लिएका छन् र, तिब्बती स्रोतहरू कहाँ छन् कतै स्पष्ट छैन । उनकै आधारमा पछिबाट अरू धेरैले लेख्दै गएकाले अशुद्ध भएको हो । तैपनि इतिहास नै आफ्नो विषय परेका विज्ञहरू किन आजसम्म चुप भएका हुन् ? रहस्यमय छ ।

२०७० मङ्सिर १५ गते प्रकाशित सौरभको लेख माथि 'कान्तिपुर'मा निम्न प्रतिक्रिया प्रकाशित भए :

'चेम्जोङलाई पढेर' पढेपछि

गत मङ्सिर १६ मा 'कोसेली'मा 'चेम्जोङलाई पढेर' सौरभजीको लेख पढ्न पाइयो । उक्त लेखले इमानसिंह चेम्जोङको पुस्तक 'हिस्ट्री एन्ड कल्चर अफ किरात पिपल' माथि पूर्णतः भ्रम सिर्जना गर्न खोजेको छ । त्यसैले सौरभजीले आफ्नो लेखमा जुनजुन क्रमसंख्यामा चेम्जोङलाई खण्डन गर्नुभएको छ त्यसउपर यहाँ मेरो प्रतिक्रिया समावेश छ ।

- 'काबुलका 'हजारा' जाति र नेपालका किरात एकै थिए' भन्ने चेम्जोङको भनाइलाई सौरभजीले- 'चङ्गेज खानका छुटेका हजार जनाको डफ्फाबाट 'हजारा' आउँछ' भन्नुभएको छ तर हजारा बारे एक जना अमेरिकी इतिहासकार स्टेफन टेनर आफ्नो 'अफगानिस्थाना' पुस्तकमा लेख्छन्, 'मङ्गोल 'मिङ' शब्दलाई पर्सियन उल्था गर्दा हजार र मंगोल 'मिङ' नै आजका 'हजारा' हुन् ।... तिनीहरू आफ्गानिस्तानमा मङ्गुका राज्यकालमा आइपुगेका थिए र तिनमा निःसन्देह केही योद्धाहरू पनि थिए जसले चङ्गेजको अभियान (१२१९-२१ इ.)मा लडेका थिए ।' यसबाट हजारा चङ्गेजका छुटेका सैनिकहरू मात्र होइनन् भन्ने बुझ्न सकिन्छ ।

- दुई नम्बर बुँदामा 'तिनले आसाम र लोहितलाई म्लेच्छ देश वा मेचेहरूको देश भन्दथे (चेम्जोङ पेज ७) । यसको खण्डन गर्दा सौरभजी विषयभन्दा पर जानुभएको छ । जस्तै : 'म्लेच्छ देश भनेको मलाया र अहिलेको मलेसिया हो ।'

म्लेच्छबारे भारतीय इतिहास अनुसन्धान परिषद्को शोध पत्रिका 'इतिहास' अनुसार- 'शतपथ ब्राह्मण'मा सर्वप्रथम यो शब्द देखापर्छ । 'म्लेच्छ' वा 'मिलक्स'को रूपमा प्राकृतबाट यो शब्द संस्कृतमा आएको हो । 'सम्भवतः म्लेच्छ-भाषा बोल्ने भनेर चीन र किरातलाई भनिएको हो, अरू बाँकीलाई आर्यभाषा बोल्ने भनिएको हो' (बालकृष्ण पोखरेल, पाँच सय वर्ष पृ. ५०) । माथिका उदाहरणहरूले 'म्लेच्छ'को जरा 'मलाया वा मलेसिया' तिर खोज्न जानुपर्छ जस्तो लाग्दैन ।

- अर्को, सौरभजीको नेपालमा मेचे जातिलाई मेची नदीबाट नामकरण गरिएको र तिनको भारतीय नाम बोडो र तिनीहरू चीनको फुजियान प्रान्तबाट आएको दाबी छ तर वास्तविकता के हो भने 'म्लेच्छ'बाटै मेची नदीको नाम रहेको हो । अनादिकालदेखिको म्लेच्छहरू बसोबास गरेको स्थानमा बग्ने नदीको नाम नै मेची नदी हो ।

- सौरभजीले 'मार्कण्डेय पुराणमा फेला पार्न नसक्नुभएको 'आठ किरात राज्य' चेम्जोङको पुस्तकमा उल्लेख नै छैन । पेज ७ मा त- 'मार्कण्डेय पुराणअनुसार 'सात किरात राज्यहरू' महाभारतकालमा थिए' भन्ने र तिनका नामसमेत छ । 'आठ'को होइन । 'बरु, मत्स्य र ब्रह्माण्डमा किरात शब्द परेको छ लेखेका भए शुद्ध हुन्थ्यो' भन्ने सौरभजिको सल्लाह पनि अशुद्ध छ । भारतीय इतिहासकार जीपी सिंहका अनुसार सर्वप्रथम किरात संज्ञा वैदिक साहित्यको 'संहिता र ब्राह्मण' हरूमा परेका छन् ।

- चेम्जोङले किरात असुर जातिले आसाममा राज्य खडा गरेपछि तिनको पहिलो प्रशिद्ध राजा नरकासुर थिए भनेर लेखेकामा सौरभजी पहिलो राजा रामका नाति कुशका छोरा अमूर्तराज थिए भनेर बरालिनुहुन्छ । यहाँ चेम्जोङले प्रसिद्ध राजाहरूमध्येबाट 'पहिलो'को कुरा गरेका हुन् । पहिलो राजाको होइन । सन्तलाल मेचे आफ्नो 'मेचे इतिहास र संस्कृति'मा आसामका संस्थापक राजा 'माहिरङ्ग दानव' थिए भन्नुहुन्छ । अमूर्तराज होइन ।

- किरात राजा जितेदास्तीको समयमा (लिम्बूहरूले) भाइफुट्टाहाङ चुनिएको प्रसङ्गलाई सौरभजीले भेन्सिटार्टबाट सारिएको हो, 'हाङ' शब्द जन्मिएकै थिएन, चीनको सी हाङ ती सम्राट भइसकेको थिएन भनेर तर्क गर्नुभएको छ । चेम्जोङको मूल पाठमा 'लिम्बूहरूले' भन्ने छैन । त्यहाँ त किरातीहरूको बिद्रोहको चर्चा मात्र छ । सौरभजीले 'लिम्बूहरूले' कोष्ठकभित्र थप्नुभयो । अर्को कुरा, सौरभजी 'हाङ' शब्द चिनियाँ सम्राटसँगै उत्पत्ति/प्रयोग भएको ठान्नुहुँदो रहेछ । त्यस्तै हो भने पनि 'छिन सी हुवाङ्दी' चीनका प्रथम इसापूर्व २२१-२०७ सम्राट थिए । मुन्धुममा याक्थुम्बाले आदिकालदेखि नै 'हाङ' शब्द प्रयोग गरेको त छँदै छ । यसै बुँदामा

सौरभजीले भेन्सिटार्टको पेज १३१ मा लेखिएको 'लिम्बूहरूलाई झगडालु भनेका छन्, यही बानीले भैरवनाथ गणलाई समेत अरूबाट टाढै राखे' भन्ने भावको वाक्यलाई दोहो-याउनुभयो । ठीकै छ तर भेन्सिटार्टले त्यतिमात्र लेखेर छाडेको छैनन् । लिम्बूहरूलाई (राईलाई पनि) 'गोमांस भक्षणको विषयमा भनाभन हुँदा खस, ठकुरी आदि पल्टनका साथीहरूले 'लिम्बु झगडालु हुन्छन्' भन्ने गरेको पनि तिनै भेन्सिटार्टले अलि मुन्तिर लेखेकै छ ।' त्यस अनुच्छेदमा चाहिं सौरभजीको दृष्टि थुरेन छ, दुर्भाग्य !

- पर्सियाबाट आई अफरासियाबले तिरहुतमा आक्रमण गरेको चेम्जोङको भनाइमा सौरभीले लेख्नुहुन्छ, 'अफरासियाब फिर्दैसीको शाहानामामा परेका एउटा बोक्सोरूपी बादशाही पात्रको नाम हो, जसको भौतिक अस्तित्वको पुष्टि आजसम्म भएको छैन । हकिम फिर्दौसी... र भारतमा मध्यएसियाली क्षेत्रबाट पहिलो हमला इस्वीको ११९१ मा मात्र भएको मानिएको छ ।'

(क) सौरभजीले फिर्दौसीको नाम 'हकिम फिर्दौसी' लेख्नु नै गल्ती हो । फिर्दौसीको नामको अगाडि 'हकिम' जोडिँदैन । अरबीमा 'हकिम'ले वैद्य वा चिकिच्सक भन्ने अर्थ लाग्छ । उनको पूरा नाम हो 'अबू अल कासिम हसन बिन अली तूसी' र, फिर्दौसी उसको उपनाम थियो जसको अरबीमा 'उच्चतम स्वर्गमा विराजमान' भन्ने अर्थ हुन्छ । शाहनामामा वर्णन गरिएका बादशाहहरूमध्ये अफ्रासियाब पनि एक हो । शाहनामा अनुसार तिनी इरानका दुस्मन देश तुरानका बादशाह हुन् । यिनै बादशाहको फौजले बिहारको तिरहुतसम्म आक्रमण गरी किराती फौजलाई भगाए भन्ने चेम्जोङको भनाइ हो । शाहनामाको अफरासियावको सम्बन्धमा हिन्दीका प्रसिद्ध लेखिका नासिरा शर्माको 'फिर्दौसी, शाहनामा-जीवन एवम् चिन्तन' हेरे स्पष्ट हुन्छ ।

(ख) मध्यएसिया भनेकै अरब देशइतर हो । सन् ७१२ मै अरबी मुसलमानको भारतमा पहिलो उल्लेखनीय आक्रमण महम्मद बिन कासिमको अध्यक्षतामा भएको थियो । त्यो आक्रमण सिन्ध देशमा भएको हो जहाँ दाहिर नामका एक ब्राह्मण राजा राज्य गर्थे । सौरभजीले भन्नु भएको सन् ११९१ मा त मुहम्मद घोरी र दिल्ली तथा अजमेरका राजा पृथ्वीराज चौहानको

बीच थानेश्वरमा युद्ध भएको थियो । कनौजका राजा जयचन्द्रले त्यस युद्धमा भाग नलिई राजपूतहरूलाई धोका दिएका थिए ।

- 'पृथ्वीनारायण शाहले सन् १७६८ मा किपट उन्मूलन गरिदिए । (चेम्जोङ पेज ८५) जुन वि.सं. १८३१ को सनदमा दिइएको कबुलअनुरूप थिएन । अर्थात् यही किपट नहुनु नै सबैभन्दा असन्तोषको विषय हो ।' आरोप लेखिसकेपछि 'तर १८३१ को सनदमा किपट शब्द कतै परेको छैन । यो पहिलो कुरा भयो । दोस्रो कुरा किपटको मूल रूप क्रितपत्र हो ।...' अन्य कुरालाई छाडेर यहाँ गलत तिथिमिति र आरोपको हो । जस्तैः (क) चेम्जोङको पुस्तकको पेज ८५ मा त लिम्बूको कतै पनि उल्लेख भएकै छैन । त्यसमा त तामाङ जाति र तिनका भूमि 'किपट'को विषयमा मात्र चर्चा छ । बरु सन् १७६८ मा तामाङको किपट पनि गोर्खा राज्यमा पृथ्वीनारायणले आफ्नो राज्यकालमा मिलाए भन्नेसम्म छ र सन् १७६८ भनेको वि.सं. १८२५ मात्र हुन्छ । जुनबेला उपत्यका आक्रमणमै पृथ्वीनारायण तथा गोर्खाली सेना व्यस्त थिए । पल्लो किरातसम्म विजय अभियान पुऱ्याउनु र वि.सं. १८३१ को लिम्बूसँग प्रसिद्ध ताम्रपत्रको तसल्ली लालमोहर हुनु पृथ्वीनारायणलाई अझै ६/७ वर्ष कुर्नुपरेको थियो ।

- हर्षवर्द्धनपछि अर्जुनले चिनियाँ राजदूत वाङ हुयन त्सेलाई अपमान गरेकाले अर्जुनविरुद्ध स्रङचङ गम्पो र आसामका राजा भाष्कर बर्मा वा कुमारले सघाएको चेम्जोङको सन्दर्भमा सौरभजीको भनाइ छ, 'अर्जुन होइन अरुणाश्व हुन् । वाङ हुयन त्सेलाई अपमान गरेको होइन, चिनियाँ ६४८ मा स्रङचङ गम्पोले सघाए । ...हर्षवर्द्धन मरिसकेका थिए ।' यो भारतीय इतिहासको प्रसङ्ग हो । त्यसबारे प्रसिद्ध भारतीय इतिहासकार राधाकुमुद मुखर्जी आफ्नो 'प्राचीन भारत'मा लेख्छन्, '६४७ इ. अथवा ६४८ मा (अथवा श्वानचाङको जीवनीअनुसार ६५५ इ.मा) हर्षको निधनपछि उसको साम्रज्य अर्जुन नामक एक अयोग्य उत्तराधिकारीको हातमा पऱ्यो । जसले वाङ हवान त्सेको दूतमण्डलको आरक्षकदललाई मार्ने भूल गऱ्यो । चिनियाँ नेताले तिब्बतको राजा स्रङचङ गम्पो, असमका राजा भाष्कर वर्मा र

नेपालको राजाको सहयोगले यस कुकृत्यको बदला लिए । र अर्जुनलाई बन्दी बनाएर चीन पठाइदिए ।' तर आरसी मजुमदारलगायतको भारतीय इतिहासमा हर्षको मन्त्री अर्जुन वा अरुणाश्व एकै व्यक्ति हुन् भन्ने छ ।

– सौरभजीको आशय छ, चेम्जोङलाई भृकुटीबारे थाहै थिएन । पेज ९१ मा भृकुटीलाई स्रङचङ गम्पोकी छोरी लेखे भने पेज १०० स्रङचङ गम्पोले अंशुवर्माकी छोरी भृकुटीसँग विवाह गरे भनेर लेखे । झट्ट हेर्दा त्यस्तै देखिन्छ पनि तर सौरभजी, यो गडबड पादटिप्पणीको कारणले मात्र भएको हो । पुस्तकको पृष्ठ ९१ को मूलपाठमा भृकुटीको कतै उल्लेख पाइँदैन । त्यहाँ त स्रङचङ गम्पोकी छोरी दिच्युमको नाम छ न कि भृकुटीको तर 'दिच्युम'लाई पादटिप्पणीमा भने नेपालीहरूको इतिहासमा यिनलाई तारा वा भृकुटी भनिन्छ भन्ने परेर तपाईलाई त्यस्तो लागेको हो । भृकुटीको तिब्बती नाम बाल्जाह-ल्हा चिङ-ख्रीन-त्सुन त्यसै पुस्तकको पृष्ठ १०० मा दिइएकै छ ।

– 'लिम्बूहरू भनेको किरात, चिनियाँ र शानमोकवान जातिको मिश्रण हो– चेम्जोङ लेख्छन् । किरात राजा मोकवान सान (चेम्जोङ पेज १०४)' यसमा सौरभजीको भनाइ छ, 'यहाँनिर शानमोकवान जाति र व्यक्ति दुवैको नाम बन्न पुगेको छ ।... मकवानपुरमा सेन राज्य थियो नै ।' बसैयाहरूले आफ्नो भाषा, सभ्यता, संस्कृति आदिमात्र लिएर हिंड्दैनन् जीवजन्तु, वनस्पतिदेखि आफ्नो पुर्ख्यौली थातथलोको नामसमेत सार्छन् । त्यस्तै कथा हो 'मोकवान' शब्दको पनि । चेम्जोङका अनुसार चीनको युनान प्रदेशको मोकवानबाट जुन समूह हिंड्यो, त्यो बर्माको बाटो हुँदै आजको पूर्वी नेपालमा पुगेर आवाद भयो । त्यसकारण मोकवान शब्दको व्युत्पत्ति आजको मकवानपुरमा नभइ दक्षिण चीनको युनान प्रान्तमा खोज्नुपर्ने हुन्छ । त्यहाँबाट आएका जाति नै मोकवान शान वा शानमकवान कहलिएको हो । सबै जाति भ्रमणशील थिए र छन् । भ्रमणको लामो अवधि र यात्रापथमा एउटा जाति अनेकौं जातिको सम्पर्कमा आउँछ नै । आफूले 'लिम्बू' नाम पाउन्जेलसम्म यस जातिको अरू कति जातिसँग मिसमास भयो त्यो त अनुसन्धानकै विषय

हो । चेम्जोङले लिम्बूहरू किरात, चिनियाँ र शानमोकवान जातिको मिश्रण हो भनेर चाहिं लेखेका छैनन् ।

- 'घलेहरू वार्षिक दौडका निम्ति... द्रव्य शाह सुटुक्क... गद्दीमा बसे... बसेको बस्यै गरिदिए (चेम्जोङ पेज १३६)' सौरभजी भन्नुहुन्छ, 'सबै जान्दछन् द्रव्य शाहले दौडमा भाग लिएका थिए... इत्यादि' तर द्रव्यशाह किन दौडेका हुन् त ? सौरभजीबाट खुल्दैन ।

- मगर राजा बलिहाङले द्यौसी भैलोको चलन ल्याएको चेम्जोङको भनाइमा सौरभजी गैरवैदिक मगरले कसरी चलाउनु ? त्यो त जुम्लीराजा बलिराज शाहीले पो युद्ध खर्च उठाउन चलाएका हुन् भन्नुहुन्छ तर जुम्लीराजा बलिराज 'शाही' थिएनन् । जुम्ला राज्यका संस्थापक राजा बलिराज वि.सं. १४५५-६१ कल्यालवंशी थिए । तिनको चौथो पुस्ताका विवोषराज कल्याल राजवंशमा शाही पद धारण गर्ने पहिलो राजा भए भन्ने प्रा.डा. सूर्यमणि अधिकारीको 'बाइसी राज्यको इतिहास'बाट थाहा पाउन सकिन्छ ।

- हिन्दू धर्मप्रचारकहरूले पश्चिम नेपालमा हिन्दू धर्मप्रचार शुरु गरे । आसामका राजा शुक्लध्वजको नाउँ चिल्लाराय थियो । (चेम्जोङ पेज २३६) । यसमा सौरभजीको टिप्पणी छ, 'अब यहाँनिर आएपछि कालिम्पोङमा जन्मेका इसाई चेम्जोङको हिन्दू धर्मप्रतिको वितृष्ण र यो पुस्तक लेख्नुको उद्देश्य बुझ्न सकिन्छ... ठकुरीहरूको पूर्वज भनी नाम लिइने पात्र हुन् जिलाराय...।' साम, दाम, दण्ड, भेदको प्रयोगले समेत रोकथाम गर्न नसकेको विषय हो धर्म परिवर्तन । नेपालको विगत तथा वर्तमान पनि यसबाट अछूतो छैन । प्रसङ्गवश त्यस्ता घटनाको उल्लेख गर्दा चेम्जोङ इसाई हुन्छन् ? यसै बुँदामा सौरभजीले सदलका पिता जिलाराय भन्नुभएको छ । प्रा.डा. श्रीरामप्रसाद उपाध्यायको 'नेपालको प्राचीन तथा मध्यकालीन इतिहास' पृ. २५९ मा फत्तेसिंहकी रूपवती छोरी सदल भन्ने छ । यो त्रिभुवन विश्वविद्यालयको पाठयक्रमअनुसार लेखिएको पाठयपुस्तक हो । यस बुँदामा चेम्जोङले टिपुटाका भन्ने सिक्किमको अर्को सेनापतिको

उल्लेख गरेको प्रसङ्गलाई सौरभजीले बडो खिल्ली उडाउनुभएको छ । उहाँ सिक्किमसँग नेपालको द्वन्द्व सन् १७७१ मा भएको र टिपु सुल्तानको चौथो मैसुर युद्धमा मारिएपछि अङ्ग्रेजहरूले उनका सन्तानलाई कलकत्तामा ल्याई भत्ता दिने गरेको टाका (बङ्गाली मुद्रा) नै 'टिपुटाका' शब्द हो भन्ने अर्थमा खसाल्नुहुन्छ । चेम्जोङको सोही पुस्तकमा सिक्किमको जनरल टिपुटाकालाई देपचाङ रिन्जिन वा देव ठाकर्पासमेत भनिने अवगत हुन्छ । सौरभजीको जनरल टिपुटाकालाई उल्याउने धुनमा नेपाल-सिक्किमसँग सन् १७७१ मा द्वन्द्व भएको भन्न पुग्नुहुन्छ । यो पनि गलत हो । इतिहासको वास्तविकता के हो भने सिक्किम-गोर्खा पहिलो युद्ध सन् १७७५ मा चैनपुरमा भएको हो भन्ने सोही पुस्तकको पृ. २१२ मा छँदै छ ।

- चेम्जोङले लेखेको भाष्कर बर्मा सातौं शताब्दीमा आसाम, नेपाल र उत्तरी बर्माका प्रसिद्ध राजा थिए भन्नेमा सौरभजी अंशुवर्मा, शिवदेव, नरेन्द्रदेवका पचासौं शिलालेख भेटिने भाष्कर बर्माको शिलालेखचाहिँ किन नभेटिएको भनेर निहुँ निकाल्नुहुन्छ । चेम्जोङको पुस्तकको पादटिप्पणीबाट थाहा लाग्छ, भाष्कर बर्माको इतिहास एसके चटर्जीको 'किरात जनकृति'बाट लिइएको रहेछ । नेपालको इतिहास पनि पाँचौ सोमवंशी राजाका रूपमा भाष्कर बर्मा नेपालको सिंहासनमा बसेका थिए भन्ने प्रा.डा. श्रीरामप्रसाद उपाध्यायको पुस्तकमा दिइएकै छ । त्यहाँ उनलाई ठूलो विजेताको रूपमा वर्णन गरिएको छ ।

- किरात जातिले अफगानिस्तानदेखि आसामसम्म शासन गरेको चेम्जोङको भनाइ सौरभजी मान्नुहुन्न, एटकिन्सनको हवला दिंदै खसहरू चाहिँ काबुलदेखि टिस्टासम्म थिए भलेर दाबी गर्नुहन्छ । बडाखसानको सुदूरपश्चिमतिर भारतको आसाममा खासी पर्वत शृङ्खला भएको र त्यहाँ बस्ने जातिलाई खासी भनिने लेख्नुहुन्छ । मंगोल र किरात सजातीय हुन् । अफगानिस्तानदेखि आसामसम्मका हिमालय दक्षिणका क्षेत्रहरूमा किरातीहरूको बसोबासस्थल भएको कुरामा इतिहासकारहरूमा नानामत छैन । यसमा, तिनैलाई धकेल्दै खस जाति पूर्व बढेको इतिहास पनि हो ।

चेम्जोङको यस भनाइ इतिहससम्मत् नै देखिन्छ । उता ताजिकिस्तानको गर्नो-वदख्शाँ जिल्ला पामीर मालभूमिका कारणले पनि प्रसिद्ध छ । यो स्वयंमा एउटा पहाडी शृङखला पनि हो जुन अफगानिस्तानसम्म जान्छ । त्यही गर्नो-वदख्शाँ पहाडी शृङखलालाई नै सौरभजीले वडाखसान भन्नुभएको हो ? यदि त्यसैलाई नै बडाखसान भन्नुभएको हो भने पनि त्यसको पश्चिममा भारतको आसाममा खासी पहाडी शृङ्खला पर्दै पर्दैन सौरभजीले भन्नुभएझैं । मानचित्र हेरे भइहाल्छ । गर्नो-वदख्शाँको सुदूर पूर्व-दक्षिण दिशातिर भारतको आसाम राज्यमा खासी पर्वत पर्छ र, त्यहाँका निवासी खासी जयन्तियालाई आसाममा मन् खमेर जातिका रूपमा जानिन्छ ।

कृष्णविक्रम नेम्वाङ, २०७० चैत्र २२

पत्रमाथि पत्र

२२ चैतको कोसेलीमा यस पंक्तिकारको एक पुरानो लेखोटमाथि पाठक कृष्णविक्रम नेम्वाङको टिप्पणीले खुशी दियो । इमेल ठेगाना भएको भए धन्यवाद पत्र पठाउने मन थियो । यसका दुई कारण थिए : क) चार महिना लगाएर एक पाठकले गरेको मेहनत कदरलायक छ । ख) यसमा कतैपनि अघिल्ला अनगिन्ती पाठकहरूका पत्रमा पाइनेजस्तो विषयगत शब्द र वाक्यहरू छैनन्, विशुद्ध वस्तुनिष्ठताले भरिएको छ टिप्पणी । डा. तीर्थबहादुर श्रेष्ठको पछि पंक्तिकारले आजसम्म पाएकोमा यो दोस्रो वस्तुनिष्ठ पत्र हो । धन्यवाद छ । अब केही लेख्नुपरेको छ-

१) शुक्लयजुर्वेदका ऋचाहरू 'सूर्यले घोडाका मुखबाट ओकलेका हुन्' भनेर परम्परागत व्याख्या गरिन्छ । यसैको अङ्ग्रेजीमा 'फ्रम द हर्सेज माउथ' भन्ने टुक्का अनुवाद भएको हो । त्यसको अर्थ पूर्ण मौलिक हो । अर्थात् चङ्गेज खानको समयमा छुटेका हजार जनाबाट हजारा बनेको हो भन्ने उनीहरूकै भनाइ हो- यो कुरा अफगानिस्तानस्थित संयुक्त राष्ट्रसङ्घीय निकायहरूमा कार्यरत केही नेपालीहरूबाट कुनै बेला पंक्तिकारले सुनेको हो । यसैले स्टेफन टेनरले के भने र लेखे भन्ने कुरासँग पंक्तिकारको सरोकार भएन ।

दोस्रो कुरा, मिङ (मंगोल शब्द)को पर्सियन अनुवाद हजारा हो भने पनि पश्तोभाषी अफगानिस्तानले पर्सियन शब्द लिनुपर्ने आवश्यकता देखिन्न । टेनरको लेखाइमै त्रुटि छ ।

२) 'सन् १८६७ को अन्त्यतिर जङ्गबहादुर राणाले कुचविहारबाट आएका कोचेमोचेजस्ता 'फरिनर' हरूलाई समाजले 'आउटकास्ट'को व्यवहार गरी पानीसमेत नपिएको देखेपछि सार्वजनिक रूपमै तिनको हातको पानी पिइदिए ।' (द लाइफ अफ जङ्गबहादुर-पद्मजङ्ग राणा, पेज २८०) को 'फरिनर' र 'आउटकास्ट' शब्दलाई चेम्जोङले म्लेच्छ शब्द अनुवाद गरेको बुझिन्छ । यसैले 'अनादिकालदेखिका म्लेच्छहरू बसोबास गरेको स्थानमा बग्ने नदीको नाम नै मेची नदी हो भन्ने पत्रलेखकको भनाइ हचुवाको तर्क हो । बोडो आन्दोलनका समयका भारतीय पत्रिकाहरू हेरेमा तिनलाई स्पष्टैसँग चीनको फुजियानबाट आएको भनिएकै छ ।

दोस्रो कुरा, 'माझपृथ्वीका देवतालाई मल्लागिरिले धूप चढाउँछु' (तम्बा काइतेन ह्वाई रिमठिम- सन्तवीर लामा, पेज ६)को मल्लागिरि संस्कृतको सुगन्धकोकिला (सिनाममम ग्ल्यान्डुलिफेरम) हो । सुगन्धकोकिलाको नाम मल्लागिरि हुन पुगेका कारण भागवतमा उल्लिखित मलयपर्वत हो, जसलाई चन्दन/श्रीखण्डका लागि भागवतले नै प्रसिद्ध भनेको छ र, मलेसियासँगैको इन्डोनेसियास्थित जाभालाई श्रीखण्डको मोलिक थलो मानिएको छ । (भारतमै पनि ४ हजार वर्षअघि इन्डोनेसियाको टिमोर टापुबाट ल्याएर श्रीखण्ड लगाइएको हो ।) नेपाल र भारत दुवैका मलाया विदेश नै हो ।

पश्चिम नेपालमा मल्लहरू बसोबास गरेको इलाकालाई मल्लवारा वा मल्लाज भन्ने चलन छ पनि । मल्लवाराको अर्थ मल्लवस्ती भनेको हो तर मल्लाजले चाहिं मलयज अर्थात् चन्दनको रुख भन्ने अर्थ दिन्छ । अब के स्वदेशी मल्लाजलाई म्लेच्छ देश भन्ने हो ?

तेस्रो कुरा, भारतीय इतिहास अनुसन्धान परिषद्को शोधपत्रिका 'इतिहास'को कुरा पंक्तिकारलाई थाहा भएन तर शतपथब्राह्मणमा पहिलोपल्ट यस शब्दको उल्लेख भएको हो भन्ने उसको भनाइ हो भने त्यो पनि आर्थर म्याक्डनेल र आर्थर किथबाट टिपिएको हो । म्लेच्छ प्राकृत शब्दबाट बनेको

हो भन्ने भनाइ पनि उसको होइन, फेसरिफ्ट र वेबरको हो । प्राकृतबारेको मन्तव्यमा कति शुद्धता छ अहिले भन्न सकिन्न । यसैले अनार्य जातिलाई पनि म्लेच्छ भन्ने परम्परा भएकाले चीन र किरातलाई त्यो शब्द प्रयोग भएको हो भनेर बालकृष्ण पोखरेलले लेख्नु स्वभाविक हो । त्यसो भन्दैमा म्लेच्छ मेचेलाई नै भनिएको हो र मलायाचाहिं होइन भन्न मिल्दैन ।

३) 'मत्स्य र ब्रह्माण्डमा किरात शब्द खोजेको भए हुन्थ्यो बरु' भन्ने पंक्तिकारको आशय नेम्वाङले नबुझेको प्रतीत हुन्छ । पुराणकै कुरा गर्ने हो भने त्यसो गर्दा हुन्थ्यो भनेको मात्र हो । वेदकै कुरा गर्ने हो भने त भारतीय इतिहासकार जीपी सिंहले कुन संहिता र ब्राह्मणका कुरा गरेका हुन् ? पंक्तिकारलाई थाहा छैन । बरु, शुक्लयजुर्वेदको वानसनेयी संहितामा छ, अथर्ववेदमा पनि उल्लेख छ, साट्यायनब्राह्मण र जैमिनियब्राह्मणमा छ भन्ने बरु नेम्वाङजीलाई थाहा होस । थप कुरा, पञ्चबीसब्राह्मणमा परेको 'आकुली' शब्दले रिठ्ठा (सापिण्डस मक्रोसी)को मालाधारी झाँक्रीको परम्परा भएका नेपालका सबै जातजातिहरूको परम्परा वैदिक हो भन्ने देखाएको छ । त्यो विश्लेषणचाहिं अर्को कुनै प्रसङ्गमा ।

४) त्यहाँ आसामको कुरा गरिएको छैन दुवै प्रसङ्गमा । आसामको केन्द्र प्राग्ज्योतिषपुर विशेषको मात्र सन्दर्भ छ र, रामायणमै आइसकेको अमूर्तराज विशेषको प्रसङ्ग छोडेर, त्यसका धेरै पछिका भागवत र २०६८ सालको वैशाखमा प्रकाशित सन्तलाल मेचेको पुस्तक 'मेचे इतिहास र संस्कृति'मा परेको महिरङ्ग दानव आसामका संस्थापक हुन् भन्ने स्रोतहीन दाबीलाई आधिकारिक कसरी मान्ने ? यसको पनि त पत्रलेखकले हेक्का राख्नुपर्छ ।

रमाइलो कुरा के छ भने नेम्वाङजीका अधिकांश सामग्री स्रोत बनेको यो पुस्तकमै बुँदा २ मा परेको मेचे र बोदोलाई समानार्थी मानिएको छ ।

५) मुन्धुमलाई थुथुरी वेद भन्ने चलन छ राई-लिम्बूहरूमा । यसको अर्थ मौखिक परम्परामा रहेको भन्ने हो । आदिकालदेखि भन्दैमा त्यो सि ह्वाङ दीभन्दा पनि पुरानो हो भन्नेचाहिं पुष्टि हुँदैन, यद्यपि पुरानो होला पनि, पुष्टि हुन सकेमा तर यहाँ चाहिएको छ प्रमाणको कुरा ।

दोस्रो कुरा, सि ह्वाङ दीमा परेको ह्वाङको अर्थ अति नै ठूलो वा बादशाह भन्ने हो । यसैले चीनको ठूलो नदी ह्वाङ हो भएको छ । अङ्ग्रेजहरूले यसलाई पहेंलो देखेर यलो रिभर भने । प्राचीन नेवारहरूले चाहिं रातो देखे, यसैले नेवारीमा रातोलाई ह्याङ्गु भनिन्छ । अर्थात्, मुन्धुम याक्थुम्बाले प्रयोग गरेको हाङभन्दा, खोजीपसेमा नेवारी ह्याङ्गुको लिखित वा प्रामाणिक रूप पुरानो हुन आउला । (सिम्रिकबोधक नेवारी हिङ्गुलीको सबैभन्दा पुरानो प्रयोग इस्वीको १६७३ को हो तर यो संस्कृत हिङ्गुलीबाटै लिइएको मानिन्छ । त्यसै हो भने संस्कृत हिङ्गुली नै चिनियाँ हो किनभने सिम्रिकको आविष्कार नै चीनमा चार हजार वर्षअघि भएको हो ।)

६) पङ्क्तिकारले 'हकिम फिर्दौसी लेख्नु नै गल्ती हो, उनको नाममा हकिम जोडिंदैन, जसको अर्थ वैद्य हो' भन्दै नेम्वाङजीबाट उनको पूरा नाम लेखिएको छ- ब्रुनेईका सुल्तानको नाम याङ्दी पर्तुआङ एगोङ आदिअदि लेख्दै बीस-तीस शब्द जोडेजस्तो । रमाइलो लाग्यो, पंक्तिकारले अहिले पो थाहा पायो, हकिम भनेको वैद्य रहेछ ।

आयुर्वेद विज्ञहरूलाई कविराज भन्ने चलन छ किनभने आयुर्वेदको अध्ययनमा कुनै बेला कवित्व ज्ञान र छन्दशास्त्रमाथिको पकड पनि अनिवार्य मानिन्थ्यो, अहिले पनि होला, चौसठ्ठी कलामा आयुर्वेद र काव्यरचना दुवै पर्छन् । यो प्राचीन पाठ्यक्रम हो, जसबाट फिर्दौसी अलग छैनन् । त्यो उनको मूल पेसा हो । भारतीय नासिरा शर्मा के भन्छिन् ? पत्रलेखककै जिम्मा भयो ।

पंक्तिकारले सिन्धको कुरा गरेको पनि होइन, जो अहिले पाकिस्तानमा पर्छ । दिल्लीकै कुरा गरेको हो, जो अहिले भारतमा छ ।

७) पेज ५८ मा लिम्बू शब्द छ वा छैनको कुरा होइन, १८३१ को सनदमा चाहिं किपट शब्द छ कि छैन भन्ने मूल प्रश्न हो ।

८) चेम्जोङले भनेजस्तो वाङ हुयन त्सेलाई अपमान गरेको होइन, चिनियाँ प्रतिनिधिमण्डललाई नै मारेकाले युद्ध भएको हो भन्ने पंक्तिकारको लेखोटलाई भारतीय इतिहाहासकार राधाकुमुद मुखर्जीले उतिबेलै सत्य ठहराइसकेका रहेछन् । नेम्वाङजीलाई साधुवाद ।

९) चेम्जोङलाई भृकुटीबारे थाहै थिएन भन्ने पंक्तिकारको आशय होइन। नभएको कुरा हो भनेर आफूखुशी बनाइदिनु भएन। पादटिप्पणीको गडबडी हो भनेर अहिले आएर कुनै चेम्जोङप्रेमीले बनाइदिएर पनि भएन। गडबडी हो भने उतिबेलै सच्याउनुपर्थ्यो र, भृकुटीको तिब्बती नाम के थियो ? जान्ने उत्सुकता त्यो लेखोटको होइन पनि।

१०) 'द्रव्य शाह किन दौडिएका हुन् त ? सौरभजीबाट खुल्दैन' भन्ने वाक्यले के कुरा खुलाउनुपरेको हो, यो पंक्तिकारले बुझेन। राज्यप्राप्तिका निम्ति दौडेको प्रसङ्ग त्यो लेखोटमा पर्दापर्दै फेरि के खुलाउने ? यो बुँदाको कुनै अर्थ देखिन्न।

११) जुम्ली राजा बलिराज कल्यालवंशी होलान्, तिनको चौथो पुस्ताले मात्र शाही पद धारण गऱ्यो पनि होला- सूर्यमणि अधिकारीले लेखेजस्तै तर यहाँ प्रश्न शाही थर कहिले शुरु भयो भन्ने नै होइन, देउसीभैलोको चलनको प्रणेताको हो। यो अर्को बराला बुँदा हो।

१२) 'इसाई चेम्जोङ' लेख्दा नेम्वाङजीलाई ठीक लाग्दैन तर चेम्जोङले 'हिन्दूधर्म प्रचारक' लेख्नु कत्तिको तर्कसँगत छ ? जो पश्चिमा इसाईहरूले लेख्छन्। उदाहरण म्याक्डनेल र किथ नै छन्। जब कि सनातन धर्म जन्मेर मात्र प्राप्त गरिने धर्म हो। यसमा धर्म प्रचारक भन्ने पदको व्यवस्था नै हुँदैन तर आफू सायद धर्म प्रचारक भएकाले अर्कोलाई पनि धर्म प्रचारक देख्ने उनको रंगीन आँखामाथि ध्यान नजानु खेदजनक छ।

त्रिभुवन विश्वविद्यालयको पाठ्यक्रममा समेत भएको डा. उपाध्यायको कथित पुस्तकको पेज २५९ मा परेको भनिएको 'फत्ते सिंह र उनकी छोरी सदल'को स्रोत डेनियल राइटको 'हिस्ट्रि अफ नेपाल'को पेज २७५ हो। पेज २७४ मै 'जिला'को उल्लेख छ तर राइटको भ्रमपूर्ण लेखोट एक प्राडा. भइसकेको पात्रले टिप्नु र पाठ्यक्रममा मान्यता दिइनु नै गलत छ। राजा होइन, सेनापति फत्तासिंह चुडावत मारिएको त्यो द्वन्द्व सन् १५६७ अर्थात् वि.सं. १६२४ को युद्ध हो, जब कि वि.सं. १६१६ मै द्रव्य शाह लिगलिगका राजा भइसकेका छन्। बरु कसेनी गाविसमा रहेको धनपालको पोखरीसँग

सम्बन्धित कथाकी राजकुमारी रुदल हो, आल्हारुदालको पछिल्लो अंश । त्यो सदल र यो रुदलको के सम्बन्ध छ ? अर्को खोजीको विषय हो । (यद्यपि, राति रुदल रोएको आवाज आउँछ भनिनु र मानिस वित्दा नातेदार हरूको तर्फबाट रोइदिए वापत पारिश्रमिक लिने महिलालाई भारततिर रुदाली भनिनेहुँदा यो रुदल त्यही हुनु पर्छ, कुनै पात्र विशेष हो भन्ने लाग्दैन ।)

पत्रलेखकको थप प्रस्तुति- देव ठाकर्पा नामले कथित लेप्चा सेनापतिको अस्तित्वमाथि झनै शंका उठाउँछ । यो देव ठाकुर्पा (तिब्बजीमा ज्यू, सम्मानित पात्र मिलारेपा, नरोलपाजस्तै)ले लेप्चा नभई गैरलेप्चा पात्र नै बुझाउँछ । त्रिपुरा र बङ्गालका प्रशस्तै जमिनदार सामन्तहरू ठाकुर भनिन्थे र हुन्छन् । तिनको थरचाहिं अर्कै हुन्छ । जस्तै, रवीन्द्रनाथ टैगोर (ठाकुर)को खास थर बन्दोपाध्याय बनर्जी हो । देपचाङ (देपचन्द्र ठाकुर ?) रिन्जिनको रिन्जिन शब्द भोटिया भाषामा सिक्किम नै हो । यसबाट कुनै अर्थ निस्कँदैन ।

नेपाल-सिक्किम युद्धबारे चेम्जोङको मतलाई खण्डन गर्दा पत्रलेखकलाई चित्त दुख्छ भने सिक्किममै नेपालले आक्रमण गरेको हो कि चैनपुरमा हो ? हेरे हुन्छ नेपाल सुखिम सम्बन्धको पेज २३, जुन परराष्ट्र मन्त्रालयको दस्तावेजमा आधारित छ । न कि चेम्जोङको पुस्तक । सन् १७७१ वा १७७५ को कुरा होइन । त्यसभन्दा अघि टिपुटाका नाम देखापरेको भए विश्वसनीय हुन्थ्यो पनि ।

१३) भाष्कर बर्मा सातौं शताब्दीमा आसाम नेपाल र उत्तरी बर्माका शासक थिएनन् भनेर चेम्जोङलाई खण्डन गरेकोमा नेम्वाङजीलाई आपित्त छ तर बुँदा ८ को उनकै लेखाइले भन्छ, इतिहासकार राधाकुमुद मुखर्जीअनुसार 'तिब्बतका राजा, असमको राजा र नेपालका राजा' थिए । अर्थात् नेपालमा छुट्टै राजा थिए, भाष्कर बर्मा होइन ।

जहाँसम्म प्रा.डा. उपाध्यायले पनि असमिया भाष्कर बर्मालाई शासक मानेका छन् भन्ने कुरा छ, त्यसको आधिकारिक स्रोत के हो ? भन्ने प्रश्न उठ्छ । यो नेम्वाङजीको दोष होइन । सुनीतिकुमार चटर्जीको जनकृतिको कुरा हो भने चटर्जीलाई नेपालको सन्दर्भमा विवादास्पद भनेर पंक्तिकारले

अघिल्लै लेखमा लेखिसकेको छ । अब असमिया भाष्कर बर्मालाई नेपालको शासक बनाउनु भनेको बुद्ध उडिसामा जन्मेका हुन् भन्ने देवल मित्राको लेखोटलाई मान्यता दिनु हो ।

१४) बडाखसानको पश्चिममा होइन, पूर्वमै पर्छ खासी पर्वतशृङ्खला अवश्य । त्यो मानचित्र हेर्नुपर्ने कुरा होइन तर गोर्नो-बडाखसान ताजकिस्तानले दुई इलाका मिलाएर दिएको नाम हो । सिंगै वा आफैंमा पूर्ण नाम होइन, यो हेक्का राख्नुपर्छ । अर्को कुरा, बडाखसानलाई 'बदख्शाँ' लेखेर 'ट्वाङ' प्रयोग गर्न खोज्नु अनौठो छ । फ्रेन्च भाषामा कुनै पनि स्वरपछाडि एन अक्षर आएमा अनुस्वार प्रयोग हुन्छ तर वर्णोच्चारित (फनेटिक) भाषाहरूमा हुँदैन । यो सामान्य भाषाशास्त्रीय नियम हो । मन खमेर जाति हुँदैमा त्यो खस हुँदैन भन्ने पनि छैन । पंक्तिकारले लेखेकै पनि छ, 'त्यसैले खस नस्ल होइन, संस्कृति हो भन्नुपरेको ।'

प्रतिक्रिया दिंदा चार महिना लागे पनि हतार नगरी बरु चार वर्ष लगाइदिएको भए हुन्थ्यो भन्ने निवेदनचाहिं छ ।

२०७१ वैशाख ६

अमान्य संज्ञा 'आदिवासी'

पहाडी बाहुन-क्षत्रीले आफूलाई आदिवासी दाबी गर्छन् भने त्यो गलत हुँदै होइन ।

राम्रै भयो संविधान नबनेको किनभने जातीय 'इन्जिनियरिङ' गरेर एउटै देशभित्र कसैलाई पहिलो दर्जाको र कसैलाई दोस्रो दर्जाको नागरिक बनाउने माओवादी धृष्टता पहिला गल्नैपर्छ। यद्यपि राज्यले दिएका अधिकार र अवसरमाथि सबैको समान पहुँच हुनुपर्छ भन्ने कुरामा शङ्का छैन । यथार्थ के भने पटक-पटक 'आदिवासी हौं' भनेर कुर्लिरहने एक पक्षको दाबीसँग सहमत हुने ठाउँ छैन । कुरा यसरी शुरु गर्दा पाठकहरूलाई बुझ्न सजिलो पर्नेछ ।

भाग पहिलो

सन् १८५० मा पाल्पाबाट एउटा फूल काठमाडौं पुगेर देशैभरि छरियो, 'दहेला फूल' । अङ्ग्रेजीको दालियाबाट नेपालीकरण भएको भए पनि यति बेला लाहुरे फूलले चिनिन्छ यो, यसको सबैभन्दा ठूलो एसियाई केन्द्र लाहोरबाट, न कि कुनै लाहुरे विशेषबाट तर थाकाली भाषामा 'पाल्पु मेन्दो' भनिने यसको नाममा परेको पाल्पु शब्द पाल्पाको निम्ति होइन, काठमाडौंका निम्ति हो ।

नेवार पुरुष र तिब्बती महिलाबाट शुरु भएको ठानिने थामीहरू सँगसँगै जस्तो बसोबास गर्ने जिरेलहरूमा त नेवार र पाल्पा थर नै हुन्छ । कलाकार अरनिकोको अर्को नाम पल्पु पनि हो, जसलाई बालकृष्ण समले संस्कृतकरण गरिदिए, बलबाहु । यो मङ्गोल सम्बन्धित तथ्यहरू हेर्दा

लाग्छ, चिनियाँहरूले मध्यनेपाली पहाडी इलाकालाइ राखेको एउटा पुरानो नाउँ 'पाल्पा' (खेत कुर्ने छाप्रो भएको ठाउँ) थियो तर वि.सं. १६१६ मा काष्ठमण्डप बनेपछि यो अनौपचारिक नाउँ वर्तमान पाल्पामा अरू सीमित हुँदै गयो । यहाँनेर जिरेल र थामीहरू भएको भेग काभ्रेपलान्चोकको पला र सिन्धुपाल्चोकको पाल अंश पनि पाल्पासँग ध्वनि साम्यता राख्छन् भन्ने यथार्थ बिर्सन मिल्दैन ।

खेतसँग सम्बन्धित यो शब्दलाई नियाल्ने हो भने नरेन्द्रदेवको समय, छैटौं शताब्दीदेखि मात्रै नेपालमा धानखेती शुरु भयो र चन्दननाथले जुम्लामा ७ सय वर्ष अघिमात्रै चामल ल्याए भन्ने हाम्रा ऐतिहासिक लेखाइहरू सबै कोरा गफ हुन् । मार्सीमध्येको एउटा प्रजाति (कल्टिभार) कालो मार्सी उनले ल्याए, त्यति नै हो । यहाँनेर स्पष्ट भन्नुपर्दा चामल खानेलाई नवागन्तुक र कोदो वा अन्य खानेलाई आदिवासीमा दर्ता गर्न खोज्ने जेम्स फिसरको परोक्ष प्रयास नै हावादारी छ (ट्रान्स हिमालयन ट्रेडर्स, पृ. ९२)

कारण स्पष्ट छ, मेक्सिकोबाट लाहुरे फूल सङ्कलन गरिएको ६० वर्षभित्रमा पाल्पाको बाटो हुँदै जङ्गबहादुर राणाले त्यसलाई उपत्यका भित्र्याएका थिए । बारबाडोसबाट भुइँकटहर सङ्कलित गरिएको २३ वर्षपछि नै १६८४ मा भक्तपुरमा त्यो देखा परेको थियो अर्थात् त्यस दुतगतिमा खाद्य वनस्पति विस्तार हुन जाने पृष्ठभूमिमा, चीनमा धानखेती शुरु भएको १३ हजार वर्ष र कोरियामा १५ हजार वर्ष भइसक्दा नेपालमा १५ सय वर्षअघि मात्र धानखेती शुरु भयो भन्नुजस्तो वंशावलीहरूको मूर्खता र चामल खानेचाहिं नयाँ आब्रजक हुन् भन्न खोज्ने नृवंशशास्त्रीय पटमूर्खता अर्को हुनै सक्दैन ।

अर्कोतिर ठयाम्मै उल्टो कुरा के भने वर्णाश्रमभित्र नपरेका विभिन्न जातजातिबीच लोकप्रिय कोदो (इल्युसिन कोकाना)को अङ्ग्रेजी नाम नै 'अफ्रिकन मिलेट' हो किनभने त्यसको उत्पति इथियोपियामा भएको हो । अनि त्यसको एसिया आगमनको प्राग्ऐतिहासिक उल्लेख ४ हजार वर्षभन्दा पुरानो छैन । लिम्बू भाषामा चिलिङसेले चिनिने कागुनो पनि

पूर्वी एसियाको रैथाने हो र चीनमै पनि यसको खेती ४७ सय वर्षअघि जाँदैन । तुम्ब्री अथवा साम्मोक्पाले चिनिने मीठे फापर मध्यएसियाई हो, जसको चीनमै खेती पनि ४६ सय वर्षअघि जाँदैन । रैथाने चिनु (पनिकम मिलिकम) र नाफल (पनिसेटम टाइफइडस)को खेती पूर्वमा पाइएको छैन । मार्से (अमारान्थस कडाटस) अमेरिकाबाट भित्रिएको बढीमा ४ सय वर्ष मात्र भयो । जै (अभेना साटिभा) उपत्यकामै पनि ८० वर्ष मात्र । सामा (इकिनोक्ला फर्मान्सिया) तराईमा थोरै ठाउँमा मात्र पाइन्छ ।

तर चामलसँगको सङ्गतले अन्य जाति हिन्दू वर्णवादको फेला पर्न पुगे भनेर ठाडै भन्ने फिसर लगायत लायोनेल काप्लानजस्ता नेपालमा जातीय द्वन्द्वका प्रणेता पश्चिमाहरूले भेउ पाउन हम्मे पर्ने यथार्थ के हो भने नेपाली वर्णाश्रमको विश्वमै दुर्लभ विशेषता 'जुठो' शब्दको 'जु' चामलबाट बनेकै होइन, रैथाने जै/उवा (हर्डम भल्गार) बोधक संस्कृतको यवबाट हो । जसमा पश्चिम पहाडी भेगमा भातको बल छर्दा, यदाकदा सुनिने 'ऊँ ठहाय स्वहा'को ठहा शब्द जोडिएको छ र जुन सम्भवतः हुम्लाको रातो मार्सी हुने ठेहे इलाकाको देन हो ।

पूर्वी हिमाली ग्रामदेव 'पाङ' जस्तै पश्चिम हिमाली ग्रामदेव 'ठहा' हुन् पनि । ऐतिहासिक पात्र 'ठी नरेन्द्र' नाममा परेको ठीको लाक्षणिक अर्थ त्यसैले देवराज हो भन्ने यसले सङ्केत गर्छ । यसको अर्थ हो, चामल खेतीभन्दा पनि अघिको जङ्गली अवस्थाको जौबाट पारिवारिक शुद्धता (क्लान प्युरिटी)को सूत्रपात पश्चिमी हिमालमा हुन पुगेको छ, राईहरूको पराई, परदेशी र परचक्रीले प्रवेश नपाउने सुत्तुलुङ, फुत्तुलुङ र उत्तुलुङ देव, कुलुङमा माइकोलुङ, साम्बेलुङ र पाइकोलुङ रहेको पारिवारिक अगेनाजस्तै । स्पष्ट भन्नुपर्दा नेपाली वर्णाश्रमको मौलिक आधार मनुस्मृति नै होइन ।

यही कारण हो, पहाडी वर्णाश्रमयुक्त समाजमा वैश्यको उपस्थिति छैन । भएदेखि बहादुरहरूले देखाइदिनुपर्‍यो । जस्तो कि नेवार समाजमा कोजू, फँजू, सैंजू र श्रेष्ट (संस्कृतको व्यापारी बोधक श्रेष्टीबाट श्रेष्ट, स्रेस्ता आदि) जस्तो वैश्य थरको स्पष्ट उपस्थिति छ र तराईमा त वर्णश्रमका तहहरूको

शृङ्खला गनेरै भ्याइँदैन । जति दक्षिण लाग्यो, उति तहहरू बढ्दै जानुको अर्थ हो, वर्णाश्रम दक्षिणी प्रभाव हो । यथार्थ के हो भने पहाडी समाज मूलतः अध्येता (भट्ट) र ग्रामरक्षक (अयडी/एडी/अरी/शत्रु सिकारी)को मात्रै हो । दलितको उपस्थितिको छुट्टै व्याख्याले नलम्याऊँ । त्यहींनेर 'कालो बाहुन र गोरो दलित' भन्ने विसङ्गति पुष्करशमशेर राणाको उखान सङ्ग्रहले त्यसै दर्साएको पनि होइन । किनभने पश्चिममा मानिसहरूको आगमन भएके कस्मिरबाट हो, न कि महम्मद घोरीको दिल्लीबाट र ती कालो हुनु । इस्लामीकरणपूर्वको अफगान संस्कृति र पश्तो भाषाको प्रभाव त्यसै दृष्टिगोचर हुने गरेको होइन ।

शुक्ल यजुर्वेदमा उल्लिखित निवार (अराइजा निवारा) शब्दले नै पनि कोदोखेतिभन्दा धानखेतीको प्राचीनतालाई पुष्टि गर्छ । यद्यपि निवार जडान (टेम्परेट) जातिको नभएर केदार (ट्रपिकल) जातिको धान हो । ऊष्णीय भए पनि सीमसारमा छरिइने (नेवारीमा उला) भएकाले केदार लेख्नुपरेको हो र अझै पर, नेपाली वैज्ञानिकहरूले हिमालयको दक्षिण ढालबाट नै चामल र यसका इन्डिका, जापोनिका र जाभोनिकाजस्ता खेतीवर्गहरू विकसित भएको मानेका छन् । यसको अर्थ हो चीन, जापान, कोरियादेखि इन्डोनेसियासम्मको धानखेती नेपालबाट विस्तारित हुँदै गएको हो । भारतको त कुरै छोडौं । अर्थात् रैथाने र जङ्गली युगको उवाको सांस्कृतिक उपयोगीहरू आब्रजक हुने र आयातीतको खेती गर्नेहरूचाहिं आदिवासी हुने कुरा वैज्ञानिक हुँदै होइन । वर्णाश्रममा नपरेकाको धर्म परिवर्तन गराउने पश्चिमा रणनीतिक खेलखाल मात्रै हो ।

भाग दोस्रो

यजुर्वेदको यो वाक्य पनि सम्झनामा आउनैपर्छ, 'ए औषधी तिमी साल र तेजपातको रुख नजिकै छौ ।' यो औषधी भनेको पश्चिम हिमालमै पाइने कूट (सासुरिया लापा) हो । साल (सरिया रवष्टा) र तेजपात (सिनामोमम तमाला) जुध्ने वनस्पति भौगोलिक इलाका (फाइटोज्योग्राफिक रेन्ज) भारतको

उत्तराञ्चलदेखि भुटानसम्म रहेको छ अवश्य तर अर्को सन्दर्भ 'वसन्त कपिञ्जल चातक हो'ले तेजपातको रुखमा गुँड लगाउने तर पूर्वी नेपालमा नपाइने जातको कैलो भङ्गेरा (हिमालयन सिननामोमम स्पारो याने पासर रुटिल्यान्स र कपिञ्जललाई तित्रा र चातकलाई काकाकुल मानेर 'कपिञ्जल चातक'को अर्थ लाग्दैन) हो भनेर नेपालको ९१५-१५०० मिटरको भूभागलाई स्पष्टै तोकेको छ, जो नेपाल र यसको परिवेशबाहेक संसारको अन्य कुनै भूभाग होइन । साल, तेजपात र कैलो भङ्गेराको मिश्रित 'वायोज्योग्राफिक रेञ्ज' त्यही नै हो । त्यस वाक्यको 'वसन्त'ले अझै गहिरो माने राख्छ । सालको फूल फूलेपछि मात्रै वसन्त ऋतु शुरु हुन्छ, सालको फूलको रङ्ग नै हो खास वासन्ती भनेको र पासर रुटिलान्सको छाती पनि वासन्ती नै हुन्छ, सिकारी चराहरूलाई झुक्याउनुपर्ने प्राकृतिक बाध्यताले ।

यसरी विश्वकै प्राचीनतम कृतिमै स्पष्ट देखिने गरी नेपालको जैविक सम्पदाको मूल्याङ्कन गर्न आइसकेकाहरू के साँच्चै नै एघारौं शताब्दीमा महम्मद घोरीको आक्रमण बेहोर्न नसकेर दक्षिणबाट उत्तर भागे ? पटक-पटकको यस्तो लेखाइ देखेर तीप्रति दयाबाहेक अरू केही गर्न सकिन्न, जो आफूलाई आदिवासी दाबी गरेर कहिल्यै थाक्दैनन् । यद्यपि पङ्क्तिकार जान्दछ, यस दाबीमा जसले जिते पनि देशले चाहिं हार्नेछ । यो केबल प्राचीनताको एक झलकका निम्ति मात्रै पाठकहरूसमक्ष उठाइएको सन्दर्भ हो ।

अझै पर जाऔँ । ऋग्वेद (१.१६४)को एउटा शब्द छ- अश्वत्थ । यथार्थमा यो सबैभन्दा उचाइमा पाइने भोटे पीपल (पपुलस सिलिआटा) हो कुनै बेलाको, जुन हिमाली वनअश्व (इक्वस हमिनियस कियाङ)को प्रिय आहारा हो तर भोटे पीपलसँग मिल्दोजल्दो पीपल (फाइकस रेलिजिओसा) भएको गङ्गाको भारतीय मैदानमा गधा/गदहा शब्दको जन्मसमेत भएको थिएन, १५ हजार वर्षअघि वेद बन्दा किनभने त्यसको नामकरणको स्रोत 'गद' (भाङको रेशा) बन्नका निम्ति भाङ एसिया माइनरबाट सप्तसिन्धुसमेत छिरेको थिएन । यसैले त्यस वनस्पतिलाई अश्वत्थ र रुचाउने जनावरको नाम नै तिनले

अश्वत्थामा राखिदिए । अश्व शब्द सो जनावर चर्ने ठाउँ पश्चिमको उच्च पहाडी शृङ्खलामा समेत पाइने गोब्रेसल्ला (पाइनस वालिचियाना विशेष)को पिरल अर्थात् असीबाट बन्दछ । कर्णीकार (टेरसपर्मम एसेरिफोलियम) नेपाली भूमिमा नपाइएपछि अमेरिकी मूलको 'क्यास्काल्लेआ थेभेटिया'लाई योगी नरहरिनाथहरूसमेत मृगस्थलीको आफ्नो आश्रमअघि कर्णिकारका रूपमा रोप्न पुग्छन् भने वा अमरकोशको अपराजिता (हिविस्कस रोजा साइनेन्सिस) लाई एच.टी. कोलब्रुकहरू अमेरिकी मूलको 'क्लिटरिया टर्नासिया' लेख्न पुग्छन् भने त्यो युगमा अश्वत्थको परिचयलाई लिएर भ्रमहरू हुनु अनौठो होइन । नेपालमा कोका सङ्गमहरूको विशेषता नै हो भोटे पीपलको रुखमुनि नै पुर्खाहरूको सम्झना गरिन्छ र चढाइएका वस्तु खान हाँगामा बसेका काग (देवदूत) नै झर्नुपर्छ ।

'अश्वत्थ' त अझै थप, वैदिक कालपूर्वको संस्कृतिको प्रतिनिधि हो किनभने पश्चिम नेपालको अश्वत्थ हुने इलाका कोका खोला र पूर्वी नेपालको कोका सङ्गम दुवै हिमरेखामुनि (१६००० फिट) छन् । तिनका ठीक माथि पश्चिममा कागमारा र पूर्वमा गोराकशेप (तिब्बतीमा कागमारा, गोराक = काग, शेप = मर्नु) शिखर छन् । कोका भनेको साढे ८ हजार फिटसम्म पाइने डुमकाग (कर्भस कन्याक्स) हो र कागमारा ५,९६१ मिटर एवम् गोराकशेप ५,१५० मिटर अग्ला छन् । मृत शरीर खाने र आत्माका नाममा चढाइएका वस्तु खान डुमकाग (देवदूत) बस्ने भएकैले अश्वत्थको आध्यात्मिक व्याख्या र काग अमर हुन्छ भन्ने मान्यता बन्दै आएको हो । जसरी गिद्ध सिमल (वम्बाक्स साइवा)मा बस्ने भएकैले पूर्वी पहाड र तराईका जातजातिमा सिमलले भूतप्रेतको निवासको संज्ञा पाउँदै आएको छ । यसरी 'अश्वत्थ'को महत्त्व दर्साउने कोका सङ्गमहरू नेपालबाहेक उत्तराञ्चलदेखि आसामसम्म कतै छैनन् पनि हिमालय शृङ्खलामा ।

यसै पनि कागको आचरणमाथि त्यो बेलाको अध्ययन नयाँ कुरा होइन नै । त्यसै वात्स्यायनको यौनविज्ञानको नाम कोकशास्त्र भएको होइन । कोकशास्त्रको अर्थ हो, अति गोप्य शास्त्र किनभने कागको सहवास देख्नै

सकिन्न र देखियो भने पनि नराम्रो हुन्छ भन्ने धारणा अझै विद्यमान छ । त्यसैले काकतालीको अर्थ हो नै अति दुर्लभ संयोग । लुकेका अक्षर वा शब्द थप्नुपर्दा दिइने चिह्नको नाम 'काकपद' नभन्दै एक यौनआसनको नाम हो र नै त्यस चिह्नमा काग योनिका रूपमा सानो वृत्त थपिन्छ । हुनुपर्ने गोलो हो, होरसको आँखा जस्तै ।

वेदलाई ३५ सय वर्षअघिको मान्नेदेखि १ लाख वर्षअघिका मान्ने दयानन्द सरस्वतीजस्ता पनि छन् । ४ हजार वर्षअघिको मान्ने भारतरत्न प्राप्त पीबी काणेहरू पनि छन् तर पङ्क्तिकारले यहाँ १५ देखि २० हजार वर्षबीचको मान्ने मतलाई विभिन्न कारणले गर्दा लिएको छ ।

महाभारतको घटोत्कच पुत्र 'बर्बरिक'लाई अन्यायमा परेको किरात भनेर एकोहोरो आलाप गरिरहिएको छ । उदाहरणका रूपमा इन्द्रचोकको टाउको मात्रै भएका इन्द्रलाई 'बर्बरिक' र उपत्यकामा किरात शासनको प्रतिनिधि मान्ने गरिएको छ । जब कि घटोत्कचको ससुरा मुरका देश हुन्, अहिलेका मोरक्को, मौरिटानियाहरू । जहाँ मुरहरू बस्छन् र जसबाट अङ्ग्रेजीको मोरोन र नेपालीको मूर्ख, मोरा, मोरी, मुरारी अर्थात् मुरहरूको शत्रु शब्द बन्दछ । अनि छोरो 'बर्बरिक'को देश हो, अहिले बर्बरहरू बस्ने लिबिया र त्यस वरिपरिका देशहरू । दुवै उत्तर अफ्रिकी छिमेकी देशहरू हुन् । यसैबाट अङ्ग्रेजीको बार्बेरिक, बार्बेरियन र उर्दूको बर्बर शब्द बनेको छ । बर्बरिकको अर्थ हो नै घुमिएको कपाल भएको व्यक्ति । जिउँदा प्रतिनिधि पात्र हुन्, लिबियाका कर्णेल कदाफी । के किरातहरूको कपाल घुम्रिएको हुन्छ र लिम्बू राजमाताको रूपमा बर्बरिककी आमा हिडिम्बालाई किताबमा तोकिएको (लिम्बुवानको राजनीति) ? जब कि हिडिम्बा शब्द नुबियन मरुभूमि भनिने उत्तरी सुडानको हो । १५ सय वर्षअघि स्रङचङ गम्पोले ल्याएका घोडचढी तामाङ हामी लेखिसकेपछि 'बूढानीकण्ठमा पाइएको ३० हजार वर्षअघिको ढुङ्गे औजार हाम्रो पुर्खाको हो' भनेर वेबसाइटमा हाल्नु कस्तो विज्ञता हो ?

उतातिर किरात पुर्खा मानिएको एकलव्य आफैंमा नाम नभइ सर्वनाम हो, जसको अर्थ हो एकोहोरो । सीता स्वयंवरमा पहाडी उम्मेदवार

मानिएका सुधन्वा पनि नाम नभई सर्वनाम हो, जसको अर्थ हो पोख्त धर्नुधारी । बरु द्रोणाचार्य नाम हो, अर्थ हो 'खोक्चिलिफु' । दुनामा शिवले छाडेको शुक्रकीटबाट जन्मेकाले दुनाबोधक संस्कृत शब्द द्रोणबाट यो बनेको हो, जुन स्वाभाविक प्रक्रिया होइन । त्यसैगरी किरात पुर्खा खोक्चिलिफुको जन्म मुन्धुमअनुसार कालान्तरमा त्यति बेला हुनपुग्छ, जब पारुहाङले कर्कलोको पातमा शुक्रकीट पोको पारेर छाड्छन् र तिर्खाएकी निनामरिम्दुले पानी ठानेर खान्छिन् । साम्पाङमा खोको अर्थ खोँरी, खोँगी, दुना पनि हो, वान्तवामा खोक्लिको अर्थ जङ्गल, १० किरातमध्येको एक धिमालको भाषामा त लाफाको अर्थ पात हो नै, नेवारीमा लप्तेको पनि हो । यसैले अलेक्जेन्डरको नामानुवाद हरिशचन्द्रजस्तै द्रोणाचर्यको नामानुवाद खोक्चिलिफु हुन पुग्छ, जुन ३ हजार वर्षभन्दा पर जाँदैन । महाभाकरले खोक्चिलिफुलाई द्रोणचार्यका नाममा संस्कृतकरण गरेको बुझिन्छ ।

त्यसमाथि भारवीको किरातार्जुनियमका किरातहरू र अहिलेकाहरू एउटै होइनन्, अझै थप कुरा नेपालका आदिवासी 'नाग' हुन् (नागा होइन) भनेर लेखी नै सकियो । यसै पनि मेचे (भारतमा चिनियाँ प्रान्त फुजियानबाट आएको बोडो मानिने)लाई रेसम बुनाइसँग इमानसिंह चेम्जोङले जोडे तर पूर्वी नेपालमा सिल्कको कुनै परम्परागत चलन र बुनाइ देखिँदैन । अहिले पूर्वी नेपालमा भइरहेको 'अहिंसा सिल्क'को बुनाइ हिजो मात्रै भारतको भागलपुरबाट छिरेको शिल्प हो । यसो किन भएको हो भने किरेत शब्दको तिनको अर्थ सायद सही थिएन । बरु स्वामी प्रपन्नाचार्यको 'किंकिरात'को अर्थको खोजी निर्दोष खालको रहेको छ । (यद्यपि त्यसलाई अशोक मान्नेहरू छन् ।)

अरू त अरू, कम्तीमा १४ सय वर्षअघि नै मध्यपश्चिम मूलको गहुँ नेपाल भित्रिसकेको थियो तर पूर्वमा स्वर्गीय चन्द्रवीर गुरुङले त्यसको सुनियोजित विस्तार गर्नलाई १९६० को दशक आउनुपर्‍यो । पोलिनेसियन मूलको उखु उपत्यकामा कम्तीमा ३ हजार वर्षदेखि छ र पश्चिम नेपालका सोराडलगायत कतिपय ठाउँहरू खुदोका निम्ति जसरी प्रख्यात छन्, जसरी नेवारहरूले त्यसैबाट टोखा, टुसाल शब्दहरू जन्माएका छन्, पूर्वमा किन कहीं पाइन्न ?

यहाँसम्म कि चिनियाँ मूलको मूलाका निम्ति पश्चिम नेपालको प्युठान प्रसिद्ध छ, चिनियाँ मूलको रायो सागका निम्ति महर्जनहरूमा पाछै (चिनियाँमा पेत्साई) उपथर नै विद्यमान छ, कथित चिनियाँ मूलको तोरीका निम्ति भक्तपुरमा तुकँबञ्जार थर नै छ । चीनबाट आएका हौं दाबी भइरहँदा पूर्वमा चिनियाँ मूलको अदुवा (जिन्जिवर अफिसिनाल) र मञ्जुरियन मूलको भटमास (ग्लाइसिन म्याक्स)को बाहेक यी चिनियाँ खाद्य वनस्पतिसँग जोडिएका उल्लेखनीय परम्परा किन देखिँदैन ? एक जिज्ञासुलाई कौतूहल हुन्छ नै ।

अब पनि आदिवासीको पुष्टिमै लाग्ने हो भने संविधान बन्नुभन्दा पहिले नै जातीय दाबी गरिएका इलाकाका बस्तीहरूमा पाइनसक्ने कृषिमूलक परागकण र स्पोरहरूको अध्ययन (पाइलनलजी) र त्यसको कार्बन डेटिङतिर जाऔं । व्यक्तिका निम्ति १० वर्ष ठूलो कुरा हो, देशका निम्ति होइन । यो किन भनिरहिएको हो भने मुस्ताङकै गुफाहरूमा पनि २ हजार वर्षभन्दा अधिक् अवशेष भेटिएको छैन र मुस्ताङ पारिपट्टिको झाङझुङमा २२ सय वर्षको ।

अन्त्यमा भन्नुपर्दा एउटा नृवंश शास्त्रीय सङ्ग्रहालय खडा गर्ने प्रयास लिइयो भने त्यसले हामी सबै आदिवासी हौं भन्ने नै पुष्टि गर्नेछ किनभने मुस्ताङ र पोखरामा देखिएका सङ्ग्राहलय हेरेर चित्त बुझाउन सकिँदैन । जातीय अनुहारलाई लोकपहिरन दिंदैमा त्यो नृवंशशास्त्रीय सङ्ग्रहालय हुँदैन । अर्थात् पहाडी बाहुन-क्षत्रीले आफूलाई आदिवासी दाबी गर्छन् भने त्यो गलत हुँदै होइन ।

नेवा राज्य : सभ्यताको हाराकिरी

नेवा राज्यले नेवार सभ्यता भनेको फोसिल हो, फोसिल भनेको नेवार सभ्यता हो भन्ने भनाइ बनाइदिनेछ । जब कि सबै नेपाली नेवार हुन्, सबै नेवार नेपाली हुन् भन्ने मान्यता बन्नुपर्थ्यो ।

'नेवारहरू लसुन गन्हाउँछन्', पश्चिमले लेख्यो (हेमिल्टन २२९) तर तिनलाई के थाहा ? लसुनको विशद बयान एउटै पुस्तकमा थियो र त्यो पुस्तकको एउटै मात्र पृथ्वीमा जीवितप्रति नेवारहरूसँग मात्र थियो-कश्यप संहिता । जसले मह काढयो उसले हात चाट्यो ।

आज भारतले वराहमिहिरको जुन बृहत् संहिता प्रकाशित गरेको छ, त्यो नेवारहरूकै सम्पदा थियो । भूमिकामै लेखिएको छ- प्राण मल्लको समयको प्रतिलिपि हो । वाल्मीकि रामायणका दुई प्राचीनतम लिखितहरूमध्येको एउटा नेवारहरूकै परम्पराबाट सङ्गृहीत भएको हो । नेपालबाट चोरी भएर दिल्लीमा निस्केका फिरदौशीको सुवर्णक्षरयुक्त शाहनामा पनि नेवारहरूकै सङ्ग्रह परम्पराको हो । 'आशा सफू कुथी'को के कुरा ? अलेक्जेन्ड्रियासँगै उसको पुस्तकालय जलेर ध्वस्त भयो तर नेवारहरूको ज्ञान परम्परा टुटेन । नालन्दासँगै उसको पुस्तकालय जलेर ध्वस्त भयो तर नेवारहरूको ज्ञानसङ्ग्रहको परम्परा विथोलिएन ।

गएको मे महिनामा वसन्तपुरको गरुड नारायण मन्दिरको पूर्वी सिँढीबाट नेवा स्वायत्त राज्यको माग गरिँदै काठमाडौंमा तोडफोड भएको दृश्य टेलिभिजनमा हेर्दा पङ्क्तिकार रोल्पाको सुलिवाङमा थियो, माओवादी आन्दोलन शुरु भएको थवाङ पुग्न पहिलो पाइला चाल्दै गर्दा । 'बाँचिरहे अनेक देख्न पाइन्छ' चरितार्थ भएको थियो । सिँढीमा बसेको नेता नामधारी

परिचित अनुहारहरू सही ठाउँमा विराजमान थिए किनभने मन्दिरपछाडिको गरुडको एउटा कानमा लगाएको गहना अर्कोसँग पटक्कै मिल्दैन । यो कुनै पनि पाठकले त्यहाँ पुगेर हेरे हुन्छ । नभन्दै गरुडका अगुवा यी अनुहारहरूमध्ये कैयन् एकातिर वामपन्थी र अर्कातिर फ्रि-टिबेटका भूमिगत उन्नायकहरू हुन् भनेर जगत् जान्दछ । लाग्यो त्यो नालन्दा र अलेक्जेन्ड्रियालाई माथ गर्ने नेवार प्रज्ञा चक्षु आज बन्द भएको छ ।

४ सय वर्षसम्म दिनको ५५ वर्गमाइलका दरले रुसको विस्तार भएको थियो, सोभियत सङ्घ बनेर फुट्नुअघि । त्यसैगरी कैयौं शताब्दीसम्मको अनवरत सङ्घर्षले पाँचौ शताब्दीमा पुगेर समुद्र गुप्तले आसामदेखि कुमाउसम्मको भनेर तोकेको र हुयन साङले ४ हजार लिको भनेर तय गरेको अर्थात् महाचीन र महाभारतले टाउको झुकाएको त्यस विशाल नेपाललाई एउटी मेरी शेपर्ड स्लसर नाम गरेकी मिससाहेबले 'नेपाल मण्डला' शीर्षकका दुई खण्ड के लेखिदिई, 'नेपाल' भनेको उपत्यकाका तीन शहर र त्यसवरिपरिका १२ गाउँ मात्रै हो भनेर केही मुट्ठीभरहरूबाट खुम्च्याउने कसरत भइरहेको छ । जब कि स्वयम् नेवारहरूले त्यस पुस्तकलाई 'लिमिट अफ सर्फेस आर्कियालजी' भन्ने संज्ञा दिइसके तर आसामदेखि कुमाउँसम्मको नेपाल संज्ञावाची 'नेपाल भाषा' पनि भन्नुपरेको छ, नेपाल संवत् पनि भन्नुपरेको छ । यो के अङ्ग्रेजीको 'शिक्षित तर निरक्षर' चरितार्थ गर्नु होइन ?

गोपाल सिंह नेपालीले 'नेवार्स'मा भारतको 'नायर'सँग मिल्ने के सङ्केत गरिदिए, कुलचन्द्र कोइरालाले ६० वर्षअघिसम्म नायरहरूको पनि बेलविवाह हुन्थ्यो के लेखिदिए, २३ सय वर्षअघि नै नेपाल उल्लेख गरेर कौटिल्यले दिएको ५ लाख वर्गकिलोमिटरभन्दा बढी भूभागको प्राचीनता त्यहाँ गौण भयो । नेपालेच्छु (नेपाली उखु) लेख्ने सुश्रुत र नेपाल उल्लेख गर्ने भरत नाट्यमका भरतलाई इसाभन्दा हजार वर्षअघिका भनेर भोलि सावित गरियो भने त कुरै छोडौं । जब कि भारतको उत्तरप्रदेशस्थित मानपुरदेखि पाकिस्तानको सतकादेन डोरसम्म ४ लाख ८० हजार वर्गकिलोमिटरमा विस्तारित सभ्यता हडप्पा सभ्यता हुन पुगेको छ । चीनले नेपालका बाघ सकेपछि हामीले

छतमाथिको बिराले देखाएर यही हो बाघ भनेको भन्दै भावी सन्तानलाई चिनाउने दिन आउनु कुन आश्चर्य भयो र ? आदिर ७ हजार वर्षअघिको जलाशययुक्त उपत्यकालाई हामीले टौदहमा हेर्ने गरेकै हो ।

'कैयौं शताब्दीपछि' भन्ने वाक्यांश माथि त्यसै लेखिएको होइन । विशुद्ध विज्ञानले अन्यथा सावित गरेन भने 'उत्तम खेती, मध्यम व्यापार, अधम नोकरी' का आधारमा नेवार 'हाइरार्की'को सबैभन्दा सम्मानित वर्ग ज्यापू उपत्यकाको आदिखस हुनुपर्छ भन्ने पङ्क्तिकारलाई लाग्छ । गथामुगको श्रृङ्गारिक र भावनात्मक रूप तामाङ परम्परा हो भनेर पटक-पटक भनेको यही कानले सुनेको हो । इसापूर्वको तेस्रो शताब्दीमा नै उपत्यकामा तराईबाट बज्जी र कोलीहरू ओइरिए भनेर प्रमाणित नै छ । जयस्थिति मल्ल स्वयम् तराईबाट उपत्यका आएका 'डोला' हुन् र त्यसैले नेवारहरू राजालाई ठकुजुजु (ठकुरी राजा) भन्छन् भन्ने लिखित कुरा नै हो अर्थात् के खस, के किरात, के बज्जी-नेवार एउटा जाति होइन, संस्कृति हो भन्ने स्पष्ट भएकैले नेपाली काङ्ग्रेसका ओमकार श्रेष्ठलगायतले नेपाल जनजाति महासङ्घको सूचीमा नपार्न विरोध गरेर सचेत 'ज्ञान चक्षु' दर्साएकै हो र नेवारहरूलाई पनि त्यो सूचीमा सामेल गर्न पाए हामीलाई सजिलो पर्छ भनेर जातीय साम्प्रदायिकहरूले त्यो बेला भनेकै हुन्, जुन कुरा छापामा पनि आएकै हो ।

र, 'केही मुट्ठीभर' पनि माथि त्यसै लेखिएको होइन । इस्वीको १८१८ मा काठमाडौं क्षेत्रपाटीबाट भक्तबहादुर नगरकोटी जुम्ला पुगे । सन् १७७० मा भक्तपुरबाट अवधूत मल्ल बाग्लुङ पुगे । इलामदेखि चैनपुर, बन्दीपुरदेखि सल्यान र दोधारासम्म पुग्ने क्रम त कायमै थियो । हुँदाहुँदा एक 'महर्जन' १९१९ मा बजिरिस्तानको युद्धस्थलमा पनि पुगे उतापट्टिबाट, ज्यनमारा खैबर होस् वा वोलान पास पार गरेर । त्यसपछि बर्माको आराकानदेखि नागाल्यान्डको कोहिमा, चुम्बी उपत्यकादेखि सतलजलसम्म बन्द व्यापारको उद्देश्यले फैलिएको नेवार 'डायस्पोरा'लाई उपत्यकाभित्रै थन्क्याउन पुग्नु र तिनले आत्मसात् गरेको नेपाललाई अस्वीकार गर्नु र तिनलाई नेवार नै भन्न नचाहनु वा काठमाडौंमा पटक-पटक सुनिने 'पाखे

नेवार' भन्नु सी क्लासको भन्ने चरम सामन्तवादी राणा वर्गीकरणभन्दा के फरक भयो ? जब कि तिनको योगदान व्यापारिक उद्देश्यका दृष्टिले जापानको सन्दर्भमा म्याथ्यु पेरीको, लेटिन अमेरिकाको सन्दर्भमा पिजारोको, अफ्रिकाको सन्दर्भमा लिभिङ्स्टोनको वा मध्यएसियाको सन्दर्भमा मुराविएभको भन्दा कम अग्रणी रहेको छैन, उपत्यकाको 'चिसो ढुङ्गामा खेलखाल गरिरहनेहरू' का के कुरा ?

दुइटा उदाहरण लिऊँ । गढवालको नगरकोटबाट ५ सय क्षत्रीहरूलाई जयप्रकाश मल्लले झिकाए युद्धमोर्चामा खटाउन तर उपत्यकाको सामन्ती नेवार समाजले नगरकोटीलाई समाजको तल्लो 'स्ट्राटा'मा लगेर राखिदियो । ती क्षेत्रीहरू भक्तबहादुरजस्तै जुम्ला मात्र लागेनन् । उत्तरपूर्वी भारतको युद्धमैदानमा डट्न पुगे र सैनिकलाई दिइने सर्वोच्चतम बेलायती पदक वीरबल नगरकोतीले प्राप्त गरे, १८५४ भन्दा अघि नै । जति बेला भिक्टोरिया क्रसको अस्तित्व नै थिएन किनभने क्राइमियाको युद्ध भएको थिएन र भिक्टोरिया क्रस बनाउने धातुका निम्ति रुसी तोपहरू लुटिएकै थिएनन् । आज आफूले मात्रै सर्वोच्चतम सैनिक पदक पाएजस्तो गर्ने नेपालका अन्य समुदायभन्दा नेवारहरू कम थिए ?

दलितहरूको सूचीमा खड्गी र नापितहरूले आफूलाई पार्न चाहेनन् । घोर विरोध भयो । नभन्दै आन्ध्रप्रदेशमा मन्त्री हुने खड्गी दलित नेवार होइनन् । अर्थात् गोपाल वंशावली नै गलत हो, खड्गीलाई एघारौं शताब्दीमा नेपाल आएको भनिदिने । राँगोको मासु खान त २ हजार वर्षअघि नै शुरु भइसकेको थियो । नयाँ पेसा लिने र नवागन्तुकलाई समाजको तल्लो 'स्ट्राटा'मा राख्ने, शहरबाहिर बस्तीमा धकेलिदिने त चोखाछेँ गल्लीको परम्परा नै हो । न बाहिर गएकालाई भाइबन्धु भनेर स्वीकार्ने, न भित्रिएकालाई । अनि घट्दै गएर असन इन्द्रचोकमा सीमित नभएर के गर्ने ?

तैपनि सआदत खानले लखनउभरि 'वाग' शब्दमा मात्रै अन्त हुने स्थान नामहरूको संस्कृति दिनुभन्दा एक हजार वर्षअघि नै उपत्यकामा लिच्छविहरूले बगैंचा मात्र होइन, बारी र खेतसम्मका आ-आफ्नै छुट्टै नाम हुने र प्रत्येकका

नामान्तमा वाटिका शब्द हुने प्रचलन दिए। जसलाई मल्लहरूले पनि कायम राखे। सारा घरमा गजुर हुन्थे। मानौं प्रत्येक घर एउटा 'मानव मन्दिर' थियो। सौन्दर्यशास्त्रको भौतिक आयाम सभ्यताको चुलीमा मात्र प्राप्त हुन्छ।

रोड ग्यावर्स र सी. भदेत्रोले नेपाली मुद्रालाई विश्वका सुन्दरतम मुद्रामध्येको एकमा गनेकै छन्, जुन नेवार परम्पराकै हो। नाप-तौलको नेवार परम्परालाई सारङ्गधरबाट ज्ञान लिनुपरेको थियो र ?

जब काठमाडौं र पाटनका राजाले आफूसँगै भएका बहुमूल्य वस्तुहरू देखाए, भक्तपुरका राजाले सङ्कलित औषधीजन्य वस्तुहरू सम्पत्तिका रूपमा देखाए लेखिएकै छ। अर्थात् आज 'बायोडाइभसिर्टी'का नाममा धान र मकैका 'जर्म प्लाज्म' जगेर्नाका निम्ति फिलिपिन्सको इरी र मेक्सिकोको सिमिटसम्म पठाउनु ३ सय वर्षअघि नै त्यसको चेतना नेवारहरूमा थियो।

म्याक्सवेबरियन शैलीमा कृषि उत्पादनमा अत्यधिक परिमाण हासिल गरिएपछि औद्योगीकरणमा लाग्न सजिलो हुन्छ, आधुनिक अर्थशास्त्रले यस तर्कका निम्ति जापानलाई देखाउँछ तर जापानलाई पनि त्यस अङ्कमा ज्यापूहरूले उछिनेको तथ्य 'फ्याटालिज्म एन्ड डेभलपमेन्ट' मै छ।

घ्यूमा बन्ने हरियो मोल्ड सयौं वर्षमा कालो हुन्छ, कालसर्पी। इसाको दोस्रो मिलेनियममा त्यसलाई 'एन्टिबायोटिक' भनेर पश्चिमले पत्ता लगाउनुअघि उपत्यकामा कालसर्पी कम्तीमा २ हजार वर्षदेखि प्रयोग हुन्थ्यो। तीसँग एन्टिबायोटिक भन्ने 'जार्गोन' थिएन, त्यति नै हो।

सयौं किसिमको थर विभाजन गरे जयस्थिति मल्लले भनेर अरूले होच्याउँदा ती चुप लाग्छन् तर ती भन्न सक्दैनन्, त्यस हदसम्मको सूक्ष्म श्रम विभाजन गर्ने पद्धति पश्चिममा व्यवस्थापन प्रणालीसँग त्यो युगमा थियो ?

यसरी आफ्नो सभ्यतालाई 'सभ्यता' भनेर नचिनेर मात्र 'संस्कृति' भनेर अवमूल्यन गर्ने उपत्यकाका मुट्ठीभर 'डेकाडेन्ट'हरूको मूर्खताकै निम्ति पाकिस्तानका अर्थमन्त्री महबुव मकले 'मानव विकास सूचकाङ्क' तर्जुमा गरेका र आधुनिक नेपाली अर्थशास्त्री र योजनाकारहरूले त्यस सूचकाङ्कको एक नम्बरमा नेवारहरूलाई राखेका हुन् ? यही हो चेतना र प्रगतिको

२१ औं शताब्दी सुहाउँदो आयाम ? आज बुद्धकालीन १६ महाजनपदहरू कहाँ छन् नामको अवशेषबाहेक ? हडप्पा सभ्यताको हालत के छ ? जो नेवारहरू हडप्पाभन्दा ठूलो आजको विस्तारित नेवार सभ्यतालाई जामुन गुभाजुको किंवदन्तीमा सीमित गर्न चाहन्छन् ।

यसै पनि पञ्चायतकालीन दोस्रो मन्त्रिपरिषद्‌बाट सोझै शुरु हुनुभन्दा अघिदेखि नै पश्चिम नेपाल र पूर्वी नेपाल सामाजिक रूपमा विभाजित छ । पश्चिमबाट उठेको माओवादी विद्रोह संयोगमात्र होइन । त्यसमाथि उपत्यकाकेन्द्रित नेवार सभ्यताका दायाँ खस प्रधान र बायाँ किरात प्रधान नस्लीय नेपाल छ । त्यहाँनेर सभ्यताको छाता ओढाएर नेवारहरूले नेपाललाई जातीय, धार्मिक, नस्लीय आधारमा टुट्न नदिएर युगीन जिम्मेवारी बहन गर्ने हो कि आफैं लुटको सदावर्तमा होमिएको मानसिक रूपमै एक 'शहरी गरिब' सावित हुने हो ?

ऋग्वैदिक ब्याँपूजा, बृहदारण्यकोपनिषद्‌को दर्शनमा आधारित क्वाटिपुन्ही, ब्रह्मवैवर्तमा आधारित 'पलेस्वाँया ज्योना लप्ते' त छदै छ । मार्कण्डेयमा आधारित प्रसादका रूपमा राँगो खाने उनीहरूको परम्परालई हेय गर्नुपर्ने कारण पनि छैन किनभने बोका स्वयम् दक्षप्रजाप्रति र डायोनिसस अर्थात् बोक्सेरोदेवको मासु हो । बुझ्ने नेवारहरू पलेस्वाँ समातेका ज्ञानीका रूपमा छन् अति थोरै, नबुझेकाहरू खिचा पलेस्वाँमा रमाइरहेका छन् । आज रमिता छ ।

राजगद्दीको दाबेदार 'सिरिक माताक'ले सिंहानुकको हत्या गर्ने आदेश लोननोलालाई दिएको थियो । क्याम्बोडियामा आएको भीषण राजनीतिक अस्थिरताको कारण यो पनि थियो । मनिभोङको गद्दीका तीन भिन्नभिन्न परिवारका दाबेदार राजकुमारका कारण लाओसले पनि गृहयुद्ध बेहोऱ्यो बामपन्थी क्रान्तिका नाममा । केहीलाई शाह नभइदिएको भए हामी 'मल्ल' गद्दीमा बस्थ्यौं भन्ने लागेको आक्रोश देखिन्छ तर जर्मनीका १३ सय रजौटा राज्यहरू, चीनका झन्डै ७ सय राज्यहरू, भारतका ५ सय ६५ राज्य आज खोइ ? विजय मल्लले छोरीलाई मानचित्र पढाउनु १२ शय वर्ष अघि नै एउटा सानो गढवालमै ५८ वटा राज्य विलिन भइसकेका थिए ।

अग्राधिकारको खोजीले राजतन्त्र गएको छ, नखोजेको भए रहन्थ्यो भन्ने उदाहरण नेवारका निम्ति यहाँनेर प्रशस्त छ ।

मोहनशमशेर राणाले १९५० को सन्धिले 'सबै भारतीय नेपाली हुन्, सबै नेपाली भारतीय हुन्' बनाइदिएथे । वीरेन्द्रले २०३७ मा 'सबै नेपाली पञ्च हुन्, सबै पञ्च नेपाली हुन्' बनाइदिए । नेवा राज्यले नेवार सभ्यता भनेको फोसिल हो, फोसिल भनेको नेवार सम्यता हो भन्ने भनाइ बनाइदिनेछ । जबकी सबै नेपाली नेवार हुन्, सबै नेवार नेपाली हुन् भन्ने मान्यता बन्नुपर्थ्यो । बाग्मती सभ्यताको नाममा आफ्नो पुर्खाको सभ्यतालाई हडप्पाभन्दा पर लान खोजिरहेको एउटै नेवार हाम्रासामु छ हुतराम वैद्य जसलाई म नान्यदेवको भाइको सन्तान कर्णाटकी हुँ भन्न त्यही फर्कनुपरेको छैन । अरू त सबै नारायणगोपाल गुरुवाचार्यको गीत गरुड नारायण मन्दिरअघि गुनगुनाइरहेछन्, म मुर्दा भएको तिमी आज हेर !

यो लेख प्रकाशित भएको केही समयपछि कीर्तिपुमा नेवारहरूको 'लहना' (सभ्यता) खाजाघर खुल्यो ।

सौरभको लेख पढेपछि...

मलाई सौरभका लेखहरू आकाश र पातालका भए पनि मन पर्छन् । उनको लेख मैले मन पराउने कारण अरू केही होइन । उनको व्यापक अध्ययन हो । समाजमा यस्तो व्यापक अध्ययन गर्ने व्यक्ति पाउन गाह्रो छ । हामी सुन्दछौं, केशरशमशेर सबैभन्दा बढी अध्ययन गर्ने व्यक्ति थिए अरे । सायद यही भएर पनि होला नेपाल सरकारले राम्ररी देखभाल गर्न नसके पनि उनका पुस्तकहरूको ठूलै पुस्तकालय बनेको छ, केशर सायद लेख्दैनथे होला तर सौरभ लेख्दछन् । हुँन त सौरभका लेख फेद न टुप्पोका पनि हुन सक्दछन् तर पनि उनले हामीलाई धेरै कुराको सूचना दिन्छन् । यो युगमा सूचना नै शक्ति हो ।

सौरभको 'नेवा राज्य : सभ्यताको हारकिरी' ('कान्तिपुर' १ मङ्सिर) सरसर्ती पढें । त्यस लेखमा मेरो मन गढेको एउटै कुरा थियो त्यो हो,

बीरबल नगरकोटी । मलाई खुशी लाग्यो, मैले सिलाङ छँदा निकै सुनेको एउटा नाम थियो, वीरबल नगरकोटी । वीरबल नगरकोटी थिए मेरा सिलाङका अभिन्न मित्र भोजराज नगरकोटीका हजुरबुबा । म सिलाङमा छँदा मुख्यतः मेरो त्यहाँका दुई व्यक्तित्वसित अन्यन्त गहिरोको सम्बन्ध बढेको थियो । ती थिए , सेन्ट एन्थनी कलेजका नेपालीका प्राध्यापक गोपीनारायण प्रधान र गोर्खा हाई स्कुलका हिन्दीका शिक्षक भोजराज नगरकोटी । सौरभको लेखमा चर्चा भए जस्तै दुवै नेवार थिए । प्रधान दार्जीलिङका नेवार तथा नगरकोटी सिलाङका नेवार ।

दार्जीलिङमा जन्मेर सिलाङमा पुगी नेपाली भाषाको अध्ययन-अध्यापनमा लागेर आफ्नो जीवनको निकै महत्त्वपूर्ण समय बिताएर अवकाश पाएका प्रा. गोपीनारायण प्रधान अझ सुकुम्बासी छन् । किरायाको घरमा बस्छन् । सिलाङमा जन्मेका भोजराज नगरकोटीको सिलाङ (मेघालय)को लउसुतनमा आफ्नै घर भए पनि पछि त्यहाँबाट बसाइँ सरी सिलिगुडी (दार्जीलिङ) आएका छन् भने सुनेको छु । म यथार्थमा यति बेला उनीसित सम्पर्कविहीन र संवादहीन अवस्थामा छु । सौरभको लेखले मलाई तीन-चार दशक पर पुऱ्यायो । मैले सिलाङको आसामिज् कलेज (शङ्करदेव कलेज) पारि डाँडामा अवस्थित भोजराज नगरकोटीको घरमा पटक-पटक पुगेको कुरा स्मरण गरें । मलाई भित्र भोजराज नगरकोटीका एक जना होनहार भाइ एक प्रकारको मानसिक रोगले गर्दा एयर फोर्सको नोकरी छोडी घरमा नै बेरोजगार भएर बसेको सम्झना पनि भयो ।

म सिलाङमा छँदा र भोजराज नगरकोटीसित भेट हुँदाका बेला-बखतमा हाम्रा चर्चाका विषयवस्तु बन्ने व्यक्ति थिए, उनै वीर वीरबल नगरकोटी । म आफ्नो गाउँघरमा धेरै थर जान्दथें तर नेवारहरूको थर नगरकोटी पनि हुँदो रहेछ भन्ने कुरा भोजराज नगरकोटीको सम्पर्कमा रहेपछि मात्र थाहा पाएको हुँ । सौरभले आफ्नो लेखमा वीरबल नगरकोटीको नाम उल्लेख गरेपछि मैले मनमनै उनलाई धन्यवाद दिएँ । म वीरबल नगरकोटीका बारेमा मात्र होइन, उनकै नातिका बारेमा पनि सम्झना गरेर भावुक बनें ।

दिल साहनी, बुटवल, २०६६ मङ्सिर ४

फिरंगी मिथक 'नसकटापुर'

फिरंगी जासुसको आशंकामा निकालिएका र सिन्धुलीमा हारेर चुर भएका इसाई इतिहासकारहरूले पृथ्वीनारायण शाहविरुद्ध भयानक प्रोपगान्डाको सामग्री बनाए । जति मात्रामा कीर्तिपुरमा नाक काटियो, त्यसमा तिनीहरूले आफ्नै नाकहरू पनि थप्दै र जोड्दै गए ।

एकातिर २७ पुष अर्थात् पृथ्वीजयन्ती, अर्कातिर कम्युनिस्टको खोल ओढेर साम्प्रदायिकतावादी र विखण्डनवादीहरूले उनीहरू कीर्तिपुरमा हार्नै सक्दैनन् भनी बनाएको धारणाको मूलजरो हो, पृथ्वीनारायणका समयमा त्यहाँ नाक काटिएको प्रसङ्ग । यो लेख त्यसैको सन्दर्भमा छ ।

सुनिजान्नेको यथार्थ- एक

(क) 'किर्तिपुरलाई हराउँदा गोरखालीहरूलाई भएको हैरानीको झ्वाँकमा उनीहरूले समातिएका सबै पुरुषको नाक काटिदिए । भरियाहरूमध्ये उल्लेख्य संख्याको नाक नभएको देखेर यसको कारण पत्ता लगाउनतर्फ हामी लागेका थियौं ।' (ककपेट्रिक, सन् १७९२)

ककपेट्रिकले जान्न चाहेको कारणका मूल स्रोत हुन् पादरी जिस्सेपी, जसले कीर्तिपुरमा भएको घटनाबारे लेखे- (एसियाटिक रिसर्च, खण्ड २, पृ. ३१५) तर कीर्तिपुर युद्धको २५ वर्षपछि । त्यसमाथि त्यो घटना उनी आफैंले पनि देखेका होइनन्, पादरी माइकल एञ्जेलोले दिएको बयानलाई टिपेका हुन् । विडम्बना यहाँनिर छ किनभने एञ्जेलो र जिस्सेपी नै हुन्, जसलाई पृथ्वीनारायण शाहले नेपालबाटै निकाले । निकालिएका जम्मा ६२ जनामध्ये थिए, यी दुई । त्यो कुरा जिस्सेपी आफैंले पनि त्यस बयानमा लेखेका छन् ।

फलस्वरूप जिस्सेपीको फट्याइँपूर्ण आक्रोश उनकै लेखमा यस्तो छ- म कीर्तिपुरमा १७६९ मा पुग्दा ज्ञानप्रजाले अनेक मानिसलाई झुन्ड्याइरहेको देखे । सन् १७६८ मा काठमाडौं जितेर गोरखालीहरू पाटनतिर लागे ।

सन् १७६९ मा कीर्तिपुरको घटना देख्न पुगेर १७६८ मा काठमाडौं जितेको देख्न पुग्ने जिस्सेपीलाई आफ्ना पूर्वजन्महरूबारे पनि पक्कै थाहा थियो होला किनभने काठमाडौं १७६८ मा जितियो र कीर्तिपुर त्योभन्दा अघि नै १७६६ मा । उनले भनेका ज्ञानप्रजा कोही नभएर जयप्रकाश हुन्, पृथ्वीनारायण शाहको निम्ति हार्डी हाँडीसाहेब भएजस्तै ।

(ख) जिस्सेपीको अर्को नमुनालायक वाक्य छ, कीर्तिपुर नामक करिब आठ हजार घरहरू भएको ठाउँ । त्यस्तो हो भने त्यो बेलाको संयुक्त परिवार प्रथाअनुसार एक घरबराबर न्यूनतम १० सदस्य मान्ने हो भने पनि त्यहाँ ८० हजार जनसंख्या हुनुपर्‍यो ।

तर उनीभन्दा पछिका एक लेखक (हेमिल्टन १८०३) लेख्छन्- मेरो अनुमानमा कीर्तिपुरको जनसंख्या ६ हजार होला । समकालीन अर्थशास्त्री टमस माल्थसको जनसंख्या सिद्धान्तअनुसार हरेक २५ वर्षमा जनसंख्या दोब्बर हुन्छ । यसरी जाँदा सन् १७६६ मा कीर्तिपुरको जनसंख्या हुन आउँछ, २२ सय ५० मात्र । अब वृद्ध, महिला, बालबालिका छाडेर युद्धयोग्य जनसंख्या हुन आउँछ, एकचौथाइ अर्थात् ५ सय ६० जना ।

अर्का लेखक (ओल्डफिल्ड १८५०) लेख्छन्- कीर्तिपुरको जनसंख्या होला ५ हजार । माल्थसको सिद्धान्तअनुसार त्यति बेला जनसंख्या हुन आउँछ, ६ सय ५० बाट केही बढी । अर्थात् युद्धयोग्य एक चौथाइ भन्नाले करिब १ सय ६५ ।

अर्का लेखक (डेनियल राइट, १८६७-१८७७) लेख्छन्- कीर्तिपुरको जनसंख्या होला, ४ हजार । माल्थसको सिद्धान्त लागू गर्ने हो भने जनसंख्या नै हुन आउँछ, २ सय ५० । युद्धपुरुष हुन आउँछन्, जम्मा ६३ जना ।

यसरी जिस्सेपी एक नम्बरका सुनिजान्ने देखिन्छन् ।

सुनिजान्नेको यथार्थ- दुई

(क) डेनियल राइट लेख्छन्- ती नाकहरूको तौल १७ धार्नी (करिब ८० पाउन्ड) थियो । जम्मा ८६५ जनाको नाक काटिएको थियो । पहिलो कुरा त यो अङ्क कथित घटनाको एक शताब्दीपछि दिइएको छ । दोस्रो कुरा सत्र धार्नीबराबर ८० पाउन्ड हुँदैन । १.४१८ किलो बराबर २.२०४ पाउन्डको हिसाबले ८९.६७७ पाउन्ड हुन्छ ।

यो अशुद्धि किन भएको हो भने वि.सं. १८९८ मा एक स्थानीयले बनाएको टिपोटमा ८६५ जना मानिसको नाकको कुल तौल १२ धार्नी १ सेर ६ तोला लेखिएको थियो । अनि वि.सं. १८३५ मै बुद्धिमानसिंह बस्नेतले बनाएको अर्को टिपोटमा १७ धार्नी १ सेर लेखिएको थियो । उनले दुवै टिपोटको 'फ्युजन' गरेको स्पष्टै छ ।

एक व्यक्तिको नाकको तौल २० देखि २५ ग्राम हुन्छ । २५ ग्राम नै मानौं, एक धार्नीबराबर २.३९३ किलोग्रामको हिसाबले सत्र धार्नीबराबर ४०.६८१ किलोग्राम नाक हुन आउँछ, जसको अर्थ हो १६२७ जनाको नाक काटियो, जो ८६५ को करिब दोब्बर छ । यसरी धार्नी, पाउन्ड, ग्राम, संख्या माथि कतै मिलेका छैनन् । यसलाई भन्छन्, ढाँटेको कुरा काटे पनि मिल्दैन ।

यही नमिलेको कुरालाई एडेन भेन्सिटार्टले खुरुखुरु १८८९ मा सारे झन्डै १ सय २० वर्षपछि, जसलाई धेरै विद्वान्हरू साभार गर्छन् ।

(ख) त्यस्तो किन भएको हो भने ल्यान्डन (१९२३)ले लेखेका छन्- घटना जिस्सेपीले देखेका थिए तर जिस्सेपी स्वयम् भन्छन्- उनी आफू त्यहाँ १७६९ मा पुगेका थिए र यो घटना १७६६ को हो ।

भेन्सिटार्ट 'सप्रमाण' लेख्छन्- आदेश पालनाको प्रमाणका रूपमा नाकहरू देखाउन पृथ्वीनारायण शाहकहाँ लगियो तर जिस्सेपीले नै पृथ्वीनारायण शाह त्योबेला कीर्तिपुरमा नभएर नुवाकोटमा भएको लेखेका छन् । त्यसमाथि अहिले थानकोटमा त्रिभुवनको शालिक रहेको ठाउँलाई धेरै पछिसम्म नाय द्वों (नाकको ढिस्को) भनिन्थ्यो र आगन्तुकहरूलाई देखाइन्थ्यो भनी एक

कीर्तिपुरवासी (पासा)ले लेखे । नाक नगलिरहन सक्ने ढुङ्गा हो र ? त्यसरी ढिस्को भएर रहिरहनलाई । यथार्थ हो, नेपालभरि नाके ढिस्को र नाके डाँडा नाउँ भएका ठाउँहरू छन् । उनले थपक्क एउटा ढिस्को टिपे आफ्नो कुरा सोझ्याउनलाई ।

नुवाकोटमा बसेर दुई दिन टाढाको युद्धभूमिमा नाक काट्ने बिनाप्रमाणको आदेश दियो भन्नु नै तिनलाई बदानम गर्ने सक्दो कोसिस हो । यथार्थ के हो भने त्यत्रो सङ्ग्राम र सन्त्रासका बेला कसले बटुल्ने ? कसले गन्ने ? कसले जोख्ने ? त्यसमाथि मानिसका काटिएका अङ्ग-प्रत्यङ्गहरूलाई स्वास्थ्यकर्मी र पोडेबाहेक कसैले छुँदैन । अझ कसले आफ्नो तराजुमा जोख्न दिने ? यी सबै गफै हुन् । यिनले भूपी शेरचनलाई पुनः प्रमाणित गर्छन्- यो हल्लैहल्लाको देश हो । यहाँको जग उधिनेर हेरे पनि हल्ला भेटिन्छ ।

समकालीन विश्व

सन् १७६९ अर्थात् उपत्यका सर भएकै वर्ष हैदरावाद राज्य र ब्रिटिसहरूबीच युद्ध हुँदा नाकहरू काटिए । यो घटना सन् १७९९ सम्मका चारवटा मैसुर युद्धसम्म कायम रह्यो तर सन् १७९२ का कर्कपेट्रिक पनि त्यो उल्लेख गर्दैनन्, १९२३ का ल्यान्डन पनि लेख्दैनन् । आफ्नै ब्रिटिसहरूको त्यो कृत्यप्रति आँखा चिम्लिने ती पृथ्वीनारायण शाहको खेदो गर्नमात्र आतुर छन् ।

१६७० मा मुगलहरूले बिजापुरसँग युद्ध हुँदा नै गाउँलेहरूको नाक काटेका थिए । १८७६ मा बल्गारियनहरूले टर्किस सिपाहीहरूको नाक काटेका थिए । इस्तान्बुल फर्केपछि सुल्तानले दिएका चाँदीको नाक हालेर गौरवसाथ ती सडकमा हिंड्थे । मैसुर र मदुराई राज्यबीच भएको सन् १६५६ को युद्धमा सिपाहीका नाकमात्रै होइन, जुँगासहितको ओठ काटेर झोलामा सिङ्गै हाल्न मिल्ने अस्त्र नै विकसित गरिएको थियो । गनेर सिपाहीले पुरस्कार पाउँथ्यो । यस्ता घटना पृथ्वीभरि प्रशस्त छन् ।

अरू त अरू, १५९२-९८ बीचको युद्धमा जापानले १ लाख ८५ हजार ७ सय ३८ कोरियाई र २९ हजार १४ चिनियाँ गरी २ लाख १४ हजार ७ सय ५२ को नाक काटेर त्यसलाई जापान पुऱ्याई जुन ढिस्कोमा गाडेर मन्दिर बनायो, त्यसलाई भन्छन्, हानाजुका (नाकेडाँडो) । पासाको नाय द्वोंको सुषुप्त मनको डाँडो यही हानाजुका हो, न कि थानकोटको यथार्थ । यो हाना र थान मिल्न पनि गएको छ ।

यो प्रवृत्तिलाई अलि विस्तार गरौं

उपत्यका विजय गरेपछि मल्ल भारदारहरूलाई एउटा भोजमा निम्त्याई आगो लगाइयो भनेर १० कक्षालाई इतिहास पढाउने हैसियत नभएका (माणिकलाल)हरू लेख्छन्- यस्तो घटना अवश्य भएको हो तर रोमानियाको बालिचिया राज्यमा ।

कहिले चन्द्रशमशेर राणाको नाम लिएर तिनले हामी किरातका ३० हजार किताब जलाइदिएकाले हाम्रो इतिहास नभएको हो भन्ने पढ्न पनि पाइन्छ । यो भएको घटना हो तर त्यो पात्र चन्द्रशमशेर होइन, सि ह्वाङ ती हो । चन्द्रशमशेरले गरेको भए हनुमानढोकाको चौध लिपिको शिलापत्र तिनले किन नखुर्केको हो ? र अभिलेखालयमा नेवारी भाषाका त्यत्रा पाण्डुलिपिहरू किन पाइएका हुन् ?

यसरी एन्जोलो, जिस्सेपी, कर्कपेट्रिक, हेमिल्टन, राइट, ओल्डफिल्ड, भेन्सिटार्ट गरी सात अङ्ग्रेजले पृथ्वीनारायण शाहलाई हरतरहले गिराउन भारी कसरत गरे ।

यद्यपि कर्कपेट्रिकले आफ्ना भरियाहरूलाई देखेर दिएको जानकारीलाई त्यसै नकार्न सकिँदैन । सन् १७९२ मा क्याप्टेन नक्सको पछि लागेर उनी आउँदा कति बाकस सामान थियो भनेर अङ्क उनले दिएका छैनन् । यसैले भरिया संख्याको अनुमान गर्न सकिन्न । कति बाहेक भने दुई जनालई १०-१० बाकसको छुट दिने हो भने भरिया संख्या २० हुन आउँछ । ७५ प्रतिशत भरियाको नाक थिएन ठान्ने हो भने १५ जनाको थिएन । यति

१५ जनाकै आधारमा साराको नाक काटियो भन्ने अवस्था बन्दैन । त्यति बेला कूल आगन्तुक आठ जना थिए । एक जनाको निजी सामान २ भारी मान्ने हो भने जम्मा १६ जना भरिया र साझा सामान ४ भारी मान्ने हो भने पनि कूल भरिया संख्या २० हुन आउँछ ।

नभन्दै ललितावल्लभ अर्ज्यालले वि.सं. १८२६ मै कीर्तिपुर घटनाका सन्दर्भमा एउटा संस्कृत शब्द प्रयोग गरे- 'कांश्चित् ।' यसको अर्थ हुन्छ, केही व्यक्तिको । बाबुराम आचार्यले २०२२ सालमा आइपुगेर १२-१५ जनाको नाक काटिएको भनेर गरेको निर्क्योलको आधार यही नै हुनुपर्छ ।

अर्थात् कथित नसकटापुरको घटना विश्वको पहिलो र अन्तिम वा एउटै घटना थिएन । त्यो विश्वभरि नै युद्धकालमा चलिआएकै मध्येको तर अत्यन्त सीमित घटना थियो । अङ्ग्रेजहरू स्वयम् त्यस्ता कुरामा सामेल थिए ।

लिन बेनेटले 'डेन्जरस वाइभ्स एन्ड स्याकरर्ड सिस्टर्स'मा खडा गरेकी काल्पनिक गाउँ 'नारिकोट' र जेम्स फिसरले 'ट्रान्स हिमालयन ट्रेडर्स'मा खडा गरेको काल्पनिक गाउँ 'तरंगपुर'को प्रेरणा नेपाली मानवशास्त्रीय लेखनमा विहारीकृष्ण श्रेष्ठले कर्णाली लोकसंस्कृतिमा खडा गरेका काल्पनिक थलो 'दियार गाउँ' हुनुपर्छ भन्ने लाग्थ्यो तर होइन रहेछ । जिस्सेपीले यसरी कीर्तिपुरलाई नसकटापुर नाउँ दिएर अरूका देशमा घुसपैठ गरी त्यसमा छेद हाल्ने प्रेरणा उतिबेलै दिएर गएका रहेछन् ।

फिरंगी जासुसको आशंकामा निकालिएका (जुन एडेन भेन्सिटार्ट 'नोट्स अज नेपाल'मा स्वीकार गर्छन्) र सिन्धुलीमा हारेर चुर भएका इसाई इतिहासकारहरूले त्यसलाई पृथ्वीनारायण शाहविरुद्ध भयानक प्रोपगान्डाको सामग्री बनाए । जति मात्रामा नाक काटियो, त्यसमा तिनीहरूले आफ्नै नाकहरू पनि थप्दै र जोड्दै गए ।

'आपत्तिजनक सम्झौता'प्रति

राजनीतिमा रैथाने तराईवासीको हैसियत खोइ ? जसको सेनासम्बन्धी सोचले कुनै मौलिक आयाम र महत्त्व राखोस् ।

विश्वेश्वर कोइरालाले 'सबैभन्दा अविश्वसनीय' भनेका पात्रको प्रधानमन्त्रित्वकालमा, ३० हजारमा नेपाली सेना झारे हुन्छ भनेर १९८९ मा एम.जे. अकबरलाई अन्तर्वार्ता दिने ऋषीकेश शाहको परोक्ष तर पूर्ण अनुसरण, त्यो पनि उनकै चेलाबाट भएछ भने पनि धेरैलाई आश्चर्य लाग्नेछैन । त्यसैले आपत्तिजनक चारबुँदे सम्झौता हुन पुग्यो, जसमा कथित तराई मोर्चाले आफ्नो तुहिनै लागेको अडानका कुरा बेलाबेला उठाइरहन्छ तर कुन तुक र तर्कका आधारमा ? यहाँ त्यसैको विस्तार गरिन्छ ।

अघोषित नियम

६ फिटभन्दा अग्लो हुनुपर्थ्यो, हनुमानढोकाको पहरेदार हुन । यो चलन राजेन्द्र विक्रम शाहका वेलासम्म कायम थियो । जर्मन काइजर्सको दरवारको पहरागणको अनुकरण भए पनि वि.सं.. १९०४ मा तिनैलाई समेटेर राइफल गण गठन गरियो ।

द्वितीय विश्वयुद्ध (सन् १९३९) सम्म काठमाडौं उपत्यकाको काँठका मानिसहरूलाई सेनामा भर्ना लिइँदैनथ्यो । यद्यपि काँठमा प्रशस्तै क्षत्री परिवारहरू बसोबास गर्थे । त्यो बेलाको काँठ भनेको टुखुचाटार (कालिकास्थान), धाँकिटार (गौरीघाट उत्तर), भैमाल (मनहरापारि) पनि हो ।

'भैमाल्याहरूका विश्वासमा पर्नु छैन, सबै नुनहरामी हुन् ।' भनेर जयप्रकाश मल्लले अन्तिम समयमा पृथ्वी नारायण शाहलाई दिएको अर्ति (पेज ३७४, आचार्य, २०२६)को यो पालना थियो ।

प्रधानसेनापतिमा सकेसम्म ठकुरीलाई नियुक्ति दिइँदैनथ्यो । यो चलन २०२२ सालमा सुरेन्द्रबहादुर शाहको नियुक्तिले टुटेको मात्रै हो । पृथ्वीनारायण शाहका आफ्नै भाइ महोद्दामकीर्ति शाहले गुल्मीको फौजी सहयोगमा गोरखाविरुद्ध विद्रोह गर्न खोजेपछि यस्तो नीति लिइएको हो । नभन्दै पृथ्वीनारायण शाहले दिव्योपदेशमा 'ठकुरीको सवार भन्याको सिघ हो, पछाडि दगाहुन्छ' भनेकै छन् । राजाचाहिं ठकुरी हुने तर प्रधानसेनापति नहुने त्यस्तो हदैसम्मको कठोरता देख्दादेख्दै तराईवासीमाथि किन पक्षपात ? भन्ने तर्कको कुनै तुक छैन ।

दहचोक, दिगर्चा, कास्की, नाल्दुमका लडाईमा उपाध्यायहरू लडेका र मरेका छन् तर ब्राह्मणलाई युद्धमैदानको कमान्डर नै चाहिं बनाइएको छैन, उनीहरूको गणको कुरा त परै रहोस् (कोतको तुलसी मठमा ब्राह्मणलाई कृष्णबहादुर राणाले काटेकै हुन् तर ती अर्यालको नामसमेत उल्लेख छैन) ।

लिम्बूहरू झनक्कै रिसाइहाल्ने र झगडालु हुन्छन् (भेन्सिटार्ट), यसैले उनीहरूको बहुलता रहेको गणलाई अरूबाट केही परै राखिन्छ, कोही जाति प्रहरीका निम्ति मात्र उपयुक्त हुन्छन् (भेन्सिटार्ट), यसैले प्रहरी सेवा नभएको कालमा समरजङ्ग कम्पनीको तर्जुमा भएको हो, कोही जाति साम्प्रदायिक हुन्छन् (एल्डरसट), यसैले उनीहरू बहुल रहेको गणमा अरू जातिलाई पनि मिसाइन्छ ।

ब्रिटिस टेलिकमले रोटरी टेलिफोनको प्रचलन कालसम्म देब्रे हात मात्र चल्नेलाई कर्मचारीमा लिंदैनथ्यो । माथिका नियमहरू त्यस्तै हुन् । त्यस्ता अघोषित नीति सेनामा सयौं छन् । २००८ को कार्यसम्पादन ऐनजस्तै नीति हो यो, टाउको भएको शरीर नभएको, जसको व्याख्या विशुद्ध विज्ञानको क्षमताभित्र पर्दैन । बरु कृष्णप्रसाद भट्टराईको कार्यकाल छोट्टिनुको एउटा प्रमुख कारण थियो, दिल्लीमा आफ्ना तत्कालीन समकक्षी अटल बिहारी बाजपेयीसँगको भेटपछिको संयुक्त पत्रकार सम्मेलनमा दिएको प्रतिउत्तर, 'तिमीहरूले चाहिं तराईवासीलाई सेनामा भर्ना किन नलिएको ?' बुझ्नेले कुरा बुझे हुन्छ ।

दायित्व

सेरामा रोपाइँ गर्नुपर्थ्यो, सेनाले सैनिक पोसाक नै लगाएर, केवल मोहता घुँडासम्म सारेर । सेरा भनेको पछिल्लो कालको विभाजनमा अब्बल, दोयम, सिम, चाहारमध्येको अब्बल जमिन हो । यस्तो जमिन प्रायः राजाकै पक्कै हुन्थ्यो तर सेरामा सेनाको योगदानको अर्थ हो, खाद्य सुरक्षाको ग्यारेन्टी । त्यसपछि मात्र अन्य जमिनमा रोपाइँ शुरु हुन्थ्यो करिब-करिब सबै रजौटा राज्यमा ।

सिन्धुली, रामेछाप र उदयपुर जिल्लामा रामदली गाउनुको अर्थ घाँसेगीत गाउनु हो तर यथार्थ के हो भने रामदली मकै गोड्दा मात्रै गाइने गीत हो (रामकली गाउनुको अर्थचाहिं अर्कै हो) । सन् १९०७ मा हजुरिया कर्णेल नरबहादुर बस्नेतले त्यहाँ 'डेन्ट कर्न' भित्र्याए । मकै (जिया मेज)को 'फ्लिन्ट कर्न' प्रजाति जगज्जय मल्लकै बेलादेखि थियो, 'पप कर्न' प्रजाति जङ्गबहादुर राणाअघि नै थियो तर यो अत्यन्त नयाँ प्रजातिको उब्जनी पक्का गर्न सेनाको राम दललाई उपयोग गरियो । जुन दल पछि प्रहरीमा परिणत भयो अर्थात् बाहिरी आक्रमणबाट देश रक्षा गर्न मात्र होइन, नागरिकलाई खाद्य सुरक्षा दिलाउने दायित्व पनि सेनाकै थियो ।

जति बेला हरित क्रान्तिको कुरा गर्ने नर्मन बोर्लागको न जन्म भएको थियो, न एमोनियम सल्फेट नै भित्रिएको (१९५२) थियो । यस्ता सेराहरू पश्चिमसम्म अझै टन्नै छन् । ठिमीको नेकु सेरा पनि सेरा नै हो (नेवारीको नेकु जोडिएको कारण त्यहाँ नीरकमल (निम्फिया स्टेलाटा) लगाइन थालेकाले हो । नेकु बन्छ संस्कृतको कालोबोधक निस्कुटबाट रूपान्तरित भएर नेवारीमा बन्ने निकुथु रॉंगोबाट । नीरकमलको बियाँ राँगाको टाउकोजस्तै हुन्छ नियाल्यो भने ।) तर अवनतिको हद यस्तो भएर गयो नेकु सेराले पछिपछि धान होइन, वर्षको ६ वटा नीरकमल मात्रै दरबारलाई बुझाउन थालेको थियो ।

अर्थात् 'तराईले खाद्य सुरक्षा दिएन भने पहाड धानिंदैन र त्यसले घुँडा टेक्छ' भन्ने दक्षिण सञ्चालित मनोविज्ञानका आडमा चलेको राजनीतिमा कुनै दम छैन । यद्यपी रिपु मल्लको डोटी राज्यका हातमा भारतस्थित

सिङ्घियाईसम्मको तराई, पाल्पाको हातमा बटौली (मान्छे बटुलिने ठाउँ), खस्यौली (खस्न गएकाहरू बस्ने ठाउँ), सुनौली (सुनजस्ता बाला झुल्ने ठाउँ), तनहुँका हातमा भारतको रामनगरसम्म, चौदण्डीका हातमा पूर्वी तराईदेखि पूर्णियासम्म सोझै अधीनस्थ इलाकाहरू थिए, अझ दीनानाथ दाहालले जोडेका चार जिल्लासहित (सिन्धुलीको मूलकोटमा उनले बनाएको पीपल चौतारा मात्रै अब त्यस महान् कूटनीतिज्ञको कीर्तिशेष रहेको छ) जहाँ पारिबाट खेतीका लागि अधियाँ दिई दिई ल्याउनुपर्थ्यो ।

अभ्यास

माओवादी बिद्रोहको एउटा प्रशंसा गर्नैपर्छ, त्यो हो- अभ्यासहीन, सुतेको र धेरै नै बोसो लागेको परम्परागत सेनालाई यसले एकाएक चुनौतीको माध्यमबाट ताजा र तयार रहन प्रेरित गऱ्यो । यद्यपि ८० प्रतिशत भूभाग कब्जाको जुन दाबी गरिन्छ त्यो माओवादी बलियो भएर होइन, राज्यको अनुपस्थिति र सेना कुँजो अवस्थामा पुगिसकेकाले हो ।

२००७ सालपछि नेपाली सेनालाई कुँजो कसरी बनाउने भनेर दक्षिणी प्रयासहरू भएरै आएका थिए । राणाकालको पुनःगठनका नाममा ६ हजारमा सेनालाई झारियो । यो खप्न सकेन नेपालले र सबैलाई मिलिसिया ट्रेनिङ दिने आवाज घन्कियो, कम्तीमा अहिलेको इजरायल वा दक्षिण कोरियाको ढाँचामा । केआई सिंह यस विचारका प्रणेता थिए तर भिसी विजेता लक्ष्मण गुरुङले पाएको भन्दा पनि चर्को स्वागत दिल्लीमा पाएपछि यो प्रसङ्गलाई कलेजबाट केही विद्यार्थी भर्ना गर्ने गरी नेसनल क्याडेट कोर्समा पुऱ्याएर तुहाइयो । आज देव गुरुङहरूले पुनः त्यसलाई जब जगाउने प्रयास गरे, दक्षिणलाई टाउको दुख्यो । नेपाली काङग्रेसका 'सिलौटा' र 'सिखण्डी' हरू त्यसविरुद्ध खनिए ।

जब कि नेपालको पुनः एकीकरण अभियानको विस्फोट मात्रै गोरखाबाट भएको हो । पश्चिमका यावत् खलङ्गा (छाउनी)हरू मध्यकालभन्दा पनि अघिदेखिका हुन् । सैनी भनिन्छ, सेनाप्रमुखलाई अर्थात् गोरखाको नुवाकोट

भैरवीजस्तै पश्चिमको निम्ति निगाला सैनी, पोटाला सैनी, खडक सैनी, विन्द्रा सैनी, डिला सैनी सबै युद्धका देवी हुन्, सिङ्गा सैन, तिमल सैन, मङ्गल सैन, पाण्डु सैन, बाटुला सैन, घोडा सैन, खीर सैन, तान सैन सबै पूर्वछाउनीहरू हुन् । गण्डी गुल्म (चौकी)बाट गुल्मी, पयठ (मार्च)बाट प्युठान हुन पुगेको छ । यद्यपि तिलङ्गा भारतको तेलङ्गनाको सिपाहीलाई मात्र भनिन्छ अर्थात् नेपाली जनजीवनको सबैभन्दा प्रबल धार नै सैनिक धार हो । नेपाली साधुका बोलीमा पनि सैनिक लवज पाइन्छ, गहिरियो भने । यसैले नेपालको पैदल सेना विश्वकै सबैभन्दा राम्रो पैदल सेना हुन पुग्यो कुनै बेला ।

पक्कै हो, भारत सङ्घको निर्माणपछि त्यसैको निरन्तरता व्यावहारिक रहेन तर धाइफाल (लङ जम्प), ठेलो (सट पुट) र अझ सन् १८४२ को सार्वजनिक पल्टनबाजी (समर सल्ट) प्रदर्शन सबै छापामार चरित्रका अभ्यास हुन् । पश्चिममा खेलिने 'गर्रा' नै महाभारतकालीन चक्रव्यूहको अवशेष हो । जडेलो (भाइटिस लनाटा)लाई काट्न वर्जना गरिएको नै छापामारलाई निर्जन जङ्गलबीच पानी पिलाउनलाई हो । बारुदका निम्ति राम्रो धुलेगोलको खोजीमा सतीबयर (रस पार्भीफ्लोरा) व्यापक रूपमा जङ्गलमा रोपेको माओवादीले यो रहस्य बुझेकै होला ।

अर्थात् भारत सङ्घको निर्माणपछि कदाचित् परिहालेमा उपयोग गर्न सकिने चरित्र भनेको छापामार चरित्र नै हो, शक्तिशाली अमेरिकाविरुद्ध भियतकङजस्तो । यो उसले चाहिँ राम्रै बुझेको छ र मिलिसिया ट्रेनिङको विरोध भइरहेको हो तर मैदानमा हुर्केकाहरूले के पहाडी भूगोलमा चल्ने र त्यसको उपयोगिता हुने फोकटको रासन खानेबाहेक ?

पतनको सीमा

वि.सं. १८९९ मा शार्दूलजङ पल्टनका सिपाहीहरूले तलबका विषयमा माग राखे, आफ्नो बन्दुक बिसाए । वृद्ध बाबुआमा, पत्नी र छोराछोरी पाल्न नै एक व्यक्तिले ज्यानको बाजी राखेर सिपाहीको जागिर खाएको हुन्छ । यो कुनै विद्रोह थिएन, गुनासो मात्र थियो सरकारसँग ।

तर त्यसबापत तिनलाई कुनै युद्धमा लड्न जान नपाउने, आधुनिक सैनिक पोसाक लगाउन नपाउने र बन्दुकको नाल आकाशतिर फर्काउन नपाइने सजाय दिइयो । फस्वरूप 'गुरुज्यूको परेवा' (बाङ्ग प्वाँखे, चुत्थो), 'गुरुज्यूको लम्बर' (मनपरी) जस्ता नेपाली टुक्काहरूमा थप 'गुर रुज्यूको पल्टन' (नलड्ने)मा त्यो दर्ता भएको छ । जब कि वि.सं. १८७१-७२ को जैथकको लडाइँमा यसले इस्ट इन्डिया कम्पनीको सेनासँग लडेर त्यसलाई हराएको थियो ।

तर आज आफैंविरुद्ध, आफैंले मानी आएको परम्पराविरुद्ध, बन्दुक नै उठाएकाहरूलाई समेत सेना समायोजनका नाममा भित्र्याउन बाध्य छ सेना । यद्यपि भारतविरुद्ध बङ्करसमेत खनेको माओबादीलाई नक्कली नोट भित्र्याउनेहरू, तस्करी गर्नेहरू, दशगजा मिच्नेहरू, सीमास्तम्भ ढाल्नेहरू, घुसपैठिया आतङ्ककारीहरूलाई तह लगाउनकै निम्ति मात्रै भए पनि सीमा सुरक्षा बलमा परिणत हुन आपत्ति किन भएको हो ? बुझी नसक्नु छ । यहाँनिर शार्दूलजङ कम्पनीमाथि झन्डै १७० वर्षपछि आफ्नो फौजदारी अदालतबाट यथार्थवादी तर्कसहित न्याय दिएर मात्रै समयोजनतर्फ लाग्नु सेनाका निम्ति उचित हुनुपर्थ्यो, मैदानबाट बगालै भर्ती शुरु गर्ने त पछिको कुरा भयो ।

अन्त्यमा

सुरसण्ड पर्छ सीमापारि । त्यहाँ जन्मेर ससुराली धाइरहेको पात्रलाई नेपालमा राजनीति गराउन कोइरालाहरूले भित्र्याएका महन्थ ठाकुर । सोनवर्षा पनि पर्छ सीमापारि, त्यहाँ जन्मेर पर्साको एक चिनी कारखानामा लोडर र त्रिभुवन विमानस्थलमा सफाइ कामदारको ठेकेदार हुँदै सर्लाहीको नागरिकता लिने पात्रको नाम राजेन्द्र महतो । जसको बोली १६ पुसको नयाँपत्रिकामा पढ्न पाइन्छ, 'नेपाली सेनामा मधेसीलाई भर्ना गर्ने प्रक्रिया कसैले रोक्न सक्दैन, त्यसको विरोध गर्नुको औचित्य छैन ।' पटनामा जन्मेर नेपाल भित्रिएपछि मन्त्री बन्न पुगेकी सद्भावना आनन्दीदेबीकी नेतृ, घोडासाननजिकैको कबइमा जन्मिएर राप्रमा नेपालको सभासद्, अघिल्लो

पुस्तामा उत्तरप्रदेशको महाराजगन्जबाट जनकराज पाण्डेको परासीस्थित खाँडसारी मिलमा मिस्त्रीबाट मन्त्री, जयनगरमा जन्मिएर मधुवनीको नागरिकता लिंदै एमालेबाट मन्त्री, सीमावारिको होइन पारिको मर्चवारमा जन्मिएर सूर्यबहादुर थापाको मन्त्रिमण्डलमा क्याबिनेटस्तरीय शिक्षामन्त्री, अघिल्लो पुस्तामा बिहारको बीरपुरबाट भित्रिएर नेपाली काङ्ग्रेसबाट मन्त्री हुँदै फोरम र त्यसबाट मधेसी मोर्चाको नेताहरूको एक ठूलो बगाल नै रहेपछि तिनबाट नेपाली सेनाको छापामार चरित्रको विकासलाई रोक्न हुने हरसम्भव प्रयासमा आश्चर्य के ? रैथाने तराईवासीको खोइ हैसियत राजनीतिमा ? जसको सेनासम्बन्धी सोचले कुनै मौलिक आयाम र महत्त्व राखोस् ।

यो लेख छापिएपछि प्रकाशित पाठक-पत्रहरू :

समरजङ्ग र शार्दूलजङ्गको यथार्थ

आइतबार प्रकाशित सौरभको लेखका सन्दर्भमा केही विषय प्रस्ट पार्न उपयुक्त देखेकाले मैले निम्न तथ्य प्रेषित गरेको छु :

(क) समरजङ्ग कम्पनी प्रहरीका भूमिकामा स्थापना भएको होइन । यो नेपाली सेनाको एकदमै पुरानो अङ्गमध्येको हो । यसले नेपाल एकीकरण, नेपाल-तिब्बत युद्ध, नेपाल, तिब्बत-चीन युद्ध नेपाल-अङ्ग्रेज युद्धमा समेत बहादुरीसाथ लडेको होनहार कम्पनी थियो । भीमसेन थापा कमान्डर-इन-चिफ भएपछि यो कम्पनीलाई उनले आफना भाइ जनरल रणवीरसिंह थापाको मातहतमा हनुमानढोका राजदरबार र राजपरिवारको रेखदेख गर्ने गरी एडीसी -पार्श्ववर्ती) कम्पनीको काम दिएर राखियो । रणवीरसिंहले राजदरबारको जासुसी गरी दाइ भीमसेनलाई खबर पनि दिनुपर्थ्यो तर राजा-रानी, पाण्डे परिवारलगायतको मिलोमतोमा मिली रणवीरसिंह भीमसेन थापाकै विरुद्ध लागेको र त्यसको प्रमाण भीमसेन थापाले पाएपछि तुरुन्तै समरजङ्ग कम्पनीका अन्य अधिकृत पक्रिए भने रणवीरसिंह भागेर हाल सिन्धुपाल्चोकको सिपा भन्ने ठाउँमा पुगे । अनि भीमसेन थापाले कम्पनी खारेज गरे । यसको निसान ठाडो गर्न नपाइने र यस कम्पनीलाई युद्धमा

भाग लिन नपाउने आदेश दिए, शार्दूलजङ्गलाई होइन । पछि जङ्गबहादुर शक्तिमा आएपछि समरजङ्ग कम्पनीले इन्जिनियरहरूको जस्तै युद्धमा बाटोघाटो, पुल, किल्लाको निर्माण गर्ने काम पायो । राणकालसम्म यो क्रियाशील थियो । २००७ सालपछिको सैनिक संरचना परिवर्तन गरिँदा यसलाई जङ्गीबाट झिकेर गृह मन्त्रालयअन्तर्गत राखियो र हाल यो काठमाडौं भोटाहिटीको मुखैमा, गैरसैनिक कर्मचारीको मातहात छ । यसको निसान अहिले पनि जमिनमा सुताइएको छ । जङ्गी निसान पाइसकेको कम्पनीलाई गैरसैनिक बनाइएकोमा पुनः छानबिन भई जङ्गी अड्डामार्फत ल्याउनुपर्छ भन्ने मेरो ठम्याइ छ । तत्काल गल्ती गर्ने भीमसेन थापा र रणवीरसिंह थापा हुन्, यस कम्पनीको कुनै गल्ती थिएन ।

(ख) त्यसैगरी वि.सं. १८५६ मा खडा भएको शार्दूलजङ्ग कम्पनी पनि समरजङ्ग कम्पनीसरह हरेक युद्धमा लडेर खाटिएको गुल्म हो । राजा राजेन्द्रको पालामा सेनाको तलब र उनीहरूलाई कमाई खान दिइएको जग्गा जमिन हचुवाका भरमा घटाउँदा उपत्यकामा रहेका फौजहरूले असन्तोष व्यक्त गरी सेना भड्किन लागेपछि राजा स्वयम्को टुँडिखेलमा गएर तलब नघटाउने भाषण गरेका थिए । त्यसमा यो कम्पनीमात्र थिएन । अर्को कुरा वि.सं. १९१३ मा घटित भण्डारखाल पर्वमा राजा-रानी, बस्न्यात आदि मिलेर बनाएको जङ्गबहादुरलाई मार्ने षड्यन्त्रको गोप्य योजना रानी राज्यलक्ष्मीको सुसारे पुतली नानीमार्फत् दरबारिया पण्डित विजयराज पाण्डेले जङ्गबहादुरलाई समयमै जानकारि दिएकाले जङ्गबहादुर बचेका थिए । त्यो गुन तिर्न पुतली नानीलाई जङ्गबहादुरले पछि विवाह गरि रानी बनाए भने विजयराजलाई बडागुरुज्यूको पद दिएर अनि उनकै चाहनामा उनको सम्मान र सुरक्षार्थ यस कम्पनीलाई खटाइयो । त्यसपछि यसलाई गुरुज्यूको पल्टन भन्न थलियो । राणा शासनको अन्तसँगै यो प्रथा हट्यो । पछि राजा महेन्द्रको पालामा जस्तो लाग्छ, बालकृष्ण समलगायतको सल्लाहमा यसलाई बडामहाराजा पृथ्वीनारायण शाहकालीन फौजको सम्झना हुने गरी कालो दौरा- सुरुवाललगायतको पोसाक दिइयो ।

हाल यो हनुमानढोकामा छ भने यो कुनै पनि युद्धमा जान सक्षम रहने गरी अरू पल्टनसरह तालिमप्राप्त र व्यवसायी छ । यो गुल्मको इतिहासमा कुनै सजाय पाएको प्रमाण फेला परेको छैन ।

- प्रेमसिंह बस्न्यात, बाँसबारी, काठमाडौं

'कान्तिपुर' र सौरभको लेख

माघ ८ गते 'कान्तिपुर'मा प्रकाशित सौरभको लेखबारे चन्दा चौधरी, सुरेश मण्डल, मुकेश झा, प्रेमसिंह बस्न्यात, हीराकुमार सिंह, डा. कृष्णकुमार ठाकुर र रमा पाठकका सकारत्मक तथा नकारत्मक पाठक प्रतिक्रिया पढ्न पाइयो । यसमध्ये हीराकुमार सिंहले 'कान्तिपुर' र सौरभप्रति रोष प्रकट गर्नुभएजस्तो लाग्यो । 'कान्तिपुर'ले निष्पक्षता कायम गर्नसकेको छैन भन्ने सिंहका भनाइका सम्बन्धमा पत्रपत्रिका भनेकै सबै प्रकारका र सबै समूहका विचारधारा, भावना, धारणा र तथ्य अटाउने सामग्री हो । एक समुदायलाई मनपर्ने र अर्कोलाई नरुच्नेबित्तिकै 'कान्तिपुर'ले पक्षथात गर्‍यो भन्न मिल्ला र ? जहाँसम्म लाग्छ, 'कान्तिपुर'ले निष्पक्षका साथ सबै समुदायका लेखरचना तथा पाठक प्रतिक्रिया पस्कँदै आएको छ । 'कान्तिपुर' निष्पक्ष नभएको भए हीराकुमार सिंहको प्रतिक्रिया प्रकाशित हुने थिएन । यो न एउटा उदाहरण हो ।

जहाँसम्म सौरभको लेखको सम्बन्ध छ, हीराकुमारले महन्थ ठाकुर सुरसण्डमा, राजेन्द्र महतो सोनवर्षामा जन्मेको प्रमाणित गर्नुपर्‍यो भनेका छन् । यस सम्बन्धमा सौरभले त भनिसकेका छन् । अब सिंहले नै भन्नुपर्‍यो, उनीहरूबाहेक सौरभले लेखेका, पटनामा जन्मेकी सद्भावना नेतृ, घोडासानमा जन्मेका राप्रपा सभासद्, जयनगर जन्मेका एमाले मन्त्री, वीरपुरबाट भित्रिएका काङ्ग्रेस पूर्वमन्त्रीसमेत कहाँ जन्मेका हुन् ? उनीहरू ती स्थानमा जन्मेको विषय प्रश्नवाचक कुरो होइन । उनीहरू वंशजका नाताले नेपाली हुन सक्छन् र नेपाली नागरिक भएरै यत्रो ओहदामा पुगेका

हुन सक्छन् तर गुह्य कुरा, उनीहरूको वंशज नातेदार पितापुर्खा नेपाली नागरिक को-को हुन् ? वंशजको नामावली प्रकाशमा आए सौरभको लेख र हीराकुमार सिंहको रोष पुष्टि र खण्डन हुने थियो । स्मरणीय छ, विहारको सुपौल जिल्ला टेडीमा जन्मेका गिरिजाप्रसाद कोइरालाका पिता वंशजः रामेछाप दाप्चामा रैथाने विराटनगरनिवासी कृष्णप्रसाद कोइराला थिए ।

बुद्धिनारायण श्रेष्ठ, भूमिचित्र नापनक्सा कम्पनी, बागबजार

सौरभको यो लेख प्रकाशित भएपछि केही राजनीतिज्ञहरूका समर्थकहरूले काठमाडौं अनामनगर र अन्यत्र कान्तिपुर जलाए । कान्तिपुरले पनि उक्त लेखबारे आफ्नो केही भनाइ नरहेको 'सम्पादकीय टिप्पणी' भोलिपल्ट मुखपृष्ठमै छाप्यो ।

अनादिवासी खस !

देश भनेको आफ्नो पारिवारिक बपौतीजस्तो टुक्रा-टुक्रा बाँड्दा मिल्छ ठान्ने वामपन्थी बुज्रुकहरू र आफूले आर्जन नगरेको राज्य माग्ने मगन्तेहरूले आदिवासी शब्दको परिभाषा के हो पहिला दिन सक्नुपर्छ ।

काशी गोत्र र ल्हासा गोत्रमा राई-लिम्बूलगायत अनेक जातजातिले आफूलाई विभाजन गरेका छन् तर यो काशी भारतको उत्तरप्रदेशको काशी होइन । बरु चिनियाँ भाषामा काशगरलाई गरिने सम्बोधन हो । काशगर पर्छ, कस्मिरको ठीक उत्तरमा ।

यही काशगरमा चलन थियो, सियान र बेइजिङका प्राचीन दरबारी खलङ्गाहरूमा यत्रतत्रबाट थुपारिने महिलाहरूको पहरेदार बनाउन राजखानी झिकेर कम्मरपेटीमा थन्क्याउने । ऊ मरेपछि उक्त अङ्गसहित सग्लै अन्तिम संस्कार गर्न पाइयोस्, फलस्वरूप पुनर्जन्ममा ऊ सग्लो अङ्गसहित जन्मियोस् भन्ने उद्देश्य राखिन्थ्यो । त्यही चलन दक्षिणको कास्मिरमा आइपुग्यो । यही चलनलाई टिपियो अङ्ग्रेजीमा 'क्यास्ट्रेसन' शब्द बनाएर । ग्रिक वा लेटिनबाट लिइएको भए 'अर्किस्टोमी' बन्थ्यो होला, 'भास डिफरेन्स' अर्थात् शुक्रनलीबाट 'भ्यासेक्टोमी' बनाएजस्तै । नेवारहरूले पनि यसै चलनबाट राजखानीबोधक क्वासी शब्द बनाए र कास्मिरको दक्षिणमा, अझ वर्तमान हिमाञ्चल प्रदेशको पनि दक्षिणमा पर्छ किन्नौर । त्यहाँ पनि पस्यो यो चलन । त्यसैले अहिले भारमा तेस्रोलिङ्गी जनाउनुपर्दा किन्नर-सुन्दरी शब्द प्रयोग गरिन्छ । प्राचीन किन्नौर राज्य जोडिन्छ, नेपालको पश्चिम-उत्तर कुनामा । यहीं जोडिन्छ, तिब्बतको पश्चिम-दक्षिण कुना अर्थात् ङारी प्रदेश पनि, जसको स्थानीय सदरमुकाम पुराङ-बुराङ-

ताक्लाखार हो । तोखारियन मूलको ताक्लाको अर्थ हो- मरुभूमिजन्य, समतुल्य नाम ताक्लामकानजस्तै । यसैले भारततिर तालुखुइलेलाई तक्ला भन्छन् । तालु नै तक्लाको रूपान्तरण हो ।

किन्नौर र डारीका विशाल भूभागमा चल्ल-मल्ल र उनका पूर्वजहरूको साम्राज्य जब थियो भने ती पनि खस कहलाउने नै भए । जसरी १७६९ भन्दा अघिको नेवार संस्कृति प्रचलित इलाकाहरूमा जो-जो थपिँदै र बसोबास गर्दै गए, ती पनि नेवार कहलाइँदै गए ।

यही काशीको अर्को रूप इस्लाम पुरोहित काजी हो किनभने जसले खतना गर्ने कार्यक्रमको सञ्चालन गर्छ । खतना सनातनधर्मीको व्रतबन्धजस्तै हो, जसमा हटाइन्छ, जननेन्द्रियको टुप्पाको छाला (फोरस्किन) । यसैबाट रूपान्तरण भएर बन्छ, पशुवध र मासुका व्यवसायीहरूको थर कसाब अर्थात् कसाही शब्दको पूर्वरूप, खत शब्दको उत्पत्ति पनि । इस्लाम राज्यमा धर्माधिकारीसरह काजीको महत्त्व हुने भए पनि 'काजी अभिमान सिंह' कस्तो विरूप अनुकरण हो, पाठकहरूले आफैंले बुझ्नुपर्ने कुरा हो । यद्यपि के सत्य हो भने नेवारहरूले काजी र खस दुवै शब्द प्रायः क्षेत्रीहरूकै निम्तिमात्र प्रयोग गर्छन्, बाहुनहरूका निम्ति न्यून । यस अर्थमा बाहुनहरूले खसको अर्थ जति बुझेका छन्, नेवारहरूले अन्जानमै पनि धेरै सही र सटीक बुझेका छन् । कि हामी खस होइनौं भनेर 'कान्तिपुर'मा लेख्ने 'कौण्डिन्यायन' बन्धुहरूले बुझेका छन् । 'कौडिन्यायन'हरूले सहजै बुझ्ने कुरा होइन पनि यो ।

अर्थात् आज जसलाई खस भनिँदै छ, ती यथार्थमा खस होइनन् । खस संस्कृति भएको इलाकाका बासिन्दामात्र हुन् वा जो त्यस इलाकाबाट गुज्रँदै नेपाल आए र जो खास खस हुन्, ती लिम्बू-राईलगायत विभिन्न जातजातिका काशी गोत्रभित्र पर्ने मानिसहरू हुन् ।

पाटो दोस्रो

मध्यएसियामा कजाखस्तान नाउँको देश छ । नभन्दै सँगैको रुसी भाषामा बाख्रीलाई कजा भनिन्छ र खसीलाई कास्त्रिरोवाली । जुन कास्त्री

झट्ट सुन्दा खसी नै जस्तो लाग्छ र नभन्दै कजाखस्तानमा एउटा जाति छ किरेत, अवश्य नै मङ्गोल मूलको हो । रेसम मार्गमा पर्ने यहींबाट काशगरको त्यो चलनको ज्ञान युरोप पुग्यो 'क्यास्ट्रेसन'मा रूपान्तरण हुनलाई, जसरी मार्कोपोलोको हातबाट चाउचाउ युरोप पुग्यो, स्पागेटी (पानीरोटी) हुनलाई । यद्यपी चाउचाउको खास अर्थ चाउचाउ जातको कुकुरको त्यान्द्रे मासु हो । मार्कोपोलोको देश इटालीसँगैको ग्रिसमा त बाख्रीलाई काशिका भनिन्छ नै ।

कजाखस्तान जोडिन्छ- पश्चिममा काशगरसहितको वर्तमान सिनकियाङसँग र पूर्वमा काशगरको संस्कृतिबाट प्रेरित नाम लिएको क्यास्पियन सागरसँग । विश्वको पाँचौ ठूलो राष्ट्र कजाखस्तानको स्टेपी (घाँसमैदान) प्रख्यात छ, घोडचढीहरूले विशालकाय बाख्राबथानहरू चराउनका निम्ति । अर्थात् सम्भवतः बाख्रा र घोडालाई खसी र खच्चर बनाउने प्रथाको थालनी यही ठाउँबाट प्रेरित छ । दाङमा थारूहरूले कुखुरालाई खसी पारेर 'बधिया भाले' बनाउने चलन पूर्वमा किन छैन ? यहाँनिर विचारणीय छ ।

बधिया शब्द वेदाङ्ग कात्यायन श्रौत सूत्र १५.१ ऋग्वेद ७.१८, अथर्ववेद, तैत्तिरिय संहिता, वानसनेयी संहिता आदिमै उल्लेख छ । अर्थात, खसीको चलन ऋग्वेदभन्दा पनि पूर्वकालको हो ।

यी लेख्दै गर्दा पङक्तिकार जान्दछ, कतै नभएको 'दुईवटा विद्यावारिधि'हरूले- मङ्गोलियामा घरलाई ओइरात भन्छन्, त्यसैबाट किरात शब्द बन्छ भन्दै फेरि पनि लेखिपठाउनेछन् तर ओइरात जाति कजाखस्तानको सुदूर पश्चिममा छ ।

बाहिङ्खम्बु पनि एउटा हो, माझकिरातलाई चिनिने नामहरूमा । कस्मिर छेउका काँगडामा ९९ किल्ला भएको किरात संवरलाई हराइएको प्राचीन प्रसङ्ग छ । नभन्दै बाहिङराईहरूमा तोलोचा थर हुन्छ र कस्मिरको भ्यान्दर उपत्यकामा तोलोचा किरात बस्छन् पनि । गोपाल राजवंशावलीले पनि अरुण र तमोरबीचका (आजको अर्थमा राई)लाई मात्रै किरात तोकेको

छ । उनीहरू रहेको 'कोसी' प्रदेश नाम समुद्रबाट सय मिटरको उचाइमा मात्र पाइने कुश (डेस्मोटास्या विपिनाटा)बाटै रह्यो भन्न गाह्रो छ किनभने त्यो नेपालभित्रकै सय मिटरमा मात्रै पाइन्छ भन्ने होइन । यो एसिया र अफ्रिकाका ऊष्ण र शीतोष्ण सबै इलाकामा पाइन्छ । यही कोसी भारतको उत्तरप्रदेशको जुन नदीमा मिसिन्छ, त्यो बगेर जाने किनारले पनि नाउँ पाउँछ- काशी ।

तामाङहरूको विवाहमा केटापक्षबाट सगुनस्वरूप पठाइने मदिराको विशेष नाम हो- कर्जेल पोङ तर यो कर्जेल यथार्थमा कज्योल (बाख्रो)को मासु र पोङ (रक्सीको भाँडो) हो । यद्यपि आजका दिन मदिरामात्रै हो भन्ने बुझिन्छ । जसरी एक भुजेल केटा पहिलो पल्ट ससुराली जाँदा लड्डीमा सिउरेर जानुपर्ने वस्तु हो- शहर माछा (बार्बस पटिटोरा) र मूलापाते (एलिफान्टापस स्काबर), लोकजीवनको भियाग्रा तर जाने गर्छन, मूलाको पात सिउरेर । यसले पनि तामाङहरूलाई काशगरको संस्कृति अवशेष बोकेको 'खस' नै बनाउँछ ।

थकाली जाति भन्ने गरिन्छ तर थकालीको शुद्ध रूप नेवारी भाषाको जेठाबाठो बोधक थकाली होइन । जो तराईबाट भित्रिएको ठाकुर शब्दको नेवारी रूपान्तरण थकुबाट बनेको हो । बरु थाकाली हो, थाकखोलाबाट बनेको, मार्फाबासीलाई मार्फाली भनेजस्तौ । त्यसभन्दा अघि थाक्से भनिन्थ्यो। यीभन्दा पनि पर उनीहरूकै देवी हुन्- नरिझ्योब, जसको शुद्ध रूप हा, ङरिझ्योब अर्थात् तिब्बतको ङारिकी देवी, जो पर्छ, प्राचीन खसान राज्यमा । यसरी थाकालीहरूनै पनि कार्यकारणले खस हुन् । संस्कृतको पानीबोधक नारबाट नारायण बन्दछ र नेवारी अनेक भाषामा माछाबोधक र पानीबोधक 'ङा' यसैबाट आउँछ । भूपतीन्द्र मल्लकालीन भजनमा नेपालको ठाउँमा ङेपाल लेखिएकै छ पनि ।

ग्याङ्मी थर हुन्छ- मगरहरूमा पनि, जसलाई याक्खामा क्याङ्मी भनिन्छ । यसको अर्थ हो- चिनियाँ । यद्यपि यो सर्वनाम हो गोरो र पातलो बोधकलाई नेवारीमा चिनियाँमान, नेपालीमा मुरली र खोस्तमा बेलायती भनेजस्तै तर

चीनमा प्रान्त छ- ग्याङ्सुदो, जो मङ्गोलियासँग जोडिन्छ पनि । अनि एउटा थर हुन्छ- पुन, जो बोनको अपभ्रंश हो । यही बोनको रूपान्तरण हो- तामाङहरूको पवित्रतम कलश 'भोम्बु', अम्रिसो (थाइसानोलाइना मेक्सिमा) हालिने, जो दिसापखाला प्रतिरोधक रहेकाले पूज्य (ल्हाटुङ) भएको हो । अनि बोन धर्मको केन्द्र हो, ङारी प्रदेशभित्रकै कैलाश जसका आदिप्रवर्तक हुन्- दोर्जे शेराब । यसरी मूलतः बोन धर्मावलम्बी मगर र तामाङहरू फेरि पनि कार्यकारणले खस नै हुन् ।

नेपालभित्र लिम्बूको रट लगाइरहे पनि साङे भन्छन्- सिक्किम र भुटानका लिम्बूहरूले नेपालका लिम्बूलाई । अनि नेपालका लिम्बूले पनि उताका लिम्बूलाई साङे नै भन्छन् । यो साङ भनेको ताप्लेजुङपारिको तिब्बती भूभाग हो । यहाँबाट बग्ने नदीको नाम साङपो हो, जो आसाम छिरेपछि ब्रह्मपुत्र र बङ्गलादेश पुगेपछि मेघनाजस्ता नामहरू लिँदै बङ्गालको खाडीमा झर्छ । उनीहरूको काशी गोत्रको उल्लेख त माथि नै गरियो ।

पच्युँ र क्याब्रिका माध्यमबाट संस्कार चलाउने गुरुङहरू बोन भएपछि ती पनि कार्यकारणले खस त हुन् नै । त्यसभन्दा एक कदम बढेर तिनले आफ्नो बसोबासको थलो नै काशगरबाट प्रेरित रहेर कास्की (काशिकी) राखेको बुझिन्छ । भलै संस्कृतज्ञहरूले त्यसलाई कौशिकी र कश्यप (चिसाखोलाको सन्दर्भमा योगी नरहरिनाथ)सँग जोडिरहून् । (यद्यपि कश्यपसंहिताको 'फाइटोज्योग्रफी' चिसाखोलासँग ठयाम्मै मेल खान्छ ।)

पुछारमा

एउटा उदाहरण- खान्चा खान र मिचा खान पूर्वज रहेका यी शाहहरू मुसलमान हुन् भनेर पटक-पटक लेखिरहन पनि हाम्रा जातिवादीहरू कहिल्यै थाकेनन् । अरू किसिमले भन्न नसकेर त्यस हदसम्म खसाल्न उद्यत् छन्- वामपन्थी खोल ओढेका जातिवादीहरू तर तिनले बुझ्नुपर्ने कुरा के हो भने चङ्गेज खान वा कुब्लाइ खान मुसलमान थिएनन् । मालिकबोधक तातार/मङ्गोलियन/टर्किस शब्द कानबाट खान बन्छ । जसरी त्यसैबाट

संस्कृतको पतिबोधक कान्त र पत्नीबोधक कान्ता । यद्यपि यो आफैंमा राजाबोधक मङ्गोलियन शब्द हो । तिनको राज्यलाई भनिन्छ- खानेट । खानबाट तरबारबोधक खाँण शब्द पनि बन्छ, जुन कुनै बेलाको राजचिह्न पनि हो । जसरी उर्दूको तरबारबोधक शमशीरबाट धीरशमशेरको मध्य नाम शमशेर, जसरी कोतपर्वकालमा मारिने भवानी सिंहको मराठीको तरबारबोधक भवानी, जसरी खड्गबोधक खड्का र खड्गी, जसरी चुपीबोधक बर्फोङबाट लेप्चा थर बाराफोङ । त्यस्तै बादशाहबोधक मङ्गोलियन शब्द खगानबाट नेपालीको तरबारको खोलबोधक खगाम (यद्यपि खगानको अर्थ चारपाटे कपडाको टुक्रा हो भनेर पनि जनाउने गरिन्छ) । शुद्ध नाम खान्चा खाँण हो राजा र तरबारबोधक, जङ्ग (युद्ध) बहादुर (वीर) भनेजस्तै तर जातीय पूर्वाग्रह त मूर्ख हुन्छ नै । त्यसमा के आश्चर्य ?

दोस्रो उदाहरण, डोटी र बझाङका प्राचीन राज्य डुम्राकोट र उदुम्बुरपुरीलाई इतिहासकारहरू पटक-पटक डुगर सिंहबाट बसाइएकाले डुङराकोट भएको हो भनिरहन्छन् । जब कि ऐतरेयब्राह्मणले पानैपिच्छेजस्तो भनिरहेको छ- त्यो क्षत्री होइन, जसले डुम्रीको दूध पिउँदैन । त्यसैले नै ती डुम्राकोटहरू प्राचीन रजौटाहरूले डुम्री रोपेर पवित्रतम पारेका राज्यहरू हुन् भनेर स्पष्ट हुन्छ । तैपनि शैक्षिक पृष्ठभूमि नै संस्कृत भएकाहरूले समेत नभएको पात्र डुगरसिंहलाई खोज्ने प्रयास कायम छ । आफैं गुज्रेको बाटो डुङ्गाले चिन्दैन भने त्यसमा के आश्चर्य ?

तेस्रो उदाहरण, फलामे युगमा मात्रै आएर बन्छ घन । त्यसैले पाषाण युगमा बन्चरोको मात्र प्रयोग हुन्छ, घनको होइन । यति सर्वसुलभ ज्ञान नराख्नेले नर्वेका पश्चिमाहरूले जे भने त्यही टिपेर थोरले घन प्रयोग गर्थे बन्चरो होइन भन्नुमा के आश्चर्य ? सालको परागकणबाट फेब्रुअरी बन्दछ, वैदिक अगस्ति नक्षत्रका बेला पर्छ, मनसुन । त्यसैबाट अगस्ट आउँछ । मे र मार्च नै मास (महिना)बाट बन्छन् । तैपनि ग्रेगरीका सात महिना किन संस्कृतबाट बनेनन् भनेर सोधिन्छ भने ती बालसुलभ अज्ञानताहरूमा के आश्चर्य ?

अन्तिम पाटो

विडम्बना के छ भने जाति, जनजातिका नाममा राजनीति गर्ने, देश भनेको आफ्नो पारिवारिक बपौतीजस्तो टुक्रा-टुक्रा बाँड्न मिल्छ ठान्ने वामपन्थी बुज्रुकहरू र आफूले आर्जन नगरेको राज्य माग्ने के मगन्तेहरूले आदिवासी शब्दको परिभाषा के हो पहिला दिन सक्नुपर्छ ? युरोपियन युनियन, नर्वे, स्वीडेन, डेनमार्क लगायत भ्याटिकन र प्रोटेस्टेन्टहरूले आफ्नो धर्मविस्तारका लागि दिएको परिभाषा एक नेपालीका लागि कदापि मञ्जुर छैन र हुँदैन पनि । खस को हो र को होइन भन्ने व्याख्या त एउटा रमाइलो पक्ष मात्रै हो । यसैअन्तर्गत खाँटी खसले खसलाई गालीका नाममा आकाशतिर फर्किएर थुकिरहन्छन् तर त्यो आफ्नो अनुहारमा पटक-पटक परिरहन्छ भने त्यसमा पनि के आश्चर्य ?

सौरभलाई पत्र

सौरभजीको 'अनादिवासी खस' लेख पढेपछि 'निदाएकालाई ब्युँझाउन सकिन्छ तर निदाएको स्वाङ गर्नेलाई चाहिँ ब्युँझाउन सकिँदैन' भन्ने नेपाली आहान सम्झनुपर्ने हुन्छ । विश्वका कुनै पनि मुलुकमा 'को आदिवासी' हो भन्ने प्रमाणित गर्न कसैको पनि प्रागऐतिहासिक (आर्कोलोजिकल) अस्थिपञ्जर खोजेको इतिहास कहाँकतै छैन, जुन तपाईं मागिरहनुभएको छ । बरु यो 'आदिवासी'को साँचो परिभाषा जुनसुकै मुलुकमा पनि त्यहाँको राजनीतिक, सामाजिक, आर्थिक तथा सांस्कृतिक चिजहरूमा कुन समूहको पहुँच पुग्यो र त्यसबाट कुन समूह वञ्चित भयो भन्ने अन्तहीन शोषणको व्याख्यामा आधारित छ ।

अफ्रिका र ल्याटिन अमेरिकाको सन्दर्भमा 'आदिवासी' शब्दको सम्बन्ध युरोपियन उपनिवेशवादसँग जोडिन्छ । यसमा उनीहरूको जीवनपद्धति नष्ट गर्ने तत्व धर्मशास्त्र (बाइबल) थियो । नेपालमा 'मनुस्मृति'मा आधारित कानुन र सुनकोसी-दूधकोसी क्षेत्रका सुनुवार किरातीमाथिको अत्याचार, पूर्वमा लिम्बू समुदायसँग शाह वंशले गरेको 'किपट' सन्धि प्रमुख थियो ।

त्यसैगरी गोर्खा राज्य विस्तारका क्रममा स्थानीयको राजनीति र संस्कृति ध्वस्त पारेको घटना जिम्मेवार छ । हामी आदिवासी भनेर चिनिएकालाई यो शब्दप्रति त्यत्रो कुनै मोह छैन तर यसको अर्थ यो होइन कि भूमिसँगको हाम्रो सदियौं पुरानो धार्मिक तथा सांस्कृतिक सम्बन्ध छुट्टिएको छ या जाने नै छ । हाम्रो ध्याउन्न के मात्रै हो भने राज्यका हरेक अङ्‌गमा हाम्रो पनि समान हैसियत होस् र कुनै दिन यस्तो दिन आउला अहिले जसरी बाहुन समुदायहरूमा यो 'बाहुन' थर या शब्दप्रति ('अनादिवासी' हुने सर्तमा) एक प्रकारको डर, हीनताबोध, वितृष्णा पैदा भएको छ, त्यो दिन पनि हामीलाई यो शब्दप्रति त्यति नै मोहभङ्‌ग होस् ।

भीम राई, अमरदह-५, मोरङ, रिसर्च फेलो, मार्टिन चौतारी ।

सौरभजीले केही आदिवासी तथा अन्तराष्ट्रिय भाषाबीचको शब्द बनोटको तदात्म्यलाई उल्लेख गर्न खोज्नुभएको छ । एकात्मक रूपमा खस भाषा र समुदायका पक्षमा पैरवी गर्न खोज्नुभएको छ । प्रसङ्‌गवश उहाँले उल्लेख गर्नुभएको सन्दर्भमा वास्तविकता झल्किँदैन । उदाहरणका लागि तामाङ बिहे संस्कारमा सर्वप्रथम केटी मगनीमा राख्ने सगुनलाई कर्जेल पोङ भनिन्छ । यसको अर्थ कन्या मगनीस्वरूप केटीका माइती पक्षलाई निवेदन गर्ने हो । थुप्रै छलफलपछि माइती पक्षले स्वीकार गरेमा मात्र यसको मान्यता र आधिकारिकता हुन्छ । तामाङ समुदायमा पोङ (सगुन) राख्नु र स्वीकार गर्नु भनेको अहिलेका अदालती कागजात, प्रमाण निस्सा नामका लिखतहरू, रातारात हुने, आफ्नै तरिकाले व्याख्या गर्ने र फेर्ने राजनीतिक सहमतिजस्तो होइन । यसको महत्त्व नैतिकतासँग जोडिएर रहन्छ र यो हमेसा फेरिँदैन । अपवादमा फरक पर्न गए ठूलो नैतिक क्षतिका रूपमा हेरिन्छ । यसैगरी अन्य आदिवासी जनजातिका आफ्नो पहिचान र अस्तित्वसँग जोडिएका थुप्रै यस्ता मौलिक संस्कृति र मान्यता आदिमकालदेखि नै प्रचलनमा छन् । यस्तो विशिष्ट र संवेदनशील पक्षलाई विचारै नगरी आफ्नै

तरिकाले व्याख्या गरेर फेरि पनि खससँग यसको समायोजनको तर्क गर्नु न्यायोचित छ र ?

हर्क तामाङ, सिन्धुपाल्चोक

नोट : कर्जेल पोङ- कन्यार्थमा लाने पोङ -पेज २, तम्बा कइतेन ह्वाई रिमठिम, कप्तान सन्तवीर लामा) भनेर लामाले अर्थ दिइसकेकाले तामाङको अर्थ गराइको यहाँनिर आवश्यकता थिएन- सौरभ भन्छन् ।

उनको अर्को भनाइ पनि छ- केही खस प्राडाहरूले 'अनादिवासी' लेखेर हामीलाई झन् नवआगन्तुक बनाइदिने ? भन्ने प्रश्नहरू गरे । बृहत् नेपाली शब्दकोशले अनादि शब्दलाई आदि भन्दा पनि पुरानो भनेको छ जबाफ दिएपछि उनीहरूले फेरि भने- त्यसो भए त्यो कुरा लेखमा खुलाइदिनुपर्थ्यो । यी नेपाली प्राडा गजबका छन् ।

आइखम्यान प्रज्ञा

शीर्षक परिचय

आइखम्यान नाजीकालीन कुख्यात हत्याराको नाम हो, जसले ६० लाख यहुदीको हत्या गऱ्यो । जसलाई इजरायलले १९६० को दशकमा अचानक एक रात बोइनोस एइरिस (स्थानीय उच्चारण)बाट विमानमा उडायो र जेरुसलेम ट्रायलमा प्राणदण्ड दियो ।

प्रज्ञा शब्दचाहिं त्यस नरसंहारको पृष्ठभूमि तयार गर्ने नाजीमन्त्री गोयवल्सको पद हो, प्रज्ञा र प्रचारमन्त्री । १९२० देखि नै यहुदीहरूले विश्व कब्जामा लिने गोप्य योजना बनाएका छन् भन्ने पर्चा नाजी पार्टीले निकालेको थियो, जसलाई गोयवल्सले चरम रूप दियो । यसले गर्दा ग्रेटर जर्मनीमा यहूदी विरोधी आममनोविज्ञानको निर्माण हुन पुग्यो । जुन आइखम्यानले खोजेको भावभूमि थियो, आफ्नो कार्ययोजना लागू गर्नलाई ।

उत्तर युरोपका चार मुलुक, अमेरिका, बेलायतलगायत युरोपियन युनियनले संयुक्त राष्ट्रसङ्घ अर्थात् नेटोको समेत साथ लिएर ब्राह्मणवादविरोधका नाममा माओवादी र जातीय आन्दोलन हुँदै खडा गरेको नस्ल, जात आदिमा आधारित वर्तमान योजना पुरानो बोतलमा नयाँ रक्सी मात्र हो । त्यो कुनै प्रज्ञा नै होइन, कर्मीचेतना हो । जसको, १९५० को दशकमा पटनाबाट पादरी मोरान र युएमएनलाई भित्र्याएर महेन्द्रकालीन नेपालले सुरुवात गऱ्यो ।

विद्रुप उदाहरण एक

गुरु अङ्ग (गुरुको सहायक) भनी ब्राह्मणले दिएको संज्ञा हुनाले त्यसका सट्टा तमु लेख्नु र चलाउनुपर्छ भन्ने गुरुङ अवधारणा रहेकै

थियो । त्यसैका पृष्ठभूमिमा तमुवान र तामसालिङ शब्द चर्चामा छन् तर गुरुङ शब्द मगर सम्बोधन हो । खाम मगरमा घाराँको अर्थ लडाकु हो । मुस्ताङको ठिनीनजिकै घराबजोङ नामको ठाउँ नै छ । जसको मौलिक अर्थ हो, लडाकु किल्ला ।

अनि विशुद्ध मौलिक ठानिएको तमु र तामाङ शब्द अरू केही नभएर संस्कृत मूल 'ताम्र' कै रूप हुन् । १३ औं शताब्दीका चङ्गेज खानको अर्को नाम तैमुजिन पनि हो । हिन्दीमा तैमुरलङ र अङ्ग्रेजीमा तमारलेन लेख्ने चलन छ । रुसी महिलाहरूको नाम तमारा र पाकिस्तानी महिलाहरूको नाम तैमुरा, उही तैमुरलङ र तमारलेनबाट बनेको हो ।

मङ्गोलियनमा 'ताम'को अर्थ फलाम हो । यसैले चङ्गेज खानलाई तैमुजिन- लौहपुरुष भनियो । जुन भाँडालाई तामचीन भन्दछौं, त्यसको भित्री पत्र फलामको र बाहिरी पत्र चिनियाँ माटोको हुन्छ । हामी जसलाई तामदान भन्दछौं, त्यसको मूल रूप फलामकै हुन्छ ।

नस्लीय शुद्धताको परिकल्पना कम्तीमा ७ हजार वर्षअघिबाटै शुरु हुन्छ, जब ताम्र युगको उदय हुन्छ । तामामा टिन मिसाएपछि काँस हुन्छ, जस्ता मिसाएपछि पित्तल हुन्छ, सुन मिसाएपछि स्वासा हुन्छ तर जब फलाम आयो त्यसलाई मङ्गोलहरूले तामाकै रूपमा लिए, कुनै बेला हरेक अखबारलाई गोरखापत्र र हरेक धूलो साबुनलाई सर्फ भनिएजस्तै ।

तर संस्कृत परम्परामा फलामसँगको तुलनामा तामालाई छुट्टै समाजशास्त्रीय आयाम दिइयो । त्यसका केही वैज्ञानिक कारणहरू थिए । तामा सुनखानीका निम्ति सङ्केत धातु (इन्डिकेटर मेटल) हो, सोहु झार (फालारिस माइनर) गहुँ बालीका निम्ति सङ्केत वनस्पति भएजस्तै । यसैले शुद्ध तामाले पनि पवित्र धातुको ठाउँ पायो । कुनै बेला तामाकै पैसा ढालिनुको कारण त्यही हो ।

नखारेको कीट हुन्छ, खारेपछि फलम् (फलाम) हुन्छ । जति बढी प्रशोधन भयो उति नरम हुन्छ, कार्बनको न्यूनताको कारणले । यसैले लौहकर्मी आरनमा ध्वाँसे हुन्छन् (संस्कृतको तमस शब्द यथार्थमा कार्बनबोधक हो, न

कि अँध्यारो) पूरै खारिएको फलाममा क्रोमियम मिसाएपछि इस्पात (स्टिल) हुन्छ । कडापन ल्याउन आधुनिक युगमा धातुकारले भ्यानाडियम मिसाउँछ । पेचकसमा लेखिएको भानाडियमको अर्थ बलियो भनिएको हो तर जति प्रविधिको विकास भए पनि काँस र पित्तलका मूर्ति पूजित हुन्छन्, फलामका हुँदैनन् किनभने तिनमा तामाको मात्रा हुन्छ । धेरै पछिको भएकाले पनि फलामे गहना चण्डालका निम्ति छुट्टयाइए र फलामका भाँडाकुँडा पनि शुद्ध नस्लका निम्ति बर्जित गरिए । खिया (अक्सिडाइजेसन) नै यसको मूल कारण होइन, तामामा पनि हरियो खिया लाग्छ ।

यसरी देवताका निम्ति तामा र चण्डालका निम्ति फलाम भनेर देखिने गरी ७ हजार वर्षदेखि धातुको आधारमा यत्रो सामाजिक तह (स्ट्राटिफिकेसन) हुन्छ भने नस्लीय शुद्धता र पवित्रताको परिकल्पना अधिकतम २२ सय वर्षअघिको मनुस्मृतिबाट आउँदैन र भारतबाट मात्रै झनै आउँदैन । चाँदीबोधक संस्कृत शब्द अर्जानसबाट लेटिनमा अर्जेन्टियम हुँदै लेटिन अमेरिकी देश अर्जेन्टिना हुन पुग्छ भने तमु र तामाङ संस्कृत हुनुमा आश्चर्य पनि छैन ।

उदाहरण दुई

'जयस्थिति मल्लले पहिलो पटक वर्ण विभाजन गऱ्यो' भनेर पश्चिमाहरू (गेल्नर २००१) कराइरहनु अर्को उस्तै फत्तुर कुरा हो । ब्राजिलमा रातारात दास प्रथा उन्मूलन गर्दा सामन्त विद्रोहका कारण दम पेद्रो द्वितीयको सिंहासन गुमेको थियो । त्यस्तै हुन्थ्यो, जयस्थिति मल्लले रातारात वर्ण विभाजन गरेको भए किनभने त्यस्तो विभाजन सधैं पिरामिड शैलीको हुन्छ । अर्थात् तल्लो तहमा पर्ने धेरै हुन्छन् । यसै भएर आइरहेको वर्ण विभाजनलाई औपचारिक रूप दिएर ढड्डामा दर्ता गर्दा सानोभन्दा सानो त्रुटि पनि हुन नपाओस् भनेर उनले विज्ञहरूलाई डाक्नुपऱ्यो ।

नेवारहरूमा प्रधान, मास्के, राजभण्डारी, अमात्य, जोशीलाई माथिल्लै जातका रूपमा हेरिन्छ किनभने ती मल्ल दरबारका प्रशासक हुन्। यसै

गरी जो घराबजोडसँग सम्बन्धित थिए ती उच्च तहका गुरुङ मानिने नै भए । घराबजोड बाह्रौं शताब्दीको हो र अब विक्रम संवत् १५४९ मा आएर भोजराज अधिकारीले वर्ण विभाजन गरिदियो भन्नु असमझदारी हो । भोजराजसँग सम्भवतः वैकल्पिक शब्द वा पर्यायवाची थिएन बाँकी सबै कथा/गल्प/आख्यान हुन् । चंगेज खाँको बुहारी, टेकीको पत्नी, हलाकुको आमाको नाम नै सोर 'घोतानी' बेकी हो । यसरी घोताने थर झन्डै ७ सय वर्षअघि नै अभिजात्यमा दर्ता थियो भन्ने सङ्केत मिल्छ ।

'मल्ल राज्यसम्म नेपाली हिन्दू ब्राह्मणहरू उपत्यकामा थिएनन्' (फुदोङ, माघ 'नेपाल') लेखिसकेपछि फुदोङ थरकै बारेमा उदाहरण दिंदा अतिरञ्जना नहोला । लिम्बू भाषामा फुदोङको अर्थ हो- सिकारले सत्कार गर्नु अर्थात् जयस्थिति मल्लको विभाजनमा जाने हो भने ज्यापुको सुवाल थरको समानान्तर हो, नान्यदेवको आगमनमा मारिएको अर्नाको सुरुवा बनाइएकोबाट जुन शुरु हुन्छ । (स्पष्टै छ, गुलेलीबाजलाई जर्नेल दिएपछि सेनाले धोका खाने नै भयो ।)

'बभनइ' (लाल, फागुन, 'नागरिक') लेखिसकेपछि लालकै बारेमा लेख्दा पनि अतिरञ्जना नहोला । कायस्थको प्राथमिक थर लाल किन हुन्छ भने त्यो भाष्कराचार्यको तौल प्रणालीको प्राथमिक एकाइ हो तर जौ र तोरी नभएर लाल हुनाको कारण रातीगेडी (आर्बस प्रिकटरियस)को आँखा हुनु हो । यो धर्म काँटाको धर्मराज आँखा मानिन्छ । ग्रिक परम्परामा डाक्टरको प्रेस्क्रिप्सनमा हुने 'आरएक्स' अर्थात् 'रेफर टु फर्मासिस्ट' स्वास्थ्यदेव होरसको आँखाबाट रूपान्तरण भएजस्तै । (तौलको आँखा दर्शन हेर्नुहोला) त्यसमा धार्नी र बिसौली थपिंदै जान्छन् । त्यसै भएर लाल 'लो एङ्गल'को परिचायक हो, बभनइ (ब्रह्म) 'हाई एङ्गल'को । आ-आफ्नो दृष्टिकोणको कुरा हो ।

बैतडीमा छन्, पुर्चौडी र मार्मा । यहाँ थियो बिर्ता राज्य, जसको राजा थिए पनेरुहरू । पनेरु थर रिपु मल्लको देन थियो पुजारा, फुलारा, रौस्यारासँगै । जस्तो, नाग मल्लका कारण बलायर, जक्तिसिंहका कारण

रावल थर बन्यो । पनेरूहरूमध्ये कतिपयले आज जोशी लेख्छन्, त्यति बेला भट्ट थर बढी लोकप्रिय थियो । नजिकैको ब्रह्मदेवमण्डीमा थाक्सेहरू कस्तूरी, शिलाजित, भोटे नुन आदि लिएर पुग्थे । यही बेला महाकालीपारि आस्कोटको बाटो हुँदै गढवाली चन्दहरू छिरे र तिनले भट्ट राजालई हटाएर चन्द राज्य खडा गरे । यही थियो भुर्कीहरूले उच्चतम महताको भट्टचन्द थर लिनुको प्रेरणा । पछिल्लो जमातले लिए क्षत्रीबोधक शेर (सिंह) चन्द । त्यसपछिको जमात साल्कीले लिए वैश्यबोधक तुला (तराजु) चन्द । त्यहाँ न जयस्थिति मल्ल थिए न भोजराज । श्रमको प्रकृति र कतिपय अवस्थामा आफूखुशी पनि सामाजिक परिचयको आकार बन्न जान्छ । मानिस मेसिन होइन नै ।

मङ्गोल यथार्थ

तर वर्णाश्रम कहाँ छैन ? चीनमा चाङ थर भएकोलाई जति आदरले हेरिन्छ, वोङलाई हेरिंदैन । चाङ भनेको कन्फ्युसियसको सन्तान हो, वोङ भनेको कर्मी । (वोङ जापानमा पुगेपछि सुजुकी हुन्छ, हल्यान्डमा पुगेपछि स्मिट । यसैले मध्यकालीन युरोपका आँगनहरूमा 'डग्स एन्ड डच्स् आर नट अलाउड' भनेर सूचना टाँग्ने चलन थियो । (कोलिकाताको पार्क स्ट्रिटको प्रवेश द्वारमा पनि १९४७ अघि अङ्ग्रेजहरूले 'डग्स एन्ड इन्डियन्स् आर नट अलाउड' लेखिएको बोर्ड टाँगेका हुन्थे ।) अधिकांश डच कर्मी नै हुन्थे र हुन्छन् । यो हेल्मुट स्मिट चान्सलर भएको जर्मनीको पनि चलन हो । यसैले कलपुर्जा निर्माणमा उनीहरू अग्रणी मानिन्छन् । अमेरिकाको यान्त्रिकीकरणमा जर्मन आब्रजकहरूलाई नै श्रेय दिइन्छ) ।

तिब्बतको बाटो गरी नेपाल छिरेकाहरूले उनीहरूमा वर्णाश्रम थिएन भन्नु नै गलत हो । आफू खम्पा भएको र नाम पनि नामग्याल वाङ्दी भएको तर तिब्बती समाजमा तल्लो 'स्ट्राटा'को मानिने हुनाले शेर्पा थर लिएको स्वयं तेन्जिङले लेखेका छन् । तिब्बती समाजमा तीन वर्ग हुन्छन्- मिसेर (सर्वसाधारण), शेर्पा (सम्भ्रान्त) र भिक्षुहरू । १७ औं शताब्दीमा

दलाइ लामा, जो निश्चय नै ब्राह्मण होइनन्, ले उच्च, मध्यम र तल्लोमा विभाजन गरी तिनमा अरू तीन-तीन थपेर नौ वर्ग बनाए । ती वर्गहरू वंशाणुगत थिए । सबैभन्दा तल्लो वर्ग रेगियाबपाको अर्थ हो अछूत । जसमा पर्थे- लौहकर्मी र बगरेहरू। यीभन्दा तल पर्थे- पोडे, अविवाहित र तेस्रोलिङ्गीहरू। रेगियाबपामा पर्ने अरू जाति थिए- माझी, पोडे, सुनार। सुनार माथि र पोडे सबैभन्दा तल पर्थे ।

चीनको येनानमा 'यी' हरूबीच नै चार वर्ग थियो । उच्च वर्गका काला यी, सर्वसाधारण सेता यी, सामान्य अजी यी र दास वर्गका झिया यी । कोरियामा बाइकजेओङको अर्थ हो- अछूत अल्पसङ्ख्यक अर्थात् बगरेहरू। सातौं शताब्दीमै थिए ब्राह्मण सरहका मुनवान भनिने विज्ञहरू र मुवान भनिने क्षत्रीसरहका योद्धाहरू। मुनवानलाई बढी सुविधा दिइन्थ्यो । त्यहाँ निश्चय नै ब्राह्मण थिएनन्, यस यङवानको तल थियो जुङ्गिन वा मध्यम जनता, जसमा थिए वैद्य, कायस्थ आदि । त्यस तलको याङमिनमा थिए सर्वसाधारण अर्थात् किसानहरू। याङमिन तल थिए जुङमिन । जसमा पर्थे पोडे र बगरेहरू।

जापानमा बुराकाउको अर्थ हो- तल्लो वर्गका नागरिक । माथि क्षत्रीसरहका सामुराई हुन्थे ।

पश्चिमको यथार्थ

बेलायतमा सबैभन्दा तल कटेजर अर्थात् ज्यामी, त्यसमाथि हजब्यान्डमेन अर्थात् किसान, याओमेन अर्थात् जमिनदार, जेन्ट्री अर्थात् शिक्षित (शारीरिक श्रम नगर्ने), नाइट अर्थात् लडाकु, ब्यारोनेट, पिर (डयुक, अर्ल आदि) र शाही परिवार गरी आठ वर्ग थियो र अझै पनि छ । बेलायतीहरूमा रिस उठेका बेला अस्ट्रेलियालीहरूलाई 'बुचर्स' भन्ने चलन पनि गएको छैन । तत्कालीन 'कालापानी' अस्ट्रोलियामा ज्यानमाराहरूलाई निर्वासित गरिन्थ्यो । पानीजहाजमा लाने ठेकेदारले कदाचित कैदी मरेमा बेलायत सरकारलाई १० पाउन्ड तिरे पुग्थ्यो ।

डेन्मार्कमै कुनै बेला त्यस्ता श्रेणी विभाजनहरू थिए, जो अहिले नेपालमा कराइरहेको छ । स्पेनले औपनिवेशिक ल्याटिन अमेरिकामा आल्ता, मेडिया, प्यूएब्लो र एस्कालभोसका नाममा सामाजिक तहहरूको निर्माण गरेको थियो । अमेरिकाको हवाईमै थियो अलि अर्थात् शाही, काहुना अर्थात् पादरी र पेसाधर्मी, मकैनाना अर्थात् सर्वसाधारण र काउवा अर्थात् वर्जित, दासवर्ग । कथित 'जनजाति'ले भरिएको अफ्रिकाभर वर्ण विभाजन छ । मुसलमानहरूमै सैयदलाई ब्राह्मणसरह उच्च ठानिन्छ र अन्सारीलाई धुनिया/सूचीकार बराबर । फ्रान्सका बुर्जुवा र रुसका कुलकले कस्ता-कस्ता सामाजिक तहहरूको प्रतिनिधित्व गर्छन्, सर्वज्ञात कुरा हो ।

फ्रायडको 'इड'

कर्मीहरूले भरिएको जर्मनीमा स्वाभाविकै थियो, मार्क्सको उदय भयो किनभने मार्क्सको अर्थ हो- घन । मार्क्सको पारिवारिक चिह्न नै घन हो । यसैले उनको नारै बन्दछ, 'विश्वका मजदुर एक होउ' । फ्रायडको 'सुषुप्त मन'मा जाने हो भने मार्क्सभित्रै कर्मी हीनताबोध लुकेको छ । शुरुमै ब्राह्मणलाई यावत् विद्रुपताका निम्ति दोषी देख्ने लायोनेल काप्लान (१९६५) को काप्लान थरमै छ । यो स्वीस मूलको थरको अर्थ नै इसाई पुरोहित मण्डलीको सदस्य हो । यसैले नेपालमा मार्क्सवादको चरम रूप माओवाद र इसाई धर्मको मिश्रण हुन गएको हो । धर्म निरपेक्षता पनि चाहिएको छ, स्वीस सङ्घीयता पनि चाहिएको छ ।

म्याक्स वेबर स्वीकार्छन्- मेकियाभेलीभन्दा अघि नै पूर्वमा कूटनीतिको ज्ञान थियो (द प्राृटेस्टेन्ट इथिक एन्ड द स्पिरिट अफ क्यापिटलिज्म) तर म्याक्स वेबरले दाबी गरेको 'कर्म गरेर जीवनको आनन्द लेऊ, जीवन अन्तसम्म पैसा कमाऊ' भन्ने मान्यता प्रोटेस्टेन्टिज्मले ल्याएको होइन । त्यो चार्वाककै हजारौं वर्षअघिको मान्यता हो । यही चार्वाक, कपिल र जैमिनीको संयुक्त दर्शनको फ्युजनमा बुद्ध धर्म उभियो तर 'म्हपूजाको तिथि भोलिपल्ट पर्छ' भनेर २०६७ सालमा साम्प्रदायिक मङ्का खल कराइरहे

पनि क्रोचेको 'मानिस रहेसम्म भावना मर्दैन' भन्ने मान्यताअनुरूप अधिकांश अमात्य, राजभण्डारी, मास्केहरूले म्हपूजा अघिल्लै दिन गरे, 'कार'हरूले भोलिपल्ट । विक्रम संवत्‌लाई हटाएर इश्वीय सन्‌लाई राष्ट्रिय संवत् बनाउने चालबाजी पनि म्हपूजा छोडेकाहरूको प्रयास हो । जर्मनमूलीय म्याक्स वेबर थरको अर्थ कुशल जुलाहा (अन्सारी) हो । उसले कर्मी हुनुलाई शालीन ठान्नु अनौठो भएन ।

अन्त्यमा

तर क्राइस्ट- यहुदी नै हुन्, आइखम्यान र गोयवल्सका पनि देवता । मार्क्स यहुदी हुन्, जसले सिकाइदिएको छ उसको बाटो गरी नेपाल पस्न चर्चहरूलाई । आइन्सटाइन यहुदी हुन्, जसको सूत्रको कारण अहिले पूरै पश्चिम एक ध्रुवीय खेमामा बस्न सकेको छ । म्यानह्याटनका यहुदीहरू नभए अमेरिका विवेकशून्य हुन्छ, स्वीजरल्यान्डका यहुदी ब्याङ्करहरू नभए युरोप नाङ्गिन्छ । नेपालमा चलेको/चलाइएको आइखम्यान प्रज्ञाले कुनै हालतमा सफलता पाउनेछैन । अश्चविज नाजीक्याम्पमा नाइटो गाडेको 'जातीय सङ्घीयता' आफ्नै टाउकोमा गोली हानेर बर्लिन बङ्करमा मर्नेछ ।

शुद्धताको प्रश्न

मुस्ताङको लुलुगाईलाई ब्राह्मणहरूले पुज्दैनन् तर अछामको नौमुठे गाईको स्थान सर्वोपरि छ । यसको कारण हो- लुलु शुद्ध नस्लको होइन भन्ने प्रज्ञा चक्षुले दिएको धारणा । नभन्दै आज आएर विशुद्ध विज्ञानले लुलुलाई जेबु (बस इन्डिकस), टरस (बस टरस) र याक (बस ग्रन्नेनी)को वर्णसङ्कर सावित गरेको छ । जब दायोनिसस (बोक्सेरो देव)को मासु प्रसाद मानेर खानु हुन्थ्यो भने महिषासूरको मासु प्रसाद मानेर राँगो खान किन हुँदैनथ्यो होला ? लुकेर बँदेल खानु हुन्थ्यो भने सुँगुर खान किन हुँदैनथ्यो होला ? नभन्दै अहिले आएर विज्ञानले सुँगुर नाम्लेकीरा (टिनिया सोलियम) र राँगो नाम्लेकीरा (टिनिया स्याजिनाटा)को घर हो भनेको छ ।

यो डाटा एनालिसिस र रिसर्च मेथडलजीको नाममा कर्मी पश्चिमले दिने चर्म चक्षुबाट सजिलै पत्ता लाग्ने कुरा होइन ।

नुवाकोटको गन्धखारबाट नुन निकाले पनि एक मैथिलका निम्ति ऊ लोनिया हो । नुनबोधक लवणबाट लोनिया बन्छ । जसरी बुद्धभन्दा २ सय वर्षअघि तेलार किनारमा राज्य गर्ने अञ्जनपुत्री लवनीबाट लुम्बिनी बन्छ । नुन खाएर तेजिलो भएको अर्थमा किशोरी लावण्यमयी भनिन्छे । ऊ लावण्यीबाट लवनी भएकी थिई । यो लवणियबाट लोनिया भयो ।

तौलको 'आँखा दर्शन'

जोखेर परिमाण निर्क्योल गर्ने विधि विशुद्ध नेपाली आविष्कार थियो र हो ।

लालझाडीपछि चारकोसे झाडी भएको हो- 'कर्णालीको मध्यकालीन इतिहास'मा यो वाक्य पढेपछि पङ्क्तिकारको मनमा उठेका अनेक तरङ्गको मिश्रण हो यो लेख ।

भूगोल

लालबकैया नदी रौतहटमा पर्छ, लालगढ धनुषामा, लालबन्दी सर्लाहीमा । त्यसैगरी लालापट्टि राजविराजमा छ, लालपर्सा वीरगन्जमा, लालपुर तौलिहवामा, लालमटिया घोराही र लालबोझी धनगढीमा । यी सबै चारकोसे झाडीअन्तर्गत पर्छन् । नाम स्रोत बनेको लालझाडीको अर्थ हो, रातीगेडी अर्थात् 'आर्बस प्रिकटसियस'को जङ्गल । भित्री तराई हुँदै उत्तरी भेगसम्म यसलाई जतातत्तै देख्न सकिन्छ ।

प्रयोग १

जब मानिस सय वर्षसम्म बेपत्ता हुन्छ, उसको पुतली बनाइन्छ, आँखाचाहिँ रातीगेडीकै बनाइन्छ । यो नारायण लोक अर्थात् स्वर्ग पठाउने तयारी हो । यसलाई भनिन्छ नारायणवली श्राद्ध । यही कारण हो रातीगेडीलाई नेपाली तौल प्रणालीको पहिलो एकाइ बनाइयो । अर्थात्, रातीगेडी धर्मराजको/चित्रगुप्तको आँखा हो ।

'सय वर्ष मानिसको परम आयु हो, त्यसपछि ऊ रहँदैन ।' भन्ने मान्यताचाहिँ भारतीय ज्योतिषज्ञ बराहमिहिरबाट आएको हो । उनी विक्रमको सातौँ शताब्दीका हुन् तर तौल प्रणाली त्योभन्दा अघिदेखि नै प्रचलनमा

थियो । यद्यपि तैत्तिरीय संहिता भन्दछ - मानिस सय वर्ष बाँच्दछ- १.५.२, ३.२.६, ३.३.४, ६.६.१०, ७.२.१, ७.५९ ।

प्रयोग २

एक रातीगेडी बराबर एक रत्ती हुन्छ अर्थात् दुवै शब्द पर्यायवाचीमात्रै हुन् । एक दश रती बराबर एक लाल हुन्छ । रातो र लाल शब्द पनि आफैंमा समानार्थी हुन्, परिभाषा फरक भए पनि ।

तर, दश लाल बराबर एक मासा हुन्छ । यो मासा शब्द मासका लागि हो, जसको आँखा बनाइन्छ, कपासको नाग बनाएर हुने नाग पूजामा । नाग नारायण आशन हो । नारको अर्थ पानी हो, त्यसैबाट नारायण शब्द बन्दछ ।

प्रयोग ३

दश मास बराबर एक तोला हुन्छ, यही तुला (तराजु) बोधक तोला नेपाली तौल प्रणालीको सबैभन्दा प्रचलित एकाइ हो (नभन्दै पश्चिमा न्याय प्रणालीले तुला बोकेकी महिलाको आँखामा पट्टी बाँध्ने गरेको छ । यो तुला शब्द २५ सय वर्षअघि मात्र पश्चिम लागेको हो ।) अर्थात् धर्मराजको मध्यएकाइ हो- न्यून एकाइ र अधि एकाइबीचको । अर्को एक तौल प्रणालीमा १६ मासा बराबर एक अक्ष हुन्छ । अक्षको अर्थ आँखा नै हो ।

प्रयोग ४

यहाँबाट केही मोड शुरु हुन्छ, जब दश तोला बराबर एक छटाक शब्द आउँछ । (यद्यपि छटाँक=६ टाँका अर्थात् ६ तोला भन्ने व्याख्या पनि छ) छटाकको नेवारी पर्यायवाची अयँता शब्द रिट्ठाको बियाँ आल्कुलीको रूपान्तरण हो कि जस्तो लाग्छ । जसलाई आँखा बनाउँछन् भोजपुरका बौद्धमार्गी नेवारहरूले पितृ श्राद्धहरूमा । आल्कुलको अर्थ पुर्खा हो नै ।

प्रयोग ५

अनि दुई छटाकको एक पाउ हुन्छ । यही अङ्ग्रेजहरूको पाउन्ड बन्न पुग्छ । यद्यपि नाम समान भए पनि तौलमा अन्तर हुन्छ झन्डै आधीले ।

नेवारहरूले यस पाउलाई पँल भन्छन् र संस्कृतज्ञहरूले पोल । (यद्यपि पाउ र धार्नी तथा पोल र धार्नीबीचको परिमाण फरक हुन्छ ।)

तर एक पोल बराबर एक बोडी हुन्छ ।

नभन्दै बोडीलाई बौ अर्थात् प्रेतको आँखाका रूपमा लिने चलन छ । संस्कृतको भूमि शब्द नेवारीमा बुँ हुने पुगेको छ र, भूत शब्द बौ ।

बोडी यही बौबाट आएको हुनुपर्छ । यो चित्रगुप्त द्वारको नरक खण्डमा रहन्छ । यद्यपि कतै-कतै स्याक्को ट्याक्कोमा बोडीलाई महालक्ष्मीको प्रतीक मान्ने चलन छ । महालक्ष्मी नारायणकी पत्नी हुन् ।

प्रयोग ६

चार पाउको नेवारीमा एक त्यँल हुन्छ, यही तिब्बती परिमाणको 'टेल' हुन पुग्छ । यद्यपि त्यँल र टेलको मापमा फरक छ । युरोपमा पाउन्ड पुगेजस्तै तिब्बतमा नेपाली परिमाण प्रणाली भित्रिएको सङ्केत हो ।

प्रयोग ७

३ त्यँल बराबर एक धार्नी हुन्छ । यो संस्कृत शब्द धरणीको रूपान्तरण हो । धरणीधर अर्थात् नारायणकै छोटकरी रूप हो यो ।

पहाडमा ६ पाउको १ बिसौली हुन्छ र, दुई बिसौलीको एक धार्नी । २ बिसौली र ३ त्यँल (३= त्यँल) भन्नु एउटै हो । अर्थात् पहाड र उपत्यकाको धार्नीको तौलचाहिँ एउटै हो ।

इसापूर्व चौथो शताब्दीमा विरुधकको आक्रमणपछि भागेका कोलीय शाक्यहरू गोर्खाको यमयमटारमा बसाइँ सर्न अवश्य गए । ती अहिले काठमाडौंको लगनमा पनि बस्छन् । चार बोडी बराबर एक बिसौली (मापको उल्लेख गोर्खा वंशावलीमा छ पनि)ले मेल खाएको छ तर बिसौली कोलियहरूको देन हो भन्ने सुनितीकुमार चटर्जीको तर्क 'अङ्कलाइजेसन' हो । जसरी बिसौली कोलीहरूकै हो भन्न गाह्रो छ त्यसैगरी यो बिसौलीको आधार बीस हो पनि भन्न सकिन्न किनभने कतै एक बिसौलीको अर्थ ४ बोडी हो, कतै ८ बोडी हो, कतै १६ पल हो, कतै ६ पाउ हो कतै १०८ तोला हो । बिसौली बराबर बीस कतै देखिँदैन ।

अवश्य सङ्गति देखिन्छ, एक बिसौली बराबर बीस पाउ मान्ने हो भने तर त्यसो गर्नेबित्तिकै हाम्रा व्यापारी पुर्खाहरूले गैरव्यापारी पुर्खाहरूलाई १२ पाउ १ धार्नी हो भन्दै हरेक पटक तौलमा ४० प्रतिशत ठगेछन् भन्नुपर्ने हुन्छ । ती त्यसै धनी भएका होइन रहेछन् ।

यसै पनि 'कानो' पट्टि सामान राख्न कुनै व्यापारी मन्जुरी गर्दैन । ढक राख्ने पल्लालाई भनिन्छ कानो । जसले जे-जस्तो ढक राखे पनि देखेजस्तो गर्दैन । यसैले यसको नाम नै यस्तै छ । यसको अर्थ हो- यसको पल्लामा केही गडबडी छ अर्थात् त्यसलाई बढी झोल्लिने बनाइएको छ । अब तुला शब्द चोरेर न्यायकी देवीकी दुइटै आँखालाई अबुझ पश्चिमाहरूले नदेख्ने बनाइदिन्छन् भने त्यो हाम्रो दोष होइन ।

नारायण (विष्णु)सँग यो व्यवसाय जोडिएकाले वैश्य मूलतः मासु खाँदैनन् । आफ्नो तराजुमा मासु जोख्न त झनै दिंदैनन् ।

अरूहरू १

२ यव = जौ बराबर एक गुञ्जा (रातीगेडी) हो, को माप भाष्कराचार्यको हो । उनी १४ औं शताब्दीका भारतीय हुन् ।

८ सर्स्यू बराबर एक यबको माप शारङ्गधरको हो । उनी पनि १४ औं शताब्दीका भारतीय हुन्। हामीले त्यो कहिल्यै अपनाएनौं ।

अरूहरू २

सुश्रुतका मतमा २० वटा रातीगेडीको एक धरण (धार्नी), चरकका मतमा ४० रातीगेडीको, हुनपर्ने चाहिं २४ रातीगेडीको हो । ती सबै वैद्यहरूका कुरा हुन् ।

अनी, विम्विसारको समयमा पाँच रातीगेडीको एक मासा हुन्थ्यो । विम्विसार भारतको मगधका शासक हुन्, इसापूर्व ६ सयका । कतै दुई रत्ति (रातीगेडी = एक मासा) । यी सबै बाँडाहरूका कुरा हुन् । जसलाई मुद्रा छाप्ने अधिकार पनि हुन्थ्यो अर्थात् वैद्य र बाँडाहरूले इतिहासमा अनगिन्ती तौलको माप आफूखुशी विगारेका छन् ।

१६ रातीगेडी बराबर एक तोला भनेर बुझ्ने हाम्रो पूर्वी पहाडका साम्पाङ राईहरू त कति ठगिए होलान्, बयान गरी साध्य छैन ।

अझ हाम्रो असन/इन्द्रचोक प्रणालीमा १० रातीगेडी बराबर एक मासा नै हो ।

अरूहरू ३

इसापूर्व ६ सयमा २० मासाको एक कार्षापण माप रहेको र त्यो ५ रातीगेडी बराबर एक मासा हुन्थ्यो भन्ने जानकारी राल्फ वाल्सको हो तर यो प्रसङ्ग भारतका मगधका शासक विम्बिसारका सन्दर्भमा हो । मगध लागझाडीको ठीक दक्षिणमा पर्छ । (लालको प्रभुत्व कतिसम्म भने सीमापारिको दरभङ्गामा १ लाख आँपको बोट रोपिसकेपछि अकबरले पनि लाल बाग नाउँ राखे ।) जहाँ रातीगेडी र मासाबोधक शब्दको प्रयोग भएको छ । अनि के जानकारी भने, तौल प्रणाली २६ सय वर्षअघि नै राम्ररी प्रचलित थियो । त्यसभन्दा पर व्यापारीहरूको उल्लेख त वेदमै आउँछ तर मगधको भन्दा हाम्रो प्रणाली भिन्न रहेछ भन्ने बुझिन्छ ।

अरूहरू ४

'मास २ गेडी बराबर १ रातीगेडी/सय रातीगेडी बराबर एक तोला/तामाको ३० तोला बराबर एक बोडी/२ बोडी बराबर ८ पल/२८ पल= एक बिसौली/२ बिसौली बराबर एक धार्नी/२४० तोला तामा बराबर एक ढक बनाइयो-राजा मुरेहाङका पालामा' (लिम्बु र ढुङ्गेल) पढेर कतै रमाइलो लाग्छ र कतै अन्तराल (भेरिएसन) पनि देखा पर्छ नेपाली पूर्वी पहाडमा । '२ बोडी बराबर १ पल' भन्ने एउटै लेखाइमात्र यहाँ शुद्ध देखापर्छ ।

अरूहरू ५

१८ तोलाको १ पल, २७ तोलाको १ बोडी, मध्यनेपाली पहाडको चलन हो । ४ बोडी बराबर १ बिसौली मापलाई पश्चिम तराईबाट पसेका कोलीहरूको देन हो भनेर मान्न नसके पनि २ बिसौली बराबर १ धार्नीको देन नेवारहरूको हो भन्ने पक्का छ ।

अरूहरू ६

२४ पल बराबर १ बोडी, १०८ तोला बराबर १ बिसौली पनि थियो मध्यपहाडमा । अर्थात् कतै एकरूपता थिएन नेपाली तौलको । व्यापारपिच्छे फरक, व्यक्तिपच्छिे फरकजस्तै । एउटा यथार्थ स्पष्ट छ, उपत्यकामा भने एउटा निश्चित एकरूपता थियो किनभने त्यो केन्द्र थियो ।

उत्पति

रातीगेडी ऊष्णप्रदेशीय अफ्रिका, एसिया, अस्ट्रेलिया र प्रशान्त महासागरीय टापुहरूको रैथाने हो । मास भारतको हो । जौ नेपालकै उच्च पहाडी श्रृङ्खलाको हो । सस्यूँ भूमध्यसागरीय हो । तने बोडीलाई चीनको मानिएको छ । बोडी त पूर्ण रूपमै यस्तो मौलिक प्रणाली हो, जो भारतीय प्रणालीमा पाइँदैन पनि ।

मुख्य विशेषता नेपाली प्रणालीको 'आँखाकै दर्शन' हो । विष्णुबाटै वैश्य बन्छ । यसैले राजस्थानी व्यापारीहरू मासु खाँदैनन्, भलै ती महावीरलाई आधार बनाऊन तर शुरुदेखि अन्त्यसम्मको आँखा दर्शनको पालना त्यहाँ छैन ।

अन्त्यमा

तुला शब्द सबैभन्दा पहिलो पटक शुक्ल यजुर्वेद (बाजसनेयीसंहिता)मा भेटिन्छ, जसलाई नेपालको जनकपुरमा लेखिएको मानिएको छ । यसैले जोखेर परिमाण निर्क्योल गर्ने विधि विशुद्ध नेपाली आविष्कार थियो र हो । तीनकुने झन्डा जोगाउने महेन्द्रलाई आधुनिकताको नाममा २०२६ मा यो नेपालको मौलिक प्रणाली छोडेर मट्रिक प्रणालीमा जानुपर्ने आवश्यकता के परेको थियो ? आज बुझ्न सकिन्न ।

फुर्सदमा

अनुचित 'बालाजु बिक्री'बारे

१९६० दशकको सुरुतिर गोदावरीमा औपचारिक रूपमा वनस्पति उद्यान स्थापना हुनु अघिको नेपालको वास्तविक वनस्पति उद्यान बालाजु उद्यान नै हो ।

यो लेख 'कान्तिपुर'को ९ पुस २०६९ को यस समाचार अंशसँग सम्बन्धित छ– 'सरकारले काठमाडौं महानगरपालिकाको अधिनमा रहेको बालाजु बाइसधारा उद्यानको जग्गा सुकुम्बासीलाई दिने निर्णय गरेको छ । स्रोतका अनुसार प्रमपत्नी हिसिला यमीको दबाबमा मुख्यसचिव पौडेल (लीलामणि पौडेल)ले उक्त निर्णय गरेका हुन् । बालाजु यमीको निर्वाचन क्षेत्र पनि हो ।'

विगत १

छैटौं, सातौं र आठौं शताब्दीमा पटक-पटक नागार्जुन नामका प्रख्यात तान्त्रिकहरू भए तर बालाजु जुन डाँडाको फेदीमा छ, त्यो नागार्जुन डाँडो इस्वीको पहिलो शताब्दीमा जन्मेका र तन्त्रपरम्पराका सोह्रौं सिद्ध नागार्जुनको साधनास्थल भएका कारण उनको नाममा रहेको मानिन्छ । टुप्पालाई अहिले जामाच्व भनिन्छ । जगज्जय मल्लको कालमा यसले लुतिकोट नाउँ पायो भन्ने अनुमान गर्नेहरू पनि छन् तर त्यसको यकिन भइसकेको छैन । लुति अजिमा र बालाज्यूकोटको प्रसङ्ग मिसाइएको देखिन्छ ।

पशुपति छेउको बज्रेश्वरी, चोभारको आदिनाथ, टुँडिलेखको गुरुमापा, जनबहालको सेतो मच्छिन्द्रनाथ, बालाजुको बाइसधारा आदि-आदि सबै चैत शुक्ल पूर्णिमाका दिन पुजिन्छन्, जुन तान्त्रिक महत्त्वको दिन हो । यसैले मल्लकालका तन्त्रख्यात प्रताप मल्ल र शाहकालका तन्त्रख्यात

प्रतापसिंह शाह दुवै बालाजुकेन्द्रित भएका हुन् । नभन्दै चैत्रशुक्ल पूर्णिमाका दिन बालाजुमा नुहाएर जामाच्वमा तान्त्रिकहरू बाइसधाराको पानी चढाउन जानुपर्छ ।

त्यसका पछाडि एक विशिष्ट कारण छ- उत्तर-पश्चिम कुनाको जामाच्व बोनतन्त्रमा ज्ञान प्राप्तिको साधनास्थल हो र दक्षिणपूर्वी कुनाको फूलोच्च (फूलचोकी) अर्थप्राप्तिको साधनास्थल । यो तेर्सो (डाइगोनल) रेखा बोनको उद्गम थलो हो । तिब्बती कैलाशको शिखरबाट शुरु भएर पूर्वोत्तर भारतको तारकेश्वरसम्म पुग्छ अर्थात् कम्तीमा यो २ हजार वर्षदेखि बोनपरम्पराको केन्द्रस्थल हो ।

विगत २

सन् १६६० मा प्रताप मल्लले यहाँ सानो बूढानीलकण्ठ स्थापना गरे । यसपछि नै यसलाई विष्णुको नाममा बालाज्यू भन्न थालियो, दक्षिणभारतमा बालाजी भनिएसरह । हिन्दीको जी र नेपालीको ज्यू समानार्थी हुन् पनि र, सन् १७३६ मा गद्दी-आरोहण गरेको केही वर्षमा जब जयप्रकाश मल्लले यसमा २१ वटा धारा बनाए (प्रताप मल्ल भन्ने पनि छन्), यसको प्रसिद्धि दिन दुगुणा रात चौगुना भयो । भीमसेन थापाले टुँडिखेल विस्तार गर्न टुँडिखेलका सात धारा पुरे भन्ने भनाइ छ । ती सात धारा अहिलेको महाकाल मन्दिरसँगै थिए र त्यसलाई शाश्वतबज्र वज्राचार्यले बनाएका थिए भन्ने पनि छन् । वेदले सप्तसिन्धुको परिकल्पना गरेको छ र भागवत्ले सप्तपातालको परिकल्पना । यसैका आधारमा ती सात धारा बनेका थिए तर जयप्रकाशले तीनै लोकका सप्तसिन्धुको प्रतीकका रूपमा बालाजुमा २१ वटा धारा खडा गरिदिए । जसमा बीचको ठूलो बाइसौं धारा रणबहादुर शाहले थपेपछि मात्र यसको नाम बाइसधारा रह्यो तर त्यो बाइसौं धाराको न तान्त्रिक न त सौन्दर्यात्मक अर्थ छ । त्यो मिचाहा धारा हो ।

२१ धारा बनिरहेका बेलामा त्यो बेलामा जयप्रकाश आफ्नो 'घोडा कठियाबाडी' चढेर कतिपल्ट त्यहाँ पुगे होलान् गनेर सम्भव भएन होला ।

विगत ३

जयप्रकाश मल्लकै बेलामा यसको ख्याति र सौन्दर्य उदाहरणीय भइसकेको थियो । उपत्यका विजय गर्नु कम्तीमा एक वर्षअघि नै प्रतापसिंह शाहले समकालीन संस्कृतभाषी विद्वान्हरू समेटेर यहाँ एक संस्कृत भाषाको कविगोष्ठी गराए भन्ने भनाइ छ । त्यस गोष्ठिको संकलनलाई 'कविता निकषलोल' भन्ने गरिन्छ । अनि यही ठाउँ हो, जहाँ भनाइ छ– कृत्रिम वनभोजको आयोजना गराएर रणबहादुर शाहले आफ्नो वास्तविक उत्तराधिकारी छोराको हत्या गराइदिए (उपन्यासै भए पनि बिराजले 'नेपालेश्वर'मा त्यस्तो लेखेका छन्, जसको पुष्टि अहिलेसम्म भएको चाहिँ छैन) । 'नेपलिज् आर पिकनिक एडिक्ट' एक समकालीन पश्चिमाले त कतै लखेकै छन् ।

राजेन्द्रविक्रम शाहको दुई वर्षकै उमेरमा उनको नामबाट एउटा सनद जारी भयो- पशुपति, गुह्येश्वरी र गोरखनाथलाई चढाउन यहाँ कृष्णकली (फ्युसिया भेरीगाटा)को बिरुवा लगाउन र हुर्काउन । बालाजुको भविष्य कोरिने यो एउटा सुरुवात थियो । नभन्दै राजेन्द्रविक्रम शाहको विवाह नौ वर्षको उमेरमा यहीं भयो सन् १८२३ को मध्यहिउँद पारेर । वयस्क कालमा उनले जीवनको लामो भाग यहीं बिताए यसलाई उद्यानको रूप दिन, बिरुवाहरू लगाउन र पोखरी बनाएर त्यसमा सहरमाछा (बार्बस पटिटोरा) पाल्न । यसका लागि कोतपर्व हुनुभन्दा ६ वर्षअघि सन् १८४० मा उनले सेतो मच्छिन्द्रनाथ र लिङ्गोको गुठीका जग्गाहरूबापत क्षतिपूर्ति दिएर उद्यानमा मिलाए । जसरी कृष्णकली (फ्युसिया भेरीगाटा) लगाउने श्रेय उनलाई जान्छ त्यसैगरी कालान्तरमा ट्री टोमाटो/ट्यामटर (साइफोमान्ड्रा बर्टासिया) यहीं लगाएर नेपालमा सुरुवात गर्ने श्रेय पनि उनलाई जान्छ । प्रायः युरोपियन पाउनाहरूले उनलाई भेट्न बालाजुमै जानुपर्थ्यो । सन् १९१२ मा मञ्जुरियन बादशाह पी यीको पतन नहुन्जेलसम्म नेपाल आउने चिनियाँ प्रतिनिधि मण्डलहरू पनि यहीं पाल टाँगेर बस्थे । सन् १८४६ मा उनी नेपालबाटै बिदा भए, सरकारी पकड छुट्यो । यसको पहिलो संकेतका रूपमा सन् १८७६ मा स्थानीय राजमान रञ्जितकारले यहाँ शैलयोगिनीको मन्दिर थपे

बूढानीलकण्ठसँगै । राजेन्द्रविक्रम शाहको मेहनत ६ अप्रिल १८६० को दिनको जङ्गबहदुरको डायरीमा यसरी देखिन्छ- जङ्गबहादुर बालाजु पुगे, जहाँ ठूलो माछापोखरी थियो । आफ्नो वरिपरि झुम्मिएका माछाहरूलाई आहारा दिए । ती माछाका बथानले गर्दा कैयन् फिटसम्म पानी कालो थियो ।

समकाल १

सन् १९४१ मा सत्यलाल रञ्जितकार अलाहबाद विश्वविद्यालयबाट फलविज्ञानमा स्नातक भएर नेपाल आए (उनका सन्ततिहरू अहिले नेटलेञ्ज र हिंबा वाइन उत्पादन गर्छन्), उनले यहीं नै गोलभेँडाको खेती प्रजाति (कल्टीभार) 'मारग्लोब' लगाए र बन्दकोभीको बीउ उत्पादन शुरु गरे । त्यसभन्दा अघि बन्दकोभीको बीउ उत्पादन हुँदैनथ्यो । जसरी कर्कपेट्रिकले आलुको बीउ पटनाबाट ल्याउनुपर्थ्यो भनेका छन् । जब उनको बृहद् बागवानीलाई जमिन पुगेन सन् १९४७ मा सरकारले पूर्णमान भिक्षुको जग्गा फेरि बालाजु उद्यानमा जोडयो । यसरी जोडिएको जग्गाको ठूलो भाग सन् १९५० को राजनीतिक परिवर्तनपछि बालाजु औद्योगिक क्षेत्रका नाममा टुक्र्याइयो । अब उद्यानमा १६५ रोपनी मात्र जग्गा छ ।

समकाल २

सन् १९६२ मा यसलाई भारतीय सहयोग नियोगले 'रिडिजाइन' गर्ने जिम्मेवारी लियो । त्यति बेला सक्रिय थिए, जि. एस. रान्धवा । (कोही एम.एस. रान्धवाको नाम लिन्छन् । एम.एस रान्धवा वनस्पतिशास्त्री र काङ्गडा स्कुल अफ मिनिएचर पेन्टिङका एक आधिकारिक अध्येता अवश्य हुन् तर ती अर्कै हुन् ।) तर रिडिजाइन नै गर्ने इन्जिनियर नेपाली नै थिए, ज्यानबहादुर प्रधान । तैपनि तेर्सो ईँट उभ्याउने वा बिछयाउने परम्परागत शैली यसमा अपनाइएन, बरु धातुको भ्यागुतो, स-साना फोहोराजस्ता पश्चिमा ग्रामीण बगैंचाका चिह्नहरू यसमा थपिए । कृत्रिम गह्रा (बाल्कनी)हरू दक्षिणी भूदृश्य देखिने गरी ठड्याइए । सन् १९३३ पछि किशोरनर्सिंह राणाले साना गोला ढुङ्गाहरू (पेब्बल्स) बिछ्याएर सिमेन्ट

टिपकार गर्ने शैली ल्याएका थिए सिंहदरबारको पुतली बगैंचा हुँदै । त्यही मात्र यसमा अपनाइयो । यहाँनेर के जोड्नु जरुरी छ भने रत्नपार्क र खुलामञ्चको डिजाइन पनि प्रधानले नै गरेका हुन् । एउटै उल्लेखनीय कुरा राणाकालमा यसमा एउटा त्यति बेलाको नौलो बिरुवा लगाइएको थियो ढ्वाँगो धतुरो (ब्रगम्यानसिया स्वाभेलन्स) । अब भारतीय सहयोग नियोगको तर्फबाट पूर्वी सीमापारी पेदोङबाट आएका नेपाली वृषबहादुर थापामगरले नयाँ फूल थपे (फ्रिटिलारिया इम्पेरालिस) । राणाहरूको जस्तो पश्चिमा प्रभाव नपरेको विशुद्ध नेपाली ढाँचाको बगैंचा ध्वस्त भएको थियो ।

(थापा 'इलस्ट्रेड विक्ली'मा पनि लेख्थे । उनले एमएल बेनर्जीसँग मिलेर जर्नल अफ नेचरल हिस्ट्री, बम्बेमा 'अर्किड अफ नेपाल' शीर्षकमा १० अध्याय लेखेका थिए । अहिले महेन्द्रपाल सिंह विसनपाल सिंह नामको भारतीय प्रकाशकले बेनर्जीको नाम मात्र राखेर पुनर्प्रकाशन गरेको छ । यस्तो सुनेलगत्तै केही वर्षअघि चितवनको गुञ्जनगरमा ९३ वर्षको उमेरमा थापाको निधन भयो ।)

समकाल ३

सन् १९६६ मा यहाँ महेन्द्र र रत्नको सिङ्गमरमरको मूर्तिलाई चन्द्रमानसिंह मास्केले अन्तिम रूप दिए । अन्तिम रूप किन भन्नुपरेको भने यो मूर्ति एक भारतीय कलाकारले बनाएका थिए । जसको अन्तिम छिनो प्रहारले महेन्द्रको नाकको एउटा सानो भाग उडाइदिएको थियो । उनी आफैंले पनि मिलाउन नसकेकाले मास्केलाई गुहार्नुपरेको थियो । (संयोग कस्तो ? महेन्द्र आफ्नो नाक ठीक छ कि छैन भनेर जुन दिन बालाजुमा हेर्न आए, त्यो दिन ८ वर्ष पनि नकाटेको पङ्क्तिकार आफ्नो बाबुआमाको परिवारअन्तर्गत पिकनिक मनाउन पुगेको थियो । कागतालीले मावली परिवारको पिकनिक पार्टीसँग फ्युजन भएको थियो । पालेले सबैलाई निकाले तर किन हो हामीलाई निकालेनन् । पाँच मिटरको दूरीसम्म जान पनि दिए । मास्के र उनको संवाद पाँच-दश मिनेट चल्यो हामीले टाढैबाट हेर्‍यौं पनि ।)

यसपछि २०२७ साल आयो, सन् १९७० । महेन्द्र र मास्केका बीचमा एक पात्र थिए विष्णुमणि आचार्य । मुख्य अञ्चलाधीश विष्णुमणि आचार्यले त्यो वर्षको दशैंका लागि तिब्बतबाट मगाइएका दशौं हजार भेडा च्याङ्ग्रालाई गौशालाको भण्डारखाल र छहराको जङ्गलमा नपुगेर यहींभित्र हुले । तिनले रहेसहेको सौन्दर्यलाई कुरुक्षेत्रमा बदले । त्यतिले नपुगेर, जति मरे तिनलाई बालाजु उद्यानको फुलका डयाङ खनेर गाडियो । यसपछि बालाजु उद्यान कहिल्यै उत्रिएन ।

समकाल ४

२०४६ साल आयो । भानुभक्तको 'बालाजु वर्णन' उनको शालिक बालाजुमै उभ्याउनुपर्छ भनेर लबिङ गर्नेहरूका निम्ति ठूलो हतियार बन्न गयो । जब कि त्यो कविताको मौलिकतामै अनेकौंपल्ट प्रश्न उठयो र, भनेर नपुगेर अन्ततः कविता मोतीराम भट्टको हो भन्दै उपन्यासकार टुकराज मिश्रले लेखे नै पनि तर त्यही विवादास्पद कविताका आधारमा भानुभक्तको सालिक त्यहाँ उभ्याइयो जहाँ जयप्रकाश र राजेन्द्रविक्रमजस्ता बालाजुका उत्थानकर्ताहरूको स्मारक हुनुपर्थ्यो ।

अनि त्यो बनाउँदा ज्यानबहादुर प्रधानकै पनि स्मृतिचिह्नका रूपमा रहेको आठ फिट लम्बाइ चार फिट चौडाइ र एक फिट गहिराइयुक्त 'कनकेभ' पींध भएको 'कोइ कार्प' पालिएका पोखरीहरू हराए । जसको छेउको बेन्चमा बसेर वर्षाको बेला पोखरी हेर्नु त्यति नै आनन्ददायी हुन्थ्यो, जति सन् १९९० ताका केशरशमशेरले छाता ओढेर बरन्डाबाट वर्षा हेरेथे (बरन्डामा छाता ओढेको कस्तो अनौठा तस्वीर ?) ।

समकाल ५

यो 'सन पार्क' हो तर केशव स्थापित मेयर हुँदा यसलाई 'फन पार्क' बनाउने योजना ल्याइयो । त्यसमा विरोध भयो । यो सपिङ कम्प्लेक्स बनाउने ठाउँ होइन भनियो तर उनै दोस्रोपल्ट मेयर भएर सन् २००४

मा आएपछि 'फन पार्क' योजना फेरि अघि बढयो । एक अधिवक्ता इन्द्र अर्यालले सर्वोच्चमा रिट पनि हाले । न्यायाधीस रामप्रसाद श्रेष्ठको एकल बेञ्चले 'स्टे अर्डर' पनि दियो । यद्यपि आज यसको कुन कानुनी स्थिति छ भन्न सकिन्न ।

तर कति भन्न सकिन्छ भने कुनै बेला यही नगरपालिकाले भूगोलपार्क खाने दाउ गर्दा चन्द्रबहादुर थापाले कानुनी लडाइँ लडे । चन्द्रबहादुर थापा तिनै थिए जो विश्वेश्वर प्रसाद कोइराला कालमा पहिलो मुख्यसचिव र महालेखापरीक्षकसमेत भए । लडाई लड्दालड्दै नयाँसडकवासी थापाको निधन भयो । वारेसमार्फत उनको मुद्दाको निरन्तरतालाई अदालतले स्वीकारेन, त्यति मात्रै हो । भूगोल पार्क भने जोगियो । आज त्यही चन्द्रबहादुर थापाको मेचमा आसीन अर्को मुख्यसचिवका हातबाट जघन्य कुकार्य हुन गएको छ ।

पुछार १

स्थापितले कालभैरव नृत्यको साधना गरेका छन् तर हनुमानढोकाको कालभैरव स्थापनाको मान्यता के हो भने प्रताप मल्लले बूढानीलण्ठको पानी हनुमानढोकाभित्र आफूले स्थापना गरेको सानो बूढानीलकण्ठसम्म ल्याउन रानीवनमा महिनौंसम्म डेरा जमाएर जति बेला बसे, त्यति बेला कुलो खन्ने 'एक्प्लोरेसन'को क्रममा यो कालभैरवको मूर्तिका टुक्राहरू नागार्जुनको फेदीमा फेला परे र त्यसभित्र जामाच्वमा फेला परेको अर्को जन्तररूपी मूर्तिलाई कतै अप्राप्य स्थानमा स्थापित गरी प्राणप्रतिष्ठा गरियो तर कालान्तर यस्तो भयो तिनै केशव स्थापित त्यस कालभैरवका आदिथलोलाई 'फन पार्क' बनाएर ध्वस्त पार्न उद्यत् भए । आफूले आत्मसात् नै गर्न नसकेको कालभैरव नृत्यसाधनाको अर्थ के ?

अरेल स्टिन हुन्, जसले तिब्बती सम्पदालाई पहिलोपल्ट पश्चिम पुऱ्याए । दोस्रोपल्ट भनिन्छ, राहुल साङ्कृत्यायनले तिब्बती सम्पदालाई जुन मात्रामा नेपाल भित्र्याए, त्यसले एउटा सानोतिनो राणा दरबार भर्न

सकिन्थ्यो । (यद्यपि सांकृत्यायनको खास सङ्कलन अहिले भारतको पटनास्थित खुदाबख्स पुस्तकालयको सांकृत्यायन कक्षमा भएको मानिन्छ । खुदाबख्स पुस्तकालय शाहजहाँ पुत्री जहाँआराका मौलिक पत्रहरूका निम्ति प्रख्यात छ ।) तर त्यसको पश्चिम यात्राको सैद्धान्तिक माध्यम धर्मरत्न यमी हुन गए । वासु पासाले विश्वेश्वर कोइरालामाथि हात हालेका थिए, त्यसैमा प्रसन्न महेन्द्रले पासालाई मन्त्री हुने प्रस्ताव गर्दा पासाले भनेका थिए– मसँग खान पुग्ने जमिन छ तर यमीले साह्रै दुःख पाएको छ । उसलाई पहिला मन्त्री बनाइदिन पाए हुन्थ्यो । फलस्वरूप यमी उपमन्त्री पनि भए तर धर्म नै फेरिसकेका 'धर्म'को तिब्बती सम्पदामाथि अनुराग हुने कुरा थिएन । जुन सम्पदालाई अन्ततः चाउएनलाईले जोगाइदिनुपऱ्यो । अनि त्यही यमीको आनुवंशिकीले एकातिर फ्री टिबेटको मुद्दा बोकेर हिंड्ने तर अर्कातिर तिब्बती जन्मथलो भएको बोन्पोको तन्त्रकेन्द्र समाप्त गर्न खोज्ने क्रियाकलाप देखाउँदा पनि तिब्बतीहरूको घैंटो खुल्देन भने तिनको बुद्धि र विवेकको अर्थ पनि के ?

नेवारहरू जातीय राज्यका कुरा गर्छन् तर आफ्नै स्वजातीय पुर्खाले आर्जेको सम्पदा ध्वस्त गर्न उनै अघि सर्छन् भने अरूलाई टाउको दुखाइ पनि के ?

पुछार २

जुम्लाको जचौरी कुलोलाई मानवशास्त्रले ६ सय वर्ष पुरानो भएकाले ठूलो सांस्कृतिक निधि मानेको छ । आफ्नै दरबारभित्र बूढानीलकण्ठ बनाएपछि अबदेखि यहाँ नआउनु भनेर ठूला बूढानीलकण्ठले सपना दिए भन्ने कथा हामी सबैले सुनेकै हो । त्यहाँ जान नमिलेर नै बालाजुमा प्रताप मल्लले बूढानीलकण्ठ स्थापना गरेका हुन् तर बूढानीलकण्ठबाट उनले पोजोल (चपरी/वर्तमान पकनाजोल) हुँदै हनुमानढोका भित्र्याएको कुलोको बढी भएको पानी असन भोटाहिटी हुँदै रानीपोखरीमा झर्थ्यो र रानीपोखरीमा पनि बढी भएको पानी टुँडीखेलबाट बग्दै अहिले दशरथ रङ्गशाला

बनाइएको ठाउँमा झर्थ्यो । यहाँ फुलेको कमल नै मात्र त्रिपुरेश्वर महादेवलाई चढाउनुपर्थ्यो, जुन नियम त्रिपुरासुन्दरीले बनाइन् । त्यस पोखरीमा पनि बढी भएको पानी उनले नै त्रिपुरेश्वर मन्दिरको दक्षिणमा बनाएको वसन्त वाटिका हुँदै वाग्मतीमा झर्थ्यो । यो साढे ३ सय वर्षअघिदेखिको उपत्यकाको सर्वाधिक पुरानो राजकुलो आज छैन ।

सालको रुख नरोपे 'वसन्त वाटिका' बन्दैन, जुन उनले बनाइन् । त्यो आज छैन । धरहरा दक्षिणको भव्य 'जनरल बाग' हरिशमशेर राणाको कुकृत्यले गर्दा आज छैन । ब्रिटिस भारतले वाजिद अली शाहको पशुपन्छी सङ्कलन लिएर पहिलोपल्ट भारतमा अलिपुर चिडियाखाना स्थापना गरेको थियो । त्यसभन्दा २५ वर्षअघि नै पशुपन्छीका पिंजरा बागमा झुन्डयाएर माथवरसिंह थापाले एक अर्थमा चिडियाखानाको सुरुवात गरिसकेका थिए । यही कारण थियो वि.सं. १९६० सालमा अहिले हिमालय बुक सेन्टर, बागबजार रहेको ठाउँबाट बाघको खोर यस जनरल बागको ढोकामा सारियो त्रिपुरेश्वरको ओरालोमा त्यो त छैन, छैन, अब पुतली बगैंचा पनि नरहने अवस्थामा पुगेको छ । बगैंचा पनि सम्पदा (हेरिटेज) हो र पचासौं लाख जनसङ्ख्या भएको शहरलाई हरियो फोक्सो चाहिन्छ भनेर कहिले बुझ्ने हो नेपालीहरूले ?

१९४० दशकको अन्त्यतिर बर्माबाट आएका वनस्पतिशास्त्री षडानन्द शर्माले शिवपुरीमा बनाएका जडिबुटी उद्यानको वनस्पतीय स्रोत यही वालाजु थियो । महेन्द्रले इलाहवादबाट फर्काएर ल्याएका वनस्पतिशास्त्री कृष्णबम मल्लको दिनदिनै साइकल चढेर पुग्ने प्रेरणाको थलो पनि यही थियो । अर्थात, १९६० दशकको सुरुतिर गोदावरीमा औपचारिक रूपमा वनस्पति उद्यान स्थापना हुनु अघिको नेपालको वास्तविक वनस्पति उद्यान यही नै हो ।

फेरि पुछारमा

२०२८ सालपछिको नेपालमा अहिलेकी तेस्री इमेल्दा मार्कोसका दिनहरू बलिया भएका छन् । फर्दिनान्द मार्कोस हरेक षड्यन्त्रमा इमेल्दालाई

देखाएर आफू चोखो देखिन खोज्छ । बालाजु मात्र किन ? टुँडिखेल नै सुकुम्बासीका नाममा बेच्ने हो भने पनि देशद्रोहीलाई कसले रोक्न सक्छ विदेशी प्रभु दाहिने भएपछि ?

यस लेख छापिएगत्तै बालाजुविरुद्ध भएको सरकारी निर्णयविरुद्ध कारणरूपी आदेश देखाऊ रिट सर्वोच्च अदालतले स्वीकृत गरेको छ ।

'सिंहदरबार'बारे

१२ भदौको एक दैनिकमा 'चमक र चर्चाविहीन सिंहदबार' शीर्षकमा एक लेखकले लेखेका कुराहरूमा केही थपिदिन मन लाग्यो, भवानी भिक्षुले अरूको कथालाई आफ्नो आवृत्तिमा ढालेजस्तो । अर्कातिर, नलेखिहाले कत्तिपय कुरा विस्मृतितिर जाने डर पनि भयो । यसैले प्रसङ्ग यसरी अघि बढ्न गएको छ ।

एक

वि.सं. १९५८ सालमा टुखुचा खोलालाई कमलादी मोडबाट अरू पश्चिम धकेली वर्तमान बाटो अर्थात् सुरेन्द्रविक्रम शाहको दस्तावेजमा परेको 'मेथीबारी–हाकुत्वाम्'बाट हिंडाइयो । वर्तमान कालिकास्थानको पश्चिम भिरालोमुनि बग्ने त्यो टुखुचा यम्पी महाविहार गुठीको जग्गामाथिबाट बग्दै कालमोचनमा टुङ्गिन्थ्यो । कालिकास्थानको पुरानो नाउँ नै टुखुचाटार हो । यसरी टुकुचाको पिंधमाथि सिंहदरबार बन्यो । मेथीबारी अहिलेको भृकुटिमण्डपको इलाका हो, हाकुत्वाम् अर्थात् शुद्ध रूप 'हाकुतफालोहँ'लाई अहिले बज्रवीर भैरव भन्छन्, जुन बागबजारको इलाका हो, पट्टाबुं अर्थात् ढिस्कोमाथि सेतो मच्छिन्द्रनाथको झन्डा गाडेर खेती गरिने ठाउँमा अहिले राष्ट्रिय सभागृह उभिएको छ, फिबुंमा अहिले दुरसंचार संस्थानको भवन छ, तर सिंहदरबार रहेको र वर्तमान अनामनगरको पुरानो इलाका खुशीबुं र बुलबुलगाँ हो ।

(यो देखेर नै हुनुपर्छ टुँडीखेललाई अरू विस्तार गर्दा त्यहाँ जग्गा पर्न गएका कुडोलवासीहरूलाई जग्गा भर्ना दिन टुखुचाटारको पूर्वी भिरालोमा बगिरहेको धोबीखोलालाई भीमशमशेर राणाले पनि वर्तमान बानेश्वर हाइट

तल सारिदिए । चन्द्र र भीम दुवैका प्रेरणा धादिङको गल्छीमा खोला मोड्ने फौदसिंह खत्री हुन्, जसबाट 'हाँस्यो कि नास्यो' भन्ने उखान बनेको छ, न कि भन्ने गरिएजस्तो चन्द्रशमशेरबाट ।)

दुई

बेलायतमा बनेका अर्ल र डयुकहरूका दरबारहरूका सबै पाटा (फसादहरू) का तस्बिरहरूको एउटा मोटो एल्बम थियो । त्यही एल्बम हेरी फसादहरू आफ्नो रुचिअनुसार फ्युजन गर्ने एउटा भित्री चलन थियो । अन्तिममा यो एल्बम सम्भवतः डिल्लीजँग थापाको हातमा परेको थियो । त्यताबाट अन्यत्र लागेको पनि हुन सक्छ (जसको एरियामा अहिले कालिकास्थानमा ठूलो घर बनिरहेको छ । यद्यपि, डिल्लीबजार डिल्लीजङ्गबाट होइन, डिल्लीमानसिंह बस्नेतको नाममा बसेको बजार हो । १९९० सालमा किशोरनरसिंह राणाको डिजाइनको शीतलनिवास भत्केपछि त्यसको वर्तमान डिजाइन थापाले नै तयार गरेका हुन् । शीतल निवास र रमा गृहका भित्ताका रंगहरू पुराना भवनहरूको भन्दा भिन्न रह्यो । त्यो सोच पनि उनकै हो ।) त्यसैबाट राम्रा–राम्रा फसादहरूको फ्युजन गरेर सिंहदरबार पनि बनेको हो ।

तीन

सन् १९०१ जोन मार्सल र चन्द्रशमशेर राणा दुवैको कार्यभार शुरु भएको वर्ष हो । मार्सलले नै ताजमहलको जीर्णोद्धार र त्यसका बगैंचाको रि–डिजाइन गरेका थिए, जसअन्तर्गत अघिल्लो पाटोदेखि द्वारसम्मको लामो पोखरी तय भएको थियो । त्यसैको प्रेरणा हो सिंहदरबारअघिको लामो पोखरी र बीचको फोहराको ।

(तर, यसको अर्थ मुगल बगैंचाको प्रेरणा भन्ने होइन । यस्तो प्रेरणाको एउटै नमुना खड्गनरसिंह राणाको इचङ्गु बगैंचामा मार्बलमाथिबाट पानी खसेर तल पानीको पर्दा (क्यासकेड) बनाउने तरिकामा देखिन्छ, जुन बगैंचा अहिले विदुर धमलाको स्वामित्वमा छ) ।

(तर यो लेख छापिएपछि पुनः जाँदा त्यो मार्वल कसैले लगिसकेको थियो ।)

गोल्ड फिस भीमसेन थापाकै बेला आइसकेको थियो तर जापानी रातो माछा (कोई कार्प) रानीपोखरीसम्म यही बेला विस्तार भएको थियो । पोखरीहरूको पींधमा समेत नीलै रङ्ग लगाउने चलनचाहिं पुरानै हो । पाल्पाको रानीमहल कर्णेल इन्द्रबहादुर कार्कीले डिजाइन गरेपछि, त्यहाँको पोखरीमा पनि नीलै रङ्ग लगाइएको थियो ।

चार

इँटको साँचो त्यति बेला दुईवटा थिए । एउटा निजी प्रयोजनमा बन्ने भवनका लागि, अर्को केही शुल्क लिएर भट्टा चलाउन अनुमति दिइएकाहरूका लागि । पहिलोको प्रेरणा वीरशमशेर राणाको साँचो हो, दोस्रोको प्रेरणा 'लोभ' हो । यसैले पहिलो साँचो मोटो, गह्रुँगो र एउटै साइजको छ– एक नम्बर पोलाइको हो । दोस्रो, पातलो, हल्का र भिन्न साइजहरूका– दुई नम्बर र कहिलेकाहीं तीन नम्बर पोलाइको हो । अर्थात्, सिंहदरबार आफ्नै भट्टाले बनेको हो । भट्टा त्यति बेला कुरियागाउँमा राखिएको थियो, जसको एउटा पाटोमा पछि बबरमहल बन्यो । सन् १९१४ सँगै निजी भट्टाहरूसँग चन्द्रशमशेर प्रशासनले पूरै सम्झौता गरेको देखिन्छ । पहिलो विश्वयुद्धमा अङ्ग्रेजहरूलाई सघाउने अभियानले परोक्ष प्रभाव पारेको हुनुपर्छ ।

पाँच

सिंहदरबारका पछिल्ला इन्टेरियर डेकोरेटर टेकनरसिंह राणा हुन् । त्यसको फर्निचर चयन र कोठाहरूको रङ्गको चयन पनि उनकै हो (जसरी कि समाजकल्याण परिषद्का फर्निचरहरूको डिजाइन आदित्यशमशेर राणाको हो र त्यसको माध्यम अर्थात् जङ्गली सिसौ (डालबर्गिया ल्याटिफोलिया) को चयन पनि उनकै हो ।)

सिंहदरबारभित्र लगाइएका किपका फूलहरूको अत्तर बन्थ्यो । किपको अत्तरलाई निरोली भन्छन् । ब्रतबन्धमा कपासको फूलमा छर्किइने अत्तर यही

निरोली हो । निरोली पाउन छाडेपछि किप नै प्रयोग गर्ने, त्यो पनि पाउन छाडेपछि कुनै पनि बिजुलायुक्त फल (कागती, सुन्तलाजस्ता सिट्रस) प्रयोग गर्ने चलन आएको हो ।

सिंहदरबारभित्रैका कपुरका रुखहरूबाट वाष्पीकरण गरी कपुरको डल्ला पनि बनाइन्थ्यो । अन्तिम प्राविधिक नन्दराम माली हुन् । अहिले गैरकाष्ठ वन पैदावारको जुन हल्ला गरिन्छ, जो त्यही बेला शुरु भइसकेको थियो ।

छ

उत्तर–पश्चिम कुनाको पर्खाललाई त्यहाँसम्म ल्याइनुको कारण थियो, स्थानीय मूल र टुखुचाको एउटा भङ्गालोबाट चल्ने पानीढिकी अर्थात् पैसा छाप्ने टक्सारलाई बन्द गरेर कम्पाउन्डभित्र पार्नु र उल्टै धानखेती गर्नु । यहीं पहिलोपल्ट थापाचिनी धान लगाइयो, प्रायोगिक रूपमा । यो चिनी अर्थात् गुलियो भनिएको हो किनभने थापाचिनी धान जापोनिका वर्गको होइन इन्डिका वर्गको हो, जसको खेती अचेल जुम्लाको असिदराज्यूला तिर हुन्छ । नाममा परेको थापा सम्भवतः नेत्रजङ्ग थापाको नाममा राखिएको हो । पर्खालबाहिरको धापको नाउँ झोलपाखा हो, अचेल न्युप्लाजा हुन पुगेको छ । न्युप्लाजापूर्वको घना बाँसघारी बाँसले गोली (स्नाइपर) छेक्ने हुनाले कसैले सिंहदरबारमा नताकोस् भनेर टारमा जोगाइएको वनस्पति हो, जसरी नारायणहिटीको पूर्वपट्टि पनि घना बाँसघारी छ । कालिकास्थान चोकमा अहिले भएको वरको रुखचाहिं वैजनाथ सेढाईले रोपेका हुन्, जसले चन्द्रशमशेरको चाकडीमा 'चन्द्रमयुख' काव्य लेखे ।

सात

सिंहदरबारको माथिल्लो कौशी कैलाशबाट उपत्यकाको भिरालोका सबै जङ्गलको निरीक्षण हुन्थ्यो । विदेशी पाहुनाले हेर्दा भिरालो नाङ्गो नदेखियोस् भन्ने ठूलो प्रयत्न थियो । जङ्गीलाठ (अहिलेको प्रधानसेनापति भन्दा एक तह तल्लो पद)सम्मलाई पनि भिरालोको काठ काट्न

दिइँदैनथ्यो । भीमशमशेरलाई उपत्यकाको भिरालोको जङ्गलको काठ नदिंदा नै काठ महालका तत्कालिन तालुकदार खरदार बाबुराम आचार्य (पछि इतिहास शिरोमणि)को जीवनभर पदोन्नति नभएको हो । सामन्ने परेको छहराको जङ्गल अर्थात् चन्द्रागिरिदेखि चाल्नाखेलसम्मको जङ्गल, जसलाई सर्वौषधि जङ्गल पनि भनिन्थ्यो, विशेष निगरानीमा थियो । जङ्गबहादुरले विदेशबाट जडीबुटी झिकाएर लगाइदिएकाले त्यसपछि सर्वौषधि जङ्गल भन्न थालिएको हो । जे. कोलियरको प्रतिवेदनको आधारमा भारतमा रेलवे स्लिपरको निम्ति तराईको जङ्गल विनाश गरे पनि उपत्यकाको जङ्गलमाथि अहिलेको भन्दा धेरै संवेदनशीलता सिहदरवारको कैलाशमा थियो ।

आठ

सिंहदरबारअघिको पुतलीसडक १९९० को भुइँचालोपछि सुरेन्द्रशमशेर राणा र गेहेन्द्रबहादुर शाहको निर्देशनमा बनेको हो तर यसको नाम पुतलीसडक रहनुको कारण जुद्धशमशेरकी कुनै पुतली नाम गरेकी पत्नीको कारण होइन । न पुतली बगैंचाबाट बनेको हो । सडक बनिसकेपछि नामको खोजी हुँदा त्यस भेगमा बेपत्तासँग फुल्ने पुतली फूल (पानको पातजस्तोपात, लहरा भएको, नीलो र सेतो सोलीजस्तो फूल फुल्ने बिरुवा, विज्ञानमा आइपमिया पर्पंरिया)बाट पुतलीसडक नाम दिने यी पात्रहरू एक अर्कोका नातेदार नै हुन् । त्यही बेला बनेको नयाँसडक निर्माणको तालुकदारचाहिं सूर्यजङ्ग थापा हुन् । नयाँसडक बन्नुअघिको यसको नाम 'ठूलोबारी' हो ।

नौ

नेपालभरिको सबैभन्दा मीठो आँपको बोट यसैको पहिलो चोकमा रहेको बोटलाई मानिन्थ्यो । यद्यपि, यो कुन जातको हो, अहिलेसम्म यकिन भएजस्तो लाग्दैन तर सुप्रसिद्ध अल्फोन्सो जात पृथ्वीवीरविक्रम शाहकै बेलामा नेपाल आइसकेको थियो । वासन्ती, सफेदा, मालदह आदि-आदि

धेरै पुराना नै हुन् । जाफरान मात्रै जिया उल हकको सौजन्यले भित्रिएको हो । प्रत्येक बिहान हेलम्बु–सुन्दरीजल हुँदै पातहरूले बेरिएको भाँडाभित्र बरफ भित्रिन्थ्यो, हरेक बिहान मुख धुनलाई मात्रै मच्छेगाउँको दूधपोखरीबाट पानी भित्रिन्थ्यो ।

दश

सिंहदरबारका जुन बैठकहरू जलेर ध्वस्त भए, त्यसमध्येको केहीमा त्यही कम्पनिको ग्लास थियो, जुनले भ्याटिकनको सेन्ट पिटर ब्यासिलिकालाई सप्लाई गर्थ्यो र केही ऐनाहरू बाहिर देखिने भित्र देख्न नसकिने खालका थिए भन्ने पनि भनाइ छ । विभिन्न स्वरूप देखिने ऐना 'केन आइल्यान्ड मिरर' त हो नै । चट्याङ नपर्ने गरी बनाइएको पहिलो भवन पनि भनिन्थ्यो । यसको अर्थ अर्थिङ गरिएको भन्ने पनि हुन सक्छ ।

एघार

ठूलो कटुस (क्यास्टेइना सटिभा), कार्नेसन (संस्कृतमा पदमलवङ–डियान्थस कार्योफाइलस), विदेशी फिरफिरे (मेपल/एसर पाल्माटम), जिङको बाइलोबा, म्याग्नोलिया सौलानजियानाजस्ता असङ्ख्य वनस्पति यहींको काठघरबाट अन्यत्र विस्तारित भएका हुन् (टुँडिखेलमा सुबेदार चन्द्रबहादुर थापाले रोपेको जिङ्कको बाहेक) । यसका पछिल्ला संयोजनकर्ता सोमशमशेर राणा हुन् र अघिल्ला आपूर्तिकर्ता हर्षजङ्ग थापा हुन् । मुख्य स्रोत, कलकत्ताको ग्लोब नर्सरी र सहायक स्रोत देव नर्सरी हो । देव नर्सरी बबरमहलको चाहिं केहीमध्ये एक उल्लेखनीय आपूर्तिकर्ता हो ।

बाह्र

पुरानो ढोका, त्यस ढोकाभित्रको तोपको मोहरीले धरहराको बार्दली ताक्ने गरी राखिएको थियो, पछिको ढोका बन्दा त्यस्तो कुनै विचार रहेन, ढोकाले छेक्यो भन्ने भनाइ छ । यद्यपि, त्यस्तो लाग्दैन ।

।,

सिंहदरबारको ढोकामा कडिकडाउका कारण कुख्यात एक पाले बस्थे । तिनको अनुहार र काठमाडौंको एक प्रतिष्ठित ट्युसन मास्टरको अनुहार 'आइडेन्टिकल ट्विन्स' को छ भन्ने काठमाडौंमा खुसखुस थियो र अन्त्यमा भनिन्थ्यो, 'अनुहारचाहिँ ठयाम्मै चन्द्रशमशेरको जस्तो ।' मानौं, चन्द्रशमशेर बितेपछि पनि छोराको अवतारमा आफ्नो दरबारको पहरा दिइरहेछन् ।

२०३० सालमा आगलागी भएपछि त्यो बेलाका जनताले पुनर्निर्माणका निम्ति तलब काटेर र चन्दा उठाएर सरकारलाई बुझाएको कुल रकम २ करोड हो । जब कि त्यसको दुई वर्षअघि मात्र तत्कालीन नेपाल वायुसेवा निगमको भवन २७ लाखमा बनेको हो । अर्थात् सिंहदररबारलाई पुरानै आयतन ढाक्ने गरी, पुरानै सान र ढाँचामा निर्माण गर्न सरकारसँग पैसा थिएन भन्ने होइन । बरु, वीरेन्द्रसँग जाँगर थिएन र सरकारहरूसँग इमानदारी थिएन । वीरेन्द्रको सँधै प्रशंसा गरेर मात्र हुँदैन ।

सतीले नसरापेको देश !

"देशको राम्रो चिताउनेको भलो कहिल्यै नहोस् ।"'

भीमसेन थापाकी पत्नीले यसरी सरापेकी थिइन् । सबैजसो नेपाली यही भन्छन् तर यो एक डरलाग्दो असत्य हो ।

१६ साउन १८९६ मा बितेपछि भीमसेन थापाको लासलाई विष्णुमतीपारि फाल्न लगाइयो, संस्कार गर्न दिइएन । उतातिर उनका दुवै पत्नीलाई पैत्रिक घर बोर्लाङबाट हिंडाएर हेलम्बु पुऱ्याई निर्वासित गरियो अर्थात् तिनले सती जानै पाइनन् भने सराप दिने कुरै भएन ।

यस्तै सराप उनीभन्दा अघिका भीम मल्लकी पत्नीले दिएकी थिइन् भन्ने भनाइचाहिं छ । कसैले त्यसको पङ्क्ति 'यस देशमा मालिकको सोझो र देशको भलो गर्ने जसको पनि यस्तै गति होस्' भनी लेखेका छन् (ज्ञानमणि) । कसैले त्यसको पङ्क्ति 'यो देशको भलाइ गर्नेको कहिल्यै भलाइ नहोस्' भनी लेखेका छन् (वासु) । कसैले त्यसको पङ्क्ति 'नेपाल दरबारमा कसैको पनि विवेक नरहोस्' भनी लेखेका छन् (मुनाकर्मी) तर यसको मूल श्रोत भन्दछ त्यो श्राप हो- 'यस ढुंगाको सोझो जो गर्ला...षानु कसैलाई नहोस्' (भाषा वंशावली २) ।

काजी भीम (मल्ल) पनि इतिहासमा थिए भन्ने उति थाहा नभएकाले काजी भीम (सेन थापा) माथि त्यो अपजस खामिन पुगेको बुझिन्छ । तैपनि, हो भने नै पनि त्यो सराप तत्कालीन काठमाडौं देशसँग मात्र सम्बन्धित छ, नेपालसँग होइन ।

पाटनका राजा विश्वजित मल्ललाई त्यहाँको तलेजुको ढोकामै काटिएपछि उनकी पत्नीले सराप दिएकी थिइन् भन्ने भनाइ छ । त्यो सरापको खास

पङ्क्ति 'परेको बेला गरेको गुहारलाई कसैले नसुनोस्' (राइट) हो तर त्यो पनि तत्कालीन पाटन देशसँग सम्बन्धित छ, नेपालसँग होइन ।

थापा–पत्नीले अवश्य सराप दिएकी थिइन् तर त्यो पनि भीमसेन थापा होइन, भक्ति थापा–पत्नीले १८७३ सालमा नालापानीको युद्ध सकिएपछि । उनका पनि दुइटा श्रीमती थिए । अर्कातिर, भीमसेन थापाकी कान्छी पत्नी भक्त (कुमारी) र भक्ति (थापा) भन्ने नामहरू मिल्न पनि गए । नाङ्गै घुमाइनेछ भनि भीमसेन थापालाई सुनाइएकी पत्नी यिनै कान्छी हुन् । यसैले भ्रम पाल्नेहरूलाई अरू सजिलो भयो । त्यो हो, 'हाम्रो सन्तानले नेपाल सरकारको बाहेक अङ्ग्रेजको नोकरी नगर्नु, गरेमा तिनको नाश हुनेछ' (धर्म) ।

सतीघाट लमजुङमा छ । यो नाम एक स्थानीय कप्तानकी पत्नीका नाममा रहेको भनाइ छ । ती कप्तान एक ठकुरी थिए । तिनको सराप हो, 'तिमीहरूलाई धन भए कसले खाओस्, जन भए के खाऊँ भन्नुपरोस्' (धर्म) ।

सतीको चौरमा सतीको मन्दिर छ । यो मन्दिर धुलिकोटका राजा नरेन्द्रविक्रम सिंह रायाको वि.सं. १९६५–१९६९ बीच मृत्यु भएपछि सती जाने जेठी रानी चन्द्रकुमारी देवीका संस्मरणमा निर्मित हो (प्राने) ।

फर्पिङबाट दक्षिणकाली जाँदा बाटोमा पर्छ, सतीखेल । खेल भनेको पनि नेवारीमा चौर नै हो । गीर्वाणयुद्धविक्रम शाहका समयमा दरबारको गोठको तालुकदार बनाएर पठाइएका प्युखाका अर्याल परिवारको कुनै सदस्यका नाममा रहेको अनुमान छ ।

सतीले सराप मात्र दिन्छन् भन्ने कुरा पनि सत्य होइन । शेरविक्रम थापा (भिमसेन थापाका भतिजा)की जेठी पत्नीले सामान्य भारदारका अवस्थामा रहेका जङ्गबहादुर राणालाई आर्शिवाद दिएकी थिइन् । त्यसैले उनी प्रधानमन्त्री भए भन्ने कथन छ (शमशेर) ।

दिव्यदेव पन्त (प्रसिद्ध जुवाडे) की पत्नीले विश्वनाथ अर्याल प्युखाकी पत्नीलाई आशीर्वाद दिएकी थिइन्, 'तिमीलाई कहिल्यै फुर्सद नहोस्' (अनुश्रुति) ।

करिब एक शताब्दीअघि श्रीमती नेपालले भोजपुरका हरिनारायण नेपाल र देवीदत्त नेपाललाई आशीर्वाद दिएकी थिइन् (ज्ञानमणि) ।

पुछारमा

जङ्गबहादुर राणाले धरहराबाट कहिल्यै फाल हालेनन् भनेर सन् १९०९ मै उनका छोराले नै लेखिसकेका थिए । बूढानीलकण्ठ कहिल्यै माटाले पुरिएको थिएन र त्यो नवौं शताब्दीमा कुँदिएको हो भनेर प्रमाणित नै छ । भूपी शेरचनले ठीकै भनेका हुन्, यो हल्लैहल्लाको देश हो ।

पुनश्चः कोतपर्व घटेको सिसमहल भत्काइनुको कारण गर्धनमा तरबारको चोट परेपछि प्रधानमन्त्री फत्तेजङ शाहले गर्धनमा दुई हात दलेर भित्तामा छाप लगाउँदै जङ्गेले नै मारेको हो भन्दै ढले, त्यसपछिका वर्षहरूमा त्यही तिथि र समयमा भित्तामा रगतको छाप देखिन थाल्यो र पहरेदारहरू बेहोस हुन थाले भन्ने भनाइ छ तर त्यो एक परिकल्पना हो, भीम मल्लकी पत्नीमा आधारित ।

उनले भीम मल्लको रगतमा हातको पन्जा भिजाएर दरबारको ढोकामा छाप मार्दै 'यस ढोकाको सोझो नगर्न' श्राप दिएको कुरा वंशावलीले जनाएको छ ।

सन्दर्भ सूची

अमरकोश - अनु. कूलचन्द्र गौतम

अभिवन संस्कृति कोश - हरिराम जोशी, वि.सं. २०५८

इतिहास प्रकाशमा सन्धिपत्र संग्रह खण्ड १ - योगी नरहरीनाथ, वि.सं. २०५५

इन्द्रजात्रा - कूलचन्द्र कोइराला, वि.सं. २०४२

उद्यान - गंगाविक्रम सिजापति

उखान टुक्का कोश - पुष्कर समशेर राणा, वि.सं. २०५०

ऋग्वेद - अनु. तिलकप्रसाद लुइँटेल

काठमाडौं उहिले र अहिले - तीर्थनारायण मानन्धर, वि.सं. २०४१

कर्णाली लोक संस्कृति खण्ड ४ - स्थीरजङ्गबहादुर सिंह, वि.सं. २०२८

कर्णालीको खोजी र खवरी - रत्नाकर देवकोटा, वि.सं. २०४७

कृष्णलाल अधिकारी र मकै पर्व - भुपरि पौडेल, वि.सं. २०४५

काठमाण्डु शहर - जगदीशचन्द्र रेग्मी, वि.सं. २०५१

कर्णाली प्रदेशमा मध्यकालीन डोटी- राजाराम सुवेदी

कर्णाली प्रदेशको मध्यकालीन इतिहास - राजाराम सुवेदी, वि.सं. २०५४

कान्तिपुर - बासु पासा, वि.सं. २०५३

कास्कीको इतिहास - राजाराम सुवेदी

खस जातिको इतिहास - बालकृष्ण पोखरेल

गण्डकीको सुसेली - धर्मराज थापा

गुरुङ जाति तथा संस्कृति - जगमान गुरुङ

गोपाल राज वंशावली - धनवज्र वज्राचार्य र कमल प्र. मल्ल

गोरखाको इतिहास खण्ड १ - दिनेशराज पन्त, वि.सं. २०४१.

चन्द्र मयूख, भूचन्द्र चन्द्रिका - वैजनाथ सेढाईं र जगन्नाथ सेढाइं, वि.सं. १९७०

जनकपुरधाम - रामभरोस कापडि भ्रमर, वि.सं. २०५६

जनरल भीमसेन थापा, इनको उत्थान तथा पतन - बाबुराम आचार्य, वि.सं. २०६९

जनरल भीमसेन थापा र तत्कालीन नेपाल - चित्तरञ्जन नेपाली, वि.सं. २०५६

जनकलाल शर्माका प्रबन्ध - माधवप्रसाद पोखरेल र सुमन ढकाल

डोटी क्षेत्रको इतिहास तथा संस्कृति - देवप्रसाद ओझा
त्यस बखतको नेपाल - भीमबहादुर पाँडे
तम्बा काइतेन ह्वाइ रिमठिम - सन्तवीर लामा
दोबाङदुम सामकालिङ - रणबहादुर राई
नेपालको पौराणिक इतिहास- रामनिवास पाण्डे र दिनेशचन्द्र रेग्मी । प्रकाशक सिनास
नेपालको इतिहासमा प्रजापरिषद्को भूमिका - राजेश गौतम स्वयं, वि.सं. २०४६
नेपालको महाभारत - ज्ञानमणि नेपाल, साझा प्रकाशन, वि.सं. २०५२
नेपालमा गुठी व्यवस्था - गोविन्द टण्डन, वि.सं. २०५३
नेपाल निरूपण - ज्ञानमणि नेपाल, वि.सं. २०५५
नेपालको राष्ट्रिय झण्डा - दयाराम श्रेष्ठ, वि.सं. २०५३
नेपालमा आन्तरिक र अन्तर्राष्ट्रिय बसाइसराइ मूल प्रतिवेदन - संयोजक हर्क गुरुङ, वि.सं. २०४०
नेपालको इतिहास र अर्याल परिवार - रामजीप्रसाद अर्याल, वि.सं. २०४७
नेपाली निर्वचन भाग २ - बालकृष्ण पोखरेल, वि.सं. २०५०
नेपाल - भीमभक्तमान सिंह बस्नेत, वि.सं. २००५
नेपालका परम्परागत प्रविधि - करुणाकर वैद्य र छविलाल गजुरेल
नेपाली अध्ययन खण्ड २ - जगदीशचन्द्र रेग्मी, वि.सं. २०५२
नेपाली सेनाको इतिहास - टेकबहादुर खत्री, वि.सं. २०४१
नेपालमा गुठी व्यवस्था - गोविन्द टण्डन, वि.सं. २०५२
नेपालका नेवारहरू - तुलसीनारायण श्रेष्ठ, वि.सं. २०६६
नेपाल सुखिम सम्बन्ध - ज्ञानमणि नेपाल,
नेपालको महाभारत - ज्ञानमणि नेपाल, वि.सं. २०५३
नेपालका विभिन्न जाति र लोकगीत एक परिचय - आर.डी. र एल.एन.
प्राचीन किरात इतिहास - स्वामी प्रपन्नाचार्य
पशुपति क्षेत्रको सांस्कृतिक अध्ययन - गोविन्द टन्डन
पशुपति गुह्येश्वरी महात्म्य - जगदीशचन्द्र रेग्मी, वि.सं. २०५३
पाँच शय वर्ष - बालकृष्ण पोखरेल, वि.सं. २०५०
पाल्पा राज्यको इतिहास - विष्णुप्रसाद घिमिरे, वि.सं. २०४५
पृथ्वीनारायण शाहको संक्षिप्त जीवनी - बाबुराम आचार्य
प्रयोगशाला - सुधीर शर्मा

बाबुराम स्मृति ग्रन्थ - वि.सं. २०४६
बागलुङको ऐतिहासिक रूपरेखा - विष्णुप्रसाद शर्मा मैत्रेय, वि.सं. २०५१
बृहदारण्यकोपनिषद् - अनु. माधवप्रसाद देवकोटा
भाषा वंशावली भाग २ - पुरातत्व विभाग
मध्यकालका अभिलेख - धनवज्र वज्राचार्य, वि.सं. २०५६
मगराती संस्कृति - धर्मप्रसाद श्रीस
मगर जाति र उनका सामाजिक संस्कार - हर्षबहादुर बुढामगर
माटोका केही बुँदाहरू - नीरविक्रम प्यासी
मुस्ताङ दिग्दर्शन - नारायणप्रसाद क्षेत्री
मेची देखि महाकाली - जाँचबुझ केन्द्र
मेचे लोकवार्ता - सं. तुलसी दिवस
मैले देखेको दरबार - विवेक शाह
यजुर्वेद - अनु. तिलक लुइँटेल
रणवीर सिंह थापा - शमशेर बहादुर थापा
रंगेली माध्यामिक विद्यालयको स्मारिका - सं. केदार सत्याल
राजवंशी - ईश्वर गोविन्द श्रेष्ठ
लिच्छवीकालका अभिलेख - सं. धनवज्र वज्राचार्य, वि.सं. २०३८
लिच्छवी इतिहास - जगदीशचन्द्र रेग्मी, वि.सं. २०५३
लिम्बु जातिमा कोखपूजा - बैरागी काँइला, वि.सं. २०४८
लोक संस्कृतिको घेरामा लमजुङ - धर्मराज थापा, वि.सं. २०४१
वालुङ र वालुङ्गा - राजेश्वर थापा
श्री ३ को तथ्य वृत्तान्त - पुरुषोत्तम समशेर राणा, वि.सं. २०४७
सेती अञ्चल दिग्दर्शन - पूर्णप्रकाश नेपाल यात्री, वि.सं. २०३५
हाम्रो देश हाम्रो जाति - प्रकाश गौचन
हाम्रो समाज एक अध्ययन - जनकराज शर्मा
हितैषी नेपाली शब्दकोश - चक्रपाणी चालिसे
हुम्लाको शयरंगी अनुहार घुम्टोभीत्र - श्रीकृष्ण गौतम
होसुङ मुन्धुम - सं. भोगीराज चाम्लिङ

100 years of archeological research in Lumbini, Kapilvastu and Devdaha- Babu Krishna Rijal, 1996 AD

A report on a tour of exploration of the antiquities in the terai Nepal- P.C. Mukharjee (1901) 1996 AD

A preliminary report on two scientific expeditions – C.Himendorf

A dictionary of classical Newari- Ed. K.P. Malla, NS1120

Annonated checklist of flowering plants of Nepal- J.R. Press, K.K.Shrestha, D.A.Sutton 2000 AD

An account of Nepal – Ippolito Desideri 1960 AD

An account of the kingdom of Nepal – Francis Buchanan Hamilton

Art of war – Sun Tzu

A history of British gardening – Miles Hadfield 1960 AD

Amarkosha – Tr. H. T. Coolbrooke

An account of the kingdom of Nepal – Kirkpatrick 1996AD

Birds of India – Salim Ali and Dillon Ripley 1987 AD

Birds of Nepal – Inskipps and Hem Sagar Baral

Buddhist monasteries of Nepal – John Locke 1985 AD

Book of facts – Issac Asimov

Botes:The ferrymen of Tanahu – Suraj Subba

Collecting antique plants – Roy Genders 1971 AD

Crop weeds of Nepal – K.R. Rajbhandari and Radha Joshi 1998 AD

Coins of India – Ralph Walsh

Catalogue of the guthi papers – Ed. B.D.Dongol 1996 AD

City of joy – Dominique Lapierre

Confidential report on Nepal – E.R. Elles and Davis Neuham 1884AD

Chitawan Tharus in Southern Nepal – Ulrike Muller Boeker

Exotic flora of Allahabad district – B.D. Sharma and D.S. Pandey 1984 AD

Exotica Vol 2 – Ed. Alfred Byrd Graf. 1982 AD

Ecology and vegetation of north western Nepal - Tirtha Bahadur Shrestha 1982 AD

Fodder and pasture development in Nepal – Rameshwor Singh Pandey 1997 AD

Flowers of Kashmir Valley – Mana Mohana Sharma and Giri Raj Sharma

Faith healers in the Himalaya – Casper J. Miller

Faith healers: A force for change in Nepal – Ramesh M. Shrestha and Mary Ledierd 1980 AD

Fatalism and development- Dor Bahadur Bista

Flora indica – William Roxburgh 1810 AD

Flowers of Nepal Himalaya – Oleg Polunin and Adam Stainton

Flora of Kathmandu Valley – Ed. K.R. Rajbhandari

Gospel of the God – Jonathan Lindel 1979 AD

Gardens of the great mughals – C.M. Villers Stuart 1963 AD

H.R.H. The prince of capitale's sport in India- Bernard C. Ellison

History of Nepal-Danial Wright. AES reprint 1990

History of Calcutta vol. 2- Sukanta Roy Choudhari

History of surgery- George Urgenson

History of the Kirat people-Iman Singh Chemjong

History of economic thought- T.N.Hajala 1978 AD

Index kewensis: A Enumarition of the genera & species of flowring plants. Compiler B.Deydon Jackson. Vol-1, 2 Oxford University 1980AD

Indegenous system of development- An ethno study of Mewahang Rai- Mukta Singh Tamang (unpublished dissertation, Central Library)

Japan's Imperia Conspiracy- David Bergamini

Karunamaya- John Locke 1984 AD

Life of Brian Hougton Hodgson- William Wilson Hunter. 1991 AD

Latest recovery of the Qin dynasty treasure trove polychrome-John Fredreich Arnus- Spirit of enterprise. Bern 1990 AD

Mesocosm- Robert Levy & Kedarlal Rajopadhayaya 1992 AD

Mustang- Michel Pissal. 1967 AD

My Story- Tenzing Sherpa & James Ramsey Ulman

Nepal's Illustrated biodiversity primer. IUCN 2005 AD

Nepal: social demography & expressions- Harka Gurung

Nepal Vol. 1 & 2- Perceval Landon 1993 AD

Nepal- Tony Hagan

Nepal Mandala – Mary Shepard Slusser. 1998 AD

Newars – Gopal Singh Nepali

Nepal in records – Harischandra Lal Singh BS 2064

Notes on Nepal- Eden Vensitarrt

Notebook - DGLSP

Phylogenetic relationships among Japanese flowering cherries based on neucleotide sequences of chloroplast DNA – S. Ohata, T. Yamamoto, C. Nishitani & T. Katsuki- FAO 2007

Plants and Harappan Subsistence – Steven A. Weber 1991 AD
Princes of India – Charls Allen and Sharada Dwibedi
Regionalism and National unity in Nepal – Freidreich Guiage
Rana Nepal: An insider's view- Pramod Shumsher Rana
Rana: Rule and misrule - Daman Shumsher Rana
Sketches from Nepal Vol. 2 – Amborse Oldfield
Snow leopard – Peter Mathisson
Spirit possession in the Himalayas- John T. Hitchcook & Rex L. Johns
Tiger for breakfast – Michel Pissel
Tiger lady - Olive Smythies 1953 AD
Thakalies – Michal Vindig 1996 AD
The Yakkhas – Andrew Russel (Unpublished dissertation, Central Library)
The Judicial customs of Nepal – Keiser Bahadur KC
Taitiriya Samhita – Translated
The Coinage of Nepal – N.G. Rhodes K. Gabrsch & C. Vadattaro 1989 AD
The culture and religion of Limbus- Chaitanya Subba
Trident and thunderbolt: Cultural dynamics in Nepalese politics- Harka Gurung
Tribal ethnography of Nepal – Ashoke Thapamagar & Rajesh Gautam
Tropical planting and gardening – H. F. McMillan
The life of Jung Bahadur Rana- Padma Jung Rana
Trans Himalayan traders – James Fishar
Tanaka's cyclopedia of edible plants of the World – Tyozaburo Tanaka 1996
The great game – Peter Hopkirk
The protestant ethic and the spirit of capitalism- Max Weber
Vayu Puran – Tr. G. P. Gupta UNESCO
Vignettes of Nepal – Harka Gurung BS 2036
What's in a name- La Raina Rule & William K. Hammond 1997 AD

अनुक्रमणिका

ज्ञ

पाठकहरूप्रति

स्नातक र स्नातकोत्तरपछि कुनै दीक्षान्त समारोहमा 'गोमनको पश्चिमा हुड' लगाउन गइनँ, विद्यावारिधिको निम्ति नाम दर्ता गर्ने रहर पनि भएन, उसैका कुरा भट्याई-भट्याई घोकाउनलाई कुनै प्राध्यापन नाउँको पेसातिर पनि लागिनँ, जानाजान नै ।

समयको पदचापसँगै हिंड्नुपर्ने नियतिले मात्र त्यो ढाँचाको पद्धतिबाट म जुन बाटो गुज्रें, त्यो एसियालीहरूमा जडौरी मानसिकताको विकास गर्ने प्रायोजित पद्धति हो नै भन्ने मलाई लाग्छ । यद्यपि पूर्वजहरूले भनेजस्तै विज्ञान र प्रविधिचाहिं उतैबाट चाहिन्छ भन्ने कुरामा शङ्का छैन तर विज्ञान र प्रविधि मात्रै ।

यसैले 'समाजशास्त्रीय सिद्धान्त र मान्यताअनुरूप लेखिए हुन्थ्यो', 'भाषा विज्ञानअनुरूप शब्दहरूको व्याख्या भए हुन्थ्यो', 'जर्नलमा सन्दर्भ-सूचीसहित लेखिए हुन्थ्यो' आदि-आदिजस्ता एक दशकयताका असङ्ख्य पाठक तथा शुभचिन्तकहरूको प्रतिक्रिया सुनें मात्र, त्यसलाई पच्छयाइनँ ।

अर्थात्, अखबारकै लागि लेखेको हुँ, अखबारमै सीमित हुन चाहन्छु । जर्नल नामको पुनर्प्रशोधित सामग्रीहरूको सँगालो प्रायः पठनीय लागेनन् पनि । पश्चिमले तयार पारिदिएको कथित प्राज्ञिक जडौरी जुत्ताभित्र आफ्ना गोडाहरू हालेर खुम्च्याउन, त्यसको चञ्चल गतिलाई सीमित गर्ने चाहना पनि भएन । यो हरफ लेख्नुभन्दा अघिको निन्द्रामा खाली गोडा आफू काठमाडौं विचरण गरिरहेको सपना देखें पनि ।

'अङ्ग्रेजीमा सार मात्रै भए पनि प्रकाशित गरिदिए हुन्थ्यो' भन्ने आग्रह पनि बेला-बेला सुन्छु तर पश्चिमी मानसिकता राख्नेहरूले मलाई पढून् वा बुझून्

भन्ने चाहना नै मेरो रहेन । कालान्तरमा एउटा लोप हुन पुगेको भाषाजस्तै यी लेखहरू पनि विलुप्त, अप्राप्य होलान् । बरु त्यही मञ्जुर छ ।

एउटा अदृश्य घेराबन्दी ८० को दशकको शुरुदेखि थालिएको मलाई बोध छ, ज्ञान छ । मैले पचाउने र नपचाउने प्रवृत्तिहरूबारे, नेपालमा घुसेका गोरा सामाजिक योजनाकारहरू तीन दशकअगाडि नै परिचित छन्, जानकारी राख्छन् (यसैले सार प्रकाशन पनि जरुरी छैन ।) - मैले अहिले खुलेरै भनेको छु । भविष्यमा अरू पुष्टि होला नै ।

जे पढिरहेको छु, जे देखिरहेको छु, जे सुनिरहेको छु- त्यो मैले बुझेको नेपाल होइन, मैले स्वीकारेको सत्य होइन र मैले आँकलन गरेको विगत र भविष्य दुवै पनि होइन । यसमा रहस्यका कुरा केही छैनन् । आधिकारिक मानिएकोलाई मैले आधिकारिक मान्न सकिनँ, त्यति नै हो ।

२०४७ पछि दोस्रो, तेस्रो अखबारहरू मुलुकमा थपिए । सामग्रीको आवश्यकताले गर्दा साप्ताहिकहरू (ट्याब्लोइड)ले छाप्ने विश्लेषण दैनिकहरूमाझ ताजा भएर आउन थाले । ट्याब्लोइडको बजार सकियो तर ट्याबलोइडको दैनिकमा हुन गएको सम्मिश्रणले गर्दा हामी पार्टीहरूको निर्लज्ज 'घर रडाको' पढ्न बाध्य भयौं । त्यो 'घर रडाको'भित्र 'मैले बुझेको नेपाल' पढाइपाउन कुन हम्मे पऱ्यो होला ? आफैं पनि अनुमान गर्न सक्दिनँ । तैपनि, आफ्नो लेख्यसामग्रीका निम्ति जुन अपार सङ्ख्यामा प्रबुद्ध नागरिकहरू मैले पाएँ त्यो अवर्णनीय छ । लेखेर पाएको यो सुखको कुनै शब्दले व्याख्या गर्न सकिँदैन ।

असहमति-१ शीर्षकबाट यो पुस्तक प्रकाशन भएपछि यही शीर्षकको शृङ्खलामा लेख्ने चाहना भएका अरू केही विषय, बुँदाहरू अझै छन्, जुन असहमति-२ (असङ्गति) प्रकाशन भइसकेको छ । असहमतिका पुस्तक शृङ्खलाहरू निरन्तर चलिरहनेछन् । इभोलुसन भनेको पनि आखिर अवतारवाद नै हो । अर्को फड्को हालिएछ भने युगको त्यो किनारमा फेरि पाठकहरूसँग भेट होला नै ।

सौरभ

२१ वैशाख २०७१

आभार

कान्तिपुर दैनिक

राजधानी दैनिक

नेपाल साप्ताहिक

हिमाल खबरपत्रिका

समय पाक्षिक

देशान्तर साप्ताहिक ।

नेपालीपनका विविध धर्साहरू कोरेर सग्लो अनुहार बनाउने प्रयत्न गरिरहेका लेखक हुन्, सौरभ । लिखित इतिहासपूर्वको नेपालको अवशेष खोज्नु र त्यसलाई वर्तमान पक्षहरूसँग जोडेर हेर्नु उनको रूचि हो । नेपाली एकात्मकतामाथि बोलिने हरप्रकारका धावाविरूद्ध उनी जति बलियो प्रतिकार गर्छन्, नेपाली एकताप्रति त्यति नै र त्योभन्दा बढी विश्वास गर्छन् । तीन दशकदेखि राष्ट्रिय चासो र चिन्तामा केन्द्रित भएर लेखिरहेका उनका हरेक लेखोट गहिरो अनुसन्धान र सूक्ष्म चिन्तनका निष्कर्षहरू हुन् । उनका लेखोटमा भविष्यका अनुसन्धाताले केवल सन्दर्भहरू मात्र होइन, अनुसन्धानकै विविध आयाम पनि फेला पार्नेछन् । उनका *सौरभका पच्चीस वर्ष*, *असहमति-२* र *असहमति-३* प्रकाशित छन् ।

असहमति-१ 'असहमति शृङ्खला'को पहिलो पुस्तक हो ।

www.ingramcontent.com/pod-product-compliance
Lightning Source LLC
LaVergne TN
LVHW060211051026
849517LV00005B/1376
* 9 7 8 9 9 3 7 9 3 4 2 3 7 *